Emergence of
Scientific Archaeology in China

陈洪波 著

# 中国科学考古学的兴起

Zhongguo
Kexue Kaoguxue De Xingqi

插图本

1928—1949 年
历史语言研究所考古史

广西师范大学出版社
GUANGXI NORMAL UNIVERSITY PRESS

·桂林·

出版统筹：冯　波
项目统筹：廖佳平　陈子锋
责任编辑：廖佳平　赵　楠
营销编辑：李迪斐　陈　芳
责任技编：王增元
装帧设计：刘瑞锋

**图书在版编目（CIP）数据**

中国科学考古学的兴起 ： 1928—1949 年历史语言研究所

考古史 ： 插图本 / 陈洪波著. -- 桂林 ： 广西师范大学出版社，

2024. 9. -- ISBN 978-7-5598-7364-4

Ⅰ. K87-09

中国国家版本馆 CIP 数据核字第 2024BX7502 号

广西师范大学出版社出版发行

（广西桂林市五里店路 9 号　邮政编码：541004　）

网址：http://www.bbtpress.com

出版人：黄轩庄

全国新华书店经销

桂林广大文化发展有限责任公司印刷

（广西桂林市中华路 22 号　邮政编码：541001）

开本：720 mm × 1 010 mm　　1/16

印张：24.5　　　字数：370 千

2024 年 9 月第 1 版　　　2024 年 9 月第 1 次印刷

审图号：GS（2024）3969 号

定价：118.00 元

# 序

　　近代意义上的科学研究工作，在中国开始很晚。地质学算是起步最早的一个学科，也不过百年；考古学是在地质学的影响下产生的，又晚了十来年。近代科学的一个特点，就是做"有规模的系统研究"，也就是培根所讲的"集团研究"。近代以来，中国在科学研究上取得辉煌成就的两个学科——地质学和考古学，就是因为分别有了中国地质调查所（1916年成立）和中央研究院历史语言研究所（1928年成立，以下简称"史语所"）这两个专门的国家研究机构，才脱颖而出，在很短的时间内，分别成为中国自然科学和人文社会科学领域耀眼的明珠。

　　中国地质调查所的创始人丁文江先生说："登山必到顶峰，调查不要代步。"史语所的创始人傅斯年先生也有一句名言："上穷碧落下黄泉，动手动脚找东西。"他们都是强调自己动手，自己走路，去寻找真凭实据，而不要靠书本吃饭。史语所，就是秉承这样一种精神，在短短的21年间（1928—1949），不仅十五次发掘殷墟，向世界展示了商代晚期青铜文化的非凡成就，还发现了城子崖、两城镇等龙山文化遗址，揭示了中国东部平原存在着一个灿烂的、跟商文化关系更密切的新石器时代晚期文化。战争期间，史语所的同仁们，又在中国西南和西北地区进行了艰苦卓绝的田野工作，修正了西方学者关于甘青地区史前文化年代和关系的某些结论，引起国际学术界的关注。史语所秉承的科学精神及其所取得的优异成绩，使它成为科学考古学在中国兴起的一个重要标志。

　　史语所虽然在1949年初南渡台湾，但它的研究人员却做了不同选择。本来为数不多的考古学家们，一部分随史语所迁到台湾岛，另外一部分则

留在了大陆。曾经代傅斯年主持所务（1947 年 6 月 26 日—1948 年 8 月 20 日傅先生赴美治病期间）的夏鼐先生，后来成为中国科学院考古研究所（1977 年改属中国社会科学院）的所长，主持大陆考古凡 35 年。他开创的考古研究所的学术传统，实际上可以看作史语所传统的延续，虽然在很多方面又有不同。

正因为如此，要了解中国今日之考古学，是可以从史语所在大陆期间短短 21 年的历史里发现线索的。比如中国考古学研究的历史学情结，中国考古学家重资料、轻理论的倾向，中国考古学界对追寻中国文明起源问题持续不断的偏爱；又比如迟至 20 世纪 90 年代中期才慢慢开始的中外合作，在重要考古遗址建立工作站的做法，国家考古机构和地方政府及地方学术团体的矛盾等，都可以在史语所田野考古的实践中找到渊源。

史语所是中国近代科学考古学兴起的一个标志，研究史语所的考古活动，不仅是为新生的中国考古学画像，也是为近代以来蹒跚学步的中国科学画像。陈洪波博士通过阅读大量文献，把史语所最初二十余年艰苦卓绝的考古工作进行了全面细致的描述和分析。他不仅阅读已经出版的各种有关著作，还到台北南港的史语所查阅了大量档案，观摩了当年殷墟等遗址出土的各种遗物，在细心体会诸考古前辈筚路蓝缕所经历的成功和失败、光荣和挫折的同时，又把他们放在那个特定的时代背景里，对他们作"同情之了解"，因此不仅有自己独特的见解，而且持论公平，虽然他的观点并不一定都会被我们接受。

这部以史语所大陆时期考古工作为研究对象的著作，是在作者博士论文的基础上加工而成的。把考古学史作为博士论文题目，在我读书的20世纪80年代末期，算是非常稀罕的，现在却已是寻常之事，虽然这方面的博士论文全部加起来也还凑不足两位数。而以有代表性的某一个考古研究群体的某一个时期作为博士论文的研究对象，陈洪波博士的论文更是头一份，也可能还是唯一的一份。不过他现在看到的材料，比我当年看到的要多得多，学如积薪，后来居上，洪波的勤奋、聪明，加上这"形势比人强"的材料的累积，使这本著作形神兼备，异彩纷呈。相信读者会跟我一样，拿在手上，就会不忍释卷，一口气把它读完。

我跟洪波算是文字之交，现在他的大作出版在即，我有幸先睹为快，很高兴写几句话以志同声之欣悦。我相信，这本著作的出版，一定会对中国考古学的理论建设起到积极的作用。

陈星灿，中国社会科学院学部委员、考古研究所所长、研究员

# 目 录

# 插图目录

# 表格目录

# 绪　论

## 一、中国现代考古学的学术流派及其演变

对于中国现代考古学的学术传统以及学术流派，多年以来，考古界颇有不同认识和评价。人们认识的不同自然是源于各自不同的知识背景，这实际上变相透露出国内外社会思潮的曲折沉浮对学术发展的影响。探讨这些东西当然是有意义的，因为对过去的看法，无疑会决定对未来发展路向的选择。

本书写作的目的，一言以蔽之，就在于追寻中国现代考古学学术传统形成的历史原因。这些原因深藏在历史发展过程当中，梳理这一过程，复原历史，是本书的基本思路。

学术传统的差异背后是不同学术流派的存在。中国现代考古学自产生至今，各种学术流派的存灭演替虽然是一个客观事实，但是出于政治上的考量和复杂的人事纠葛，却往往成了一个讳莫如深的话题，以至于人们在回顾考古学史的时候，大多是用"形成""发展""进一步发展"这些阶段性字眼来加以描述，很少涉及各流派的具体内涵。但是，如果要进行思想史的探究，梳理这些流派之间的差异和联系，寻找它们形成、存在的时代背景与历史原因，学术流派则是一个不可回避的话题。

事实上，几乎在中国考古学发展的每个阶段，我们都可以辨识出具有自己鲜明特征的学术流派。之所以说它们构成一个学术流派，是因为在理论、方法、技术以及考古学解释上，它们都有自己的特点或者偏好。这些特点或者偏好，受到社会环境、历史传统、知识来源、个性特征等多方面因素所影响而生成。其中，社会环境是主导因素，决定了考古学，尤其是考古学解释的一些最基本的特征。在相同社会环境之下，它们各

自吸收的思想资源或者说面对的社会思潮，则成为其学术特征形成的决定因素。

民国时期的中国考古学，或者说中国人从事的考古学，大致可以分为以下三个流派。

第一是以李济为代表的"科学考古派"。中央研究院历史语言研究所（以下简称"史语所"）是科学考古派的主要阵地。史语所的领导人傅斯年是中国新史学和考古学的规划者，而李济则是傅斯年在考古学上志同道合的朋友和学术思想的实践者。他们最鲜明的旗帜和特征就是崇尚"科学"，一定程度上这也是"五四精神"的延续。科学主义是这个学派最重要的宗旨，科学主义史学派别是后来人们给他们的定位。这些人多是留学生，具有世界眼光和国际交流能力，他们将西方考古学这门近代学科引入中国，随后这门学科在中国生根发芽。同时，这些人大都受过良好的传统教育，深味传统学术研究之价值，能够将科学与传统结合起来，形成具有自身内涵的中国考古学。这些人都是热情的爱国者，又是崇尚人格独立、精神自由的知识分子，故而史语所的学风还深具自由主义和民族主义精神。当然，史语所考古作为一个开创性的学派，其丰富内容还远不止这些，值得人们做进一步的研究和思考。当今时代，在新的社会环境和时代需要之下，史语所传统也越来越多地被人提起。总之，这一派所开创的传统，是中国考古学发展的主流，李济也是名副其实的"中国考古学之父"①。

第二是传统派学者所从事的考古学。大约在当时人眼里，除了中央研究院历史语言研究所（另外还有中国地质调查所）以外，其他机构和人员所从事的都属于"非科学"的考古学。这并非针砭其学术价值，而是指这一批考古从业者没有受到过西式科学教育，不掌握或者不系统掌握所谓"科学"方法。其中，最主要的是北京大学的考古活动，代表人物是著名的金石学家马衡。他们曾经创办了中国最早的考古研究机构——北京大学国

---

① 张光直：《考古学和中国历史学》，《考古与文物》，1995（3），第1—10页。陈星灿译自《世界考古学》（*World Archaeology*）13卷2期，1981，后收入张光直《中国考古学论文集》，生活·读书·新知三联书店，1999，第10—30页。

学门考古学研究室和中国考古学会，并且从事了一系列的相关活动。但是，他们在历史上留下的回声与他们当时的地位和声势并不相符，其中原因复杂。其一，组织涣散，力量弱小，与后来史语所的团体优势和雄厚背景不可同日而语；其二，按照当前学术界流行的看法，他们没有掌握所谓"科学考古方法"，缺乏真正懂得现代考古学的人才；其三，有一个具体原因，即与他们和日本人不成功的合作有密切的关系。除了北京大学国学门，这样的"非科学考古"机构和人员当时为数不少，如北平研究院史学研究会、厦门大学国学院、广州黄花考古学院等。当时学术界之所以如此热衷考古学，与对考古学治学价值的厚望有很大关系。这些人之中，不少学者在考古学史上留下了名字，其中，最突出的一个人物是苏秉琦，他并没有受过李济、梁思永那样系统的西方训练，在战争年月里一个人孤独地整理斗鸡台的发掘资料，却取得了中国考古学史上划时代的成就，他的经历尤具启示意义。

　　第三是马克思主义考古学。许多人可能不承认民国时期存在所谓"马克思主义考古学"，以田野活动来衡量，当然如此，但是，如果从考古学解释的角度出发，也许可另做别论。郭沫若、尹达都曾以考古材料做古代社会的研究，实际上也就是以马克思主义为指导对考古材料进行社会关系的研究，这应该属于一种新的解读方式。苏秉琦曾经说，"将马克思主义观点应用于中国考古学研究，几乎是和中国考古事业同步兴起的"[①]。其意所指，当是郭沫若的古代社会研究。郭沫若的《中国古代社会研究》出版于1930年，这是一部革命性著作，不仅推动了史学革命，也推动了社会革命。[②]同时，从学术层面而言，它又是对以史语所为代表的"科学主义"学术的一种反思和批判。这本书对考古发掘谈得很少，主要使用的是铭刻学的资料，

---

① 苏秉琦：《中国考古学从初创到开拓——一个考古老兵的自我回顾》，载苏秉琦主编：《考古学文化论集》（二），文物出版社，1989，第371—372页。苏秉琦提到中国考古学产生之时的三个不同寻常之处：1. 对金石学的继承；2. 考古学创立早期代表人物的传奇经历；3. 创立之初即有马克思主义应用。

② 多年以后，尹达还记得自己学生时代刚刚读到这部书时的兴奋心情。尹达：《郭沫若与古代社会研究》，载尹达：《尹达史学论著选集》，人民出版社，1989，第415页。

这种所谓的考古学解释方式在民国时期考古学中的地位和影响十分有限，但是，郭沫若、尹达所开创的这个反映了马克思主义史学思潮在考古学领域影响的传统，从思想史的角度来看，后来实际上成为一个最大的正统。

民国时期的历史已经是一段半凝固化的历史，距离感使得人们容易做出相对客观的评价。关于新中国成立以后的考古学，对一般的考古学史研究者来说，涉足者较少，原因之一是历史的纵深还不够。《美洲考古学史》的作者戈登·R.威利和杰瑞米·A.萨伯洛夫曾经说过："只有充分拉开的时空距离，考古学家才能对当代具有更深刻的认识（Only time and the distance of retrospection can give archaeologists a more insightful appraisal of the Modern Period）。"[1]

从民国到新中国，时代和社会发生了翻天覆地的变化。从学术上说，马克思主义全面占领历史学以及考古学阵地，大多数知识分子从政治信仰和人生观念都不同程度地接受了马克思主义，旧人物呈现出新面貌。变化虽然剧烈，传统却通过人物得以传承，民国时期形成的所谓"史语所传统"一直是中国考古学的基本内容。

新中国考古学的基本特征是以马克思主义为指导，为社会主义服务。[2]在这一共同特征下，主要受不同的学术传统以及新环境、新思潮的影响，新中国考古学相继形成了两个主要的思想流派，分别以夏鼐和苏秉琦为代表。他们的学术思想和成果，构成了当代中国考古学的主要内容。张忠培曾经说过，这是影响新中国考古学的两个巨人。[3]

史语所出身的夏鼐是"史语所传统"的代表者。他是新中国考古事业的开创者和领导人，执掌中国文博考古事业三十余年，直到 1985 年去世。他是一位意志坚定的马克思主义者，同时也是一位在学术上极有原则的考

---

[1]　Willey, R. G., Sabloff A. J., *A History of American Archaeology*. 3rd ed. London: Thames and Hudson Ltd., 1993: 11.

[2]　即张光直所说的社会主义中国的考古学。

[3]　张忠培曾经说，影响中国考古学基本过程的，（并不是什么外来人物和思想）而是夏鼐和苏秉琦。见张忠培《考古学当前讨论的几个问题》，载张忠培：《中国考古学：走近历史真实之道》，科学出版社，2004，第 223 页。

古学家。之所以说他在学术上极有原则，是因为他对中国考古学的学术定位、理论方法有十分清晰明确的认识。夏鼐这些思想，直接源于史语所，他自己曾经说，新中国的考古学，实际上继承的是"史语所传统"。我们观察夏鼐学术思想中一些最突出的特征，如以马克思主义指导考古研究，注重田野考古实践同时又汲取传统史学和金石学的传统，注重自然科学方法，注重中西交流史的研究，关注国外学术研究的新进展，注重实证不尚空论的治学风格等①，除了第一点，实际上就是史语所一以贯之的"科学主义"和"世界主义"精神在新形势下的延续和革新。张光直观察到，"资料、对资料的分析和政治术语共存于大多数考古发掘报告和论文中。但是，在大多数情况下，它们泾渭分明，彼此之间的影响不大也不深"②。据回忆，当年很多考古简报，受社会史研究风气的影响，往往在小结中多有发挥，夏鼐作为考古刊物的主持者，其不赞成，往往删去，以尽力保持考古资料的客观性。③这些风格，无疑与傅斯年和李济所言"不尚空论""不是那贯串一切无味的发挥"④是一脉相承的，体现了夏鼐对科学研究方式的认识和理解。⑤

　　张光直曾经发问："有人说夏鼐先生在生前与苏秉琦先生之间对中国考古学的看法，有基本上的矛盾。如是事实，当如何解释？"⑥之所以说这两个巨人对中国考古学的看法有基本矛盾，是因为实际上他们各自代表了不同的学术传统和流派。汤惠生对此有精彩的分析和评论，认为二者治学的理路有根本的区别，可从中国传统学术中的"义理"和"考据"之分中找

① 姜波：《夏鼐先生的学术思想》，《华夏考古》，2003（1），第100—112页。

② 张光直：《考古学和中国历史学》，《考古与文物》，1995（3），第1—10页。

③ 唐际根：《考古学证史倾向民族主义》，《读书》，2002（1），第42—51页。

④ 李济：《西阴村史前的遗存》，载李光谟编：《李济与清华》，清华大学出版社，1994，第36页。

⑤ 但张光直对20世纪后半期的中国考古学颇有批评，认为虽然仍然非常可贵地重视资料整理的客观性，但考古学解释却仍然停留在三四十年代的水平。见张光直《二十世纪后半的中国考古学》，《古今论衡》创刊号，1998（1），第39—43页。

⑥ 张光直：《序》，载陈星灿：《中国史前考古学史研究（1895—1949）》，生活·读书·新知三联书店，1997，第4页。

到渊源。①从我们的视角来看，如果说夏鼐是所谓"史语所传统"的代表，那么苏秉琦可以称为"中国学派"的代表②。后者自20世纪50年代末期起步，终于后来居上，成为中国考古学界的主流学派。③

"中国学派"之所以能够成为中国考古学界的主流，有一个很偶然的因素，就是这个学派的开创者苏秉琦是中国大学考古教育的主要创始人，是中国第一个大学考古专业——北京大学历史系考古专业的创办者。自20世纪50年代初期以来，我国参加考古、文物、博物馆和大学相关专业教育的考古专业人员，基本上都是他直接或间接的学生，实是"天下桃李，悉在公门矣"。④

但"中国学派"之所以能够逐渐取代本是正统的"史语所传统"，开创了一个号称"苏秉琦时代"的"中国考古学新时代"⑤，成为中国考古学界的主流，并非仅仅是受惠于人多势众、代代相传的大学考古教育，而是存在深刻的时代背景和历史原因。关于这一点，我们从分析"中国学派"的特征入手，并且与"史语所传统"对比，有助于对中国考古学学术传统演变过程的理解。

关于"中国学派"的特征，张忠培和俞伟超曾有全面的总结和说明：

---

① 汤惠生：《夏鼐、苏秉琦考古学不同取向辨析》，《中国社会科学》，2017（6），第165—186页。

② 考古学"中国学派"的概念，是苏秉琦1981年6月在北京市历史学会举办的纪念中国共产党诞生六十周年报告会上首次提出。见苏秉琦《建国以来中国考古学的发展》，载苏秉琦：《苏秉琦考古学论述选集》，文物出版社，1984，第299—305页。

③ 俞伟超和张忠培在《〈苏秉琦考古学论述选集〉编后记》中有一段相当隐晦的话："这个学科（中国考古学），犹如黄河、长江，由许多源头汇成。任何个人，不可能在各个方面都进行工作；但源头总是有大有小，有主有次。"曲折地表明了分别以夏鼐、苏秉琦为代表的两个学术流派的实际存在，以及它们在中国考古学学术发展中的不同地位和作用。见《苏秉琦考古学论述选集》，第306页。

④ 张忠培：《中国考古学的重要奠基人和中国考古学新时代的开拓者》，载《中国考古学：走近历史真实之道》，第54—55页。

⑤ 张忠培：《中国考古学的重要奠基人和中国考古学新时代的开拓者》，载《中国考古学：走近历史真实之道》，第59页。

这个"中国学派"，究竟有什么特点呢？

我们理解，第一是以马克思列宁主义、毛泽东思想为指导，从考古材料出发，运用考古学的方法，仔细观察与分析考古现象所呈现出的矛盾，具体地研究中国境内各考古学文化所反映的包括生产力和生产关系、经济基础和上层建筑这些内容的社会面貌及其发展阶段性；

第二是在科学发掘基础上，运用由中国学者所发展了的考古类型学方法，分区、分系、分类型地研究各考古学文化的发展过程，通过考察中国考古学文化的谱系来研究中国这一以汉族为主体的多民族国家的形成过程，研究这一总过程中各考古学文化的相互关系及其发展的不平衡性；

第三是这种研究，以揭示历史本来面貌作为目的，对促进人民群众形成唯物主义历史观，激发他们的爱国主义、国际主义和民族团结思想情感，有着重要的作用。

由这样的指导思想、方法论和目的性三方面结合在一起的考古学研究，正是新中国所特有的……

多少人的血汗浇灌，终于培育出了"中国学派"这一新种。[①]

"中国学派"和"史语所传统"都号称马克思主义考古学，这是时代赋予它们的共同色彩，但是在治学路径和取向上二者有明显的区别。"中国学派"最突出的特征有两点，第一是对类型学研究方法的特别重视，第二是对社会史研究的突出强调。这二者都是"史语所传统"的弱项，而这两点又恰恰符合中国当下的历史进程、社会环境以及时代潮流的需要，所以终于能够为中国考古学界大多数人理解、接受和追随。

为什么考古类型学在中国会得到充分的发展，并且被提升到几乎是一个至高无上的地位？首先有技术上的原因。例如，建立区域考古学文化序列的阶段性需要，中国科技教育的落后和考古人才知识结构的限制，传统治学方法在考古研究中的作用，中国遗物遗迹的复杂性和其他科技手段的落后等原因，使得类型学成为最重要和可靠的研究手段。但是，对于"中

---

① 俞伟超、张忠培：《编后记》，载《苏秉琦考古学论述选集》，第 317 页。

国学派"的建立来说，技术上的原因并不是最主要的，更为重要的是类型学在社会史研究中发挥了非常重要的作用，并且逐步提升研究层次，创造出了越来越新颖、越来越高级的研究"范例"，取得了很高的成就。从这个方面来说，"中国类型学研究已经在世界考古学中居于排头兵的位置"[1]，可谓并不为过。特别重要的是第二个方面，"中国学派"对社会史研究的重视，十分符合自 20 世纪 50 年代末期以来中国社会巨变之后的时代需要、学术潮流和大众心理，这使它完全占据了考古学研究领域的制高点。而且它所关注的社会史研究的具体内容，始终随着社会进步和环境变化而更新，符合时代需要，因而引领学术潮流是自然而然的事情。

这一切，首先要归功于苏秉琦的贡献。主要体现在苏秉琦的学术有高度的独创性，不仅仅是学术观点上的创造性，更有意义的是治学思路上的独创性。观察他的基本思维方式，并不局限于技术意义上的"科学"，还带有明显的中国传统文化的色彩。而且他在方法上达到的成就，与世界考古学史上其他大师相比也毫不逊色。

与史语所的留洋派不同，虽然苏秉琦受过西方现代学术的熏陶，但他实际上并没有在技术上受过系统训练，然而他比史语所科学考古派更迅速而准确地摸到了类型学的门径，并且在越来越高的层次上取得了连续突破，这实在不能不说他是一个了不起的开创性人物。

苏秉琦在民国时期对类型学的探索，正文中再作叙述，这里重点谈一下苏秉琦在 20 世纪 50 年代末期以后以考古学类型学研究社会史的历程，这是他对中国考古学最重要的贡献，在世界考古学史上也占有一席之地。

从俞伟超、张忠培在《〈苏秉琦考古学论述选集〉编后记》（以下简称《编后记》）的追忆中，我们可以窥见这一历程的大致轨迹，这是一个将时代压力转化为动力，进而推动时代发展的过程。

1956 年以后，尤其是在 1958—1961 年的"大跃进"时期，一系列的政治运动，把年青学生的含有合理性的要求和脱离实际的空想，统统鼓动

---

① 张忠培：《中国考古学的思考与展望》，载《中国考古学：走近历史真实之道》，第 241 页。

起来。就在苏秉琦先生主持考古教学工作的北京大学，一大批考古专业的学生提出了"建立马克思主义中国考古学体系"的口号，主张通过考古资料来研究社会关系及其发展规律。这无疑是正确的。但是，他们拒绝本学科的基本方法，批判类型学，以为搞陶器排队是"见物不见人"，幻想"以论代史"。在这场批判高潮中，苏秉琦先生首当其冲。①

这一段话透露的时代背景，体现出深刻的历史和社会因素。对青年学生的这种诉求，并不应该轻易加以全盘否定。类似的这种诉求，在考古学发展的各个阶段都曾经引发了变革，如苏联"苏维埃考古学"和欧美"新考古学"的兴起，都是由此催生。而在中国，该阶段考古学发展上的变革，就是苏秉琦在类型学研究上的突破。如《编后记》所说，在大批判之后，苏秉琦先生始终抱着追求考古学发展的一片诚心，坚持真理，修正错误，寻找大批判中的合理因素。

就像他后来多次跟我们说的那样："大批判以后，你们觉得没有事了，我却长期平静不下来。总是在想，过去的一套有哪些不足呢？如何才能达到大家的要求呢？怎样才能建立起正确的中国考古学系统呢？"长期的思索，执着的追求，使苏秉琦先生在五十年代末期进行了用考古资料分析东周社会面貌及其变革的探索，六十年代前半期进行了划分仰韶文化类型以及仰韶遗存反映的原始社会后期的社会变革的探索，总之，开始把类型学方法推进到可以进一步分析文化序列和为探索社会面貌作好基础准备的高度。经过"文化革命"的风浪后，他更找到了通过区系类型研究来探索以汉族为主体的多民族国家形成过程这一重大课题。②

俞伟超、张忠培将苏秉琦以类型学为核心的考古研究划分为几个阶段：20 世纪 40 年代以斗鸡台陶器和墓地为对象进行的较单纯的形态类型学研

① 俞伟超、张忠培：《编后记》，载《苏秉琦考古学论述选集》，第 317 页。
② 俞伟超、张忠培：《编后记》，载《苏秉琦考古学论述选集》，第 318 页。

究；50 年代末期进行了用考古资料分析东周社会面貌及其变革的探索；60 年代前半期进行了划分仰韶文化类型以及仰韶遗存反映的原始社会后期社会变革的探索；七八十年代达到顶峰，开始通过区系类型研究来探索以汉族为主体的统一的多民族国家形成过程这一重大课题。在层层推进过程中，苏秉琦为考古类型学的发展做出了创造性贡献。

俞伟超和张忠培对苏秉琦这一成就的最终认识是：

> 历史总是按辩证法的规律前进。一场批判类型学方法的高潮，促进了类型学方法的进步。苏秉琦先生正确对待了那种运动的两重性，推进了自己的研究方法，开始找到了运用考古资料来进行马克思主义的历史研究的途径，把中国考古学的研究，提高到一个新阶段。这是唯物辩证法的胜利。①

这段总结在阐述方式上虽然明显带有时代印记，但核心认识却是一语中的："找到了运用考古资料来进行马克思主义的历史研究的途径。"

许多人对苏秉琦考古学的认识，可能认为其目标在于建立中国考古学文化的谱系，但这并不代表其学术思想的内在理路。苏秉琦考古研究的内在核心诉求，一以贯之，在于应用考古学方法进行社会史的研究，所以其最终发展到"文明论"，以探索中国文明起源和国家形成问题为己任，可谓顺理成章。中国历史研究和考古研究以这些课题为重点，是社会变迁的结果，也是对时代需求的回应。从这个角度而言，苏秉琦"中国学派"顺应时代潮流，取代"史语所传统"，逐步成为中国考古学的主流，如果说是时代和历史做出的必然选择，也并不为过。

20 世纪 80 年代是"中国学派"的鼎盛时代。然而，随着社会环境的变化，中国考古学的走势开始复杂化。即使在原来空前团结的"中国学派"

---

① 俞伟超、张忠培：《编后记》，载《苏秉琦考古学论述选集》，第 318 页。

内部，也出现了激烈的争论。①

　　我们首先来谈一下社会环境的变迁。中国社会环境，如果说 1949 年发生了一次历史巨变的话，那么 1978 年实行改革开放以后出现的历史巨变，长期来看，给中国社会造成的影响，与上一次历史巨变相比也不遑多让。就对学术研究的影响而言，表现在以下一些方面。首先是思想意识多元化，从而带来了学术研究的百花齐放、百家争鸣；其次是国际交流增多，不但西方先进的技术和方法流入进来，西方理论更是带来了很大的冲击，越来越多中国学者走出国门，国际学术交流正常化；再次，社会经济全面增长，科技进步，国力增强，学术研究有了越来越好的物质条件。

　　社会环境变化对学术研究产生影响，特别是对考古学这样的基础学科产生影响，有一定的滞后性。但这些社会影响终究会在考古学上明显表现出来，20 世纪 90 年代考古学界内部爆发的各种激烈争论就是证明。这些争论后来由于种种原因平息下去，但实际上中国考古学自此之后，已经呈现了很多新的发展趋势。②

　　2005 年底，我曾在一篇文章中讨论过这种变化：

　　20 世纪 80 年代以来，大量西方考古学先进理念、方法和技术的介绍和引进，实际上已经大大改变了中国考古学正常的发展进程。即使如某些学者所说，当前的中国考古学总体来看仍然只是西方 20 世纪 50 年代之前的水平，属于所谓的"古典"阶段，但是，中国考古学已经不可能会按照西方考古学曾经经历的常规轨道演进了。具体来说，虽然中国考古学现在仍然处于文化历史考古学的发展阶段，建立和完善各个不同地区考古学文

_____

① 　因为多种原因，所以对 20 世纪 90 年代以来中国考古学发生的诸多变化，当前学界评论并不是很多。但也有一些相关的篇什，参见：a. 查晓英：《20 世纪末关于中国考古学走向的争论——以俞伟超和张忠培的观点为中心》，《四川大学学报（哲学社会科学版）》，2003（1），第 101—115 页；b. 张忠培：《考古学当前讨论的几个问题》，载《中国考古学：走近历史真实之道》，第 218—225 页。

② 　与 20 世纪 90 年代左右关于中国考古学走向的激烈争论相比，当前的中国考古学，颇有"不争论，摸着石头过河"的意味。

化时空框架和发展谱系的任务远未完成，大量的基础研究仍在进行，很多的基本资料仍要积累，但是当前的考古学研究受到西方当代考古学成果的影响，已经不再是纯粹的文化史的研究，在进行文化谱系研究的同时，人们也在积极进行关于人和人类社会等多方面的研究。考古学者们除了习用的地层学和类型学，也开始尝试运用西方的技术和方法，以达到多方面的研究目标。这种新的趋势，不仅使考古学研究目标和方法走向多元化，同时也加速了考古学基础研究的进程。可以说，中国考古学今天在保持文化历史考古学主要学科特征的同时，也加入了大量的过程考古学以及后过程考古学的因素，体现出中国考古学当前正在循着一条"超常规"的轨道向前发展的趋势。还需要说明的是，所有这些，并没有损害中国考古学的民族性和学术独立性，而是提高了中国考古的学术水平和国际影响。[①]

　　当时使用"过程考古学"和"后过程考古学"这些术语来概括中国考古学发生的新变化，实际上现在看来并不恰当，但这段话所说的中国考古学在时代变迁影响之下所发生的历史性变化，是客观存在的。[②]

　　北京大学的考古学研究，自苏秉琦先生创始以来，一直在中国考古学界享有领军地位，所以它的学术领导者对当代中国考古学走向的判断，具有相当的代表性。在 2002 年庆祝北京大学考古学专业（系）成立五十周年国际学术研讨会上，北京大学考古文博学院赵辉曾经做了主题为"考古学与中国历史的重构"的讲演，关于当前中国考古学所处历史阶段，他说，"随着学科本身的发展，中国考古学已经基本完成了物质文化史构架的重建，进入了历史研究的新阶段"。至于中国考古学是何时完成"重建"，进入"新阶段"的，赵辉认为是在 20 世纪 90 年代左右，发生了一个大的飞

---

① 陈洪波:《一部当代考古学的百科全书——读〈考古学：理论、方法与实践〉有感》,《中国文物报》, 2005-12-21（4）。

② 从思想史的角度来理解，20 世纪 80 年代的人们在受到西方思潮强势影响之后，很容易走上一条矫枉过正之路，反映在社会情绪上就是几乎不假思索的"西化"倾向和崇洋心理。在经过长时间对西方的交流和观察之后，大多数人逐渐冷静下来，民族自觉性开始占据主导地位，这在考古学领域也有明确的反映。

跃，和国际水平日益趋近。①

在对 20 世纪 90 年代以后中国考古学的诸般评说之中，中国社会科学院考古研究所王巍研究员的观点甚具有代表性。

在一篇名为《关于中国考古学发展方向的思考》②的文章中，王巍把新世纪中国考古学的发展方向概括为"科学化、现代化、国际化、大众化"，后来又精简为"科学化、国际化、大众化"。王巍这里虽然是在谈新世纪中国考古学的发展，但实际上也是对 20 世纪 90 年代以来中国考古学发展趋势的一种总结。自 20 世纪 90 年代以来，中国考古学的发展，迄今为止，正是呈现出王巍所说的这些特征。但考古学"大众化"的情况要特殊一些，因为这已经超出了纯学术的范畴，而是一个学术走向"社会化"的问题。

虽然还不能说自 20 世纪 90 年代以来中国考古学形成了一个完整的"范例"，更不要说"学派"，但至少可以说它具有了一些前所未有的新特征。这些新特征足以使它与 20 世纪 90 年代之前的考古学研究形成阶段性区别，代表了一种新的学术潮流。③

考古学的这股新潮流与"中国学派"相比，有四个非常突出的特点。其一，注重多学科方法，特别是科技方法，而不仅仅依靠类型学和地层学；其二，社会史研究的范围更加宽广，不仅仅关注文明和国家起源，也关注生态环境、农业起源、人类行为等问题，不仅具有历史学研究的传统，也具有人类学的特征；其三，修正了 20 世纪 80 年代初期的某些极端观点，对西方考古学理论、方法不再盲目崇拜，加强了中国考古学自身的本位意识，学界很多人开始认为，学习西方考古学十分必要，但以西方考古学的

① 赵辉：《考古学与中国历史的重构——为纪念北京大学考古专业成立五十周年而作》，《文物》，2002（7）；北京大学考古文博学院等编：《"温故知新——面向中国考古学的未来"国际学术研讨会论文集》，2002。
② 王巍：《关于中国考古学发展方向的思考》，载中国社会科学院考古研究所编著：《21世纪中国考古学与世界考古学》，中国社会科学出版社，2002，第40—52页。
③ 这一时期学术新潮流的形成，发生在多个领域，它给中国思想史带来的划时代变化，葛兆光曾经做过详细的分析，见葛兆光《思想史研究课堂讲录：视野、角度与方法》，生活·读书·新知三联书店，2005，第2—5页。

标准来衡量和评价中国考古学则是不恰当的；其四，国际视野增强，对西方的学习和平等交流正常化，争取成为世界考古学的一部分。从学术传统而言，这股潮流的来源成分十分复杂，主要是对"中国学派"和"史语所传统"的批判继承和发展，也大量吸收了西方考古学的一些因素。

回顾历史，我们应该注意到的是，这些新特征在很大程度上又重新表现出"史语所传统"的特点，未必不可以说这一新趋势是"史语所传统"在新时代的复苏或者回归。①

谈到当代中国考古学对"史语所传统"的回归或者说"史语所精神"的复苏，这并不是一句虚话。例如，针对中国考古学的"崇洋"和"西化"之风，中国考古学会原理事长徐苹芳就曾经举出史语所的例子，以史为鉴，痛加针砭：

中国现代考古的肇兴，是在引进欧洲考古学的同时，又继续发扬中国学术传统，形成了一个全新的学科。20世纪二三十年代之际，中国的一批知识分子为探索学术真理，走向西方，接受科学先进的思想和治学方法。我们清楚地看到在傅斯年、李济、梁思永和夏鼐身上存在着一个共同的特点，即他们都受过乾嘉学派旧学的训练，在接受欧洲考古学的理念和方法时，不是生搬硬套，而是密切结合中国的实际，有所选择，为我所用，来解决中国考古学的实际问题。所谓"实际"，包含两个方面，一是中国历史文化的实际，二是中国古代遗迹遗物及其保存实况的实际。以科学的理念和方法之矢，去射中国历史文化和考古学实况之的。既引进了现代考古学，

---

① 通过分析以上流派风格特征的形成过程和内涵，对这些流派形成的背后原因，我们可以得出一些有意义的结论。虽然它们形成的具体途径各有不同，表现出历史的丰富多彩，但是概括起来，还是受到一些共同因素的影响。这包括国际形势、意识形态、政治局势、社会思潮、经济和科技发展等大环境，也包括学术传统、学术资源、科研组织和管理等小环境，还包括师承、人脉、际遇、性格、教育背景和知识结构等具体因素。社会大环境起决定性作用，而小环境甚至细节则影响了学术发展的具体道路和特征——特别考虑到考古学是一个很小的学科，则具体因素发挥决定性作用的概率更大。搞清楚隐藏在学术特征背后的这些作用因素，正是思想史研究的重要内容。

又保持了有中国特色的考古学研究的传统。<sup>①</sup>

　　我们可以注意到，当代学术界正在越来越多地回忆起"历史语言研究所"这个在半个多世纪以前，在一个多灾多难的时代，为中华民族在国际上赢得无数光彩，为我们这些后人留下无尽精神财富的名字。今天重提史语所，其实并不是对中华民族过去曾经拥有荣耀的凭吊，而是因为在新的历史环境下，史语所的传统和精神有了新的意义。"史语所传统"的多方面内涵，例如它的科学主义、民族主义、世界主义和自由主义，都可以给今天的人们很多新的启示，仔细审视这段辉煌的历史，必能给当代知识界提供新的思想资源。

　　为区分不同风格，以上分析主要关注了各个学术流派之间的差别，实际上各个流派之间还具有不同程度的传承和渗透关系，这里需要加以强调。

　　从中国人自己的本位来观察中国学术的连续性，那么当说，"考古"之学有悠久的历史传统。这一点不仅仅科学考古发轫之初的民国初期学者有这样的看法，一些杰出的当代学者也有这样的识见。

　　1926 年的秋天，瑞典王储古斯塔夫·阿道夫（Gustaf Adolf，即后来的瑞典国王古斯塔夫六世）访问中国，中国学术界领袖梁启超在欢迎会上即席发表了题为《中国考古学之过去及将来》（收入《饮冰室合集》专集之一〇一）的演讲。梁启超认为，考古学在中国成为一门专门学问，起自北宋，中国传统学术中就有考古学的成分，只是未得充分的发展，欧美的新方法、新技术可以对中国既有的考古学有所裨益，代表了今后考古学的发展方向。梁启超所说的"中国过去的考古学"实际上主要是金石学，但是他这种认为考古学在中国"古已有之"的基本姿态影响却很大，当时即使

---

① 　徐苹芳：《中国现代考古学的引进及其传统》，《中国文物报》，2007-2-9（7）。徐苹芳下面还继续谈道："实际上不仅在考古学科是如此，在当时文史学科中也是如此。余英时在三联书店新编的《文史传统与文化重建》一书中，有好几篇文章谈这个问题，他曾举出三位学者：王国维、陈寅恪和燕京大学的洪业，他们正是在不同的学科成功地表现出了中西文化结合的学术传统。在全球化的进程中，难道这些事例不值得我们借鉴和学习吗？"新出现的这种中国文化本位的考古观，一反前些年的西化思潮，在思想史上是一种非常值得注意的现象。

一些新派学人也不敢贸然反对。例如，对于史语所从事的考古学，傅斯年使用"近代考古学"、李济使用"现代考古学"的名词称之，似乎变相承认了在中国有所谓"古代考古学"的存在。后来的考古学史学家如卫聚贤、阎文儒都承续了梁启超的基本观点，而根据考古学的进展而有所增益，如认为考古学的学术源头不限于北宋时期，过去的考古学也不仅仅是研究遗物铭文的金石学，也包括考察和挖掘活动等。在中华人民共和国成立后，直到今天，我们在一些教科书甚至大学的课堂上仍然可以看到这种观点的延续。

美籍华人考古学家张光直把中国考古学分为三个阶段：古器物学（1092—　），科学考古学（1920—　）和社会主义中国的考古学（1949—　）。[1]张光直将民国时期的"科学考古学"与社会主义中国的考古学并列，这种划分颇耐人寻味，至少他认为社会主义中国时期考古学的主要特征并不是科学。但重要的是，他也是把自北宋以来的金石学看作中国"考古"之学的一部分，反映出对"传统"的重视。

在中国一些最重要的考古学家中，也有人有类似的认识。例如严文明说："中国考古学是世界考古学的重要组成部分。她经历了同世界考古学大致相似的发展阶段，即从以研究古代遗物为主的古器物学发展为以田野考古为基础的近代考古学，再发展到以全面复原古代人类社会历史为目标的现代考古学。"[2]

张光直和严文明对"考古学"的这种看法，其实质在于对基于民族性之上的"传统"的特别重视，故而能够超越"古典"与"现代"、"传统"与"科学"的限制，将其置于一个统一的历史尺度之下加以考量，这反映出对考古学自身发展连续性的重视。

---

① 张光直：《考古学和中国历史学》，载《中国考古学论文集》，第11页。
② 严文明：《走向21世纪的中国考古学》，三秦出版社，1997，第5页。

## 二、20 世纪上半期中国考古学史研究回顾

考古学被公认为近代学术史上最辉煌的学问之一，对文史研究等各个领域都产生了巨大的影响，关于考古学史的研究也牵连甚广，纷纭复杂。每一个时代对考古学史的认识都有其时代特征，并且这种认识还受到研究者个人立场、学识和个性的影响。下面我们就按照历史阶段来回顾民国时期考古学，特别是史语所考古学的研究史。因为涉及的人物和著述十分浩繁，我们只能择其要者而述之，对能够反映考古学思想史的资料有所侧重。

### （一）民国时期相关论述

民国时期，涉及民国初年中国考古学直接催生因素的文章中，有三篇特别值得重视。

第一是王国维发表于 1926 年 6 月的《最近二三十年中国新发见之学问》，这篇文章高屋建瓴地指出，"古来新问题，大都由于新发见"，并肯定"纸上之学问赖于地下之学问"。"自汉以来，中国学问上之最大发见有三：一为孔子壁中书。二为汲冢书。三则今之殷墟甲骨文字，敦煌塞上及西域各处之汉晋木简，敦煌千佛洞之六朝及唐人写本书卷，内阁大库之元明以来书籍档册，此四者之一，已足当孔壁、汲冢所出……"[1] 当世论及出土材料对古史研究具有重大价值者甚众，然而王国维的意见却具有特别重要的意义，因为他本身就是以甲骨文字做出重大学术贡献的实践者。王国维的这种观点代表了当时学术界的共识，在这种舆论导向之下，出土甲骨文字的安阳殷墟，成为所有具有发掘能力和意识的学术机构以及个人心目中的向往之地。

第二是陈寅恪的《陈垣〈敦煌劫余录〉序》[2]。这篇短文发表于 1930 年，集中反映了近代以来埋藏在中国知识群体心中的强烈的民族主义感情，体

---

[1]　王国维：《最近二三十年中国新发见之学问》，载《王国维遗书》第五册，上海古籍出版社，1983，第 65—69 页。

[2]　陈寅恪：《陈垣〈敦煌劫余录〉序》，《历史语言研究所集刊》第一本第二分，中央研究院历史语言研究所，1930。

现出中国新一代知识分子对国际汉学学术潮流的体察。此文虽名为论敦煌学，但这种由敦煌学的经历所引发出来的民族感情和关于现代学术的认识，对以田野发掘和调查为特征的中国考古学的产生，具有不可估量的作用。

第三篇著名的文章是梁启超的《中国考古学之过去及将来》，发表于1926年秋。梁启超认为考古学在中国成为一门专门学问起自北宋，中国传统学术中就有考古学的成分，只是未得充分的发展，欧美的新方法、新技术可以对中国既有的考古学有所裨益，代表了今后考古学的发展方向。[①] 梁启超作为学界领袖，他对考古学的这些认识，实际上代表了当时知识界大多数人对考古学的认识水平。这种观点，今天仍有同道。

清华国学研究院毕业的卫聚贤作有两部考古学史——《中国考古小史》[②] 和《中国考古学史》[③]。这两部书在学术史上的地位并不高，但却得以流传下来，主要是因为这是民国时期仅有的两部考古学史专著。《中国考古小史》详细记述了民国前期中国考古的情况，包括中国各个机构所做的大多数发掘，以及各个帝国主义国家的学者在中国的考古活动及其发现，另外还附有作者认为比较重要的学术论文，以及当时国民政府关于古物保存的法规，保存了很多珍贵资料。《中国考古学史》发挥了梁启超关于考古学的认识，对中国自周代以来的考古史做了系统的梳理，是作者用力甚勤的一部著作，虽然与现代科学考古的观念不甚一致，但是由于受到了现代考古观念的影响，作者对考古学的认识显然比金石学大有突破，例如不但关注遗物，古人对古迹的调查研究也被纳入了视野。

民国前期，西方人在中国从事了不少探险和考古活动，大多留下了专门著作，这些著作很多也被翻译成中文，成为民国时期中国考古学的重要知识来源。比较著名的如安特生的《中华远古之文化》[④] 和《甘肃考

① 梁启超：《中国考古学之过去及将来》，载卫聚贤：《中国考古小史》，商务印书馆，1933，第5—25页。

② 卫聚贤：《中国考古小史》，商务印书馆，1933。

③ 卫聚贤：《中国考古学史》，商务印书馆，1937。

④ （瑞典）安特生：《中华远古之文化》（地质汇报第五号第一册），袁复礼译，农商部地质调查所，1923。

古记》①、斯文·赫定的《亚洲腹地旅行记》②、斯坦因的《斯坦因西域考古记》③等。

　　关于周口店的发掘和研究,裴文中作有《周口店洞穴层采掘记》④。这本书以作者亲身经历,叙述了周口店的发掘史,包括北京人的发现经过,其中尤为重要的是记录了周口店发掘从古生物学到考古学研究的逐步转变。与众不同的是,这本书还生动地描写了当时的社会面貌和人们的生活状况,是了解时代背景的珍贵史料。

　　史语所考古组是民国时期中国考古学的主体,史语所发表资料的数量和质量,代表了这一时期考古学的最高水平。而且史语所考古组有一个非常优秀的传统,就是刊发资料的速度特别快,往往当年的发掘和调查,当年或者次年就能够整理发表出来,而且对于连续性的发掘活动,不断加以阶段性总结,使得人们可以及时全面了解到这些重要信息。自史语所1928成立以来,包括15次殷墟发掘在内,所有的重要考古发掘和调查,在史语所的早期出版物中都有较全面、完整的反映,这实在是一件了不起的事情。⑤

　　史语所出版物中有关考古学史的文章,比较重要者有如下几篇:

　　首先是傅斯年的《历史语言研究所工作旨趣》(以下简称《旨趣》)⑥。这是史语所的立所之纲,在现代学术史上具有十分重要的意义。文中反映的科学主义治学精神和民族主义爱国情怀,代表了那个时代先进知识分子发出的最强音。通贯全篇的这种"史语所精神",在该所后来的实际行动中始

①　(瑞典)安特生:《甘肃考古记》(地质专报甲种第五号),乐森璕译,实业部地质调查所,1925。

②　(瑞典)斯文·赫定:《亚洲腹地旅行记》,李述礼译,开明书店,1934。

③　(英)斯坦因:《斯坦因西域考古记》,向达译,中华书局,1936。

④　裴文中:《周口店洞穴层采掘记》(地质专报乙种第七号),实业部地质调查所、国立北平研究院地质学研究所,1934。

⑤　民国时期中央研究院史语所有关考古的出版物主要包括:《安阳发掘报告》1—4期、《田野考古报告》(1947年更名为《中国考古学报》)1—4册、《城子崖》(中国考古报告集第一本)、《历史语言研究所集刊》等。

⑥　傅斯年:《历史语言研究所工作旨趣》,载《历史语言研究所集刊》第一本第一分,中央研究院历史语言研究所,1928。

终贯彻之，也强烈反映在史语所的主要实践成就——田野考古活动中。《旨趣》中对考古工作做的一些具体设想，后来也逐渐得以落实，这种落实的过程，甚至直到今天仍然表现出来。[①]甚至可以说，今天的中国考古学仍然带有鲜明的"史语所"烙印。

研究史语所的考古思想，有三篇文章十分重要：傅斯年《本所发掘殷墟之经过》[②]、李济《现代考古学与殷墟发掘》[③]和董作宾《甲骨文研究之扩大》[④]。这三篇文章，曾经作为1930年12月出版的《安阳发掘报告》第二期的附录集中发表。这有特殊的历史背景和意义。在第三次殷墟发掘之后，中央发掘团与河南地方势力发生严重冲突而难以继续工作，傅斯年认为之所以受到地方排斥，与国人对考古学的理解仍然停留在"挖宝"上而对其现代学术意义不了解有一定关系。于是他和李济、董作宾便分别作了这三篇文章，广为散布，一方面是与河南方面辩难，另一方面是普及科学考古知识。另外，李济还应邀作有《中国考古学之过去与将来》，在社会报刊上刊登。[⑤]虽然这几篇文章是普及性作品，而且有强烈的目的性，但却集中反映了史语所考古工作的宗旨，代表了当时中国学术界对现代考古学认识的最高水平。

关于史语所各阶段考古活动的总结和叙述，在史语所出版物中比较重要的文章有以下数篇：董作宾《中华民国十七年十月试掘安阳小屯报告书》[⑥]，李济《十八年秋工作之经过及其重要发现》[⑦]、《安阳最近发掘报

---

① 唐际根：《中国考古学的"傅斯年特征"》，载布占祥、马亮宽主编：《傅斯年与中国文化："傅斯年与中国文化"国际学术研讨会论文集》，天津古籍出版社，2006，第94—99页。

② 傅斯年：《本所发掘殷墟之经过》，《安阳发掘报告》第二期，中央研究院历史语言研究所，1930，第387—404页。

③ 李济：《现代考古学与殷墟发掘》，《安阳发掘报告》第二期，第405—410页。

④ 董作宾：《甲骨文研究之扩大》，《安阳发掘报告》第二期，第411—422页。

⑤ 李济：《中国考古学之过去与将来》，《东方杂志》，1934，31（7）。

⑥ 董作宾：《中华民国十七年十月试掘安阳小屯报告书》，《安阳发掘报告》第一期，中央研究院历史语言研究所，1929，第3—36页。

⑦ 李济：《十八年秋工作之经过及其重要发现》，《安阳发掘报告》第二期，第219—252页。

告及六次工作之总估计》①，石璋如《殷墟最近之重要发现，附论小屯地层》②、《〈殷墟最近之重要发现，附论小屯地层〉后记》③，傅斯年主编《城子崖》④，等等。这些第一手资料，具体而完整地记录了中国科学考古学由草创到壮大、由幼稚走向成熟的历史过程。

### （二）1949 年后大陆学术界的中国考古学史研究

中华人民共和国成立以后，甚至到改革开放初期，对民国考古学史的研究，特别是对史语所考古的研究，由于特殊的时代原因，成果很少。20世纪 80 年代开始有了一些较客观的评述。80 年代以后，随着中国社会的历史性转变，考古界学术风气和潮流也发生了巨大的变化，"民国热"蔚然成风，对于民国时期中国考古学的思索和研究也成为一个热点，考古界和史学界都出现了大量著述，下面对这一段学术史加以梳理和评说。

**1.20 世纪 50—80 年代**

20 世纪 50 年代，新中国成立后的头十年，是人们意气风发建设新社会的年代，学习的对象是苏联老大哥，指导思想是马列主义、毛泽东思想。各类人文社会科学，包括考古学，也要重起炉灶，重新建立马克思主义的考古学。大家的思想基本上都转移到马列主义、毛泽东思想方面来，工作指导方针有了彻底的转变。

但在新中国成立初期，传统还在延续，具体表现在专家们为考古人员训练班编写的教材上，后来结集为《考古学基础》⑤出版。这本书由多位老中青专家分工撰写而成，所表现出来的学术思想后来成为北京大学考古专

① 李济：《安阳最近发掘报告及六次工作之总估计》，《安阳发掘报告》第四期，第559—578页。

② 石璋如：《殷墟最近之重要发现，附论小屯地层》，《中国考古学报》第二册，中央研究院历史语言研究所，1947，第1—82页。

③ 石璋如：《殷墟最近之重要发现，附论小屯地层·后记》，《中国考古学报》第四册，中央研究院历史语言研究所，1947，第291—302页。

④ 傅斯年等：《城子崖》（中国考古报告集之一），中央研究院历史语言研究所，1934。

⑤ 中国科学院考古研究所编著（夏鼐、裴文中等多人执笔）：《考古学基础》，科学出版社，1958。

业的"左派"青年学生批判的靶子。

该书中的《考古学简史》为徐苹芳所写。徐苹芳将中国考古学的发展分为古代和近代两个时代，这种划分可能受到梁启超和卫聚贤的影响。近代部分对史语所只字未提，只以"前中央研究院"的名义轻轻带过，在最后的结论部分，徐苹芳却表现出自己的倾向：

近代考古学，初期仍是继承了宋、清以来金石学的成绩，在西方资本主义学术思想的影响下，进行了一些重要的整理和研究，扩大了金石学的范围，考古学的某些基本内容得以成立。1927 年以后，大规模的科学发掘工作展开，突出了金石学的狭窄范围，考古学已经发展为独立的科学。[①]

显然，徐苹芳认为，1927 年之后史语所的发掘，是中国考古学走向科学的主要标志。

新中国改天换地之后，对前代及其流毒的彻底否定和批判成为必然，考古学领域也不例外，这主要是由于当事人受意识形态影响，也有与过去的人和事划清界限表明自己的立场的原因。这类文章比比皆是，例如夏鼐《批判考古学中的胡适派资产阶级思想》[《考古通讯》，1955（3）]、阎文儒《谈谈考古学中的资产阶级思想》[《考古通讯》，1955（4）]、夏鼐《用考古工作方面事实揭穿右派谎言》[《考古通讯》，1957（5）]、《斥右派分子陈梦家》[《考古通讯》，1957（5）]、《考古工作的今昔——两条路线的对比》[《考古通讯》，1957（6）]、尹达《考古工作中两条道路的斗争》[《考古通讯》，1958（10）]等。

这些文章的基调在于对民国时期考古思想和方法不同程度的否定，但仔细审视就会发现，老一代考古学家们在背离传统方面并没有走得太远。[②]

正因为如此，他们不可避免地成为当时考古界以青年学生为代表的"左派"力量的批判对象。对旧社会怀有莫名仇恨，而又受到马克思主义史

---

① 　徐苹芳：《考古学简史》，载《考古学基础》，第 154—166 页。
② 　参见张忠培对华县泉护村考古发掘的回忆，如《〈苏秉琦考古学论述选集〉编后记》。

学和苏联考古学强烈影响的新一代考古人，挟时代潮流之威，几乎完全掌握了那个时代的话语权。他们的目标就是批判以往和现存的资产阶级考古学思想，反对"为考古而考古"，倡导"厚古薄今"①，以苏联考古学为楷模，建立马克思主义的中国考古学。但后世之论，多认为他们丢掉了类型学等考古学的基本方法，走上了"以论代史"的岔路。

这方面的典型文章包括：刘启益《清除考古学研究中的资产阶级思想》[《考古通讯》，1955（2）]，苏联考古学家 A. 蒙盖特《陷于绝境的资产阶级考古学》[《考古通讯》，1956（3）]，张云鹏《由湖北石家河遗址发掘方法的主要错误谈学习苏联先进经验》[《考古通讯》，1957（2）]，潘孟陶《苏联考古学四十年》[《考古通讯》，1958（4）]，北京大学考古专业资产阶级学术批判小组《论资产阶级器物形态学的伪科学性——批判苏秉琦的"斗鸡台沟东区墓葬"》[《考古通讯》，1958（11）]、《从辉县发掘报告看考古界的资产阶级方向》[《考古通讯》，1958（12）]、《批判李济的反动学术思想》[《考古》，1959（1）]，曾骐《评裴文中先生在"考古学基础"中的"石器时代考古总论"》[《考古》，1959（1）]等。北京大学考古专业的同学们还将这场考古学革命付诸行动，在短时间内就突击编写出了一部完全以马克思主义为指导的中国考古学教材，体现这场革命的战果。②

这场以苏联考古学为榜样的中国考古学革命并没能走多远，因为随着中苏关系恶化，苏联考古学很快就从学习样板成为批判对象。历史在这里成为一场令人尴尬的闹剧。更加可悲的是，"反右"余波未定，"文化大革命"爆发，中国考古学的发展从此陷于长时间的停滞之中。直到"文革"后期，才因缘际会得以逐渐复苏。

这时期也出现过一些相对客观的叙述民国时期考古学史的著作，其中最具代表性的是胡厚宣的《殷墟发掘》③。胡厚宣作为史学大师和殷墟发掘的

① 这时期中国历史学界和考古学界进行了一场关于考古学要"厚古薄今"的大讨论。
② 北京大学历史系考古专业中国考古学编写组编著：《中国考古学》（初稿），1960 年 7 月征求意见本。
③ 胡厚宣：《殷墟发掘》，学习生活出版社，1955。

亲历者，写出的这本书很受欢迎和重视。

改革开放之后，学术研究逐渐走上正轨，对过去的反思是一项重要内容。对考古学史的回顾开始提上日程，其中无法回避的就是对民国时期考古学的认识和评价。1979 年，夏鼐发表了一篇很有影响的文章《五四运动和中国近代考古学的兴起》[《考古》，1979（3）]，开始从时代背景的角度探讨中国现代考古学产生的原因，虽然该文没有提及他的恩师李济的名字，但却开始明确把史语所的活动当作中国现代考古学的主体。

这一阶段形势变化很快，如《考古》1982 年第 3 期即发表了王世民《李济先生的生平和学术贡献》，明确指出李济是中国考古学的创始人。在该时期夏鼐与张光直的多封通信中亦有明确的体现。[1]

20 世纪 80 年代，虽然苏秉琦所代表的"中国学派"影响越来越大，但是中国考古学的官方话语权却是掌握在夏鼐手里，特别是通过主持修撰《中国大百科全书·考古学卷》，他全面表达了自己对中国考古学和考古学史的看法，有关考古学史最重要的条目包括"考古学"（夏鼐、王仲殊撰）、"中国考古学简史"（王世民撰），以及"中国考古学年表"。[2]这时对考古学史的认识，与 20 世纪 50 年代已经有根本不同，数千年来的金石学只是被视为考古学的前身，而将 1928 年史语所开始殷墟发掘作为中国考古学诞生的标志。

这时期苏秉琦也发表了一些关于考古学史的论述，如《中国考古学从初创到开拓》[3]，提到中国考古学产生之时的三个不同寻常之处：1. 对金石学的继承；2. 考古学创立早期代表人物的传奇经历；3. 创立之初即有马克思主义应用。苏秉琦的观点表现出他对民国考古学史的一些与众不同的认识。

① 李卉、陈星灿编：《传薪有斯人——李济、凌纯声、高去寻、夏鼐与张光直通信集》，生活·读书·新知三联书店，2005。

② 中国大百科全书考古学编辑委员会：《中国大百科全书·考古卷》，中国大百科全书出版社，1986。

③ 苏秉琦：《中国考古学从初创到开拓——一个考古老兵的自我回顾》，载《考古学文化论集》（二），第 371—374 页。

历史学界也有人探索中国考古学的早期历史，其中俞旦初《二十世纪初年西方近代考古学思想在中国的介绍和影响》（载《考古与文物》1983年第4期），为学术界广为引用。

### 2. 20世纪90年代以来

20世纪90年代以来，是中国考古学高速发展的时期，也是积极探索的时期。围绕中国考古学的学科性质和定位，以及21世纪的发展方向等重大问题，考古界展开了激烈的争论。为了探讨这些问题，不少学者开始对中国考古学历史传统等重要问题进行深入研究，涌现出了很多考古学史论著，其中影响较大的包括以下篇章：

首先是张忠培的《中国考古学史的几点认识》。考古学史如何分期，是考古学史研究的一个最基本的问题，这方面众说纷纭，主流观点以前文提到的《中国大百科全书·考古学》中王世民撰写的"中国考古学简史"条目为代表，基本上是根据时代进行分期，这实际上也是主编者夏鼐的观点。①张忠培对此做了更为深入的思考，他说：

中华人民共和国的建立，为考古学的发展提供了前所未有的政治环境，但这种发展只能从民国时期考古学的顶端起步，并依考古学自身规律向前运转。可见，尽管政治环境对考古学状况有着很大的作用，但由于它不能改变这一学科的运动规律，所以，不能以它作为考古学分期的标志。

社会思潮对考古学的作用，基本上和政治环境与考古学的关系相同，即被考古学接受的适应考古学自身运转规律的社会思潮，将促进考古学的发展，反之，则起阻滞作用……

……

依据以上讨论所得出的认识，观察中国考古学产生以来至今的过程，可认为以下事件表述了中国考古学前进与发展的主流，它们是：

1. 1921年，安特生主持的仰韶村发掘；

---

① 夏鼐：《中国考古学的回顾和展望》，载夏鼐：《中国文明的起源》，文物出版社，1985，第1—47页。

2. 1931 年，梁思永揭示的后冈三叠层；

3. 1948 年，苏秉琦发表的《瓦鬲的研究》（是 1941 年写成的《陕西宝鸡斗鸡台所得瓦鬲的研究》一文的摘要，刊《斗鸡台沟东区墓葬》）；

4. 1959 年，夏鼐发表《关于考古学上文化的定名问题》（《考古》1959年第 4 期）；

5. 1975 年，苏秉琦《关于考古学文化的区系类型问题》学术讲演（《苏秉琦考古学论述选集》，文物出版社，1984 年）；

6. 1985 年，苏秉琦发表《辽西古文化古城古国——一试论当前考古工作重点和大课题》讲演（《辽海文物学刊》创刊号，1986 年）。

这样，以往的中国考古学已走过了五个时期，今天正经历着它的第六个阶段。①

张忠培的这种观点，超越时代变迁的影响，以学科本身理论、技术和方法的发展为准绳，为考古学史研究提供了一个全新的视角，是对传统认识一个很大的突破。

这时期关于考古学史研究的另一重要作品是陈星灿的《中国史前考古学史研究（1895—1949）》。这本书是陈星灿的博士论文，开创了考古学界进行考古学史专题研究的先河。虽然此书只是以民国时期史前考古学为研究对象，但因其资料丰富，分析精到，已经成为了解中国考古学和中国近代学术史的必读之作。

这一时期关于考古学史的重要文章还有：张忠培《中国考古学世纪的回顾与前瞻》[《文物》，1998（3）]、严文明《走向 21 世纪的中国考古学》[《文物》，1997（11）]、北京大学考古文博学院赵辉执笔的《考古学与中国历史的重构》[《文物》，2002（7）] 等。通过这些讨论，关于中国考古学的一些重大问题，例如中国考古学的历史学定位、中国考古学与世界考古学的关系、文明起源等重大课题的时代意义等，学术界实际上是逐渐达成共

---

① 张忠培：《中国考古学史的几点认识》，载《中国考古学：走近历史真实之道》，第 61—63 页。

识了的。

但就民国时期考古学史的研究而言，这段时期历史学界的研究成果显然更为丰富，其中最主要的原因，当是考古学在近代学术史上所具有的格外重要的地位，以及史学界比考古界更为宽阔的视野和开放的治学风气。代表性作品包括：

王宇信撰写的《中国近代史学学术史》之第四编《近代史学学术成果：考古学》。①在张岂之主编的这部总结近代史学学术史的重要著作中，考古学占到了四分之一的篇幅，代表了史学界对考古学与历史学关系的重视态度。王宇信将近代考古学史分为三个时期：酝酿时期（1840 年至五四运动前）、萌芽时期（五四运动后至 20 世纪 30 年代初）、形成时期（1931—1934 年），除了科学考古学本身的发展过程，对考古学诞生的历史背景、思想资源（如金石学、古器物学、地质学、西方汉学）、与历史研究的关系都有详细的评述，表现出一个历史学家宽广的视野。

还值得一提的是青年学者沈颂金的《考古学与二十世纪中国学术》②。这本书实际上是一本论文集，虽然其中并无多少惊人创见，但他关于考古学史的研究，就其涉及人物之全面，研究面向之广阔，记述评析之详细，却是在史学界和考古界都前所未有的。

一批近代思想史新锐对民国考古学史的专门研究作出了更大的创新，其中包括桑兵、罗志田、欧阳哲生等在近代学术史学界很有影响的学者。这些人或有西方留学背景，或者深受西方史学研究的影响，以全新的视角和叙述方式，将中国近代学术、文化、社会做了新的解读，实际上是引入

---

① 张岂之主编：《中国近代史学学术史》，中国社会科学出版社，1996。
② 沈颂金：《考古学与二十世纪中国学术》，学苑出版社，2003。这是一本论文集，包括如下篇什：《传统金石学向近代考古学的转变——以马衡为中心的考察》《梁氏父子与中国近代考古学的建立和发展》《丁文江与中国早期考古学》《傅斯年与中国近代考古学》《李济与古史重建运动》《试论古史辨与考古学的关系》《抗战时期的中国考古学》《马克思主义理论与中国考古学的发展》《徐旭生的古史传说研究》《黄文弼与西北史地研究》《徐中舒的古史研究成就》《张光直与中国现代考古学研究》《尹达的考古学研究成就》《新中国考古学的发展历程——以苏秉琦为中心的考察》《新考古学论纲》等。

或者创造了一种新的研究范例。这些令人耳目一新的成果，给近代学术史研究注入了新的活力。

桑兵的专著《晚清民国的国学研究》①，其中很多篇章曾经作为单篇论文发表，影响甚大。涉及中国考古学的研究主要见诸《东方考古学协会》一章，该文对北京大学国学门考古活动始末有非常详尽透辟的论述，其中关于该协会与日本的交往，尤其令人印象深刻，这段经历足以令后人引以为戒，体现出该文的特殊价值。还有一篇是关于傅斯年《历史语言研究所工作之旨趣》的分析，对史语所的治学精神深有洞见。桑兵、罗志田、欧阳哲生写了不少这类文章，对认识中国考古学兴起阶段的思想史有很大的帮助。

### （三）1949 年以来台湾地区和海外学者的研究成果

实际上，1949 年以来，关于民国时期中国考古学史研究的重镇是在大陆之外，特别是台湾地区。另外，美籍华人张光直的研究也占有一席之地。

1949 年，总数只有十余人的中国第一代考古学家分道扬镳，大陆、台湾岛大约各占一半，但是史语所历年来发掘的重要资料都运到了台湾岛。李济、董作宾、石璋如、高去寻等人在相当艰苦的条件下继续整理殷墟发掘资料，后来陆续出版。在此期间，这些学者们以自己的亲身经历和体会，撰写了不少有关 1949 年前考古学史的文章和专著，其资料的丰富性和客观性，较同时期大陆同行的相关研究要好得多。其中，重要者包括：

李济的专著《安阳》②，详细回顾了殷墟发掘的历史背景、过程和收获，这是"中国考古学之父"亲笔撰写的关于科学考古学形成过程的最重要的一本参考书。李济撰写的考古学史重要文章还有：《我与中国考古工作》（《新时代》创刊号，1961。口述，由李青来笔记）、《南阳董作宾先生与近代考古学》（《传记文学》4 卷 3 期，1964）、《大龟四版的故事》（《董作宾

---

①   桑兵：《晚清民国的国学研究》，上海古籍出版社，2001。

②   Li Chi, *Anyang*. Seattle: University of Washington Press，1977. 日文译本见国分直一译《安阳发掘》（新日本教育图书，1982），中文译本见苏秀菊等译《安阳》（中国社会科学出版社，1990）。该书的缺憾在于对殷墟发掘的详细过程记载不足，另可参看胡厚宣《殷墟发掘》。

先生逝世三周年纪念集》，艺文印书馆，1966）等。这些文章后来均被收入《李济文集》①。

　　史语所的另一位重要人物石璋如也撰写了大量的考古学史论著。包括专书《"中央研究院"历史语言研究所考古年表》（《"中央研究院"历史语言研究所专刊》35，1952），论文《董作宾先生与殷墟发掘》（《大陆杂志》29卷10期，1964，第331—335页）、《李济先生与中国考古学》（《中华复兴月刊》8卷5期，1975，第6—16页）、《高去寻先生与殷墟发掘》（《田野考古》2卷2期，1991，第3—10页）、《考古方法改革者梁思永先生》（《新学术之路》②，1998，第353—366页）、《田野考古第一——吴金鼎先生》（《新学术之路》，第631—637页）、《我在史语所》（《新学术之路》，第639—654页）、《刘燿先生考古的五大贡献》（《新学术之路》，第655—662页），等等。石璋如是中国第一代考古学家中最长寿者，享年104岁，晚年时"中央研究院"近代史研究所对他进行专门访问，撰成口述历史著作《石璋如先生访问记录》③，这是研究中国考古学史的极其宝贵的资料。

　　如果说赴台的第一代中国考古学家撰写的考古学史著作偏重史实的记述，那么第二代学者则在这些资料的基础上，进行了相当理性的思考，写成了一批很有分量的考古学史研究文章。

　　首先是李济的得意门生，后来去美国求学工作的张光直。④张光直是中国考古学史上一位十分重要的人物，他学兼中西，博古通今，具有多方面的才能，以一己之力打开了中国考古学走向世界的大门。如果要问谁对20世纪80年代以来中国考古学的走向影响最大，那么无疑是张光直。因为他的视野、经历和学识都远远超过同时代的其他中国学者，所以他对中国考古学的看法，往往极其独到深刻。张光直关于考古学史的一篇著名论文是

①　李济：《李济文集》，上海人民出版社，2006。
②　王汎森等主编：《新学术之路》，"中央研究院"历史语言研究所，1998。
③　陈存恭等：《石璋如先生访问记录》，"中央研究院"近代史研究所，2002。
④　李济曾经说夏鼐、张光直是他两个最得意的学生。但夏鼐资格甚老，曾经参加过殷墟发掘，所以张光直一直以师礼事之。

《考古学和中国历史学》①。文中观点似乎受到自梁启超以来的影响，将中国考古学的历史从北宋算起。②张光直关于考古学史的其他重要论文还有：《人类学派的古史学家李济先生》[《历史月刊》，1988（9），第4—7页。后收入《考古人类学随笔》，生活·读书·新知三联书店，1999]、《〈李济考古学论文选集〉编者后记》（《李济考古学论文选集》，第977—993页。后收入《中国考古学论文集》，生活·读书·新知三联书店，1999）、《中国考古向何处去——张光直先生访谈录》[《华夏考古》，1996（1），第72—83页]、《张光直谈中国考古学的问题与前景》[《考古》，1997（9），第85—93页]、《二十世纪后半的中国考古学》[《古今论衡》，1998（1），第38—43页]，等等。

　　史语所的新一代学者，如王汎森等人，自命是傅斯年开创的新学术传统的继承者，对于研究本所学术史责无旁贷，写出了一批很有影响的文章。王汎森从研究傅斯年入手，对史语所早期的档案和傅斯年档案发掘甚深，从而在民国考古学史的研究上做出了很大的成绩。他涉及考古学史的最有影响的论文之一是《什么可以成为历史证据——近代中国新旧史料观点的冲突》（《新史学》8卷2期，1997，第93—132页。收入《中国近代思想与学术的系谱》，河北教育出版社，2001），其中以殷墟发掘为对象，细致分析了当时中国社会各个层面思想观念的变化，以及各方冲突的深层次原因。

　　史语所学人对"史语所精神"或者说"史语所传统"有较一致的认识，而且对此还有一个不断反思和推进的过程，例如王道还的《史语所的体质人类学家——李济、史禄国、吴定良、杨希枚、余锦泉》（《新学术之路》，第163—188页）就是一篇很典型的文章。

---

① Kwang-chih Chang, "Archaeology and Chinese Historiography", *World Archaeology*, 1981, 13（2）: 156-169. 中译文由陈星灿翻译，以《考古学和中国历史学》为名，刊于《考古与文物》，1995（3），第1—10页。

② 张光直也可能受到卫聚贤的考古学史观的部分影响。张光直称卫聚贤为"我的大师兄"，是因卫聚贤曾在清华国学研究院学习。卫聚贤也是民国考古学史上的活跃人物，著作与活动历历皆在。但李济似乎并不承认这个学生，因为他认为卫聚贤搞的并不是"科学考古"，而是"旁门左道"。

### （四）西方学者对中国考古学史的认识

与西方相比，中国的科学考古学起步较晚，虽然取得了不小的成就，但由于各种各样的原因，西方学术界对中国考古学的情况了解甚为有限。

英国考古史家格林·丹尼尔的名著《考古学一百五十年》①为中国辟有专节，里面记述了安特生在中国的发现、梁思永的工作、学者们对仰韶和龙山等新石器时代文化的认识等。安特生之外，顾立雅的著作似乎是丹尼尔了解民国时期中国考古状况的主要资料来源。②

加拿大考古学家布鲁斯·特里格的名著《考古学思想史》也对中国民国时期的考古学研究有所关注，他认为这时期的中国考古学处于文化历史考古学阶段，而李济是代表人物。③

以上简要介绍了关于民国时期考古学史研究的主要人物、作品和观点，我们可以看到这个研究史本身也有一个随时代和环境变迁的过程，但总的来说，对过去历史的认识总是在不断深化的。

## 三、关于考古学史研究方法的思考

本书的选题和写作，主要受到两个方面的启示：第一是世界著名考古学家布鲁斯·特里格的《考古学思想史》④，第二是中国思想史和近代学术史研究成果。后一研究群体影响很大，包括从事思想史研究的葛兆光，从事晚清民国史研究的罗志田、桑兵和王汎森等，他们本身研究成果丰硕，同时他们所介绍的西方学术思想也给人以很大的启发，例如葛兆光对福科知

---

① （英）格林·丹尼尔著：《考古学一百五十年》，黄其煦译，文物出版社，1987。

② 顾立雅（Herrlee Glessner Creel，1905—1994），美国著名汉学家，1929 年获得芝加哥大学哲学博士学位，专门研究早期中国文明史。1931—1935 年获得哈佛燕京学社资助，前来中国，曾经参加 1934 年春季第九次殷墟发掘。后以《中国之诞生》（*The Birth of China*，1936）一书向西方介绍安阳殷墟发掘之重要性，在西方引起广泛关注。丹尼尔的考古学史著作对中国的介绍主要引用了他的《中国之诞生》和《中国早期文化之研究》（1938）。

③ Trigger B. G., *A History of Archaeological Thought*. Cambridge：Cambridge University Press，1989：10.

④ Trigger B. G., *A History of Archaeological Thought*. p. 2.

识考古学和法国年鉴学派的解读。

加拿大考古学家布鲁斯·特里格的《考古学思想史》现在已经成为世界名著，经过许多具有海外教育背景学者的介绍，这本书在国内考古学界广为人知。这本书被许多学者誉为继英国考古学家格林·丹尼尔《考古学一百五十年》以来最好的考古学史著作，当非虚言。

但《考古学思想史》和《考古学一百五十年》完全是两种风格。《考古学一百五十年》和通俗性的考古学史名著《神祇·坟墓·学者》①一样，基本上都是以叙述史实为主的史书，当前国内较好的考古学史著作，包括胡厚宣《殷墟发掘》、陈星灿《中国史前考古学史研究（1895—1949）》、王宇信《中国近代史学学术史》第四编《近代史学学术成果：考古学》在内，实际上都是这种表达方式。

而《考古学思想史》则开创了另外一种考古学史研究范例，即思想史的新途径。它的研究路径，是总结世界考古学史上的各种主要流派，探索影响这些流派的社会环境和思潮，叙述重点不在具体的史实，而是思想以及思想产生的时代原因。布鲁斯·特里格说："考古学思想史是考察影响考古学解释的主要思想、形成这些思想的社会因素，以及考古学解释对其他学科和社会的影响。"②

这种研究方式，在历史学研究中已经常见，但将其引入考古学史的研究中，布鲁斯·特里格却是名副其实的第一人。③从特里格的著作来看，催生思想史研究方式的思想资源主要来自两个方面：第一是柯林伍德的历史观，第二是库恩关于科学革命的思想。

英国学者 R. G. 柯林伍德（Robin George Collingwood，1889—1943），是一个哲学家、历史学家和考古学家，他的思想对现代学术界具有十分重要的影响。柯林伍德关于历史观念的观点其实并不复杂，他自己将其概括

①　（德）C.W. 西拉姆著，《神祇·坟墓·学者》，刘迺元译，生活·读书·新知三联书店，1991 年。

②　Trigger B. G., *A History of Archaeological Thought*. p.2.

③　考古学以往之所以没有采取思想史的研究方式，可能与考古学发展史本身历史短暂，积淀不够有关，毕竟考古学史本身的时间厚度与一般历史学是无法相比的。

为三条定理：第一，"一切历史都是思想史（history of thought）"，除了思想，没有别的什么可以作为历史知识的对象，这是一种新的历史观念；第二，"历史知识就是历史学家正研究着的那些思想在他自己心灵里的重演（re-enactment）"；第三，"历史知识乃是对浓缩于现在思想背景下的过去思想的重演，现在思想通过与过去思想的对照，把后者限定在另一个不同的层次上"。[①]

柯林伍德关于"历史实际上就是观念的历史"的观点影响了很多人，包括特里格对考古学史的看法，这在特里格的著作中随处可见。例如，特里格在《考古学思想史》中，开篇即提到柯林伍德的名言："no historical problem should be studied without studying...the history of historical thought about it."（要研究历史问题，则必须研究其思想史）[②]

那么，特里格又是如何将考古学史中呈现的这些思想整合起来的呢？他采用了一个十分有力的概念工具，就是美国科学哲学家托马斯·库恩系统提出的"范例"（paradigm）。"范例"又译作"范式""典范"等，是库恩在其名著《科学革命的结构》[③]中着重阐述的一个观念。在《科学革命的结构》（第1版）中，库恩给了paradigm一个定义："我所谓的'典范'（paradigm），指的是公认的科学成就，在某一段期间内，它们对于科学家社群而言，是研究工作所要解决的问题与解答的范例。"在1970年出版的第2版中，他又给出了一个更加详细的定义："范例是一种公认的科学行为规范（canon），包括规则、理论、应用、手段，提供了一种'特定的

---

① （英）R.G. 柯林武德：《柯林武德自传》，陈静译，北京大学出版社，2005，第104—107页。原著出版于1938年。柯林武德，现一般译为"柯林伍德"。

② Trigger B. G., *A History of Archaeological Thought*. p.2.

③ Thomas S. Kuhn, *The Structure of Scientific Revolutions*. Chicago: University of Chicago Press, 1962. 中译本有：托马斯·库恩著：《科学革命的结构》，金吾伦、胡新和译，北京大学出版社，2003；T. S. 库恩著：《科学革命的结构》，李宝恒、纪树立译，上海科学技术出版社，1980；孔恩著：《科学革命的结构》，程树德、傅大卫、王道还、钱永祥译，远流出版社，1989（1994，2版）。这本书大概是20世纪后半期在美国人文、社会学界流传最广的一本书，初版即卖出38万册。这书出版的时候，正是布鲁斯·特里格在美国留学的时候，他受库恩的影响是很自然的事情。

科学研究的连续传统'。这种传统的维持依赖于'科学共同体'（scientific community），通过共同体控制的期刊和教科书来传承。"①库恩的基本观点可以概括为，科学革命就是研究范例的不断变革。

在柯林伍德和库恩思想的基础上，特里格构建了自己的考古学思想史研究体系。特里格回顾了学术史上考古学史的三种研究途径——第一种：范例的变革；第二种：连续性发展；第三种：无序的发展。特里格明显倾向于采取第一种方式，他将考古学自萌芽时期至今世界范围内所出现的最有影响的思想流派分为几个类别——古典考古学、科学考古学、文化历史考古学、苏维埃考古学、功能主义考古学、新考古学等，然后对影响这些流派形成背后的社会思潮和历史观念加以考察，多有洞见。特里格的这种研究方式，不仅仅理清了考古学发展史上客观存在的种种思想，而且揭示了这些思想形成的内在原因和社会背景，拓宽了考古学史的研究视野；使考古学史不仅仅是一门叙述考古发现和技术进化的历史，而且是一门叙述思想发展的历史；不仅描述历史发展的进程，更关心历史发展的深层动因；不仅关注考古学自身的发展，而且将研究范围延伸到与考古学有关的社会因素的方方面面。虽然人们过去也时常关注考古学与社会之间的关系，但布鲁斯·特里格第一次把它们严肃地摆在了考古学史研究的一个中心位置。因此，特里格说："考古学思想史，主要是考察历史上考古学与其社会环境之间的关系。"②

特里格关于考古学史的观点给人们带来很多启示，最重要的毫无疑问就是思想史的研究方法，它不仅仅研究学科发展的本身，更重要的是讨论激发思想产生的历史环境、思想在不同社会环境和不同历史时代的变迁，整体地描述时代、环境和思潮，突破了传统考古学史研究的范围。

具体到中国考古学史研究上，这种研究范围和手法的突破，在新一代历史学者的著作中多有显现。前文所述桑兵对东方考古学会的研究、王汎

---

① T. S. Kuhn, *The Structure of Scientific Revolutions.* 2nd ed. Chicago : University of Chicago Press. 1970 : 10.

② Trigger B. G., *A History of Archaeological Thought.* p.1.

森对殷墟发掘的分析等，与传统的考古学史相比，都是视野宽阔、手法新颖、观点独到的力作，这是值得考古学史研究者注意的一个新方向。

但是，特里格的研究方法给我们带来的更多的是一种启示，而非一种可以照搬的模式。最主要的原因，在于二者关注的对象不同。特里格的《考古学思想史》考察的是世界范围内的考古学问题，关注的是普遍现象和总的趋势。"考察考古学思想史，应该考虑到世界上各个地区，各种流派，但要非常全面是不可能的，所以只能考察一些主要方面，以总结出一些主要特征。"① "并不从很具体的年代学、地理学或亚学科视角考察一些很具体的考古学解释趋势，而是大致根据其发端的年代顺序来考察这些解释趋势。"② 特里格有意超越考古学的地区多样性而寻求一般规律。

关于这一点，布鲁斯·特里格说：

很多考古学家注意到，考古学解释的一个基本特征是它的地区多样性。戴维·克拉克和里昂·克莱因（Leo Klejn）都把考古学的历史视为是一种地区性学派。克拉克认为，只是近来考古学多样性传统才消失了，以前每个地方都有自己的理论，以自己的方式去描述、解释（interpretation）和说明（explanation）。很清楚，考古学解释过去和现在一直都有地区性传统。它们的地区多样性性质仍然没有得到充分的研究。在何种程度上它们代表了认识人类行为的不可调和的差异，在所问问题上的差异？或者说在不同的术语背后对同一些基本观念认识的差异？文化的差异是至关重要的。③

中国民国时期的考古学，显然属于一种地区性传统，带有中华民族文

---

① Trigger B. G., *A History of Archaeological Thought*. p.2.

② Trigger B. G., *A History of Archaeological Thought*. p.21.

③ Trigger B. G., *A History of Archaeological Thought*. p.8-9. 但是，特里格下面的观点也十分重要："然而，贴近观察，不同民族传统下考古学家所作的大多数解释其实都可以归属于有限的几个基本方向。有这么几种类型：殖民主义、民族主义、帝国主义或者世界主义。这些东西在各个国家大同小异，随着政治环境的变化，一个民族的考古学传统也会由一种类型转变到另一种类型。"

化的特质，如何具体探讨这些特质及其来源，如何将西方理论与中国历史相结合，还需要做更细致的分析。

1900 年的第一届国际历史科学大会，一个叫莫诺的法国史学家致开幕词，说了这么一段话流传至今："我们再也不想牵涉假设的近似推论、无用的体系和什么理论，它们看上去堂而皇之，其实徒有其表，只是骗人的道德教条；我们要事实、要事实、要事实……我们要本身就含有教育和哲学的事实……我们要真相、全部的真相，除了真相我们一概不要。"①

有意识采取明显偏颇表述方式的这股思潮在历史上源远流长，德国兰克实证主义史学便与之有相当的渊源。其实就特里格本人而言，从来也并非既定理论模式的信徒。"他把各种不同来源的材料和证据融入他的研究中，又用同样严格的标准审查这些材料，他让证据说话，而不是把材料削短补长迎合他的理论模式。"②这个评价十分符合特里格著作的风格。

就中国史学研究而言，罗志田曾经详细谈到过理论，特别是西方理论的定位问题：

任何学术研究都不必也不能避开"深湛幽渺之思"，故提倡近代史研究"由虚入实"并非只注重史料，也不排除新理论、新方法的引进和运用……个人以为，新世纪的史学必须是开放性的，史学研究者应以开放的心态利用一切可资利用的方式方法研究历史，当然也包括理论。

在具体题目的研究上，则不一定非要套用什么特定的理论不可。因为任何具体的理论都自成"体系"，有其附带的框框，未必全适用于异时异地异学科的研究。

……

同时，没有自身的学术立足点及在此基础上的学术优势，也谈不上对话，所以中国史学不能盲目地跟着西方跑。从实践层面看，由于西方史学是个发展的变量，要跟着跑也很难跟得上。

① 转引自葛兆光：《思想史研究课堂讲录：视野、角度与方法》，第 80 页。
② 葛人：《布鲁斯·特里格的为人和为文》，《中国文物报》，2007-5-18（7）。

……

从治学的具体层面看，引进新方法其实不一定非落实在成体系的"理论"之上不可；很多时候，只要换个新的视角，就会拓宽我们的史学视野。

……

历史上的人与事本来就有"横看成岭侧成峰"的特点，视角的转换在许多方面可使人耳目一新，不仅可以观察到一些以前所未注意的历史面相，更重要的是很可能导致研究者对许多早已重视的面相产生新的理解，从而丰富人们对历史的"立体性"或"全息性"认知。[①]

罗志田以上的看法，尽管是针对近代史研究，但以之观照考古学史研究，也可称为精到之论。特里格的思想史路径是非常重要的一个借鉴，但它的更大意义，并不在于提供了一个可供仿照的模板，而在于方法论上的启发。

下面要讨论的是论题的表述方式，也是一个非常重要的问题，这里继续以罗志田的观点加以阐述。罗志田曾经谈到近代史研究表述的当前走向：

传统中国史学典范注重"言事"，除考证史实外，撰史的高下更多体现在表述层面对史事的去取裁断之上。这一典范（范例）导致对既存"史论"的明显轻视，盖一般史论近于言"理"，对"事"多点到为止。现代中国史学中也有据理言事的一派，主要受西方社会科学论述方式影响，事为证理而出，也多为证理而存。循此先言理后言事之途治史，或能有独创之见，然通常较难。这里的一个关键在于治史者本身的功力如何，倘在具有言事能力并掌握了基本史事的基础上进以言理，则所得往往较纯粹言事者更多。

不过，这一取向至少不适合于一般初学者。司马迁曾引孔子之说，"我欲载之空言，不如见之于行事之深切著明也"（《史记太史公自序》）。初学者恐怕还是先养成搜集资料并据以言事的习惯为宜，此后再视个人性之所近，看是否向兼言事理的方向发展。我想强调的是据资料以言事的表述方

---

[①] 罗志田：《近代中国史学十论》，复旦大学出版社，2003，第249—255页。

式，即先把事情本身说清楚，这应是史学最重要的基本功之一。①

　　以之而论，对初学者来说，写作和研究的基本态度，还是以"见之于行事"，不发空论，不以定论为先导，而以事实来说明问题，是一个较好的选择，这也是本书的基本表述方式。

　　之所以以"见之于行事"为贵，是因为史学研究中常常有一种"倒放电影"的倾向，十分值得警惕。"倒放电影"手法的优点是：由于结局已经知道，研究者较容易发现一些当时当事人未能注意到的事物的重要性。以后见之明的优势，仔细分析当时当事人何以不能注意到那些后来证明是关键性的发展（即何以不能认识到特定事件的历史意义），以及这样的认知怎样影响到他们对事件的因应，应能有较大的启发。但这一手法也可能有副作用，即容易以今情测古意，特别是有意无意中容易以后起的观念和价值尺度去评说与判断昔人，结果常常是得出超越时代的判断。这样以后起的观念去诠释昔人，有时便会出现朱熹指责的"先立说，拿古人意来凑"的现象，主动去"捉"出一些脱离时代的研究结论。②刻薄一点来说，后来者甚至比当事人还清楚事件的前因后果，归纳出该事件必然发生的种种因素，而对事件发生之环境缺乏全面的认识。这种研究倾向，容易强调历史必然性，而忽略很多偶然因素，但历史发展的具体过程，主要就是各种偶然事件所组成，很多时候，历史的进程就是由各种偶然因素所决定。偶然性在历史发展中的地位，其实并不比必然性低，更罔论某些必然性只是后来者人为归纳出来的而已。过于强调理论性的研究，很容易走向这种偏向。而"见之于行事"的叙述，也许对之有纠偏的补益。

　　如何贴切地见之于行事？若以"了解之同情"（陈寅恪语）进入那个时代的情境中，贴切体会时代氛围和人物情感，在叙述这些过程的时候，庶几可以努力贴近于历史之真实。很多时候历史研究并不能过于追求其价值和意义，而"求真"方是唯一的底线。

---

① 罗志田：《近代中国史学十论》，第 256 页。

② 罗志田：《民国史研究的"倒放电影"倾向》，《社会科学研究》，1999（4），第 103—105 页。

# 第一章

# 1928 年之前的中国考古学

本书之所以选择 1928 年作为讨论的时间界线，是因为这一年对中国考古学有特殊的意义。1928 年，中央研究院历史语言研究所随着国民党南京政权的建立而成立，从此之后，中国考古学得以在国家力量的支持之下作为一个学科开始了系统性的规模发展，就此打破了自清末民初以来中国考古只是靠一些外国人士、中国个别学者和机构零散从事相关活动的局面，中国考古学进入了一个新的发展阶段。

然而过去并不可以抹杀，1928 年之前，中国考古学已经进行了相当长时间的探索。正是之前这些探索，创造了一个良好的学术环境，并且为后来史语所的考古学家们提供了部分知识来源，奠定了中国考古学快速发展的基础。

## 一、20 世纪初期西方考古学的发展及其在中国的影响

和其他很多现代学科一样，就"科学性"的一面而言，中国的现代考古学毫无疑问也是来自西方。故要了解考古学在中国的兴起，就不能不了解同时代西方考古学的进展。这个"西方"的概念实际上牵连甚广，它包括很多地域性学术流派，分布在西欧、美国、日本、苏联等地。由于各种机缘，这些流派对中国考古学或多或少都产生了影响。下面首先来看一下当时世界范围内考古学的进展情况。

欧洲是全世界考古学的发源地。按照英国著名考古学史家格林·丹尼尔的说法，是丹麦人，还有后来的瑞典人，在 19 世纪的上半叶奠定了科

学考古学的基础，完成了古物学向考古学的革命性转变。①1840年丹麦学者提出的三期论，奠定了史前考古学研究的基础，丹尼尔认为这是考古学诞生的标志。1867—1918年是科学考古学的兴盛期。地层学和类型学成为考古学的两大方法论支柱，史前考古学系统化，引入自然科学方法，田野调查和发掘科学化，蒙特留斯和皮特里的类型学研究成为考古学研究的范例。随着欧洲殖民主义扩张，考古学逐渐从欧洲、北非、西亚扩展到东亚和美洲。这个时候，在欧洲学者带领下，考古学再度发生了革命性的变化。以特里格的观点言之，是发生了进化考古学向文化历史考古学的转变。考古学文化概念的提出和以考古学文化为核心的研究，成为新的学术主流。1925年，柴尔德《欧洲文明的曙光》②发表，是欧洲学者运用考古学文化进行文化史研究的经典之作。

这一时期，欧洲是世界考古学研究的中心，美洲和日本的考古学实际上皆受到欧洲学者的巨大影响，虽然也具有自己的鲜明风格，但是在基本观念和方法上与欧洲是同步的。

科学考古学在世界范围内的传播和推进，在学术上取得了巨大的成就，但就具体过程而言，很多时候却带有浓厚的帝国主义和殖民主义色彩。丹尼尔大书特书的"近东文明的发现"，即探险家和学者们对北非、西亚等地区古代文明的发现与研究，构成了这时期科学考古学的主要成果。但从这些弱小国家和地区人民的立场言之，这却是一段伴随着洋枪洋炮而来的被欺凌与掠夺的屈辱历史。

在20世纪20年代之前，尽管从世界范围来看，现代考古学已经成为相当成熟的学科，但是由于时代限制，考古学作为学科尚未系统引入中国。然而此时现代考古学有关知识在中国的传播，却也并非无迹可寻，这段传播史，历史学家俞旦初已经做了详细的梳理③，陈星灿更有完整的论述。从

---

① （英）格林·丹尼尔：《考古学一百五十年》，黄其煦译，第27—43页。

② （英）戈登·柴尔德：《欧洲文明的曙光》，陈淳、陈洪波译，上海三联书店，2008。

③ 俞旦初：《二十世纪初年西方近代考古学思想在中国的介绍和影响》，《考古与文物》，1983（4），第107—112页。

二人的叙述可以看出，这些关于考古学的认识主要来自日本，是当时大量从日本输入的新思想、新知识中关于历史学介绍的附带品。陈星灿的结论是："由于我国在五四运动之前翻译的著作大都系史学通论或世界通史、西洋史纲之类的通论性著作，对考古学的基本理论和方法没作出进一步的介绍。"①

中国真正迅速形成"考古"热，出版大量考古学的书刊文章，知识界对考古趋之若鹜，要到 20 世纪 30 年代。主要的原因，是由于安特生的仰韶村史前考古成就启之于前，李济的西阴村考古继之以后，1928 年史语所开展的大规模考古活动更将这股热潮推向高峰。总之，是考古学的实际成就将知识界的热情迅速点燃了起来。

## 二、新材料的扩充和甲骨学研究的意义

就 20 世纪初期刚刚步入现代化启蒙阶段的中国知识界的状况而言，远远谈不上到了对考古学理论方法进行系统学习的阶段。这时候他们面临的或者说不得不接受的，是治学底层观念的根本转变，即从书本知识到其他材料的视野的转变，从书斋走向田野的治学方式的转变。在这方面，西方来的那些探险家和考古学家真正给中国的传统士人们上了一课，所引起的震动是很大的。

作为一个有着家学渊源的学者，李济对中国传统士人的治学方式认识深刻。他说，中国的传统教育，使得孟子"劳心者治人，劳力者治于人"的话不仅成为处理一切社会问题的普遍准则，也成了知识分子一心追逐的目标。特别是印刷术发明后，脑力劳动逐渐限制在啃书本上。②

治学就是高卧书斋读古书这种观念，对中国人来说可谓根深蒂固。至于清代，考据之学大兴，这更是一门纯粹的故纸堆中的学问。虽然中国传

①　陈星灿：《中国史前考古学史研究（1895—1949）》，第 41 页。
②　李济：《安阳》，载《中国现代学术经典·李济卷》，河北教育出版社，1996，第 470 页。

统士人们对世界其他地方的学术并不关心，但是由于时代的变革，他们却不得不直接面对来自西方文化的冲击。从清末开始，作为西方列强逐鹿之地的旧中国，就被迫为一切"高等白人势力"乃至同种强邻大开门户。除了冒险家、劫掠者、间谍，随之而来的还有一批形形色色的学者。正是这些人在中国的土地上，以中国的材料为对象，以田野手段做出的新成绩，对中国知识界产生了振聋发聩的作用，扩大了研究材料的范围，使得田野方法走入了学术研究的庙堂。随着时代的变迁，中国学术自身也进入了一个蜕变期。

在这个过程中，首先兴起的是敦煌学。斯坦因和伯希和的活动，以及巴黎汉学的贡献，对中国知识界震动最大，起到了示范性作用。19世纪末期，中亚已经成为地球上最后一块古代文明的探险宝地，各类冒险家和寻宝者纷至沓来，所谓"外国人在中国的考古"的众多事件，大多数发生在古丝绸之路沿线的我国新疆、甘肃等地。这些外国人劫去的珍宝文物不计其数，其中对后来中国学术发展影响最大者有二：敦煌塞上及西域各处之汉晋木简、敦煌千佛洞之八朝及唐人与本书卷。这些东西被王国维誉为"中国学问之最大发见"，得其一"足当孔壁汲冢所出"。①

在20世纪前期的诸位杰出学人中，论声望之高，无出于王国维者。这是一个奇特的人物，政治思想极旧，而学术思想极新，学术上，他是一位"预流"者。②所以他对时代变化的体验，特别是对学术潮流的判断，其具代表性。他的叙述也颇描绘出当时封闭的北京学术界看到这些新材料的心态。关于敦煌的重要意义，不仅在于新材料的发现，更在于沙畹、伯希和等人用这些新材料做出了新学问，由此树立了巴黎学派国际汉学中心的地位，敦煌学成为显学。这是对中国当时最杰出的一批学者刺激最大的地

---

① 王国维：《最近二三十年中国新发见之学问》，载《王国维遗书》第五册，第65—69页。

② 1930年，陈垣恪在《陈垣〈敦煌劫余录〉序》中指出："一时代之学术，必有其新材料与新问题。取用此材料，以研求问题，则为此时代学术之新潮流。治学之士，得预此潮流者，谓之预流。其未得预者，谓之不入流。此古今学术之通义。非彼闭门造车之徒，所能同喻者也。敦煌学者，今日世界学术之新潮流也。"王国维关于甲骨文的研究可谓"预流"。

方，由此，巴黎汉学的路子成为中国新派学者们学习的榜样。

鲁迅在 1922 年 11 月的时候曾经在报刊上发表文章说："当假的国学家正在打牌喝酒，真的国学家正在稳坐高斋读古书的时候，沙士比亚的同乡斯坦因博士却已经在甘肃、新疆这些地方的沙碛里，将汉晋简牍掘去了；不但掘去，而且做出书来了。"① 可见当时这一类西方学者给中国知识界带来的普遍刺激。当然，这种刺激最主要的表现是一种民族主义情绪，但是在学术上也实实在在给中国人带来了很多启发。

而在中国学术界内部，事态也在发生变化，其中与考古学的兴起直接相关者，就是甲骨学的出现。这既是由于清代朴学成就的长期积累，也是受到西方新的学术思想影响的结果。甲骨文研究之于中国考古的重要，差可比拟以象形文字之于埃及、玛雅，楔形文字之于西亚。正是由于有了对甲骨文的破译和研究，以殷墟考古为主体的中国考古才能够成为一门中国式的学问——中国考古学。西方的科学考古知识固然极其重要，而甲骨文对于像殷商这种历史时期的考古学研究来说，是必不可少的要素，没有传统学问作为根基，是无法开展研究的。

甲骨文的研究是一个不断推进的过程，1928 年之后以殷墟出土材料为对象进行的研究，由于受到科学方法和技术的推动，取得了飞跃性的进步。但如果没有过去文字破译和历史研究的基础，这种飞跃是不可想象的。这方面做出贡献者为数众多，其中王国维最具代表性。这个过程涉及的事件和人物繁杂，这里不再多做评论，总之，甲骨文前期研究的成果为今后的殷墟考古学奠定了必不可少的基础。

## 三、科学思想与田野方法的引入

如果说在敦煌文书事件中，斯坦因和伯希和起到的还只是一种整体性

---

① 　鲁迅：《不懂的音译》，载《鲁迅全集》第 1 卷，人民文学出版社，1981，总第 388—389 页。

的发蒙作用的话，那么后来在地质调查所与外国学者的合作中，部分先进中国知识分子实际上已经开始行动起来了。

1900 年前后的几十年，现代科学机构体制化在世界范围内飞速发展，中国也参与到了这个过程之中。1916 年农商部地质调查所的建立是一个里程碑；而开始强调科学知识，则是另外一个里程碑。[①]五四运动呼唤"德先生"（民主）和"赛先生"（科学），从西方舶来的"科学"观念，由此在中国扎根，成为一个至高无上的概念。

新知识要通过科学方法才能获得，这到 20 世纪 20 年代已经成为一种较普遍的认识。尤其是青年知识分子，视科学为粉碎传统秩序、帮助中国富强起来的利器，即科学可以救国。他们认为中国之所以不如西方，缺乏科学是问题的关键。"科学是西方文明的源泉"[②]，"如果我们真地希望发展新文化，我们就应该特别注意发展科学"[③]，类似的观念在趋新知识分子中广泛而深刻。胡适也是一个在中国推进科学思想的鼓吹者，言必称"科学方法"，号召以科学方法整理国故，影响很大。但是这个时候，即使是胡适这样的早期留学生，对科学的理解大都还是停留在概念上，或者说略知皮毛，对科学方法的具体内涵、运用范围的界定，实在没有什么深刻的认识。真正具有科学思维，并掌握一定方法的人，当时还是少数，主要是像丁文江、李济这样在欧美受过自然科学训练的留学生。

1916 年成立的农商部地质调查所，在曾经留学英国的丁文江的带领下，成为在中国实践现代科学学术的先驱。这个时候的大学已经开设地理学和古生物学，大学生也知道了"田野工作"是获得第一手科学知识的方法。就文史研究而言，王国维讲二重证据法，把材料分为"书本资料"和"地下资料"两类，充分说明"田野方法"已经影响到受传统教育的学者。地

① （美）费正清、费维恺编：《剑桥中华民国史》（下卷），中国社会科学出版社，1994，第 432 页。

② 任鸿隽：《五十自述》，未刊文稿，1938 年。

③ 蔡元培：《三十五年来中国之新文化》，载《晚清三十五年来之中国教育（1897—1931）》，香港：龙门书店，1969，第 297 页。

质调查所先后聘请了一批优秀的外国科学家，其中最重要的有五个人：葛利普（美国人）、安特生（瑞典人）、步达生（加拿大人）、魏敦瑞（德国人）和德日进（法国人）。这五人都是具有国际声誉、在本领域内具有一流水平的专家。中国早期科学研究在地质学、古生物学和考古学方面能够取得相当大的成就，与这种成功的中外合作是分不开的。

在外国学者的帮助下，中国地质调查所培养了一大批田野调查人员，他们除了学到地质学及有关的基本科学知识，还掌握了进行田野调查的现代方法。每个调查人员必须具有携带仪器和无论多远都能步行的体力。这完全打破了旧中国仅仅从事脑力劳动的学者的传统训练方法。这些人当中，有裴文中、贾兰坡等后来直接从事考古的工作者，也包括袁复礼、杨钟健等为考古做出了重大贡献的地质学家和古生物学家。

这里要重点谈一下安特生。过去回顾外国人在中国的考古活动时，安特生是其中一员，但实际上安特生的身份与斯坦因、伯希和等人是完全不同的，他是当时中国政府聘请来的专家，他在中国所从事的绝大多数考古和地质活动，并不能看作他个人的行为，而应该看作中国地质调查所的机构行为。他本来从事地质学，因为偶然的机会对考古学发生了兴趣①，成为中国史前文化的发现者和研究者，与李济由体质人类学转入考古学的经历颇有类似之处。

安特生是一个具有多方面才能和贡献的人物，在中国考古学史与地质学史上都有崇高的地位，过去人们将他混同于帝国主义分子，直到近年来，他才被陈星灿等人从历史的尘埃中逐渐发掘出来。张光直曾经说，李济在中国考古学史上留下了很多个第一，而安特生所创造的各个第一，其范围和难度都在李济之上。对此安特生也很自矜，他在1934年风行一时的《黄土的儿女》一书中曾经夸耀：

---

① 李济曾经批评安特生作为考古学家只是"半路出家的和尚"，意思是说他原来是搞地质的。见戴家祥《致李光谟》，载《李济与清华》，第169—170页。

一系列幸运的环境使我几次成为开拓者。1914年我是第一个偶然发现叠层石矿石的有机物起源的人。1918年我发现了聚环藻团块并认识到它与北美寒武纪前期相似的"化石"的联系。同年我们在中国发现了第一个三趾马区，在科学界很有名。1919年在蒙古的额尔登特发现了海狸群。1921年是值得纪念的一年，发现仰韶村新石器时代住址及黄河边的始新世哺乳动物，以及奉天沙锅屯洞穴堆积。在周口店发现更著名的洞穴堆积，这闻名于世的发现是由继我们之后的人工作的结果。[①]

安特生还有其他许多惊人之举。他曾经到中国的华南做考古调查，是香港考古的开创者。在中国考古学史上，他实在是一个真正的开山性人物，对中国现代考古学的形成有无可替代的开拓之功。首先，他对周口店的发掘有开创之功，当然，更重要的还是他从仰韶村开始对彩陶文化的发掘和研究，使得他成为民国时期中国史前考古学的缔造者和主要代表人物。

李济说，安特生是第一个以实际成果在中国古代文物调查中示范田野方法的西方科学家。在科学调查中，伴随着他的常是训练有素的青年助手，这些人忠实地追随着他，自然也学到了他的方法。1921年仰韶村的发掘，成为中国考古学的起点（图1、图2）。仰韶文化的发现极其重要，立刻引起了世界的注意，包括许多保守的中国历史学家。[②] 这个发现对当时知识界的普遍冲击，在许多学者的论述中都可以发现，安特生成了言考古史者必然提及的名字。而安特生后来对中国史前文化的持续研究成果，成为史语所考古学家们进一步讨论诸考古学文化之间关系的基础。

安特生的主要发现是：在中国北部自奉天迄西至甘肃一带有一种很普遍的石器时代的遗址，遗址中除石器外有兽骨、陶器、骨器、蚌器等实物。各种实物的形制，均有特别的地方，尤其引人兴趣的是一种带彩的陶器，上面绘着好些几何式花纹。这些花纹的形式虽是随地而异，但大致是相同

---

① 安特生的《黄土的儿女》于1934年出版了英文版。

② 李济：《安阳》，载《中国现代学术经典·李济卷》，第472—477页。

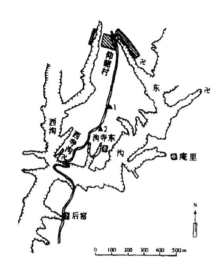

图 1　安特生发掘仰韶村位置图

［安志敏：《仰韶村和仰韶文化——纪念仰韶文化发现 80 周年》，《中原文物》，2001（5），第 16 页］

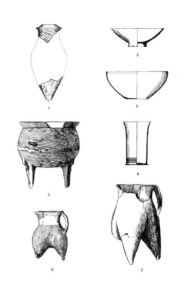

图 2　安特生在仰韶村发现的部分陶器

（安特生：《中华远古之文化》，《地质汇报》第五号，1923，第 75 页）

的。最引人注意的是这种陶器与中亚、西亚、南欧一带石器时代遗址的彩陶颇有类似的地方（图 3）。

　　安特生对这些考古资料的解释，由于时代的局限则出现了很大的问题。当时唯一的、最重要的考古学解释工具是建立在进化论基础上的传播论。安特生将中国彩陶与中亚的发现相比较，得出的结论是彩陶文化是由西向东逐渐传播而来的，最后自然形成的结果就是史前领域的"中国文化西来说"。这种学术上的观点进而波及思想领域，引起中国文化人普遍的反感。但由于拿不出有力的反证，中国学者们不得不接受或者说默认这种观点。整个民国时期，中国史前考古学实际上都笼罩在安特生提出的彩陶文化西来说的阴影之下。但这刺激又成为一种动力，催生了龙山文化的发现和研究，客观上促进了史前考古学的进步。

　　中国的石器时代文化之所以由一个像安特生这样的西方学者而不是中国学者发现，绝非偶然，这是因为当时并没有任何中国学者具备这方面的

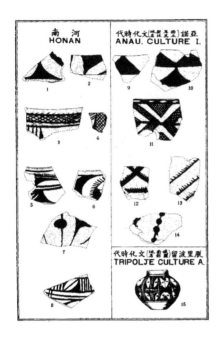

图 3　仰韶村出土彩陶与中亚彩陶之对比
（安特生：《中华远古之文化》,《地质汇报》第五
号，第 81 页）

专业知识。但在西方，关于石器时代的研究，对于安特生这类的学者而言，几乎已经成为常识。安特生虽然并非职业的考古学家，但他面对仰韶村这些材料，却能够迅速利用西方同行（如彭北莱、阿尔纳等）的文献，对材料的性质做出准确的判断。①在当时的中国人当中，没有人具备这样的学识。而且非常重要的一点是，史前研究是西方学术传统，安特生所接受的西方教育使得他能够迅速进入角色。与之不同的是，中国学者由于传统文化背景和训练的原因，可能只会对殷墟这样与历史有密切关系的遗址有更大的兴趣，而不是仰韶这样的史前遗址。

----

① 安特生当时并未立即认识到仰韶村史前遗址的意义，只是后来他到北京地质调查所图书馆，在那里看到彭北莱写的 1903—1904 年美国地质学家在安诺（Anau，在今土库曼斯坦阿什哈巴德）的考察报告后，他才认识到彩陶可能存在于原史时代，于是他对这个发现热情大增。据李济《安阳》，载《中国现代学术经典·李济卷》，第 478 页。

总之，催生中国现代考古学的三个主要因素：一是以新材料为特征的敦煌学和甲骨学的兴起；二是地质调查所的中外合作；三是安特生的史前考古。这三者发生的时间有先后，所起到的作用逐步深入。敦煌的发现和研究使得中国学人认识到新材料的重要，地质调查所的中外合作直接教会了中国人发现新材料的田野工作和科学研究的方法，而安特生的具体成果则为中国史前研究打开了大门。特别是后二者，直接构成了史语所科学考古的知识来源。

## 四、传统学者对考古学的认识及其实践

通过中国地质调查所一批外国专家，特别是安特生的工作，到了 20 世纪 20 年代，考古学在中国史学界已经成为一个十分新颖、前沿的话题。大家对考古在历史研究中的重大作用已经有了相当统一的认识，无论新旧人物，可谓无人不谈考古学，并且各自利用自身资源，迅速展开了行动。但因教育背景不同，对考古学的具体内涵和工作方法，认识相当混乱，实践成果也相差甚远。这里首先谈一下在史学界占大多数的传统学者的认识及其实践。

1934 年的时候，李济撰文谈到了安特生对中国古史学的贡献：

10 余年前，旧一点的史学家笃信三皇五帝的传说，新一点的史学家只是怀疑这种传说而已；这两种态度都只取得一个对象，都是对那几本古史的载籍发生的。直等到考古学家的锄头把地底下的实物掘出来，史学界的风气才发生些转变。

……

有了这次的发现，中国古史就渐渐脱离了那载籍真伪的辩论。这并不是说中国的史乘完全消失了它们的价值；由这几年古史辩论的趋向看，中国史籍所载的若干史实，因考古的发现，反更加证实了。但考古的材料天天增加，先前所认为中国古史的问题，已不成为问题；可以作辩论材料的

倒是地下出土的若干新材料。譬如安特生所发现中国石器时代文化，这是中国的史学家向来没有注意的一件事。向来所谓"难稽"的洪荒，一旦变为一件有物可证的具体案件，在旧史学家自然是无话可说，在新的史学家因此就开了一个收集史料的方向……①

　　安特生的工作，特别是他的成果与中国古史之间可能具有的联系，使得中国学者们探索往古的热情前所未有地燃烧起来。史前文化的发现，开启了中国历史的想象空间，仰韶村的发掘，给疑古以及不疑古的历史学家们指出了一条新的出路，从此以后，历史学界诞生了一个"考古派"或者说"掘地派"。

　　这里所谓"掘地"，实为"田野发掘"或者说"田野考古"的别称。如果说之前炙手可热的"考古"还带有相当浓厚的金石学色彩的话，那么这里的"掘地"，指向已经非常明确了，是指中国学术传统中向来没有的田野方法。

　　这时候史学界的"考古派"或者"掘地派"大多是疑古派，或者是与疑古派有密切关系的人物。疑古派的精神领袖胡适，早在 1921 年 1 月给顾颉刚的信中就说："大概我的古史观是：现在先把古史缩短二三千年，从《诗》三百篇做起。将来等到金石学、考古学发达上了科学轨道以后，然后用地下掘出的史料，慢慢拉长东周以前的古史。"②随着考古学的进展，这种想法更盛。李宗侗在 1924 年 12 月《现代评论》一卷三期发表《古史问题的唯一解决方法》一文提出，"要想解决古史，唯一的方法就是考古学。我们若想解决这些问题，还要努力向发掘方面走"。1926 年 2 月起编的《古史辨》第二册（1930 年 8 月出版），类似的论调甚多。顾颉刚本人在《自序》中就说："我的工作，在消极方面说，是希望替考古学家做扫除的工作，使得他们的新系统不致受旧系统的纠缠。"顾颉刚等人显然是把

① 李济：《中国考古学之过去与将来》，见张光直、李光谟编：《李济考古学论文选集》，文物出版社，1990，第 46—47 页。
② 胡适：《自述古史观书》，载《古史辨》第一册，朴社，1926，第 122 页。

建立史学新系统的希望放在了考古学上。这种思想最典型的表达是马衡的想法，马衡对考古学的期望就是用考古方法来打开更精确、更复杂的"地下二十四史"①。马衡是北京大学考古学研究的开创者，是 20 世纪前期中国传统学人群体进行考古实践的领导者，他的观念和言行有相当的代表性。

实际上以上学者大多属于年轻一代的趋新派，但由于受训背景的局限，在口头上大声疾呼考古学的同时，他们并没能提出很明确的纲领和办法，反而是已经被这些新人物视为落伍者的梁启超站了出来，以《中国考古学之过去与未来》为题，对考古学做了全面的论述和总结，代表了该时期中国大多数学者对考古学的认识水平。文史界对考古学的这种看法，与李济、傅斯年这些具有自然科学训练背景的真正新人物对考古学的认识，是有着重大区别的。特别是李济，在美国读过考古学的课程，对什么是现代科学考古学有较具体的认识，虽然这种认识，由于他终非科班出身，也是相当肤浅的。

要是从观念基础上分析这两派之间的根本区别，关键之处在于对"科学"的理解和把握。虽然"科学"一词这时已经深入人心，但知识界的大多数人，即使是胡适这样大张旗鼓宣传"科学方法"的新人物，对"科学"的内涵和方法，其实并无实质性的认识和运用，可以说自始至终基本上停留在宣传的阶段。胡适是留洋人物尚且如此，更遑论梁启超、顾颉刚、马衡这些仅仅是受到一些西化影响的学者了。美国学者施奈德（Laurence A. Schneider）在其《顾颉刚与中国新史学》一书中曾经说：

顾氏对科学问题的鉴识，终其治学生涯，仍然是在初步的水准。他对科学问题的陈述，暴露了其著述中显而易见之以经验为根据的偏见。对顾氏和胡氏来说是一样的，科学主要是方法。科学从观察开始仍然回复到观察。从西方自然科学发展出来的演绎法与归纳法之间有复杂的关系，但顾、

---

① 沈颂金：《传统金石学向近代考古学的转变——以马衡为中心的考察》，载《考古学与二十世纪中国学术》，第 14 页。

胡二氏对此仅有皮毛的了解。①

　　胡适和顾颉刚是当时代表时代潮流的领袖人物，对科学的认识尚且就是这个水准，其他人的情况可想而知，可以说这种对科学的一知半解代表了当时文史界一种普遍的状态。当然，我们今天可以说，科学并非解决一切问题的万能钥匙，也非获得新知识的唯一途径。但就民国初期的情况而言，西方文化霸权渐成主流，中国要追赶和对抗以近代科学为基础的西方文明，"科学"就成了关键。

　　再回到考古学上，1928 年前的中国考古学，以是否具有"科学思维"和掌握"科学方法"为界，大致可以分成以下两个流派。一是中国传统学者群体，主要机构是北京大学研究所国学门考古学研究室，代表人物是马衡，典型论述是梁启超的《中国考古学之过去与将来》②。二是与外国学术界有密切关系的中国地质调查所，代表人物是安特生，以及在美国弗利尔艺术馆（Freer Gallery of Art）支持下并且与地质调查所也有密切关系的李济。李济有一篇能够代表这时期他对考古学认识水平的文章，就是他 1924 年 4 月在清华学校大学部的讲演稿《考古学》③。前一派起步早，声势大，后来却踟蹰不前，终于寂寂无闻；后一派则借助史语所的力量，一飞冲天，成为中国考古学的主流。

　　马衡 1925 年时曾经冀望借助有计划、大规模的考古发掘得到更精确、更复杂的"地下二十四史"。他之所以对考古学产生如此不切实际的巨大希望，可能主要是受到甲骨学和敦煌学成就的启发，但也表现出对考古学性质的不了解。在欧洲曾经广泛学习各类自然科学和社会科学知识的傅斯年，对考古学的认识就比马衡清醒得多。他说："掘地自然可以掘出些史前的物事、商周的物事，但这只是中国初期文化史。若关于文籍的发觉，恐怕不能很多。（殷墟是商社，故有如许文书的发现，这等事例岂是可以常

① 田旭东：《二十世纪中国古史研究主要思潮概论》，中华书局，2003，第 161—162 页。

② 梁启超：《中国考古学之过去及将来》，载《中国考古小史》，第 5—25 页。

③ 李济：《考古学》（演讲记录），载《李济与清华》，第 87—91 页。

希望的？）"① 在这方面,傅斯年和李济这些真正的新人物与马衡等人是有根本区别的。至于明明知道不可能发现"地下二十四史",仍然要去进行有计划、大规模的发掘,恰恰反映了史语所科学考古思想的核心所在,也就是要有一个"整体的观点"。按照傅斯年的说法,就是"以殷墟为一整个问题,并不专注意甲骨等";李济强调的同样是,"对于一切的发掘,都是求一个全体的知识,不是找零零碎碎的宝贝"。② 这都是纯粹从物质遗存出发认识历史的考古学观念,脱离了以文献为主的历史学成规。总之,当时占据史学界主流的传统派对"考古"或者"掘地"作用的盲目乐观和不切实际的期望,是一个普遍存在的客观现象,这也造成了后来这类人对考古学证经补史作用的逐渐失望,最终形成了历史学与考古学的疏离,并影响至今。

要考察传统派的考古观,梁启超发表于 1926 年秋的《中国考古学之过去及将来》是一篇很重要的文献③。贯串其中的根本思路,是将考古学作为金石学的扩大和延续,而将其作用定位为证经补史。至于其论调,若以科学派的观点而言之,可谓皆凭经验而发挥,而不晓科学考古为何物。当时梁启超和李济同为清华国学研究院导师,李济所开的课程之一是考古学。据当年李济的学生戴家祥回忆:

　　大约就在这一年(1926 年——作者注),瑞典皇太子对中国访问,学术界非常重视。梁任公写了一篇报告(即《中国考古学之过去及将来》——作者注),陈寅恪译成英文;这篇报告的中文本分发到每个同学的手中。李老师把这篇报告在课堂上向我们一摊:"这就是中国人的所谓考古学。"

　　李老师所讲的考古学与我们过去所讲的考古,或者挖古董、收藏古董,

① 傅斯年:《与顾颉刚论古史书》,载《傅斯年全集》,湖南教育出版社,2003,第 456—457 页。

② 王汎森:《什么可以成为历史证据》,载王汎森:《中国近代思想与学术的系谱》,河北教育出版社,2001,第 366 页。

③ 梁启超:《中国考古学之过去及将来》,载《中国考古小史》,第 5—25 页。

实在相去十万八千里。①

　　在这篇讲演稿中，梁启超认为考古学在中国成为一门专门学问起自北宋，实际上他指的就是我们今天所说的金石学。他谈到考古学的历史，北宋开始兴起，后来由于谈玄之风的影响走向衰落，到清代乾隆中叶以后至今的一百五十年进步"猛烈"，出现了大量的著作，这些著作的对象关乎以下几类：石、金、陶、骨甲及其他。然后他详细介绍了这几类事物。我们可以注意到，梁启超所提到的材料，几乎全部都是与铭刻、造像有关系者，明显表现出金石学的特点。梁启超关注的这些材料，其实大多是对历史考古学特别重要的资料，有些在艺术史研究中具有举足轻重的地位，不应该轻易抹杀。如石类中的石刻、画像、碑铭和雕像，金类中的钟鼎文、古钱、度量衡、古印、古镜，陶类中的古陶瓷、砖瓦、明器，骨甲及其他类别中的甲骨文、竹简，等等。其间所包含的学问，实在是非常广博，而且生机勃勃，它们后来的发展成就并不亚于科学考古学。但除此之外，具体谈到现代考古学，梁启超的了解就十分有限了，文中关于这部分的篇幅很短，只是提到以下几条：

　　第一个方向是发掘，从前这种古器物的出土，都是碰机会，偶然发现出来的，宝贝已经很多了。往后要进一步，作有意识的发掘。这类工作，中国完全没有（梁启超在宴会上作这篇讲演的时候，他清华国学研究院的同事李济正在西阴村埋头发掘——作者注）。近来欧美学者，到中国来作有意识的采掘，成绩很佳，于是中国学者，亦感觉有自动采掘的必要。……
……
　　第二个方向是方法进步，以前考古学所用的方法，全是中国式，自从欧、赵（按：欧阳修、赵明诚）以后，遗传下来，不过时有所改良而已。此种方法，好处甚多，然亦不算完全；我们希望将来，全国高等教育机关，

---

① 戴家祥：《致李光谟》，载《李济与清华》，第 171—172 页。

要设考古专科，把欧人所用方法，尽量采纳。

一、旧方法的改良 例如从前利用器物上的花纹文字，以断定它的年代，这种方法，当然十分精确，不过遇着器物上没有花纹文字，那就没有办法了；今后应当在它的质料、形状、色泽上寻出标准，纵然没有文字花纹，亦可以推定它的年代。

二、新方法的引用 例如有地质学的知识，可以用崖层状况，以判定时代的早晚；有人类学的知识，可以考出头颅、骨骼的派别；这类科学，于考古方面，直接间接，裨益甚大；我们一面要得前人所未得的资料，一面要用前人所未用的方法，从荒榛断梗中，辟出一块田园来。[1]

以梁启超为代表的中国学者，在考古学上的气派，实在并不算小，而且有不少超出了科学考古学者的见识（如对后段历史考古的重视、在全国举办考古教育等）[2]。并且他们在行动上，也进行了切实的努力，这以北京大学研究所国学门的活动为代表。

前面已经提到，五四新文化运动之后，现代考古学开始进入中国学术体制。就组织机构而言，这时期主要有三个，分别是北京大学研究所国学门的考古学研究室、清华学校研究院国学科和农商部的地质调查所。因为中国有文字记载的历史文化源远流长，考古学的发展很大程度上受这一特性的制约，除了与地质学及古生物学联系紧密的史前考古，主要关注点还是补证文献记载的历史。所以，就考古组织的发展而言，除了中国地质调查所由于其学科背景注重史前考古之外，中国学者所从事的考古活动，大多与文明史研究有关，其中以北京大学最为典型。北京大学国学门考古学研究室，受欧美、日本以及中国地质调查所的考古成就激励而成立，由中国学人群体独力创建而成。这是中国乃至东亚最早的专门考古机构，在当时地位最高、人员最多、资源最广，可谓是拥有天时地利人和，被中外学界寄予厚望。但以他们为代表的传统考古派，后来却未能成为中国考古学

---

① 梁启超：《中国考古学之过去及将来》，载《中国考古小史》，第 22—25 页。
② 客观而论，科学考古者当时实在是少数派。

的主流，留下了很多经验教训。

　　1921 年底，北京大学调整研究所机构，首先成立国学门，下设文字学、文学、哲学、史学、考古学五个研究室。马衡担任考古学研究室主任，筹设考古学研究室时，曾经有意聘请国外学者任教授。因为这时候北京大学的实权掌握在留日派手里，而且日本的考古学已经蓬勃兴起，故而北大与日本的交流特别密切，不但就办理事宜求教于考古学大师滨田耕作，1922 年还聘请今西龙担任考古学通信员。1930 年原田淑人到北大、清华讲授考古学两个月，更是引起轰动的大事。考古学研究室成立之初，即拟组织一个考古学研究会，以便与校外古物学会等机关联络。1923 年 5 月 24 日，古迹古物调查会成立，由马衡担任会长，计划先自调查入手，"并为发掘与保存之预备"，待经费落实，再组织发掘团。1924 年 5 月 19 日，古迹古物调查会更名为考古学会，会员 12 人，包括叶瀚、李宗侗、陈万里、沈兼士、韦奋鹰、容庚、马衡、徐炳昶、董作宾、李煜瀛、铎尔孟（André d'Hormon）、陈垣。

　　由于北京大学财政拮据，从外部寻找经费也没有着落，故而考古学研究室和考古学会的工作主要局限在了收集和接受外界捐赠金石、甲骨、玉砖、瓦陶等器物，并制作拓本图录和照相上，田野工作成效不彰。考古学研究室和考古学会在田野方面也尽力开展了一些活动，先后派马衡、徐炳昶、李宗侗、陈万里调查孟津出土周代铜器、大宫山明代遗迹、洛阳北邙山出土文物、甘肃敦煌古迹，参观朝鲜汉乐浪郡汉墓发掘。1930 年，北京大学考古学会、北平研究院史学研究会等组成燕下都考古团，由马衡率领进行河北易县燕下都老姥台遗址的调查发掘。①

　　民国前期这三个代表性考古机构都有外国势力背景。大体而言，北大与日本交往多，清华与美国关系深，地质调查所与欧洲联系广。②如果说后二者的外部联系对学术发展起到了重大作用，那么北京大学与日本的交往

---

① 《中国考古学年表（1898—1984）》，见《中国大百科全书·考古学卷》，第 731—754 页。
② 桑兵：《晚清民国的国学研究》，第 114 页。具体参见该书第五章《东方考古学协会》。

则是得不偿失。

北京大学考古学机构成立以后，因为其首席国立大学的地位，即成为日本意欲借此染指中国考古的目标。1925 年，为了寻求与北京大学考古学会的对等合作，日本以东西两京帝国大学的考古学机构及教授为核心，组建了东亚考古学会。双方在基于自己利益的前提下，积极沟通，于 1926 年 6 月在北京组成了东方考古学协会。此后中日象征性地共同进行了几次考古发掘与调查的合作。如 1927 年 4 月下旬至 5 月中旬的貔子窝发掘，1928 年 10 月的牧羊城发掘，中方都曾派人参加。

日本动议合组考古学机构，声称是"为促进东亚诸地的考古学研究，与各国特别是邻邦中华民国考古学界增进友谊，交换知识"，实际目的主要是利用合作名义，便于在中国境内进行调查、发掘活动。这与日本政府的大陆政策是一致的，因而得到了官方的支持，发掘、考察以及派遣留学生的费用，均由日本外务省、关东厅和朝鲜总督府提供资助。从历史来看，自从明治维新以来，日本国力强大，开始对中国怀有侵略野心，一直不间断地以各种手段刺探中国的各方面情报。[1] 日本西本愿寺的住持大谷光瑞，20 世纪初曾步西方探险家的后尘，多次组织探险队深入中国新疆等地，幕后即有日本军方的背景。[2]1923 年 9 月，北京大学诸人为争取日本庚款的利用权，曾经与担任北洋政府军事顾问的坂西利八郎中将及土肥原贤二少佐相识，商议组织中日学术协会。北京大学在这次商谈合作考古时，对日方也有相当的警惕，如日方组建东亚考古学会时，北大考古学会就明确不承认大学以外的团体加入，以防备其他机构趁机插足。但即便如此，在合作过程中，由于双方在政治、经济、学术地位上的不对等，而且目标有重大分歧，双方协作不可能顺利和持久。1928 年 4 月，日本第二次出兵山东，

---

① （日）滨下武志：《中国近代经济史研究：清末海关财政与通商口岸市场圈》，江苏人民出版社，2006。

② （日）杉森久英、藤枝晃：《有关大谷探险队的答问》，《敦煌研究》，1994（4），第 160—167 页。陈星灿《中国史前考古学史研究（1895—1949）》称大谷光瑞所派遣的橘瑞超、野村蒙三郎二人实际上是披着和尚外衣的军官（见该书第 48 页），但真实情况可能更复杂一些。

并于 5 月 3 日制造了"济南事变"，残杀中国外交人员及军民数千人，中日仇恨进一步加深，连带双方学术合作关系也急剧恶化。而到了史语所开始殷墟发掘之后，日本考古学界对北京大学也逐渐失去兴趣，转而试图寻找与史语所的合作，双方关系终于无疾而终。[①] 所以，北京大学在实行考古发掘方面陷入困顿，与日本东亚考古学会合作的失败是重要原因，正是在此过程中，北京大学坐失良机，最终丧失了中国考古学的领军地位。[②]

北京大学国学门考古成效有限的原因很多。例如，缺乏真正受过新学科专门训练的学者，不能恰当地运用有关方法处理问题，同时原有的学术训练还会对其投入新领域起到牵制作用。[③] 但考古科学理念的缺乏也许并不是最主要的原因，现实中存在的那些难以克服的重重困难，例如政局的动荡、官方的压制、机构的脆弱、经费的短缺等，才是最大的障碍。正是民国前期恶劣的学术环境以及社会环境，制约了北京大学考古学科的发展。

## 五、李济与中国科学考古学的萌芽

前文曾经谈到李济对传统学者们谈论的考古学的态度，他在课堂上拿着梁启超的《中国考古学之过去及将来》，两手一摊说："这就是中国人的所谓考古学！"这当然说明李济自己对考古学有完全不同的认识，也就是"科学"的认识。其实对于"科学"与"非科学"的界限，五四时代的一些学者是很清楚的。罗家伦曾经谈论为什么傅斯年文史出身却到英国学习自然科学，"要明白他这种举动，就得要明白新文化运动时代那一班人的学术的心理背景。那时候，大家对于自然科学，非常倾倒，除了想从自然科学里面得到所谓可靠的知识而外，而且想从那里面得到科学方法的训练。

① 东亚考古协会曾经对外宣扬史语所申请加入该会，对此傅斯年坚决否认，同时表态，即使对方来约，亦决不加入。见史语所档案：元 434-2，傅斯年函陈百年，1929 年 10 月 21 日。
② 以上内容参见桑兵《晚清民国的国学研究》第五章《东方考古学协会》，第 114—135 页。
③ 桑兵：《晚清民国的国学研究》，第 274 页。

在本门以内固然可以应用，就是换了方向来治另一套学问，也可以应用"①。这段话用在李济身上，也是很恰当的。

当时以科学方法研究中国考古者，除了少数来华的西方专家，李济是唯一一个掌握一些科学考古知识的中国人。这一点并没有什么疑问，因为当时中国人没有谁在西方接受过科学考古专业训练，而李济是中国第一个留美人类学博士，顺便学习过一些考古学的课程，无论如何，他算是唯一的专家了。

李济作为一个"因为偶然的机会"而"半路出家"的考古学者，他的考古学修养有一个逐渐提高的过程。因为他自身有着科学训练的良好基础，懂得科学法则，而且人极聪明，有很强的学习能力，又因为他后来得到非常好的机遇，所以他的提高非常快。但就清华时代的李济而言，那时他对考古学似乎并不熟稔。清华时代李济的考古学水平，从他在清华学校大学部名为《考古学》的讲演②中可获得较清楚的了解。这个讲演做于 1926 年 4 月 16 日，在西阴村调查和发掘之前。这年李济 30 岁，已经是清华国学研究院特约讲师，与王国维、梁启超、陈寅恪、赵元任这些当世大学者并列，可见他当时已有较高的声誉。

他这个声誉是有来由的。1923 年李济取得了哈佛大学的人类学博士学位，回国在天津南开大学做教授。那时候，京津知识界有一个社交圈，俨然是一上流社会。李济作为留美博士、南开大学的教授和文科主任，是有资格加入这个圈子的。他因此认识了这个圈子中的核心人物——地质调查所所长丁文江。丁文江对李济非常器重，两人十分投契。1924 年的春天，在河南新郑发现一个出土很多铜器的大墓，丁文江知道之后，便动员李济前去考察，不但给了他两百元经费，而且还安排了地质调查所的一位勘探专家谭锡畴与他同行。这是李济的第一次田野考古经历。在时局一片混乱之中，二人工作了两个星期，但除了找到几副人骨之外，没有得到其他任

---

① 罗家伦：《元气淋漓的傅孟真先生》，载王为松编：《傅斯年印象》，学林出版社，1997，第 7 页。

② 李光谟编：《李济与清华》，第 87—91 页。

何东西。李济说，这一次的工作是失败了。其实不然，这次经历，给李济提供了事业发展的第一次契机。之后李济就开始与美国弗利尔艺术馆合作，并进入清华国学研究院。李济根据这次考察的材料写了一篇论文《新郑的骨》①，对他进入史语所起到了关键作用。据说傅斯年正是读了《新郑的骨》之后，决定聘请李济担任史语所考古组主任。所以说，李济一生学术事业，与三次田野活动密切相关：一是南开大学时期的新郑调查，二是清华国学研究院时期的西阴村发掘，三是史语所时期的殷墟考古。新郑调查让年轻的李济获得了事业起步的契机，西阴村发掘使李济作为科学考古的代表人物声名鹊起，而殷墟考古，则使得李济成为名副其实的"中国考古学之父"（图 4）。②

　　下面我们来看一下李济这位科学考古代表人物在清华时期的理论和实践。

　　《考古学》③是李济 1926 年 4 月 16 日在清华学校大学部所做演讲的讲稿，由学生章熊做的简单记录，似乎很不完整，但要考察李济这时的考古学思想，这是我们能够利用的唯一材料。

　　李济首先讲了世界考古学史。他说，考古学的英文叫作 Archaeology，可以分为史前考古学和历史考古学两种。自从有了考古学以后，人类的历史延长到了十二万五千年，突破了以前记载的几千年。现在讲历史，开始分为旧石器时代、新石器时代、铜器时代、铁器时代等。欧洲是自从德国人温克尔曼以后才开始研究考古学。数十年以前，有法国人名叫布歇的，研究史前考古学，他是研究这种学问的第一人。

----

① 以英文写成，发表于 *Transactions of the Science Society of China*, Vol. 3, 1926。中译文原载李光谟编《李济与清华》。

② 对于李济在中国考古学史上的重要作用，至今人们仍然认识不足，特别是他在地层学和类型学方面的开拓性贡献，总被有意无意地贬低甚至抹杀。他在中国考古学形成阶段发挥了无以替代的开创作用，是行业规则的制定者，是所有考古人的导师，是真正的"中国考古学之父"。

③ 该讲演稿刊登于《清华周报》第三七五期，1926 年 4 月 16 日。

图4 "中国考古学之父"李济先生旧照
（"中央研究院"历史语言研究所提供）

其次，李济讲了考古学家所用的方法。他说，考古学家最大的问题，就是时间的规定，也就是断代问题。断代有以下几种办法：一、地质学；二、古生物学；三、Typology。Typology，就是现在考古人习称的类型学。李济对类型学这一考古学基本方法是这样解释的：

这个名词，尚没有一个好的汉译，所以暂用原文。现在考古家一部分的工作，就是掘古坟；从这坟里，我们可以看见有陶器、纺织品、麦子、石器这类东西。往往因为掘了许多的坟，就可以将发现相似东西的坟分成一组，就是所谓不同的types。比如我们比较新石器时期与旧石器时期不同的地方，也可以在所掘的古坟中看出来。我们掘一种坟，里边有陶器是粗的，狗骨头，石器形状是圆的。又有一个坟，里边有：石器、麦子、陶器、家禽家兽的骨头。这两个坟里面的东西，types不同，因此我们可以知道这两个坟是代表两个时期的。第二个坟里，除去第一个坟内所有的东西都有外，并且还多了麦子、家禽家兽的骨头两种。我们可以就此证明第二个坟

的时期，较比第一个坟的时期进化了。第一个坟可以代表旧石器时期，第二个坟可以代表新石器时期。①

从这一段话可以看出，李济这时候对类型学的了解仍然有限，但他恐怕是中国第一个谈论 typology 的人。而且他知道分组，知道类型学排序的基本原理，不但比梁启超知道得多，而且具有可操作性。

再次，李济谈到考古学在中国学术上的地位。他说：

自从国人闹整理国故后（整理国故之为"闹"，可见李济对此事的态度——作者注），一般人的论调都是"要先明白自己，然后再问他人"。中国人为人类的利益起见，不能不把自己的历史用心研究一番，以期对于世界学术界有所贡献。因此，我们遂有以下几个问题：

一、国故是先前有的，还是受别的影响而成的呢？

二、中国前代所用的"钱"，是否中国原有的，或是从别处仿来的呢？

三、中国人民，是否为原来的，或是从别处迁入的呢？②

李济这段话，体现出他与传统学者之间的重要区别。传统学者多关注域内之事，很少考虑中外文化之关系，而李济的视野是宽广博大的，他始终是以世界眼光来观照中国学术问题，这在那个时代十分可贵。即使从政治角度而言，李济的这种思想，仍然是一种站在民族立场上的爱国主义，只不过他站在世界高度，倡导知己知彼，这显然比封闭保守的狭隘民族主义要高明得多。

1928 年前李济的考古实践，除 1924 年"失败了"的新郑考察，最重要的就是 1926 年西阴村的调查和发掘。这件事情，对中国考古学和李济本人的学术发展，都有重要意义。

人们经常说，西阴村考古是中国人挖下的考古第一铲。西阴村考古代

① 李济：《考古学》，载《李济与清华》，第 89—90 页。

② 李济：《考古学》，载《李济与清华》，第 90 页。

表了清华国学研究院的考古成就。这话当然是没错的，但是背后的情形要复杂得多。李济的西阴村考古，背后有三股势力作为支撑。第一是美国弗利尔艺术馆，第二是清华国学研究院，第三是中国地质调查所。事情的整个过程，据李济本人回忆，大致如下。①

20 世纪 20 年代中期，考古工作在中国北方非常盛行，一时之间，美国、法国、瑞典等国的考古学家和学术团体，纷纷到中国北方来考古。我们中国的考古学家，虽然也想去做，但是没有钱。这时，美国的弗利尔艺术馆馆员来到中国，打算搜集中国的古代艺术品。主持人叫作毕士博（C. W. Bishop），与李济在一些公共场合和集会中经常见面，对李济很有好感，于是他写信邀请李济加入他们的团体，一起进行田野考古。这件事情得到了丁文江的大力支持，丁文江的理由是，一个从事科学工作的人，如果有机会亲自采集第一手的资料，千万不可轻易放弃这种机会。李济向对方提出了两个条件，一个是在中国做田野考古工作，必须与中国的学术团体合作；再一个是在中国掘出来的古物，必须留在中国。这两个条件得到了对方的同意。李济之所以提出这种条件，而且事后反复说明，既反映出李济很强的爱国心，也是出于在当时民族主义极盛的风气中与外国人交往的谨慎。在以上前提下，李济与美国弗利尔艺术馆合作达五年之久。所合作的中方学术团体，先是清华学校，后是史语所。西阴村的发掘，实际上就是由美国弗利尔艺术馆出钱，以清华学校的名义，中国地质调查所加以辅助，李济自主进行的一项考古活动。李济作为美国弗利尔艺术馆和清华学校双方的雇员，身份是十分特殊的。

于是，在丁文江的支持鼓励下，1925 年李济加入了美国史密森研究院弗利尔艺术馆中国考古队，每月的报酬为 300 元。当年暑假之后他又应聘到了清华学校国学研究院任特约讲师，讲授普通人类学、人体测量学、古器物学、考古学。这件事情，据费慰梅说，是丁文江把李济介绍给梁启超的。李济之所以是特约讲师，而不像王国维等人是专任教授，原因是他的

---

① 李济：《我与中国考古工作》，载《李济与清华》，第 161—168 页。

主要身份是弗利尔艺术馆的雇员，在清华只是兼职，按照清华的规定，兼职人员是不能聘为专职教授的。如著名学者北京大学的马衡，在清华兼授金石学，也是讲师。但李济在清华国学研究院的其他待遇与王国维、梁启超、陈寅恪、赵元任四大导师是一样的，有研究室，有助手。因为李济在弗利尔艺术馆领 300 元，清华就再给李济 100 元，与王、梁、陈、赵四大导师的 400 元月薪持平。这在当时应当说是很优厚的待遇。在民国前期，高级知识分子的社会地位和经济地位是很高的。

有了弗利尔艺术馆的资金、清华的厚遇、丁文江这样强有力的人物的支持，而且享有充分的自由工作空间，这时候的李济，开展田野工作可以说具备了当时除西方学者之外无人能及的有利条件。如北大考古学会诸君，恐怕只能是望洋兴叹了。而京师上上下下的人物，自学术界至政界，对他也是充满了期待。

1925 年 12 月下旬，弗利尔艺术馆的毕士博开始督促李济开展田野工作。李济认为，发掘之前必须先做调查。两个人商量的结果，是先到山西南部沿着汾河领域去做一番考察，确定发掘地点。清华学校当时的校长曹云祥，是一个很识时务的名流，不但欣然同意，而且还给阎锡山写了亲笔信请求协助。巧合的是中国地质调查所正要派袁复礼去山西进行地质调查，于是二人结伴同行。后来成为中国地貌学和第四纪地质学开创人的袁复礼实际上还是中国最早参与科学考古的学者，在此之前他不但参加了安特生主持的仰韶村遗址发掘，而且加入安特生的甘肃考古活动达两年之久。

之所以选择山西入手，李济有一个直接的考虑，就是因为《史记》上讲到，"尧都平阳，舜都蒲坂，禹都安邑"，这些地方都在山西南部。从李济的讲演稿《考古学》中我们已经知道，他的考古观，就是考古为历史研究服务。所以，中国考古第一铲落在山西，实在并非偶然。

1926 年 2 月 9 日，李济和袁复礼去往山西南部开始调查。两个人对这方面的工作似乎都不熟悉，主要方法就是在存在古代帝王遗迹和传说的地方寻访。袁复礼更是跟李济打赌，绝不相信能在这里找到新石器文化遗址。[1]尽管晋南地形复杂，但实际上史前遗址并不少。两个人摸索了接近一个月，到 3 月 4 日，终于在浮山县的交头河找到了第一处带彩陶的史前遗址。李济搜集了一些陶片（有 127 片）后，继续前行。22 日，他们到达夏县，24 日他们在探访大禹陵的途中，穿过西阴村，"突然间一大片遍布史前陶片的场所出现在眼前"[2]。

二人在晋南的发现，引起了北京学术界的高度重视。在读了李济的调查报告（《山西南部汾河流域考古调查》）之后，几位最关键的人物，即中美合作的双方领导人，弗利尔艺术馆的毕士博和清华学校校长曹云祥、教务长梅贻琦都极力主张李济组织考古队前去发掘。毕士博和曹云祥商定了合作的条件，最重要的是：1. 考古团由清华国学研究院组织；2. 考古团经费主要由弗利尔艺术馆承担；3. 报告用中英文撰写两份，中美双方各自出版；4. 最关键的一条：所得古物归中国各处地方博物馆，或暂存清华国学研究院，俟中国国立博物馆成立后永久保存。除了以上两方，北京所有关心考古事业的朋友们全都尽其所能协助这次活动。中国地质调查所新任领导人翁文灏把袁复礼这位不可或缺的助手借给李济考古队，薪金由清华承担。两位重量级人物，前国务总理熊希龄和颜惠庆专门给阎锡山写了介绍信。

考古队于 1927 年 10 月 10 日到达西阴村。据李济的说法，之所以选择在西阴村而不是交头河发掘，除了前者面积较大之外，最主要的是西阴村所在的夏县，是传说中夏朝王都的中心。[3]李济看来想碰一下运气，看是否能够在这里找到夏朝的踪迹，而这恐怕也正是令北京学术界兴奋不已、翘首以待的原因。在正式的报告中，对于发掘的动机，李济做了更为清楚的说明。他说：

近几年来，瑞典人安特生考古的工作已经证明中国北部无疑经过了一

---

① 戴家祥：《致李光谟》，载《李济与清华》，第 170 页。
② 李济：《西阴村史前的遗存》，载《李济与清华》，第 33—79 页。
③ 李济：《西阴村史前遗址的发掘》，载《李济与清华》，第 29—32 页。

种新石器时代晚期的文化。西自甘肃、东至奉天，他发现了很多这一类或类似这一类文化的遗址。因为这种发现，我们对于研究中国历史上的兴趣就增加了许多。这个问题的性质是极复杂的，也包括着很广的范围。我们若要得一个关于这文化明了的观念，还须多数的细密的研究。这文化的来源以及它与历史期间中国文化的关系是我们所最要知道的。安持生在他的各种报告中对于这两点已有相当的讨论。他所设的解释，好多还没有切实的证据。这种证据的需要，他自己也认得很清楚。所以若是要得关于这两点肯定的答案，我们只有把中国境内史前的遗址完全考察一次。不作这种功夫，这问题是解决不了的。自然，因此发生的问题不止这两个；其余的也是同等的重要，具同样的兴趣。我们现在的需要，不是那贯串一切无味的发挥；我们的急需是要把这问题的各方面，面面都作一个专题的研究。

　　这个小小的怀抱就是我们挖掘夏县西阴村史前遗址的动机。①

　　通过这段话我们知道，由于安特生的工作，李济已经知道西阴村属于仰韶文化时期的遗存，发掘的目的在于两点：一是搞清楚仰韶文化的来源，实际上也就是看看这个文化到底是不是如安特生所说是西来的②；二是搞清楚仰韶文化与历史时期中国文化（实际上这里主要指夏文化）之间的关系。而这一切的基础，就建立在"对于研究中国历史上的兴趣"。虽然李济是一个人类学派的古史学家，但在根本上，他仍然是一个古史学家，考古学只是提供了一个进行历史重建的重要工具。

　　发掘于 10 月 15 日开工，一直进行到 12 月底，发掘的面积很小，只有大约 40 平方米，反映出李济十分谨慎的态度。李济在报告中列举了很多具体方法，似乎有些是出于他的考古知识，有一些则是他根据地质学技

---

① 李济：《西阴村史前的遗存》，载《李济与清华》，第 35—79 页。

② 西阴村发掘结束后，梁启超给在美国学习的梁思永去信，特别提到，"（瑞典人安特生）力倡'中国文化西来说'，自经这回的发掘，他们（李济、袁复礼）想翻这个案"。转引自沈颂金《梁氏父子与中国近代考古学的建立和发展》，《山西师大学报（社会科学版）》，2000（2），第 100—104 页。

术进行的探索。

　　李济这次发掘方法的得失，陈星灿在《中国史前考古学史研究（1895—1949）》第二章第四节中曾经做过详细的分析。总之，它作为中国人的第一次田野发掘，有很多创新之处。例如探方的使用，"这个坑是分八'方'辟出来的"，分为两排，后面一排四个面积是 2 米 ×2 米，前面的一排是临断崖布的，不是很规则，不是很严格的 2 米 ×2 米的探方（图 5）。西方考古发掘采取严格的探方法，是在 9 年后，即 1936 年惠勒（Mortimer Wheeler）在英国梅登堡的发掘。而安特生 1921 年的仰韶村发掘，主要是使用探沟。再如，保留土尖（即关键柱），也是一个重要创举。"披葱式"的发掘法，实际上是逐层水平揭露，主要还是地质学的方法。

　　在记录方面，采用"三点记载法""层叠法"，都是当时最精密的方法。虽然层叠法主要是按照标准面下的深度区分大层（人工层位），但在各层之中，是按照土色划分层次（自然层位）的。如此即能够显示遗址的地层堆积情况（图 6）。

　　至于地形图、地层图的绘制，则是袁复礼的出色工作。发现物本身的学术意义当时并不明显，因为这个地方的堆积过于单纯，皆属于后来所谓仰韶文化西阴村类型[①]或者说西阴文化[②]，难以与安特生的发现做直接的比较。

　　全部出土物装了 76 箱，每箱重约 40 千克，除了最多的陶片，还有大量的骨头和石器。[③]这时候李济做了一个惊人的决定，就是打算把这些东西都运回北京去。他的理由有两条，一是对陶片做统计学的研究，二是研究陶片致碎的性质。在当时交通落后、时局动荡的情况下，做出这样一个决

---

[①]　杨建芳：《略论仰韶文化和马家窑文化的分期》，《考古学报》，1962（1），第 49—80 页。

[②]　张忠培：《仰韶时代——史前社会的繁荣与向文明时代的转变》，《故宫博物院院刊》，1996（1），第 1—44 页。

[③]　梁思永后来说："这次成绩相当令人失望。虽然他曾发掘出 60 多箱陶片，但没有一件完整的陶器，并且在石器和残存人骨方面，发现也极少。"见梁思永《山西西阴村史前遗址的新石器时代的陶器》，载《梁思永考古论文集》，科学出版社，1959，第 1 页。

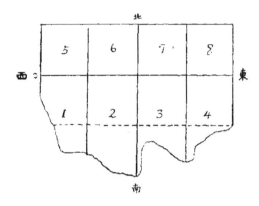

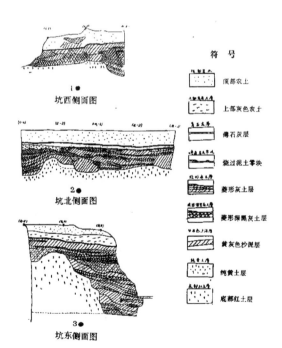

挖掘的平面计划(缩尺：1:80)*

0＝起点

1，2，3，……7，8＝各"方"的号目

图5　李济西阴村发掘的布方
（李济：《西阴村史前的遗存》，
载《李济与清华》，第37页）

符　号

□ 顶部农土

□ 上部灰色农土

□ 薄石灰层

□ 烧过泥土等块

□ 菱形灰土层

□ 菱形深黑灰土层

□ 黄灰色沙泥层

□ 纯黄土层

□ 底部红土层

坑西侧面图

坑北侧面图

坑东侧面图

图6　西阴村遗址地层剖面图
（袁复礼绘制。李济：《西阴村史
前的遗存》，载《李济与清华》，
第58页）

图7　李济在西阴村发现的蚕茧
（载《李济文集》卷二，图版）

定，实在需要相当的勇气。

据戴家祥的回忆，李济回京之后，清华国学研究院马上组织了一个欢迎会，四大导师和学生们参加。展示的遗物重点是半个割开的蚕茧（图7），从而引起了关于切割工具的讨论。王国维说那个时候不一定没有金属工具，还提到明义士说甲骨文是耗子牙刻的，云云。但是，似乎没有一个人对彩陶片感兴趣，连李济本人也没有向大家展示陶片。更有意思的是，除了王国维讨论一番之后，"其他老师并无插话"。对李济在西阴村考古的结果，期望发现"地下二十四史"者必定是失望的。①

即使从科学考古角度而论，对西阴村考古的意义和影响也难以做太高的估计。西阴村遗址的重要性远不能与安特生发现的周口店和仰韶村相比，发掘方法也并不先进，而且缺少后续研究，在当时和后世的学术影响都不大。但李济的发掘和后来梁思永对陶片的整理，代表了考古地层学和类型学在中国考古实践中开始了初步应用。②

对于李济个人而言，西阴村发掘的经历对他今后的学术道路产生了决定性影响，主要体现在两个方面。

---

① 当时的学术热点是新国学，考古热大多停留在学人的口头上，真正愿意投身考古实践的人并不多。以清华国学研究院的学生而论，随李济学习考古者，仅吴金鼎一人而已。

② 臧振华：《中国考古学的传承与创新》，载"中央研究院"历史语言研究所七十年研讨会论文集编辑委员会：《学术史与方法学的省思》，2000，第159页。

第一，促使他开始认真思考和学习考古学的理论和方法。当初李济在哈佛大学的时候，考古学课程的学习相当有限，只是跟着虎藤、柴士学了一些关于欧洲史前学和希腊考古学的知识，时间不长，主要以看图片为主，没有田野实习。[①] 他原来以人类学为主业，只是在西阴村考古之后，方才对考古学高度重视起来。1928 年秋，李济赴美国与弗利尔艺术馆商谈继续合作事宜，弗利尔艺术馆仍赋予李济全权，与中国学术机关合作进行田野考古工作。[②] 为了考察西方考古学方法的进展，李济从美国出发，又到了欧洲和非洲，绕地球一周，直到 12 月回到广州。中山大学请他讲演，谈到此行收获，他说："欧洲的成绩尤堪惊异，过去已整理得很好，现在犹进行不已。埃及学者对于发掘的精细，是梦想不到的。"[③] 这一方面说明李济亲眼看到了当时西方考古学发展的最新水平，另一方面也说明之前他对西方考古学方法并没有进行十分深入细致的了解。

第二，使李济在国内学术界的声望达到了一线学者的地位，自此之后，他便以"中国唯一的科学考古家"而知名，这为他开辟了广阔的学术道路。李济自己曾经说：

> 西阴村史前遗址的发掘，在政治革命高潮时的中国虽未引起特别注意，却成就了我个人的名声——工作方法现代化的、兴趣超越历史时代界限的中国第一个考古学家。[④]

---

① 李济：《我在美国的大学生活》，载《感旧录》，传记文学出版社，1967，第 32—33 页。

② 李光谟编：《李济先生学行纪略》（未定稿），1995，第 9 页。

③ 李济：《中国最近发现之新史料》，载《李济与清华》，第 95 页。该文还记载了一件对于李济来说应该是比较遗憾的事："神学院有位埃及学的权威瑞斯纳（Reisner）教授，开了一门课，讲'埃及考古'，但是这位先生却有点儿江湖，在课堂上他的政治兴趣非常浓厚，常讲到政治问题，很少讲考古上的问题，所以听了几次，我就不再去了。"见第 30—31 页。埃及考古应该是当时西方考古学最重要的课程了，而且这位先生是具有田野经验的权威，李济未能从他受教，的确非常可惜。

④ 李济：《安阳》，载《中国现代学术经典·李济卷》，第 495 页。

这种名声甚至传到了国外：

弗利尔艺术馆的馆长（John E. Lodge）知道了我的事迹后，通过毕士博表示希望会见我，并邀请我去华盛顿。①

南京政府中央研究院成立伊始，打算聘请的第一批筹备委员中，即有李济（考古学、人类学，属地质调查所），与胡适、傅斯年等并列。后来史语所成立，聘请考古组的负责人，李济成为当然的第一人选，与他清华时期的前辈陈寅恪（任历史组主任）、赵元任（任语言学组主任）同列，这都令他有些受宠若惊了。②

## 六、1928年前中国考古学的特点

如果从1921年安特生发掘仰韶村算起，至1928年，中国史前考古学已经诞生了7年时间。如果从19世纪末算起，至1928年，考古知识的传播以及相关的活动在中国已经开展了30多年。对这段时期考古学的发展状况，可做如下总结：

1. 中国知识界已经接受了以田野活动为特征的治学方式，充分认识到考古学在现代学术研究中的重要作用；

2. 这时期的考古活动大多规模很小，零散进行，既没有建立发挥引领作用的大型科研机构，也缺乏国家的有力支持；

3. 考古活动和学术研究的领导权掌握在一批外国学者手里，即使是开展相应活动的几个中国学术机构，也无法脱离外国势力的支持；

4. 中国学术界中传统学者和留洋学者都各自开展了考古活动，相对来说，以李济为代表的所谓"科学考古派"对近代西方考古学的理论与方法有更切实的了解和掌握；

① 李济：《安阳》，载《中国现代学术经典·李济卷》，第495页。
② 李济：《创办史语所与支持安阳考古工作的贡献》，载《傅斯年印象》，第95—99页。

5. 经过 30 多年的探索，在出土材料的研究以及考古实践方面已经取得一定成果，较有代表性的就是对甲骨文的研究，和对以仰韶文化为代表的史前考古发现和研究。

总之，这段时间作为中国现代考古学的萌芽时期，已经在思想、人才和知识储备上为 1928 年后史语所考古的发展奠定了一个良好的基础。

# 第 二 章

## 史语所考古
## 在思想与组织上的准备

民国是乱世，在乱世之中发展学术的困难，北京大学考古学研究室的遭遇说明了很多问题。然而，乱世中仍然有奇迹发生，相对于史语所所处的社会环境和学术条件而言，他们所取得的成就实在令人惊叹。在这些学术奇迹中，考古学是最璀璨的部分。奇迹的发生，首先要归功于史语所的创始人傅斯年①。

史语所是中国科学考古学得以生长的载体，而史语所的领导人傅斯年是创造这些成就的决定性人物，既是开创者、指导者，也是保护者。傅斯年是当世大才，他的功业当然不限于考古学。但即以考古学而论，在民国乱世之中能够取得举世瞩目的巨大功业，功劳最大者仍然是这位傅孟真，就其历史地位而言，堪称是中国考古学诞生的"设计师"。

讲中国考古学史而去研究傅斯年和史语所，并非舍近求远。我们应该明白，以殷墟发掘为代表的科学考古学，并不是一个孤立的存在，而是史语所整个学术体系和活动的组成部分。所以，要了解科学考古学，就必须要了解史语所和它的学术指导思想。

## 一、傅斯年在中国现代考古学史上的地位与作用

王汎森曾经引用美国人类学家克罗伯（Alfred L.Kroeber）的名言，感叹民国时期的那段历史——"为什么天才成群地来（come in a

① 傅斯年（1986—1950），字孟真，山东聊城人，历史学家和教育家，是中央研究院历史语言研究所创始人，长期担任该所所长。曾任北京大学代理校长、台湾大学校长等职，是民国时期著名的学者和社会活动家。

cluster）？"①20世纪上半期的中国历史，确实是一个充满激情、群星璀璨的年代，有为之士的能量得到了最大程度的发挥，傅斯年就是其中的佼佼者。他们这一批经历五四洗礼的新人物，是民国历史多个领域真正的主角，在各个方向引领时代潮流。

　　这是一个在民国历史上有多方面影响的人物，关于他的研究本身就是一个很宽广的课题，这里只谈一下与考古学有关的方面。②

　　傅斯年在历史上留下名字，始于他在北京大学求学时期。他于1913年夏考入北京大学预科，至1919年6月本科毕业，前后凡6年。这期间他成为北京大学学生领袖，积极参加了新文化运动。最著名的事迹有两件：一是和罗家伦等同学组办《新潮》，杂志后来成为具有全国影响的刊物，仅次于《新青年》；二是积极参与五四运动，他是5月4日北大集会时的主席，游行示威的总领队，曾经扛大旗走在队伍的最前列。③正是五四运动之后，傅斯年拥有了全国声誉。

────────────────

①　王汎森：《傅斯年与陈寅恪》，载《中国近代思想与学术的系谱》，第385页。

②　学术界近年来关于傅斯年的著作甚多，举其要者：a.欧阳哲生主编：《傅斯年全集》(共七卷)，湖南教育出版社，2003；b.刘梦溪主编：《中国现代学术经典·傅斯年卷》，河北教育出版社，1996；c.《傅斯年选集》，天津人民出版社，1996；d.《傅斯年》，聊城师范学院历史系，1991；e.布占祥主编：《傅斯年与中国文化——"傅斯年与中国文化"国际学术研讨会论文集》，天津古籍出版社，2006；f.王为松编：《傅斯年印象》，学林出版社，1997；g.焦润明：《傅斯年传》，人民出版社，2002；h.《出入史门》，浙江人民出版社，1998。研究文章更是不计其数。考古界如徐苹芳、唐际根等皆有论述。傅斯年在台湾学术界地位至尊，相关著作及文章更多，如：a.《傅孟真先生集》，台湾大学出版社，1952；b.《傅斯年选集》，文星书店，1967；c.《傅斯年全集》，台湾联经出版事业公司，1980；d. 王汎森等：《傅斯年文物资料选辑》，台北傅斯年先生百龄纪念筹备会，1995。另外，王汎森在普林斯顿大学曾经以傅斯年为题撰写博士论文并出版：Wang Fan-shen, "Fu Ssu-Nien: An Intellectual Biography", A dissertation of Princeton University, 1993; Also Fu Ssu-nien: A Life in Chinese History and Politics, Cambridge University Press, 2001. 该书已经译为中文（王汎森：《傅斯年：中国近代历史与政治中的个体生命》，生活·读书·新知三联书店，2012）。史语所王汎森等主编的《新学术之路》中也收入了大量纪念傅斯年的文章。

③　傅斯年次日即因偶然原因退出活动，据说是和抱不同意见的同学打了一架。实际上，傅斯年对五四运动是有一些不同看法的。他对五四运动的观点与胡适相近，积极评价不多。

图 8　傅斯年 1921 年在伦敦
（"中央研究院"历史语言研究所供图）

　　五四运动之后，傅斯年考上了山东省官费留学，于 1920 年 1 月到达英国，入伦敦大学研究院，选修实验心理学等课程，又进而治物理、化学及高等数学。课余复涉猎英国哲学、文学、政治等名著（图 8）。在英三年后，1923 年 9 月傅斯年又转往德国，入柏林大学哲学院。这时，柏林大学以爱因斯坦相对论、普朗克量子假说震动全球，加上德国多年来又以语言文字比较考据学闻名于世。傅斯年置身于这两大学术气氛中，加以陈寅恪、俞大维诸人影响，故而对相对论、比较语言学等课程均修习，课余又研读马赫（Ernst Mach）的著作。[①] 他与陈寅恪作风类似，唯以求得新知为要，并不把外国文凭放在心上，旅欧期间未得任何学位。

　　傅斯年本系北京大学国文系出身，在欧洲留学 7 年，所学却大多为自然科学课程，这是一个很有意思的现象。这种现象并非偶然，在五四时期的留学生中广泛存在。傅斯年的好友罗家伦曾经解释说："要明白他这种举

----

① 吴相湘：《傅斯年学行并茂》，载《傅斯年印象》，第 170—171 页。

动，就得要明白当新文化运动时代那一班人的学术的心理背景。那时候，大家对于自然科学，非常倾倒，除了想从自然科学里面得到所谓可靠的知识以外，而且想从那里面得到科学方法的训练。在本门以内固然可以应用，就是换个方向来治另一套学问，也可以应用。"①

经过了这番训练之后的结果是：

他有了许多科学的方法和理论，又回头发现了他自己曾经储藏下的很丰富的中国历史语文的知识，在此中可以另辟天地，所以他不但配谈科学，而且是具备了解一般科学范围的通才，并且更配做中央研究院历史语言研究所的所长了。这是孟真忽而研究中国文学，忽而研究实验心理学，忽而研究物理、数学，忽而又成为历史语言学的权威的过程。②

傅斯年本来是一位旧学功底很深的人③，经过多年留欧学习之后，他进而成为一个学贯中西、文理兼通的学者，对现代科学和传统文化都有深刻的认识，对国际汉学研究的主流也有了全面的了解。而且他对文史研究，本来就很有天赋和心得。柏林留学的一群人中，俞大维曾经说："治文史的出了个傅胖子，我们就永无出头之日了。"他能够写出《历史语言研究所工作之旨趣》这样的作品，成为指导现代学术的"路灯"和"指针"（陈槃语），是毫不奇怪的。而他对科学的深刻认识，在他制定考古工作准则时更有充分的体现。

1926 年 10 月，傅斯年留学近 7 年之后回国。这个时候，与傅斯年出国之前相比，政治局面已经发生了翻天覆地的变化。南方革命形势迅速发展，国共合作，北伐接近成功，北洋政府摇摇欲坠。傅斯年这些五四新人

---

① 罗家伦：《元气淋漓的傅孟真》，载《傅斯年印象》，第 7 页。

② 罗家伦：《元气淋漓的傅孟真》，载《傅斯年印象》，第 8 页。

③ 傅斯年在北京大学求学期间，作为教授的胡适就发现这个学生比自己的学问还好。这当非虚言。据陈槃回忆，1927 年傅斯年在中山大学授国文课，讲授《尚书》，并不拿课本，皆凭记忆直接在黑板上板书原文，而他这个时候已经离国 7 年，刚刚归来。

物与革命势力有着天然的联系，而且他们过去的师友，很多都在革命政权中居有相当的地位和权势。因为这些关系，他们迅速投入革命阵营中，并且"因了新的旧的这些资格，立即飞黄腾达"[1]，大多以国民党政权为依托，获得了较高的社会地位和权力。

傅斯年回国后被中山大学聘为教授，兼任文科学长及文史两系主任。中山大学由国民党兴办，这时候刚刚任命戴季陶为委员长，朱家骅任委员而总理实际校务。中国近代学术事业，基本上是国家事业，与国家政权的前途命运密切相关。占近代学术大半江山的中央研究院历史语言研究所，毫无疑问是国家学术机构，无论学术如何独立，毕竟处于体制之内，不可避免地带有国家学术的特征，这也是民国时期学术及教育机构的普遍现象。在当时的社会环境中，这一点对史语所考古的发展有决定性影响。

但具体到史语所的领导人傅斯年，事情并不是那么简单。在民国时期复杂的政治环境中，知识界的政治取向也是很复杂的。就傅斯年而论，他民族主义情绪强烈，是著名的爱国学者，坚决反对帝国主义列强特别是日本，同时一贯坚持自由主义立场，反对国民党政权的腐败，总之，这是一位拥有自己独立立场的自由主义知识分子。

傅斯年采取这种处世态度，是基于对世事的独到理解。他对各方政治势力都深有洞察，经纶事务能力超群，始终表现出一种务实态度。终其一生，他一直得到蒋介石的支持和器重。有趣的是，蒋介石还曾经亲自给史语所布置考古任务，即对登封周公测影台的考察和研究。傅斯年具有为国为民的情怀，积极参加政治活动，形成了很大的社会影响（图9）。

傅斯年政治理念的最大特征，是自由主义。在民国时期，围绕胡适形成了一个所谓的"胡适派自由主义学人群"。[2]这批拿笔杆子的人构成了民国社会的一支独立的力量，与蒋氏政权保持若即若离的关系。他们中的相当一些人并不加入政府，而以教育学术机关和报纸杂志为立足点，保持自己的独

---

[1] 周作人：《新潮的泡沫》，载王富仁、石兴泽编：《谔谔之士——名人笔下的傅斯年、傅斯年笔下的名人》，东方出版中心，1999，第27—29页。

[2] 章清：《"胡适派学人群"与现代中国自由主义》，上海古籍出版社，2004。

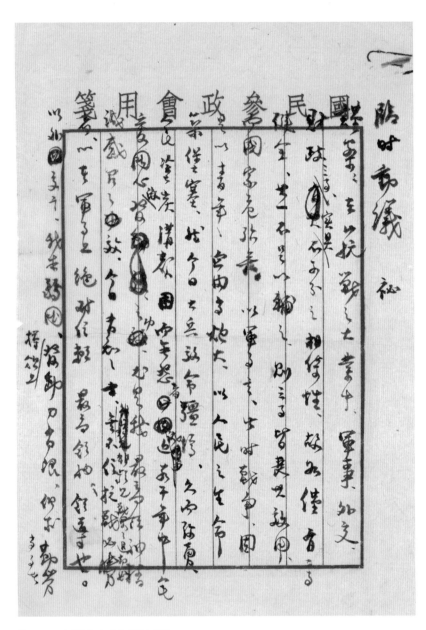

图9 1938年傅斯年参政会动议案草稿

（孔祥熙于1938年就任行政院长，傅斯年不满其贪污腐化，曾写长信向蒋介石建言，从才能、信望、用人、国内外评论，以及个人生活上说明孔氏不胜任，但未有任何结果。后傅斯年再于国民参政会临时动议请蒋介石及国防最高委员会，于行政院长及财政当局之人选，详加考虑，以求官得良才，政致清明，而国家实受其赐。此为临时动议草稿。"中央研究院"历史语言研究所供图）

立地位，既利用政府力量发展学术，又保持对政府的批评监督权，带有明显的自由主义色彩。代表人物如胡适、傅斯年，始终没有全力加入政府从事行政工作，但因其巨大的社会影响力，蒋介石仍然待若上宾。自由主义是民国学术的一个非常重要的特征，既是民国知识阶层相当普遍的价值观，也在深层次上塑造了民国学术的若干特征，包括考古学这样的学科。

但值得注意的是，傅斯年对自由主义是有自己看法的。他在国民参政会时期手写有一份演讲大纲，检讨自由主义，并讨论中国民族、民权、民生方面的历史传统。[①]

傅斯年是一位极有个性魅力的人，与他亦师亦友的胡适，在他去世后这样纪念他：

> 人间一个最稀有的天才。他的记忆力最强，理解力也最强。他能做最细密的绣花针工夫，他又有最大胆的大刀阔斧本领。他是最能做学问的学人，同时他又是最能办事、最有组织才干的天生领袖人物。他的情感是最有热力，往往带有爆炸性的；同时，他又是最温柔、最富于理智、最有条理的一个可爱可亲的人。这都是人世最难得合并在一个人身上的才性，而我们的孟真确能一身兼有这些最难兼有的品性与才能。[②]

傅斯年才华横溢，一身兼有治学、议论、办事三种不同类型的才干。他天资高，心思细，气魄大，既有谋事之忠，又有知人之明，是一个天才型的组织者和领导者。这些才干使傅斯年充分具备从政的资格，但他却以极高的热情投身学术和教育事业。他先后主持中央研究院历史语言研究所、北京大学和台湾大学，特别是在史语所时期，延聘了陈寅恪、赵元任、李济等一大批卓荦不凡的学界泰斗，使史语所的学术成绩在短短十余年间便突飞猛进，取得了令国际汉学界刮目相看的成绩。

---

① 王汎森等编：《傅斯年文物资料选辑》，傅斯年先生百龄纪念筹备会，1995，第 103 页。
② 胡适：《〈傅孟真先生遗著〉序》，载《傅斯年印象》，第 74—77 页。

从历史的高度看，傅斯年是五四运动的掌旗手，是中国高级学术研究和高等学校教育的带头人，他又是敢怒敢言的谔谔之士，是中国历史上有学问、有志气、有血性和有高度修养的伟大知识分子群体中的一个光辉典范。今人重提"回到傅斯年"，不仅在为学而且在为人上，可谓皆有深意。

## 二、现代学术机构史语所的创立

傅斯年所领导的史语所在中国近代学术史上的地位有目共睹，史语所的成绩占 20 世纪学术史相当大的部分。其中最重要者有两项，一是殷墟发掘和研究，二是内阁大库明清档案的整理。[①]

关于这个著名的现代学术机构的形成过程，史语所官方整理的《"中央研究院"历史语言研究所七十年大事记》（以下简称《大事记》）有较为详细的记载。[②]

1927 年春，傅斯年得到朱家骅的重用之后，即在中山大学推进新型学术研究，其中一个重要举措，是与顾颉刚等共同筹办中山大学语言历史研究所，这也是后来史语所的前身。虽然傅斯年、顾颉刚等抱鸿鹄之志，但是由于中山大学内部派系斗争激烈，环境恶劣，工作开展并不理想。

就在傅斯年想离开中山大学的时候，政治形势发生了巨变。1927 年 4 月，南京国民政府成立，5 月，中央政治会议第十九次会议议设中央研究院，11 月通过《中华民国大学院中央研究院组织条例》（以下简称《组织条例》），确定中央研究院为国家最高科学研究机构，并推举大学院院长蔡元培兼任中央研究院院长。[③]南京国民政府之所以高度重视科学研究，与蔡元培等一批博学多识的革命元老的推动有很大关系，而中央研究院的设立，

---

① 王汎森：《什么可以成为历史证据》，载《中国近代思想与学术的系谱》，第 344—384 页。

② "中央研究院"历史语言研究所编：《"中央研究院"历史语言研究所七十年大事记》，1998。

③ 蔡元培：《国立中央研究院工作报告》（1929 年 3 月 15 日），载《傅斯年全集》第六卷，第 34 页。

在一定程度上是借鉴了苏联的做法。①

　　在中央研究院计划筹设的研究机构中，起初并没有历史学、语言学或者考古学的研究所，更没有史语所。但这个时候，傅斯年充分发挥了他灵敏的"嗅觉"和迅捷的行动能力。《组织条例》甫一披露，他即于1928年正月赶到上海，找到了他在北京大学求学时候的老校长蔡元培，端出了自己的计划。他说服蔡元培，"借用在广州之语言历史研究所已成就及将建设者，以成中央研究院之语言历史研究所"。听了傅斯年的建议，蔡元培立表赞成，并"嘱照一切原定计划如样进行"。于是3月底聘傅斯年、顾颉刚和杨振声为中央研究院历史语言研究所常务筹备员（图10），《大事记》即把1928年3月作为史语所创立的起始。7月筹备完成，史语所正式成立，9月傅斯年代行所长职务，1929年6月出任第一任所长，此后任所长达21年，直至1950年12月去世。傅斯年在1928年11月14日给陈寅恪的信中曾说："此研究所本是无中生有，凡办一事，先骑上虎背，自然成功。"的确是历史实情，这个史语所确是傅斯年"无中生有"，以个人努力催生出来的。

　　1928年5月，傅斯年以三位常务筹备员名义给蔡元培和杨铨（中央研究院总干事）上报了拟聘名单，包括胡适、陈垣、陈寅恪、赵元任、俞大维、李济、刘复、冯友兰、李宗侗、徐炳昶和罗家伦等，除陈垣之外，其余都是留学生出身（图11）。7月，派出董作宾②赴南阳与安阳考察，8月调查殷墟。根据调查的结果，11月即开始在小屯第一次试掘，彪炳史册的殷墟十五次发掘就此开始。11月，傅斯年撰第一期报告书，规划本所为八组，包括史料学、汉语、文籍校订、民间文艺、汉字、考古学、敦煌材料研究、人类学及民物学。1929年6月，史语所由广州迁往中国的学术文化中心北平，八个组合并为三组，分别为史学、语言学、考古及人类学，陈寅恪、赵元任、李济分别为主任。内阁大库明清档案整理工作亦于此时启

---

① 福尔肯霍森著：《论中国考古学的编史倾向》，陈淳译，《文物季刊》，1995（2），第85页。
② 此时的董作宾资历甚浅，在史语所只是一个编辑员。

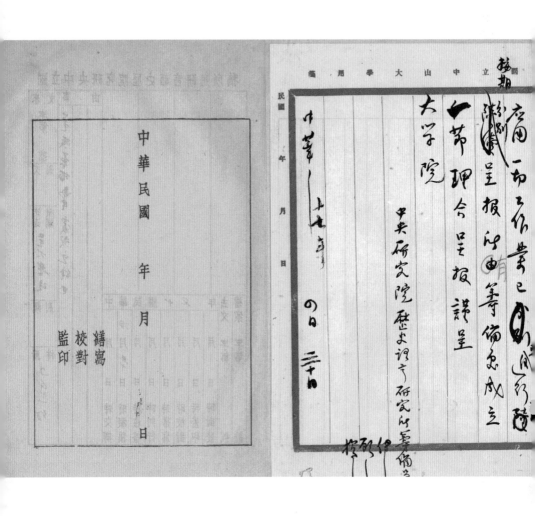

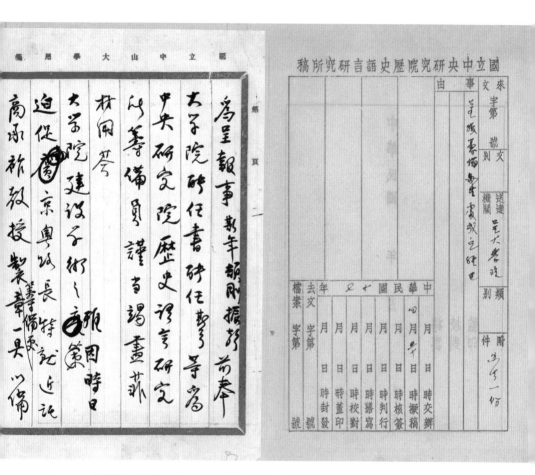

图10 1928年傅斯年、顾颉刚、杨振声三人呈报历史语言研究所筹备处成立经过，附拟筹备办法
（"中央研究院"历史语言研究所供图）

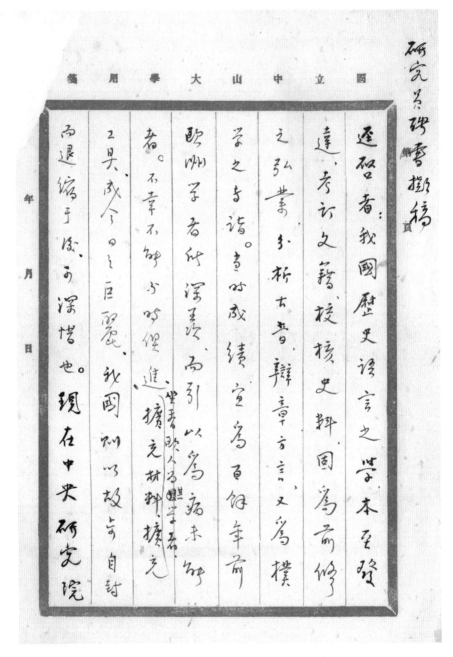

图11　1928 年研究员聘书拟稿
（傅斯年手拟研究员聘书草稿，述史语所创办之目的，颇有号召同志之意味。"中央研究院"历史语言研究所供图）

动（图12、图13）。①

关于为何聘请李济而不是其他人担任考古组的负责人，这里面有一段公案。

夏鼐有一个说法，很有影响：

我曾经在历史语言研究所考古组工作过。当时听组中同事说，当年成立考古组是为了发掘殷墟。要从所外调人来当组主任并主持殷墟发掘，颇费一番苦心。所中提名二人，一位是著名金石学教授，另一位是年青而具有一定的近代考古学知识和发掘经验的归国留学生（1918—1923年留学）。蔡元培院长选择后者，后来证明这选择是明智的。后者本人在最近出版的一本著作中还说他自己在国外所接受的训练是人类学，但是出于偶然的机会使他成为考古学家（《安阳》1977年英文版，第38页）。②

"著名金石学教授"是指马衡，"归国留学生"是指李济。夏鼐的说法当有所本，但与历史实情可能有一定距离。夏鼐之所以做这样的描述，并拿金石学家马衡和科学考古学家李济做对比，可能与文章发表时的时代背景有关。③

实际上，史语所成立伊始即聘请了马衡等一班北大旧人作为特约（通信）研究人员。④ 当然，这主要是为了装点门面，以傅斯年之精明强干，绝不会允许外界势力染指史语所的运作，而且在中山大学语言历史研究所的时候，他已经吃了一些这方面的苦头。认为傅斯年追求的是"新学术"，与马衡等传统学者道不同不相为谋，双方存在"对知识的态度和追求知识

① "中央研究院"历史语言研究所编：《"中央研究院"历史语言研究所七十年大事记》，第2—4页。

② 夏鼐：《五四运动和中国考古学的兴起》，《考古》，1979（3），第193—196页。

③ 20世纪70年代末，中国正倡导"向科学进军"，因而号召一切向科学看齐，迎接"科学的春天"成为舆论主流。

④ "中央研究院"历史语言研究所编：《"中央研究院"历史语言研究所七十年大事记》，第2页。

图 12　历史博物馆在午门西翼楼的档案陈列室
（"中央研究院"历史语言研究所供图）

图 13　史语所在午门西翼楼整理档案
（1929年春，因史料在北平最富，史语所从广州迁至北平。秋，史语所开始于历史博物馆午门
　西翼楼整理明清档案。"中央研究院"历史语言研究所供图）

之方法的歧异"，有一定的道理，但并不是唯一的因素，甚至不是最重要的因素。傅斯年并不是完全不使用传统学者，如董作宾、郭宝钧都是接受的传统教育，但后来皆成为史语所考古组的重要人物。在当时的生存环境中，对一些实际问题的考量可能更为重要，如董作宾、郭宝钧是河南人，史语所要在河南开展发掘工作离不开他们的地方关系资源，这是非常关键的。而且这些人以很浅的资历进入史语所，较易控制。像马衡这些强势的北大派，一旦介入史语所，恐怕局面就复杂化了。史语所的组织管理统一高效，对事业成功的作用非同小可，是相当值得注意的。①

　　傅斯年是一个实干家，并不会凭一个人略有浮名就委以重任，即使是李济。傅斯年与李济本来毫无瓜葛，他注意到李济，是因为后者一篇批驳俄罗斯人类学权威史禄国的文章"The Bones of Sincheng"（即前面提到的《新郑的骨》）。1928 年 10 月，傅斯年给清华大学的冯友兰、罗家伦和杨振声写信说：

　　李仲揆（四光）盛称李济之，我见其驳史禄国文，实在甚好。我想请他担任我们研究所的考古一组主任，如他兴趣在人类学，亦好。②

　　李济与傅斯年的第一次相识，是一个十分生动有趣的故事，李济后来有细致的回忆，这里不厌其烦全文抄录如下：

### 认识傅孟真先生的经过

　　我认识傅先生时傅先生已经是一个名人了。傅先生跟我同年，但是在学术上面，我认为他是我的前辈。他那时在广州的中山大学。我刚从欧洲

---

① 　另一方面的典型就是北京大学研究所国学门，尽管开近代学术机构风气之先，在学术上却建树有限，这与其派系复杂、内斗激烈有直接的关系。参见桑兵《晚清民国的国学研究》第二章《近代中国学术的地缘与流派》，第 28—64 页。
② 　中国国民党中央委员会党史委员会等编：《罗家伦先生文存（附编：师友函札）》，1976，第 524 页。李仲揆即李四光。

回来，路经香港，因为我向来不曾到过广东，所以顺便到广州去看看。又因为我不懂广东话，而那时刚成立的中山大学，有许多从北方来的教授在那儿教书，我也不知道有什么人在那儿，我只是去碰碰看。谁知一去，在门口碰到清华的老教授庄泽宣先生，我们彼此很熟。他一见我就说，你什么时候来的？正有人在这儿找你呢！快去快去！我带你见他去！我不免吃了一惊，问他甚么人要找我呢？他说：这个人你也知道的，就是傅孟真先生。哦！我真大吃一惊，因为我过去虽说很羡慕孟真先生在五四运动时创办《新潮》的成就，不过也仅是羡慕而已，因为那时我正在美国。不过我在美国碰见过罗家伦先生，他常常提到一些孟真先生的事情。我说：孟真先生找我有什么事呢？他说：你到那儿去就知道了。于是庄泽宣先生就领我去见傅先生。他一见面就像是老朋友一样——定要我在他那儿住。而我是乘坐P&O的船从印度加尔各答转过来的，船在香港只停泊三天，我说：不行啊！我不能在这里待这么久，我的船期后天就到了，今天就得走。他说：不行，你的船可以延期。他马上就陪我到香港去办交涉，延期一个礼拜。这次，他跟我谈的事就是在中央研究院办历史语言研究所这件事。谈了不久，他就要我担任田野考古的工作。我说，这个工作究竟有多少事情可做呢？我知道当时从事考古不是一件很容易的事情，因为我已经尝过那种味道，地方上的势力，古董商的势力，政治上、社会上一切的势力，都不容易公开地从事发掘，所谓掘人祖先庐墓的工作，这种事情并不简单。他说，他要从事新式的田野考古工作。这事当然经过许多商量，他告诉我，史语所将来怎么组织，在此以前，他在中山大学办了一个语言历史研究所，现在他要在中央研究院办一个历史语言研究所，名称倒过来了，这有他的道理。我对这没有什么特别的意见。我记得他又约我到语言历史研究所去和他们的同仁见面，我一看，有许多是北方来的先生，其中好像有丁山先生，还有罗膺中先生、顾颉刚先生等。那是民国十七年冬天的事情，傅先生已经送了董作宾先生到河南从事殷墟的试掘。并且那次试掘已经完了，董作宾先生在安阳发掘殷墟的遗址，发现了若干新的甲骨文，所以研究院对于甲骨文的报导，最早是董先生在安阳殷墟发现的三百几十片。当然，那时我从事田野考古的工作已经有若干次，而且当时年纪很轻，而我感觉陈寅恪和赵元任先生都已答应他参加中央研究院史语所工作，分别主持历史组和语言组，现在要我来主持考古组，地位和他们平等，而我的年纪比较轻，这使我感觉到很大的荣幸。在学术上，傅先生可以说是给我一个很好的待遇。这是我结识傅先生的经过。他的计划是想把历史语言研究所搬到北平，不过当时的局面不十分安定，国民革命军刚刚克复北平。

从此以后我一直在傅先生创办的历史话言研究所工作，到现在已经四十七年（一九二八——一九七五），将近五十年了。我一直在那里待下去，甚至他去世之后，我继续了他的职务，所以对于他办历史语言研究所的旨趣，我稍微有一点认识，不过对于傅先生的整个学术，我不敢说有全面的认识，因为傅先生是一个多方面的人。①

从现实而言，虽然李济对傅斯年的重用受宠若惊，但这一次两个人之间实在是一次对等的谈判。傅斯年虽然为李济提供了机会，但李济手里也有十分重要的资源，那就是美国弗利尔艺术馆的支持和资助。

在西阴村发掘引起学术界关注之后，1928 年夏，李济应邀去华盛顿，会见了弗利尔艺术馆的馆长洛奇。会谈之后，洛奇答应继续支持中国学术机构与弗利尔艺术馆在新的考古项目方面进一步合作，实际上也就是继续提供中国学术界最紧缺的经费。②通过中国地质调查所和李济在清华的经历，以及北大考古学会的教训，我们已经知道获得经费支持对于中国开展田野工作的头等重要性。通过傅斯年致中央研究院总干事杨铨的信可以大致了解，当时弗利尔艺术馆对李济的支持大概是，Bishop（即毕士博，弗利尔艺术馆在中国的负责人）提供年费美金万余元，合大洋二万元左右，计划在汾河流域工作，只要一份英文报告，既不要古物，也无其他条件。中央研究院只需担负李济名义上之责任，即可吸引李济到所工作。③

二人会谈的时候，傅斯年给李济谈了董作宾在安阳的发现，而李济也

---

① 李济：《创办史语所与支持安阳考古工作的贡献》，载《傅斯年印象》，第 95—99 页。

② 李济：《安阳》，载《中国现代学术经典·李济卷》，第 495—496 页。

③ 史语所档案：元 25-2，傅孟真函杨杏佛，1928 年 11 月 7 日。

告诉了傅斯年自己与弗利尔艺术馆之间的协定。对于双方来说，一方有机会和平台，另一方有经费和技术，可谓珠联璧合。这是一次历史性的会面，傅斯年代表了当时新生政权下新的学术机构，而李济代表了来自西方的支持，这在百废待兴的民国后期是很重要的事。从此之后，官方的背景、新的学术思想、新的技术和外界的支持，这几个方面的重要因素结合起来，开启了中国科学考古学的征程。

史语所在民国考古学史上的地位非常重要，主要体现在两个方面：第一，提供了一个国家学术机构工作平台；第二，创立了集团研究的典范。

首先来说第一个方面。在傅斯年成立史语所开展安阳考古发掘之前，中国一些学术机构或者个人，如我们前面提到的北京大学的马衡、清华学校的李济等人，也开展了一些考古活动，但都步履维艰，这与这些机构本身力量薄弱、经费困难有直接关系。通过中研院史语所，考古学第一次被纳入了中华民国政府的国家学术体系，成为国家学术发展规划的一部分，使得考古学可以利用国家力量迅速发展。我们可以看到，史语所后来在各地的考古活动，皆是以中央学术机关的名义开展。而一旦出现纠纷，则动用政府力量加以解决。为了保证殷墟发掘团不受军队骚扰，傅斯年甚至可以呈请蒋介石直接发布命令。史语所的这一优势，是北京大学等其他任何机构所不具备的。在民国乱世之中，具备这方面的力量，是顺利开展工作所必需的。同时作为国家学术机构，史语所有稳定的经费来源，可以保障研究人员的生活和科研条件，使得科研人员可以安心工作。由于史语所是傅斯年一手组建起来的，因此他对该机构有绝对的控制力。在傅斯年的精心经营和呵护下，史语所能够顶住外部的种种压力和诱惑，在内部形成一个相对单纯和安定的小环境，派系斗争不那么复杂，有效提高了史语所的科研效率。

其次是第二个方面，史语所倡导"集众工作"，创立了集团研究的典范，对于学术的专业化有重要作用。胡适曾经加以评论：

他是能够实行从前英国大哲学家培根所讲的"集团研究"的，一个人研究学问究竟精力有限；大规模的分工合作，团体研究是比较容易有成就的。培根三百年前的理想，到了一百多年前才由世界上一般先进国家慢慢地做到。孟真回国的时候，正是我国团体研究机关刚开始的时候。我们可以说，孟真在中央研究院的工作，是中国做团体研究最成功的。[1]

史语所的集团研究方式表现在各个方面，其中最典型的莫过于考古工作。在史语所总体调配之下，考古组众人各司其职，各展其长，分工合作，发挥出了很高的效率，是团体研究的典范。与集团研究具有密切关系的则是学术的专业化，余英时曾说，中国近代史学的专业化，就是从史语所这里开始的。

对于傅斯年和史语所在"事功"方面的作用，桑兵曾经有所论述。他谈到，从北京大学国学门到厦门大学国学院再到中山大学语言历史研究所，学术主张的精神与史语所一脉相通，但具体落实起来却进展缓慢。如对古史研究至关重要的考古学，明知实地发掘较器物征集重要得多，却迟迟不能付诸实施，而史语所成立伊始，即迅速打开了局面。史语所找新才、重实学、开新路，内部观念一致，人事矛盾纠葛较少，加以傅斯年过人的办事才干，善于打通各方面关系，争取到必需的支持和条件，准确选择主攻方向，而当时外部环境也渐趋稳定，使得史语所的计划落到了实处。各种前人长期议而未行的新学术领域迅速开辟，并且很快取得明显成效，引起国际学术界的关注，为中国争取世界性的学术发言权的目标开始逐步实现。从集团研究已成大势所趋的角度看，傅斯年的"事功"正是中国学术界以科学方法整理国故有所成就的重要前提，连李济也承认，如果不是傅斯年，其考古工作也许就会中断。[2]

---

① 胡适：《傅孟真先生的思想》，载《傅斯年印象》，第84—85页。
② 桑兵：《晚清民国的国学研究》，第273—275页。

### 三、史语所考古的思想入口

很早以来，关于中国考古学的产生，史学界构建了一条从疑古到考古的思想史路线。这个说法影响很大，不但大多数学者接受，甚至连"新学术之路"的直接继承者——史语所的学者们都服膺此说。之所以会形成这种看法，是因为疑古思潮在近代史学上的主流地位和巨大影响所致。但实际考察起来，傅斯年从事考古，实际上与疑古思潮并没有直接的关系，傅斯年的"新学术"思想，受巴黎汉学的启发最大，这才是中国科学考古学真正的思想入口。[①]换句话说，傅斯年主要并非因为疑古而走上重建之路，而是因为巴黎汉学的方法及其成就当时已经成为东方学研究的主流，傅斯年认为这才是中国学术的发展方向，因而努力学习之，考古学就是"预流"的最重要方法之一。而且，傅斯年与李济对现代考古学的性质及其在古史重建中的作用有十分清晰的认识，与马衡等人试图挖出"地下二十四史"这种不切实际的想法有根本的不同。这一点在前面已经有所说明。但是，考古学就是用来解决古史问题的，在这一点上，无论是科学派还是传统派，并没有什么根本的不同。中国考古学与历史学有与生俱来的密切关联，考古学属于历史学的一部分，为重建古史服务，这一点是天然的历史事实，并没有什么疑问。

疑古思潮催生了中国考古学的产生，关于这一点民国时期的学者就有类似认识，甚至包括考古学家在内。例如李济就曾经说过：

在二十世纪初，即被称为中国文艺复兴的那个短暂的时期以来，知识

---

① 傅斯年受德国兰克之影响，实在不如受法国巴黎学派影响更大。桑兵即主此说（《晚清民国的国学研究》，第275页）。桑兵的说法主要源于王汎森，王汎森称傅斯年一生只提到兰克两三次，藏书中并没有兰克的著作。但另据周一良的回忆，"有一晚我正在读法文，傅先生进来，说：'你将来还可以学点德文，以便看兰克和莫姆森的原著。'"（周一良：《史语所一年》，载《新学术之路》，第557页）可见傅斯年对兰克还是有相当了解的，王汎森的统计不见得非常准确地反映了傅斯年的知识结构。

界有很重要的一伙人自称是"疑古派"。这些不可知论者怀疑整个中国古代传统，声称所谓的殷代不管包括着什么内涵，仍然处在石器时代。这些"疑古派"，多数都曾受业于章炳麟门下，而在那个文艺复兴的浪潮里却又造了他们老师的反，但是积极的贡献并不多。然而这段思想十分混乱的时期也不是没有产生任何社会价值，至少它催生了中国的考古学。尽管科学考古学后来证明，在中国古代这个问题上，章炳麟和他造反的学生都错了。[①]

这段话里面有不少问题，例如认为商代是石器时代，并不是疑古派的典型观点，始作俑者实际上是安特生，连胡适都受了他的影响。尽管李济对疑古派有不同看法，但他认为是疑古思想催生了中国考古学是不错的，这可能代表了一个相当普遍的认识。

民国时期古代史学研究有两大流派，一是认顾颉刚为代表的"疑古派"，一是以傅斯年为代表的"重建派"，堪称史学革命的"双璧"。傅斯年本身并非专业史家出身，在德国留学期间主要学习的是自然科学，但是，在此之后，他终于还是转到史学上来了。凭他在文史之学上的天然积累，以自然科学修养触类旁通，迅速形成突破是很自然的事情。顾颉刚停留在疑古，而傅斯年不以疑古为然，直接就进入了重建。关于傅斯年的治学思想是一个非常复杂的话题，但在其核心方法中，田野方法特别是考古发掘，占据极重要的位置。王汎森整理傅档，在他这时期的笔记本中发现写着这样的字句："若不去动手动脚的干——我是说发掘和旅行——他不能救他自己的命。"王汎森认为这就是他的名言"上穷碧落下黄泉，动手动脚找材料"的初稿，典据可能来自英国史学家特里维廉（G. M. Trerelyan）[②]。这个时候，以考古学来求新材料谋得史学的新发展已经成为国内史学界的共识，傅斯年真正超越一般学者的地方，在于他对现代科学方法的具体把握、对

---

① 李济:《安阳的发现对谱写中国可考历史新的首章的重要性》，载《李济考古学论文选集》，第789—795页。本文是作者于1953年秋在菲律宾举行的第八届太平洋科学会议上做的一次报告，原文为英文。

② 许冠三:《新史学九十年》，岳麓书社，2003，第221页。

考古学实际作用的清醒认识，以及他将设想付诸实践的能力。

其实，傅斯年对史学以及史学方法的定位，不仅与顾颉刚有异，与所有的传统学人几乎都有区别，那就是对科学的竭力推崇，将史学与其他自然科学等量齐观，与"固有学术"区别开来，从而获得价值与地位①。他提倡的学术，不仅仅与要与太炎学派这些旧史学划清界限，也要与古史辨这类新史学划清界限，因为彼虽提倡科学，如以科学方法整理国故之类，但究竟还只是一种停留在口头上的科学，而非真正与自然科学相媲美的具体可行的科学，至少是"科学"得还不够彻底。这方面他在 1928 年 11 月撰写的史语所第一期工作报告中有明确的表达，傅斯年向蔡元培报告史语所设置之意义云：

中央研究院设置之意义本为发达近代科学，非为提倡所谓固有学术，故如以历史语言之学承固有之遗训，不欲新其工具，益其观念，以成与各自然科学同列之事业，即不应于中央研究院设置历史语言研究所，使之与天文、地质、物理、化学同伦。今先生在院中设置此所，正是以自然科学看待历史语言之学，此虽旧域，其命维新。

其实这个意思在他之前 5 月份撰写的《历史语言研究所工作旨趣》（后文简称《旨趣》）中已经有所说明："要把历史学、语言学建设得和生物学、地质学等同样！"②

虽然王汎森曾经说，人们对傅斯年及其创立的史语所的研究，容易走向"本质主义"，即把太多的注意力放在《旨趣》这样的经典性文献上③，但无论如何，要研究近代史学学术史和考古学史，《旨趣》都是一篇不可回

① 当然这种认识存在很大问题，有矫枉过正之嫌，以后再做详细讨论。
② 有学者辨析傅斯年在《旨趣》中说要把历史语言之学建设得像生物学、地质学一样，而不说像物理、化学一样，可能是有什么深意，但从上面所引 11 月份的报告中已经明说要将历史语言之学与天文、地理、物理、化学同伦，可见《旨趣》中举生物学、地质学并非刻意排斥物理、化学这些更纯粹的自然科学，只不过是顺手拈来而已。
③ 王汎森：《什么可以成为历史证据》，载《中国近代思想与学术的系谱》，第 344 页。

避的文献。

《旨趣》的核心意义是在呼喊一种"新学术"，要"科学的东方学之正统在中国"！不明白这个时代背景，不清楚傅斯年这个说法的意义，就不可能真正了解科学考古学在中国产生发展的确切因由，而只是流于"疑古思潮催生中国考古学"这类泛泛之论。

近代中国，"生产落后，百业凋零，科学建设，方之异国，殆无足言；若乃一线未斩唯在学术"①。然而即使关于中国自身文化历史的学术，也渐为东西两洋同道凌驾而上，巴黎汉学和日本汉学成为学术主流，中国学者皆以为奇耻。陈垣曾经对胡适说："汉学正统此时在西京（日本京都）呢？还是在巴黎？"②1923年，北京大学研究所国学门在龙树寺抱冰堂举行恳亲会，陈垣说："现在中外学者谈汉学，不是说巴黎如何，就是说日本如何，没有提中国的。我们应当把汉学中心夺回中国，夺回北京。"③有这种想法者，非独陈垣，胡适、陈寅恪、李济等皆有之，这是当时学术界同仇敌忾之事。傅斯年《旨趣》中的表述，是这一精神的发扬光大，故而得到当时学术界主流学者的积极回应是很自然的事情。李济曾说：

> "不满"与"不服气"的情绪，在当时的学术界，已有很长的历史；等到中央研究院成立后，傅孟真先生才把握着这一机会，把那时普遍存在学术界的"不满的意"与"不服的气"导入正规。④

如何与东西两洋的汉学争正统？正当的途径当然是学习他们的方法，如陈寅恪所说那样"预流"，即参与世界学术主流，取得与对方对话的资

---

① 1932年12月15日孙楷第致陈垣函，《陈垣来往书信集》，上海古籍出版社，1990，第409页。

② 《胡适日记》（手稿本），远流出版事业有限股份公司，1990。此为1931年9月14日所记。

③ 郑天挺：《五十自述》，载《天津文史资料选辑》第28辑，天津人民出版社，1984，第8页。

④ 李济：《傅孟真先生领导的历史语言研究所》，载《傅斯年印象》，第100页。

格并与之争胜。胡适提出"整理国故",就是"要照着西方'汉学家'与受西方'汉学'影响的日本'支那学家'的研究方法和范围去作研究"。[①]简言之,"一、到处找新材料;二、用新方法(科学付给之工具)整理材料"[②]。这也是史语所创立之初即确定的宗旨。

史语所的创所元老都是学贯中西之士,对中国传统学术的困境,以及西方近代学术的优点了如指掌,他们虽然有浓厚的民族主义情绪,但并不妄自尊大,他们采取的学术策略是"师夷长技以制夷",按照自己的标准和国际学术界交朋友。

即如掌舵人物傅斯年,对所谓国际汉学绝不盲目崇拜,以他的头脑和经历,对此是有清醒认识的。罗家伦曾经说,傅斯年对外国研究中国学问的汉学家,最佩服的只有两个人,一个是瑞典的高本汉,一个是法国的伯希和,认为其余的许多都是洋骗子。这两个人在中国学问上的造诣,给了傅斯年很大的刺激。[③]伯希和和高本汉属于巴黎汉学学派,伯希和更是巴黎汉学的领袖。傅斯年"新学术"的具体路径,受到巴黎汉学很大的启发。顾颉刚晚年回忆傅斯年创办史语所的指导思想,即称"傅在欧久,甚欲步

① 牟润孙:《北京大学研究所国学门》,《大公报》(香港),1977-2-9。

② 《致冯友兰、罗家伦、杨振声》(1929年10月6日),载《傅斯年全集》第七卷,湖南教育出版社,2003年,第82页。

③ 罗家伦:《元气淋漓的傅孟真》,载《傅斯年印象》,第11页。

法国汉学之后尘，且与之角胜"。①

　　傅斯年的著名观点是"史学即史料学"②，世人多称源自德国的兰克史学③，实际并不如此。精熟傅斯年档案的王汎森注意到，傅斯年一生只提到兰克二三次，他的藏书中没有任何兰克的著作。④

　　傅斯年的确受到过兰克史学的影响，他虽然没有收藏兰克本人的著作，但藏书中却有伯伦汉（Ernst Bernheim）的《史学方法论》（*Lehrbuch der historischen Methode und Geschinchts-philosophie*），扉页写着"1937 年重装"。此书为兰克学派在方法论及资料处理等方面精华的汇集。⑤ 但他读书甚多甚杂，兰克学派的观点对他影响有限当是事实，相比而言，挑战实证主义兰克学派、代表史学"社会科学化"倾向的欧洲文明史观著作对他影响更大。傅斯年收藏有英国史学家巴克尔（H. T. Buckle）的《英国文明史》

---

① 《顾颉刚日记》，联经出版事业公司，2007。其中 1973 年 7 月所写的"记本月二十九日晚事"，记述与傅斯年破裂的因果如下，对于了解傅斯年颇有帮助："一九二七年，予自北大至厦大，而彼归国后往至广州，入中山大学，任文学院长。以其纵横捭阖之才，韩潮苏海之口，有所凭借，遽成一校领袖，虽鲁迅不能胜也。予既与同事，甚愿其重办《新潮》，为青年引导，而彼曾不措意。自蔡元培先生任中央研究院长，以傅与我及杨振声三人，筹备"历史语言研究所"，我三人即在粤商量筹办事宜。杨好文学，对此不加可否，而我与孟真胸中皆有一幅蓝图。傅在欧久，甚欲踵步法国汉学之后尘，且与之角胜，故其旨在提高。我意不同，以为欲与人争胜，非一二人独特之钻研所可为功，必先培育一批班子，积迭无数数据而加以整理，然后此一二人者方有所凭借，以一日抵十日之用，故首须注意普及。普及者，非将学术浅化也，乃以作提高之基础也。此意本极显明，而孟真乃以家长作风凌我，复疑我欲培养一班青年以夺其所长之权。予性本倔强，不能受其压服，于是遂与彼破口，十五年之交谊臻于破灭。予因函蔡先生，乞聘我为通信研究员，从此不预语所事。然自此孟真之政治欲日益发展，玩弄所识之贵官达人，操纵各文化机关事，知之者皆以'曹大丞相'称之，谓其善挟天子以令诸侯也。蒋政权退出大陆，渠亦以战犯名逃台湾，越年而死。思至此，殊自幸我之不就范于彼也。"

② 傅斯年以此口号得称为"史料学派"，但傅斯年的"新学术"博大精深，绝非"史料学"这一标签可以涵盖。参见王汎森《什么可以成为历史证据》，载《中国近代思想与学术的系谱》，第 345 页。

③ 沈颂金：《傅斯年与中国近代考古学》，载《考古学与二十世纪中国学术》，第 63—81 页。

④ 王汎森：《什么可以成为历史证据》，载《中国近代思想与学术的系谱》，第 343 页。

⑤ 王汎森等编：《傅斯年文物资料选辑》，傅斯年先生百龄纪念筹备会，1995，第 51 页。

（*History of Civilization in England*），曾经翻译此书前五章（稿未见），并附以自己所写的文章《地理史观》（*Geographical Interpretation of History*）。①

但他心目中的典范还是在法国。② 主要针对巴黎汉学伯希和等人的治学之道，傅斯年在《旨趣》中总结道："西洋人做学问不是去读书，是动手动脚到处寻找新材料，随时扩大旧范围，所以这学问才有四方的发展，向上的增高。"因此，要"改了'读书就是学问'的风气"，并且宣称："总而言之，我们不是读书的人，我们只是上穷碧落下黄泉，动手动脚找东西！"沿着寻找新材料、发掘新问题、援引新工具的路线，史语所很快取得了举世瞩目的成就。1932 年，伯希和因史语所各种出版品之报告书，尤其是李济编著的《安阳发掘报告》，提议将该年度法国考古与文学研究院的儒莲奖授予史语所，并且认为"李济、顾颉刚等皆为中国第一流学者"。③

以《旨趣》为约规的史语所形成了自己特有的风格。有人谓史语所为一学派，这样的归纳似有门户之嫌，不过，史语所自成一格的特征是明显的，所里同人表达了对《旨趣》一文的高度认同。在处理史料上，他们本着"有一分材料出一分货"的要求，其研究注重挖掘新史料，利用新材料，

---

① 王汎森等编：《傅斯年文物资料选辑》，傅斯年先生百龄纪念筹备会，1995，第 51 页。

② 傅斯年"新学术之路"受伯希和的影响最大有很多的证据。他虽然是著名的爱国学者，但对伯希和却极为崇敬。例如，1935 年初，国民政府决定次年将故宫博物院等公私方面收藏的古物运往英国伦敦，举办中国艺术国际展览会。当时成立了一个委员会，专门选择运英展览的古物，伯希和也被推为选择委员。对此，当时学术界的一些爱国志士强烈反对，1935 年 1 月 20 日，《北平晨报》刊登了一批学者联名发表的《我国学术界反对古物运英展览》的公开信，公开信不仅反对将古物运英展览，而且也涉及担任选择委员的伯希和。公开信中说，伯希和"向与英人斯坦因至甘肃敦煌，行贿当地道士，发掘古室，盗取无数唐代以前之古物，至今犹封存巴黎国家图书馆与英伦博物馆中，不知凡几。前岁斯坦因卷土重来，举国上下监视其行动，一时彼竟无所措其手足。今若欢迎伯希和参加此项挑选工作，不免前后歧视，自贬其尊严。英国之推此人来华，或有用意"。这一公开信发表后，傅斯年即冒天下之大不韪，撰写了《论伯希和教授》一文，代伯希和辩解，力陈其与斯坦因之不同，并称赞伯希和在东方学上的贡献以及对中国的帮助。该文收入《傅斯年全集》第七册，联经出版事业公司，1980。

③ 桑兵：《晚清民国的国学研究》，第 276 页。

在此基础上形成研究成果，这就保证了学术研究的实证性。在研究技法上，他们往往是小题大做，做绣花针的功夫，从不做那些大而不当的研究，保证了学术研究的严密性。在研究态度上，他们既不像某些旧文人，把历史研究看作维护仁义道德的伦理判断，也不像某些新派学人，把历史研究变成一种政治宣传活动，历史判断从属于其意识形态。他们所取的只是一种纯然客观的学术态度。在研究风气上，他们提倡一种严格、细致的科学精神，史语所《集刊》《专刊》所发表的作品没有一篇不是精心制作、严格编审的。①

傅斯年号召中国学者要像西方汉学家一样寻找新材料，最重要的方法之一就是考古发掘，这也是后来史语所取得的最重要的成就。在《旨趣》中，傅斯年提出了一些具体的设想：

> 我们最要注意的是求新材料。第一步想沿京汉路，安阳至易州，安阳殷墟以前盗出之物并非彻底发掘，易州、邯郸又是燕赵故都，这一带又是卫邶故域。这些地方我们既颇知其富有，又容易达到的，现在已着手调查及布置，河南军事少静止，便结队前去。第二步是洛阳一带，将来一步一步地西去，到中央亚细亚各地，就脱了纯中国材料之范围了。为这一些工作及随时搜集之方便，我们想在洛阳或西安、敦煌或吐鲁番、疏勒，设几个工作站，"有志者事竟成！"②

这位中国科学考古学的设计师定下了一个相当具体而宏大的目标，可惜由于日本的入侵，这些计划仅仅只是实行了其中第一步，即安阳殷墟的发掘。即使如此，也足以使"科学的东方学之正统在中国"的目标部分实现了。

---

① 欧阳哲生：《傅斯年学术思想与史语所初期研究工作》，《文史哲》，2005（3），第123—130页。

② 傅斯年：《历史语言研究所工作之旨趣》，载《傅斯年全集》第三卷，第8—12页。

## 四、小结

谈到科学考古学在中国的形成和发展，傅斯年和他创办的史语所是难以回避的话题。傅斯年是中国系统开展大规模田野考古的规划者和指导者，而史语所作为一个先进的现代学术机构，在科学考古学的兴起过程中发挥了关键作用。

本章系统分析和阐述了傅斯年和史语所在中国科学考古学形成中的历史作用、史语所科学考古思想的来源等问题，观点大致总结如下：

1.史语所科学考古的思想入口主要是以伯希和为代表的巴黎汉学，以田野手段发掘新材料，做出新学术，目的是与西方汉学争胜，使科学的东方学的正统重新回到中国；

2.强调考古学的科学性和客观性，要将历史语言之学建设得像自然科学一样，同传统文史之学划清界限，使史语所的新学术能够达到类似自然科学那样的标准，以获得世人对其价值的认可和尊重[①]，这决定了史语所考古"史料学"式的纯客观风格，奠定了中国科学考古学的基础；

3.史语所考古的学科定位属于历史学，基本目的是重建中国古史，已经超越了疑古阶段，进入重建阶段；

4.史语所考古的基本思想来源是多方面的，主要包括巴黎汉学、德国兰克史学、中国疑古思潮等，体现出以傅斯年为代表的中国新一代知识分子对多种思想资源的吸收和融合；

5.史语所作为一个先进的现代学术机构，所拥有的国家力量、高效的集团研究方式、优良的内部环境，对考古工作的有效开展发挥了关键作用。

总之，正是傅斯年和史语所，为中国科学考古学的形成奠定了最初的基调，这些思想观念与行为方式深深地影响了中国考古未来的发展。

---

① 傅斯年宣称要将历史语言之学建设得像地质学、生物学一样，这种观念的出发点与20世纪60年代美国新考古学家宣称"考古学就是人类学"有类似之处，二者都试图改变本学科在世人心目中主观浅薄的印象，以获得像自然科学一样受人尊敬的地位。

# 第 三 章

## 史语所考古的探索期（1928—1929）

殷墟发掘的第一阶段

　　要探讨史语所的考古工作，目光不能仅仅放在其学术思想是否"科学"上，而应该综合考虑各方面因素的影响。社会环境就是一个很关键的因素，它不仅影响了考古工作的进程，也在其学术特征上打下了深深的烙印。按照布鲁斯·特里格的观点，社会思潮对考古学的发展具有决定性的影响。[1]特别关键的一点是，中国的科学考古学实际上是在一种与西方考古学缺乏交流的半封闭状态下，由一群并非科班出身的人慢慢探索出来的。客观地认识这个艰难的探索过程，对今天的人们是有益处的。

　　史语所最重要的发掘工作是 1928—1937 年大约十年间的十五次殷墟发掘。石璋如曾经加以总结，认为可以分为五个阶段：第一至三次为第一阶段，第四至六次为第二阶段，第七至九次为第三阶段，第十至十二次为第四阶段，第十三至十五次为第五阶段。这五个阶段，不论在组织、经费、设备、方法、效率以及其他杂务上，都有很明显的差异和区分。[2]史语所除了殷墟发掘，随着政治局势的变化以及研究视野和水平的扩展提高，中间还穿插了其他一些重要考古活动，如以山东古迹研究会和河南古迹研究会的名义进行的许多调查和发掘。

　　这里将史语所从 1928 年成立伊始到 1949 年迁到台湾岛这二十一年的考古活动大致划分为以下四个时期：

　　探索期（1928—1929），即殷墟的前三次发掘；

　　发展期（1930—1934），从城子崖的发掘到殷墟第九次发掘；

---

[1]　（加）布鲁斯·特里格：《考古学思想史》（第 2 版），陈淳译，中国人民大学出版社，2010。

[2]　石璋如：《殷墟最近之重要发现，附论小屯地层》，《中国考古学报》第二册，第 1—12 页。

鼎盛期（1934—1937），殷墟第十至十五次发掘；

延续期（1937—1949），抗日战争全面爆发后考古活动。

下面按照时间顺序加以叙述。本章首先谈一下史语所考古的探索期，即殷墟发掘的第一阶段。

## 一、殷墟发掘的前奏

张光直曾经说，如果中国考古学起步阶段选择的是一个史前遗址，而不是像殷墟这样一个历史遗址，中国考古学后来的发展也许会是另外一种面貌。张光直这种假设几乎不可能发生。虽然1928年之前安特生和李济的史前考古相当引人瞩目，但主流派的中国学者一旦有力量从事考古发掘，目光仍然不可避免地投注到殷墟上。发掘殷墟，事实上是民国初年学术界有考古意识的学人们的共同心愿。

安阳之所以成为万众瞩目之地，原因十分简单——这里出土了甲骨文，罗、王二氏已经考定了其时代和性质。虽然罗振玉声称此地已经"宝藏一空"，但对新一代的学者们来说，无论学术观点属于新与旧，大家都明白发掘这个地方之于中国古史重建的重要性。马衡等人试图从这里挖出"地下二十四史"，而傅斯年等以其现代学术之修养，虽然不抱这种幻想，却有另外的考虑。傅斯年曾经说：

考古学上最难定的是绝对的时期。而殷墟是考古学上最好的标准时期，便于研究的人去比较：因为这个时期，是史前的一个最后时期，以这个时期的人骨做标准，去比较其他地方所发现的人骨，来定他们的时代先后，可以知道人类的演进是怎样，同时以殷墟发掘的陶器做标准，推出其他地方的陶器变更情形，及其时代关系，可以断定其时文化是怎么样。又用比较的方法，并可以证明安特生所考据的，是否有误；中国向来所传说的，何处是误。这种工作，是最切要而最不容易的工作，总希望在二年以内，可以成功，用具体的著述报告出来。①

　　傅斯年这番表述，鉴于讲话时的特殊环境，可能只是代表了科学考古学派发掘殷墟的一部分想法，但其学术上的依据是相当有力的。

　　北京大学国学门成立伊始，就有发掘安阳殷墟的打算。根据傅振伦的说法，北京大学最初商议进行考古发掘是在 1919 年。"初欲发掘之地点，为河南安阳之殷墟及洛阳太学。"不过后来该计划"因事中止"。②1923 年又曾提及发掘巨鹿宋城、安阳和渑池的打算③，但都未能实行。再如 1926 年成立、准备大力发展的厦门大学国学院，10 月公布了一份《厦门大学国学研究院发掘之计划书》，制定了庞大的发掘计划，首先就打算从"容易入手"的安阳开始（因曾发现龟甲兽骨等）④，但该国学院成立半年即因内部纷争等原因解体，所有计划皆未能实行。

　　这些机构也进行了一些小规模田野活动，但都未能去往他们心目中的圣地安阳殷墟，关键原因是时局的动荡。⑤ 从 1920 年起，河南便陷入了长期的动乱之中，军阀混战，土匪蜂起。1922 年冯玉祥任河南督军，吴佩孚控制豫西、豫北。1922 年 10 月，吴、冯失和，冯军离豫他往，吴派人掌豫。1924 年发生第二次直奉战争，直系败后，胡景翼、岳维峻相继主政。

---

①　傅斯年：《考古学的新方法》，载《傅斯年选集》，文星书店，1967，第 188 页。这是傅斯年 1930 年在解决史语所与河南地方冲突的时候在河南大学发表的学术演讲，鉴于当时处在一个敏感时期，所以文中言不尽意、言不由衷的地方不少，但总的来说还是代表了傅斯年的学术观点。当时傅斯年正在与河南地方政府交涉殷墟发掘事宜。为了避免刺激对方，傅斯年讲话极其谨慎，为摆脱挖宝的嫌疑，除了陶器，对甲骨、铜器等珍品完全没有论及。

②　傅振伦：《记北京大学考古学会》，载《傅振伦文录类选》，学苑出版社，1994，第 821 页。傅振伦：《北大研究所考古学会在学术上之贡献》，《北大学生周刊》，1930，1（2）。

③　傅振伦：《北大研究所考古学会在学术上之贡献》，《北大学生周刊》，1930，1（2）。

④　《国学研究院章程·考古学会简章》，《厦大周刊》第 161 期，1926 年 10 月 30 日。

⑤　另外一个重要原因就是地方势力的反对。李济说："在中央研究院从事田野考古以前，北平学术界曾在河南和其他地方尝试过好多次发掘工作，但是都失败了。最大的原因就是因为地方人士的强烈反对。"见李济《南阳董作宾先生与近代考古学》，载《新学术之路》，第 267 页。

1926 年，吴佩孚再度入主河南。1927 年初，北伐军入河南，冯玉祥军亦入，6 月，国民政府任命冯玉祥为河南省主席。1928 年，北伐完成，冯玉祥名义上服从中央，而河南实际上成为他的私人地盘。①

从 1920 年至 1927 年，河南一直处在战乱之中。安阳一带作为交通要冲，是兵家必争之地，社会局势十分动荡，缺乏进行田野工作最起码的安全保障。李济 1923 年秋末赴河南新郑的考古调查和发掘，即是由于遇到土匪攻城而仓促返回，导致工作失败。1927 年年底自北平赴陕西做调查，本来一段不长的路程，因北伐战争战事影响，不得不坐海船绕道大连、上海，转汉口，再去西北。②而 1926 年他选择到晋南调查和西阴村发掘，一定程度上也是因为山西"政治管理最为闻名，治安长期稳定"③，这是当时从事田野工作最重要的考虑之一。

随着 1928 年北伐胜利完成，河南名义上归附中央，治安初定，安阳考古终于具备了基本的社会环境条件。正在草创阶段的史语所抓住此一契机，迅速派出董作宾奔赴河南，开始了殷墟第一次试掘，实现了中国学术界由来已久的梦想。

## 二、殷墟第一次试掘及其特点

历史选择董作宾进行第一次殷墟发掘，实由很多偶然因素所促成，这与他的出身、学养、经历和机缘都有关系。

在史语所早期重量级学者中，至少在史语所考古组，董作宾是出身较寒微的一个。④他比傅斯年、李济大一岁，1895 年出生在河南省南阳县的一个小商人家里，幼读私塾，因家境贫寒，18 岁时曾弃学经商，经营书店并与人共同设馆授徒，后来读过南阳县立师范讲习所和河南育才馆（培

① 据陈传海、徐有礼《河南现代史》第三、四章，河南大学出版社，1992。

② 李光谟：《李济先生学行纪略》（未定稿），第 9 页。

③ 李济：《安阳》，载《中国现代学术经典·李济卷》，第 494 页。

④ 傅斯年出身没落世家，李济出身中下层官僚家庭，梁思永是名门之后。

养县政府工作人员的学校），毕业后在开封与友人合办《新豫日报》。1921年冬，董作宾赴北京寻求深造，得到徐炳昶的赏识，进入北京大学旁听，1923—1924年在北京大学研究所国学门做研究生，从此开始了他的治学之路。这期间曾经加入北京大学考古学会。1925—1927年，辗转各地任教谋生。1927年下半年任中山大学副教授，与傅斯年相识，遂进入史语所任编辑员。[①] 这是一个经历十分丰富的人，所以李济曾经说："我们可以看出董先生在民国十七年加入中央研究院历史语言研究所以前，卅四年间的生活经验。他时而经商，时而教书，时而办报，时而求学，可以说完全是旧社会产生出来的一位奋发自修的学人。"[②]

以董作宾的出身，能够被傅斯年罗致加入史语所这个主要由留洋派学者组成的团队，有很多机缘，最主要的原因是傅斯年早就锁定了殷墟这个发掘目标。要发掘殷墟遗址，除了懂得科学考古的人才作为领导（这方面傅斯年已经选定李济），具备以下两方面条件的人员必须加以考虑：第一，以地方势力之强大，必须要具有相当深厚广泛的本地人脉关系，才能保证工作的开展；第二，鉴于殷墟遗址的性质，要通晓甲骨文和金石学知识[③]。董作宾兼具这两方面的能力，而且相当突出，所以他成为首发担纲殷墟发掘的不二人选。李济曾经说："傅所长派董赴安阳进行初步调查有两个简单原因：董系河南人，这在许多方面将有利于他的工作；再者他头脑灵活，不是传统意义上的古物家。"[④]

但如果董作宾仅仅只具备以上两点优势，并不足以保证他后来成为大师级学者。他能够从一个编辑员起步，名列"甲骨四堂"[⑤]之一，与他当年

---

① 据郭胜强编著《河南大学与甲骨学》，河南大学出版社，2003，第28页；裘锡圭：《董作宾先生小传》，载《中国现代学术经典·董作宾卷》，河北教育出版社，1996，第1—5页。

② 李济：《南阳董作宾先生与近代考古学》，载《新学术之路》，第264页。

③ 李济称董作宾是考古组的"史官"（《城子崖》序二），在这个以历史考古为主的学术团体中，熟稔古籍和古文字的董作宾作用非常重要。

④ 李济：《安阳》，载《中国现代学术经典·李济卷》，第488页。

⑤ "甲骨四堂"：罗振玉，号雪堂；王国维，号观堂；董作宾，号彦堂；郭沫若，号鼎堂。

的导师王国维这样的大师并列，说明董作宾有相当深厚的治学潜质。李济曾以王国维和董作宾为例做过深入的分析，这两个人的成就让李济产生了很深的感慨：

> 一个在纯中国传统中产生出来的头等学人，与近代科学研究的思想并没有精神上的隔离。……中国固有的学术与中国固有的人生观，并不是不能与现代科学思想相融合的体系。……他这一时期的学术成绩，一部分靠他的机会，大部分靠他的天才。[①]

晚年李济的这几句话，所反映出他对中国传统学术和学者的态度，与其早岁观点颇有不同，体现出对中国古典学术更深层次的理解。

1928 年 6 月，史语所尚在筹备中，傅斯年即以筹备组名义向中央研究院呈文，拟请大学院聘前中山大学预科国文教授董作宾君为研究员（核准每月津贴一百元），前往河南开展调查，以为今后发掘做准备。呈文后附董作宾拟定的调查办法大纲，计划是：

> 拟先向安阳调查小屯村及殷墟所在，次向洛阳城东寻求前岁发现三体石经之地，以便暑后作有规模之发掘。随时参考故籍，测量地形，画成各时代图，以便多得可供发掘之点。[②]

董作宾先由南阳赴洛阳，但由于匪患严重而半途而废。当时社会极其混乱，据董作宾报告，其时河南北伐战争战事新结束，"洛、宜一带土棍匪徒，自名英雄，专门从事发掘事业"，"数里外绝人交通，所持皆快枪"，公然武装发掘大墓，出售瓜分。[③]

---

① 李济:《南阳董作宾先生与近代考古学》，载《新学术之路》，第 263—264 页。

② 史语所档案：元 23-41-1，傅斯年、顾颉刚、杨振声呈中央研究院文一份，1928 年 6 月 6 日。

③ 史语所档案：元 148-6，董作宾函傅孟真，1928 年 7 月 28 日。

董作宾安阳之行，则查得小屯村仍有大批甲骨出土，出土地点是在小屯村北洹滨的沙丘之下，可以大举发掘。根据河南具体情况，董作宾做了比较周密的计划，他向傅斯年汇报：

一、大举发掘须由研究院或大学院以正式公文通知豫政府，请其饬县政府及驻在军队，切实保护。二、须中央研究院派员主持，弟为佐助，因弟本省人不便负此重责。三、在发掘之先，拟搜求已出土之甲骨……①

接到董作宾的报告之后，傅斯年迅速开始组织发掘。②经费是首要问题。董作宾的初步计划大约需要大洋 1000 元。这个数额对于殷墟考古后来的花费来说并不算多，但当时史语所自己没有钱。这时候代表弗利尔艺术馆的李济还没有参加进来，也没有外部经费来源。唯一的方法只能是向中央研究院伸手要钱，但中央研究院经费也很紧张，并没有预算，傅斯年经过与总干事处多次磋商，终于得到了一笔钱，总数 1000 银元，这在当时是一个不小的数目。③

再一个重要问题就是发掘必须得到河南地方政府的批准，这并不是一件很容易的事情。李济曾经说过，北平学术界在河南等地开展田野工作，皆因为地方势力的反对而告失败，而且正巧的是，河南省政府刚刚发表了一个单行条例，通令全省，严禁挖掘古物。

这时候，中央研究院国家学术机关的地位以及董作宾的地方人脉关系开始发挥作用，史语所采取了以下行动来解决问题。

一、请大学院和中研院院长蔡元培致函河南的实际统治者冯玉祥，嘱电令安阳驻军保护。但从后来看，这一条似乎未起实际作用。

二、国民政府大学院、中央研究院、古物保管委员会分别致函河南省

---

① 史语所档案：元 23-1，董作宾函傅孟真，1928 年 8 月 30 日。

② 董作宾的调查经过、结果和试发掘计划后来都收入到他的《民国十七年试掘安阳小屯报告书》，见《安阳发掘报告》第一期。

③ 李济：《安阳》，载《中国现代学术经典·李济卷》，第 489 页。

政府，请予协助和保护。河南地方势力并不愿意中央伸手进来，但名义上毕竟归属中央，所以当局收函后虽然"意甚踌躇"，却难以断然拒绝，"乃拟于行政会议席上解决此项问题"。

三、河南当局的内情当然瞒不过董作宾，他开始私下奔走，"事前余曾往谒见张钫（伯英兼长建设厅）、查良钊（勉仲兼长教育厅）两委员，说明发掘殷墟之重要，颇得两君赞许。于会议席上多所辩说，乃通过殷墟发掘之案"。①

经过一番努力，在双方约定古物留在河南的前提之下②，河南地方当局基本上满足了董作宾的要求，并派遣人员协调和监督（图14）。后来成为中国考古学早期开创者一的郭宝钧③，经此加入发掘团。安阳县还安排了一支11人的武装队伍提供保护。这样中央学术机关终于挤进了河南，直到1930年被逐出为止。

万事俱备之后，董作宾开始发掘。他的目标很明确，就是寻找甲骨，在这一点上，他与罗振玉甚至古董贩子并没有什么本质的区别，虽然冠以"科学方法"之名，但与科学考古实在相差甚远。李济曾经说："实际上这两个学者，无论是倡导在安阳进行田野工作的傅所长，还是因系河南人而有天才又易于接受新思想而被派到安阳的董作宾，对于现代考古学都没有任何实践经验。"④董作宾对考古学的认识，可能主要出于他在北京大学时候的经历，这次担纲田野工作，是他生平的第一次。

对于毫无经验的董作宾来说，这次发掘完全是在摸索中进行。开始工作之前，他曾经制订过一个发掘计划：

① 董作宾：《民国十七年试掘安阳小屯报告书》，《安阳发掘报告》第一期，第3—36页。
② 从1930年的冲突来看，当初应当有此协议，这是河南允许中央发掘的重要前提之一。但实际上该协议从未得到执行，中央研究院借口发掘品处于研究阶段，始终占有全部文物和资料。
③ 郭宝钧是董作宾的同乡和少时同学，时任河南省教育厅秘书，此次作为河南省政府代表参加发掘。他于1930年正式进入历史语言研究所，是中国考古学特别是历史时期考古的奠基人之一。
④ 李济：《安阳》，载《中国现代学术经典·李济卷》，第488页。

图 14　殷墟第一次发掘筹备会参会人员合照

（1928 年 10 月 12 日，安阳县政府派科员张守魁协同董作宾等赴小屯筹措工作事宜，此为散会后之合照。
右起：王湘、张守魁、董作宾、郭宝钧、工人、赵芝庭、工人关佩海、工人、李春昱、工人。《殷墟发掘
照片选辑 1928—1937》，2012，第 4—5 页。"中央研究院"历史语言研究所供图）

一，分区。分区之法，择沙丘上出土甲骨之中心地点，划出一大段，约五六亩。复分之为若干区，每区约四方丈，四角竖立标识，然后就区内着手挖掘。二，平起。由四方丈之内，平排起土，每一尺为一层，视其土色及所出之物而详记之，至三丈为止。三，递填。递填之法，取第一区之土，置之本段之外，而以第二区之土，填第一区，第三区之土，填第二区，至最末之一区，乃以第一区之土填之。[①]

1928 年 10 月 13 日，发掘工作正式开始（图 15）。工作人员有董作宾、

---

① 董作宾：《民国十七年试掘安阳小屯报告书》，《安阳发掘报告》第一期，第 6 页。

图15　1928年10月13日，殷墟第一次发掘开工，全体工作人员合影
（前排左一董作宾、左三何国栋；后排右起：赵芝庭、王湘、张锡晋、郭宝钧；王湘前立者张守魁；余为工人及驻军。《殷墟发掘照片选辑1928—1937》，第6页。"中央研究院"历史语言研究所供图）

赵芝庭、李春昱、王湘，参加人员郭宝钧。虽然事先制订了计划，但一旦接触到实际状况，一切都变得复杂起来。首先是发掘地点，经过董作宾与郭宝钧勘察，由洹滨的沙丘地带变更为沙丘附近的一处谷地。由于发掘收获不理想，后来又先后换到村北地、村中。而发掘的方法，也由所谓"轮廓求法"①，先后变为"集中求法""打探求法""工人经验"和"村人经验"等，甚至还采用了村里人采"天花粉"的土办法，并没有运用什么现代考古技术。

----

① 所谓"轮廓求法"，据董作宾言，系"假定谷地为甲骨出土最多之处，先由周围打四坑以探求其轮廓。东北，西北，至洹河边；东南，至沙丘上；西南至棉田之西之谷地内。如是，求得周围之边际，然后逐渐向中心挖掘，则地下埋藏之甲骨，当不难一举而罄之"。见董作宾《民国十七年试掘安阳小屯报告书》，《安阳发掘报告》第一期，第13页。

但是，董作宾毕竟是现代学者，与纯粹挖宝者有根本区别。除了搜集甲骨等遗物，他在一定程度上还是注意到了地层关系，虽然比较粗略。他配备了专门的测绘员，绘制了安阳殷墟附近及发掘分区图、发掘殷墟分坑次平面图（图16、图17），并在三个区中选择坑位，绘制土层及包含物剖面图、龟甲层剖面图，有简单的照相。对收集物，除甲骨外，皆登记造册，并以卡片包附于器物之内。几乎所有收集品都做了编号，这可能是受到了地质学工作方式的影响，也可能参考了安特生和李济的工作方法。这时候安特生的《中华远古之文化》和李济的《西阴村史前的遗存》已经出版，在国内外知识界产生了影响。

一开始很踊跃的董作宾，对这次发掘的结果似乎相当失望。试掘13天之后，只发现了一小部分甲骨。他写信给傅斯年汇报情况，认为在史语所财务困难重重之际，殷墟发掘计划可以放弃，信中说：

> 观以上情形，弟甚觉现在工作之无谓，不但每日获得之失望，使精神大受打击，且劳民伤财，亦大不值得。……试想发掘已卅六坑，而得甲骨文字者，不过六七处，且有仅此三数片者，有为发掘数四之残坑者，有把握者不及全工五分之一，岂敢大胆做去？[1]

然而傅斯年却大不以为然，他回信说：

> 连得两书一电，快愉无极，我们研究所弄到现在，只有我兄此一成绩。虽兄自谦太甚，且所得自不能如始愿（梦想中）之多，但即如兄第二信所言，得一骨骼，得一骨场，此实宝贝，若所得仅一径尺有字大龟，乃未必是新知识也。此兄已可自解矣。我等此次工作目的，求文字其次，求得地下知识其上也。盖文字固极可贵，然文字未必包新知识，因罗氏等所得已为不少，然若得太乙故都之大略，合以不完之器，固是大业，即得其掩埋

---

① 史语所档案：元23-1，董作宾致傅斯年，1928年10月25日。

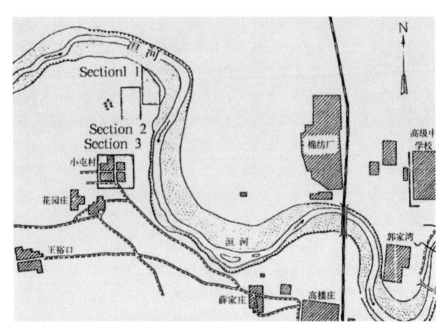

图 16　董作宾画的第一幅小屯遗址发掘草图
（李济：《安阳》，《李济文集》卷二，第 459 页）

图 17　董作宾（右）及李春昱（左）测量绘图
（《殷墟发掘照片选辑 1928—1937》，第 7 页。
"中央研究院"历史语言研究所供图）

之一隅，亦不为枉。既非寻物，则骨片所得几何，次层校量而已。[①]

　　董作宾的信写于试掘后的第 13 天（大约在 1928 年 10 月 25 日），数日后的 10 月 30 日，可能彼时他尚未收到傅斯年的回信，虽然这时候经费还十分充足（1000 元只用了 350 元），但他已经决定收工了。收工的原因，后来董作宾在《民国十七年试掘安阳小屯报告书》中有所叙述，但与私信中的叙述并不完全一致，可能在发表此文时候，形势又有所变化，而他有了另外的考虑。

　　董作宾讲了几个方面的原因，其中治安是很重要的一个方面，"安阳素多匪患，数日以来尤甚。城东巨匪，距城念余里，与驻军在对持之中，而小屯附近之花园庄、王裕口，连夜有架票之案。驻小屯之自卫团，为之通宵戒备，深恐匪人之夺其枪械也"。[②]

　　发掘从 1928 年 10 月 13 日至 30 日，只有短短的 18 天，开长形探坑40 个，面积大约 132 平方米。工作地带分为三区，第一区在村东北洹滨，第二区在村北地，第三区在村中。发掘品包括有字甲骨 784 版，另外有陶、骨、蚌、石多种。除了得到这些遗物，还产生了一些关于遗址范围和成因的认识，"范围之大，就所知者而言，已自河畔直达村中，一里之内，皆殷墟遗物所在之地也。而殷墟遗物如甲骨之类在地下之形状，又确可断定其为漂流淤积所致；则其遗物积存之处，当不仅限于此一里之内"。[③]后来著名的"殷墟漂没说"即由此对版筑等遗迹的误判而起。

---

[①]　史语所档案：元 23-2，傅斯年致董作宾，1928 年 11 月 3 日。在这封信中，傅斯年还告知董作宾，已经和李济会面："李济之先生今日过此，留住一周，即行北上。他闻兄工作甚喜，当过安阳小留，盼与商之。他是中国此时于近代考古学上唯一有训练之人也。"
[②]　董作宾：《民国十七年试掘安阳小屯报告书》，《安阳发掘报告》第一期，第 33 页。
[③]　董作宾：《民国十七年试掘安阳小屯报告书》，《安阳发掘报告》第一期，第 33 页。

### 三、第二次发掘以及方法上的改进

1928 年 12 月，即董作宾进行第一次殷墟发掘之后两个月，李济和傅斯年在广州完成了历史性会面，随即进入史语所，担任考古组主任。前文说过，很关键的一点是，这时候李济还有另外一个重要身份，即美国弗利尔艺术馆在中国进行尝试性田野工作的主持人，这是中央研究院史语所在经费困难重重之际能够继续开展田野工作的保障。

李济受命之后，即开始制订日后的工作计划。这时候唯一的发掘目标，仍是安阳殷墟。大约在 1929 年初，李济办完母亲的丧事之后，即迫切地赶到开封，会见从未谋面的董作宾，目的是了解殷墟的情况，以及制订下一步的计划。

这在中国考古学史上又是一次重要会面。直到晚年李济还说："直到现在，我与这位富有魅力、令人钦佩的同事第一次会见时的情景仍历历在目。他的头脑机智灵活，富有实践知识。"[1] 与傅、李会面不同，对于中国考古学来说，这次会面的重要之处，在一定程度上意味着西方科学思想和中国传统学术在实践层面走向结合。要从事中国考古工作，这两个方面的知识都是必不可少的，特别是对于殷墟这样的历史时期遗址来说。缺少现代科学知识，田野发掘将不成其为现代考古学，难以取得新材料、新知识，这当然是头等大事，而如果不具备传统学术修养，不精通文献、甲骨学和古物学知识，也很难将殷墟研究推向深入。所以，这两个方面，虽然有主次之分，但对于殷墟考古来说是相辅相成、缺一不可的关系。

对于这个道理，晚年的李济有深刻的反思，在董作宾逝世之后，李济撰写了《南阳董作宾先生与近代考古学》一文纪念他，对他有极高的评价。这是一篇有些令人诧异的文章，不仅是因为董作宾与其他大人物似乎关系不睦，而且还涉及史语所内部土、洋两派观念的差异。在以留洋派为主的

---

① 李济：《安阳》，载《中国现代学术经典·李济卷》，第 496 页。

史语所，本土派向来地位不高，郭宝钧就曾称傅斯年很看不起他①，这可能不是空穴来风。因为留学派受过西方教育，大多以了解掌握科学方法自居，而"科学"这时候已经在知识界取得了至高无上的地位，这使得留洋派虽然感受着洋人的蔑视，但却又有可以蔑视本土派的本钱。李济之所以晚年对董作宾有前所未有的高度评价，恐怕不仅仅是由于对其成就的钦服，更是由于自己的思想观念有所改变。

两个人之间有着良好的合作基础。第一，他们都是经过新文化运动洗礼的新人物，底层观念有一致之处；第二，都是傅斯年倚重的史语所干将；第三，双方都清楚，对于殷墟发掘来说，对方都是不可或缺的人物，必须密切配合才行。总而言之，从开封第一次见面开始，两个人开始了珠联璧合的合作，携手开创了殷墟考古的新时代。

在两个人的诸多交流中，有一项分工很有象征意义，据李济记载：

> 我们还达成一项谅解：董研究甲骨文字，而我负责所有其他遗物。实践证明这一谅解对我们的个人关系与合作是重要的。作为考察这个遗址的第一位先锋，董作宾应该有机会研究这批最重要的科学发现物，而有字甲骨是安阳发掘的关键珍品。另外，董的铭刻学研究能力是无容怀疑的。②

但在私下的信件中，李济表露了他作为考古负责人对董作宾本人及其工作的真实评价，这包括批评和肯定两个方面。在了解初步情况之后他给傅斯年写信说：

> 晏堂此次发掘，虽较罗振玉略高一筹，而对于地层一无记载，除甲骨文外，概视为副品，其所谓副品者，有唐磁，有汉简，有商周铜石器，有冲积期之牛角，有三门纪之蚌壳，观之令人眼忙。③

---

① 邹衡：《郭宝钧先生的考古事迹及其在学术上的贡献》，载《新学术之路》，第367—378页。

② 李济：《安阳》，载《中国现代学术经典·李济卷》，第496页。

③ 史语所档案：元25-3，李济致函傅孟真，1928年12月20日。

在给蔡元培院长和总干事杨杏佛的信中，李济也说：

此次董君挖掘，仍袭古董商陈法，就地掘坑，直贯而下，惟检有字甲骨，其余皆视为副品。虽绘地图，亦太简略，且地层紊乱，一无记载。故就全体论之，虽略得甲骨文（约四百片），并无科学价值。惟晏堂人极细心，且亦虚心，略加训练，可成一能手，并极愿与济合作，斯诚一幸事。①

两个人制订的第一个计划，是春节后到安阳再做一次试掘。这一次的发掘方案，是由"中国的第一个科学考古家"李济主持制订的。与董作宾协商后，李济决定具体工作采取如下步骤：

1. 聘用一个称职的测量员对遗址进行测绘，以便准确绘出以小屯为中心的详细的地形图。

2. 继续在遗址内若干地点以挖探沟的方法进行试掘，主要目的是清楚了解地表下地层情况，以便找到包含未触动过的甲骨的堆积特征。

3. 系统地记录和登记发掘出的每件遗物的确切出土地点、时间、周围堆积情况和层次等。

4. 每个参加发掘的工作人员坚持写关于个人观察到的及田野工作中发生的情况的日记。②

这次的小屯地形图是由王庆昌、裴文中绘制完成的，是殷墟所在地区第一幅较全面的地图（图18）。

在给傅斯年的信函中，李济也谈到他对"科学考古"的理解：

唯弟以考古组此次之来彰德作站，不宜专以收集古物为目的。此等东

① 史语所档案：元25-3，李济致函傅孟真，1928年12月20日。
② 李济：《安阳》，载《中国现代学术经典·李济卷》，第497页。

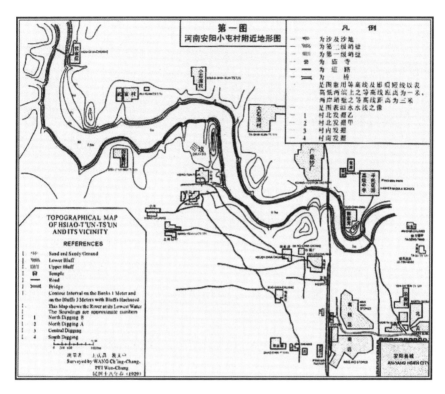

图 18　安阳小屯遗址地形图
（王庆昌、裴文中测绘，摘自李济《小屯地下情形初步》，《李济文集》卷二，第 220 页）

西自然是愈多愈妙，且最足动人观听，引起社会注意。然若专以此为目的，则必与我辈科学的考古之目的不合。所谓科学的考古者：（一）必须有问题；（二）必须有方法；（三）记载必须精确；（四）必须无成见；（五）必须有耐性。[①]

依据此"科学考古"的原则，应该如何开展殷墟发掘工作呢？也是在这封信中，李济说，"弟视为最需解决者有二：（一）为龟甲文时期之物质

---

① 史语所档案：元 25–6，李济致函傅孟真，1929 年 3 月 12 日。

文化及其老家。（二）为龟甲文文化与仰韶期文化之关系。"李济殷墟考古的目的可谓具体全面，而且抓住了问题的核心，那就是要了解殷墟文化的全貌和来源，同时厘清殷墟文化与彩陶文化的关系，解决安特生以来考古学上最重要的学术问题，体现出一位真正的考古学家的专业眼光。

这次发掘从 1929 年 3 月 7 日开始，工作人员有李济、董作宾、董光忠、王庆昌、王湘。另外李济约了在周口店已经做出成绩的裴文中参加，裴文中这时候在地质学、古生物学方面已经有了比较丰富的田野实践经验。在中央研究院请求下，河南冯玉祥军队的暂编第十四师派遣官兵（士兵 18 名，官长 1 名）保护发掘，听从李济指挥，每天 6 元伙食补助（图 19）。[①]

这次发掘未有简报，不知道详细过程。工作地点为村中庙前及村北两处，开长形探坑凡 43 个，面积 280 余平方米，发现窖穴 13 处，最重要的是获得一批有字甲骨（共 684 版），并出土大宗陶器、陶片、兽骨、铜器以及其他各种遗物。

发掘进行了两个多月，于 5 月 10 日结束，似乎很仓促。因为就在五月份，河南的统治者冯玉祥因为军队编遣问题公开与南京政府决裂，冯玉祥任"护党救国军"西北军总司令，集兵西北与蒋介石对抗，中原大战一触即发。李、董这几个以南京中央政府名义工作的人，现在命运可想而知。这次未有河南地方政府的人参与发掘，可能与此有关，但也有可能中央发掘团根本没有邀请他们。

战争爆发，河南大乱，位处要冲之地的安阳难以幸免。"五月间，军事突兴，驻军忽不知去向，县长亦逃，土匪并起，洹上村危在旦夕。"[②]董作宾、李济抢在交通断绝之前，将这一次发掘的珍品，连同第一次发掘品（原存安阳中学），装箱运往北平（图 20）。这时候史语所已经搬到了北平的北海静心斋。关于发掘品的处理和归属，当初董作宾和河南地方协商时，并没有明确确定这个问题。但随着政局变化，以及发掘珍品日益增多，双

① 史语所档案：考 5-10，国民革命军第二集团军暂编第十四师司令部函本院住彰办公处，1929 年 3 月 6 日。
② 傅斯年：《本所发掘殷墟之经过》，《安阳发掘报告》第二期，第 389 页。

图 19　1929 年春，殷墟第二次发掘开始，田野工作人员全体合影
（坐者左一为李济，左二裴光中；余坐者为李嘉霖团长及其随从；后排立者，右一董光忠，右二董作宾。
《殷墟发掘照片选辑 1928—1937》，第 10—11 页。"中央研究院"历史语言研究所供图）

方矛盾后来终于爆发。

　　李济虽然号称掌握科学考古方法，但他这次的工作与董作宾第一次发掘相比其实并没有本质的改进，主要只是扩大了遗物收集的范围，不像董作宾那样只是重视甲骨，而是收集了几乎所有的人工制品以及人骨和兽骨，再者就是细化了出土物和地层资料的记录。他这次的发掘方法，似乎尚不如西阴村时候精细。

图 20　殷墟第二次发掘时搬运出土器物

（1929 年春，殷墟进行第二次发掘。漳河铁桥被炸毁后，李济、董作宾坐在台车上。当时李济、董作宾曾两次将出土器物运往北平，一次恰在 5 月 15 日铁桥被炸毁前数小时，一次在两旬之后。此应为第二次搬运器物时所拍摄。《殷墟发掘照片选辑 1928—1937》，第 18—19 页。"中央研究院"历史语言研究所供图）

最能表现出李济在考古上的专业性的，是他的地层研究。弄清楚小屯地下堆积的情况，本是第二次发掘的重点。经过两个多月的发掘和后续研究，李济最后的结果可以归结为以下两项：第一，建立了正确的地层顺序；第二，对殷商文化层的成因得出了完全错误的结论，而且所犯错误与董作宾一样。

在经过对地下现象一番详细的分析之后，李济认为，小屯遗址的地下遗存，自下而上可以分为三期：1.殷商文化层；2.隋唐的墟墓，也许还早些；3.现代的堆积。这个结论虽然简单粗浅，但却体现出李济的研究中包含了现代考古学最重要的方法之一——考古地层学在实践中的运用，这在本质上与一切挖宝行为划清了界限。

但对殷商文化层成因的分析，却又表现出李济实践经验欠缺的一面。

他说：

我们这季找了几件具体的事实，可以证明地下的文化层，是由洪水冲积成的；殷商人所以放弃这个都城，也是因为这次的洪水。……在讨论斜二与斜二北支地层时，我已谈到各种遗物在文化层中上下分配的大概；大片的骨质物多在上；大片的陶片多在下。这种位置的分配，当然是由于运送这些物件成层的中间物定的。在水中的比重，大片的骨质要比大片的陶片轻，所以它们下沉的速度也比较的慢。这种分配不但是在斜二及斜二北支是这样；凡是没翻过的文化层，都有这样现象。[①]

实际上这种判断大多属于推测之辞，并非科学的结论，但更失于严谨的是下面这段动情的表达：

但是最可证明这洪水的经过的事实，是我们在未翻动的灰土层发现的一个淹死的儿童；他那张口喊救的样子还可以看得出来；嘴中全是泥土。方死的时候，他的口，也许没张到如此的大；因为死后那土仍旧一阵一阵的涌进去，所以弄到那出土时的那个样子。[②]

这个儿童当是殷代建筑奠基的牺牲品，但却被曲解为洪水中的死难者，可谓南辕北辙。这段话完全违背了李济一贯标榜的科学精神，后来曾经遭到夏鼐的批判。[③]

下面续做解释，并将柱础石曲解为洪水冲积的证据：

我们可以不带踌躇的说淹灭殷商都城的那一次洪水是极巨大的；至少可以运送几十磅重的石蛋，并且顷刻之间，毁坏人命。因为这个缘故，那

---

① 李济：《小屯地面下情形分析初步》，《安阳发掘报告》第一期，第43页。
② 李济：《小屯地面下情形分析初步》，《安阳发掘报告》第一期，第44页。
③ 夏鼐：《批判考古学中的胡适派资产阶级思想》，《考古通讯》，1955（3），第1—7页。

最紧要的甲骨文也丢了。①

李济一向反对"无余味的发挥"，面对西阴村的半个蚕茧，他没有说出丝毫过分的话，但他在此处的表现，实在有些不可思议。因此，如果说这个时期对考古资料的解释，连受过一定科学训练的李济都是这个状态，我们更可以想见其他人会穿凿到什么程度。这方面以后例证不断。当然，所有这些只是反映了史语所考古初期阶段的不成熟，年轻的中国第一代考古学家勇于探索的精神却毋庸讳言。

除此之外，李济的科学素养以及人类学、考古学知识毕竟超过董作宾，这使他能够注意到许多细节，从而发现学术上的大问题。例如屈肢葬，就是这次发掘在一处墓葬中发现的。这引起李济很大的兴趣，他说："这种葬法在中亚和欧洲的上古虽是极普通，在中国却是第一次发现。"②他对此做了长期的研究，并且下功夫写了一篇专论《屈肢葬》，但是这个问题涉及中国文化来源这个敏感问题，所以后来并未进行深入的讨论。他还想到要去寻找建筑基址，但是在眼前，还是没有能够辨认出来。

第一次和第二次的发掘品运到北平，董作宾和李济按照当初的分工协议，分头对这批资料进行了研究。李济研究陶器，写成《殷商陶器初论》一文。董作宾研究甲骨文，写成了《商代龟卜之推测》《新获卜辞写本》《新获卜辞写本后记》等文章。另一位对甲骨文有兴趣的学者余永梁为董作宾的《新获卜辞写本后记》又写了《跋》。这些都是中国科学考古学创始期的基础性工作。

李济的《殷商陶器初论》③在中国考古学史上是一篇开创性的文章，体现在以下几点：1.开始了对遗物中最具有普遍性和代表性的陶器的研究，跳出了传统金石学的巢窠，进入现代考古学的研究范围；2.采用金石学中的固有名称，结合功能原则为考古出土陶器定名，这是陶器研究的基础工

---

① 李济：《小屯地面下情形分析初步》，《安阳发掘报告》第一期，第44页。

② 李济：《小屯地面下情形分析初步》，《安阳发掘报告》第一期，第37页。

③ 李济：《殷商陶器初论》，《安阳发掘报告》第一期，第49—58页。

作，体现出金石学对考古学的影响；3. 从陶器入手，思考殷墟文化与史前文化之间的关系，进行年代学的推断。

李济对陶器在考古研究中的价值认识十分清楚，当时中国学术界有此眼光者寥寥无几。殷墟陶器与西阴村的陶器不同，西阴村出土皆为陶片，几乎不见完整器，而殷墟发现了大量完整以及可以复原的陶器，所以陶器研究尤为重要。作为一个开拓者，他面对的基本困难是很多的，例如定名问题，他说：

因为陶器是一种极普通的器物，在金石学中就没有占一个相当的位置。研究中国古物的人，对于它们，向来就是无文不录。它们的样式、用处、制作，均在不闻不问之列。我们现在从事这种工作就感觉一种初学入门的困难。头一层：那名称就不容易定。

我们可以断说：各种陶器，在一时代一区域中，皆有一定的名称，一定的用处，一定的式样，丝毫不容混乱的。……时候愈远，距离愈长，变化也就愈多。陶器在古物上最有价值，就是这种变化；也就是它的最难考较的地方。①

如何定名？李济认为只能借鉴传统的金石学方法。《殷商陶器初论》中定了三种方法。

第一，"头一层以古字形比较实物形，而定它们名实的关系"。就是说从甲骨文以及后来古文字中的象形字入手，来确定陶器的名称。李济这方面受到金石学家吴大澂很大的启发，所谓的尊、瓠等后来常用的名称，皆是采取如此原则定下来的。

第二，在古文字中找不到器形的陶器（这占到大部分），李济采取另外一个方法定名，"把它的形式与铜器比较，由铜器的名称，推定陶器的名称"。这样做的依据是，"我们就字形可以看得出，大部分铜器的形状，

---

① 李济：《殷商陶器初论》，《安阳发掘报告》第一期，第49页。

都是依着陶器照抄"。

第三，"两条路都不能走的时候，我们只有用普通名称定了"。就是采用现在这类器形的通常名称。

值得注意的是，李济谈及埃及学者命名陶器的方法以及类型学方法，表现出他对埃及考古类型学有一定的了解[①]：

埃及学者的办法是就那陶器形制，按着次序，重编名目。凡是同样形制的，都编成一个目；分成时代，互相比较，由此定那形制的演化。再由形制的演化，转过去定那时代。依这种方法，尤其是应用在史前的研究，得的结果，异常圆满。所以到了现在，埃及学者看了几块陶片，就可以定那全体遗存的年代。假如我们顺着次序作去，我们当然也可以作到那种地步。

李济将殷墟陶器与安特生在仰韶村和甘肃发现的陶器做了比较研究。首先比较制作的方法，发现差异并不是很大，手工制作很多，但是轮制技术大有进步。又比较样式，发现差别很大，"实际说，仰韶期与殷商期共有唯一的陶器，就是鬲了"。"但是鬲形的变化，是很显著的。"这里李济对两个时期的鬲，做了相当详细的观察和比较。李济还将殷墟陶器与仰韶、安诺、貔子窝的陶器做了比较，但总而言之，由于材料有限，李济的陶器研究并没有得出很有价值的结论。

《商代龟卜之推测》[②]则反映了受到科学方法熏陶的董作宾在甲骨研究上许多新的探索，他不再像罗、王等前辈一样专注于刻辞，而是全面观察卜甲和卜骨的形态和埋藏状态，以重建殷代贞卜的过程，这固然是铭刻学的一个全新突破，但不可否认也是考古学的重要内容。在该文中，他从观察实物入手，探讨了甲骨贞卜过程的十个方面。

---

① 这可能得益于他对皮特里等人著作的直接阅读，如在《殷商陶器初论》中他征引了皮特里的《史前埃及》（*Prehistoric Egypt*）一书。

② 董作宾:《商代龟卜之推测》,《安阳发掘报告》第一期，第59—129页。

第一，贞卜之龟，何从得之？是为"取用"。第二，种类，大小，何由别之？是为"辨相"。第三，生龟不能用，必祭而杀之，是为"釁燎"。第四，杀之之后，剔取其腹下甲而"攻治"之。此筹备卜事于始也。第五，筹备既竣，乃可从事于贞卜，而所卜维何？又须前定，是为"类例"。第六，于是"钻凿"焉。第七，"燋灼"焉。第八，见"兆璺"，定吉凶焉。第九，而后"书契"文辞于兆侧以识其事，此卜事之全也。第十，贞卜既已，"庋藏"龟册，而卜事终矣。

不少学者认为，是考古研究推进了甲骨学的深化。[①] 董作宾的这种研究方式，既可以说是金石学或者铭刻学的延伸，也可视为构成了考古学研究的一个专门门类，这是由甲骨在殷商考古中占据的特别重要的地位所决定的，也是中国历史考古学的特殊性所决定的。这需要具有特殊的知识才能做到，而董作宾恰恰是具备这种能力的人。他对中国考古学的贡献，由于他丰富的田野经验和广博的学识，使得他的作用和成就远远超过了一位单纯的古文字学家和金石学家。

在此期间，李济还做了一件影响深远的事情。在第二次发掘时候，作为考古组负责人，他与董作宾等参加发掘工作的同仁们约定：一切出土文物全部属于国家，考古组同仁自己绝不许收藏古物。这一职业道德规范后来逐渐成为中国考古界的传统，至今仍然得到很好的遵守。这是一件彪炳史册的事情，足以令他无愧于"中国考古学之父"的称号。

第二、三次发掘都是美国弗利尔艺术馆提供的经费，这笔钱对于贫困的中国学术界来说的确是莫大的支持，但实际上这个经费用起来并不轻松。第二次发掘尚未开始，李济就建议研究院宜出津贴，后来又给傅斯年写信，说明缘由：

完全是因为一时心血来朝（潮），想硬硬骨头，同外国人作事不能不如此扎扎脚。他们面子上虽说是很客气，心里总以老前辈自居；对于我们这

---

① 王宇信、方光华、李健超：《中国近代史学学术史·考古学》，第508—515页。

种穷小子只是提携奖励而已，而自己以为是站在无所不容的地位。这也未尝不是实在情形，不过我们实在觉得难堪。自然，能摆脱他们的势力几分就摆脱几分，实在没有法子，也只得像那"猿人"似的弯着脖子走走再说，耐性等着那"天演的"力量领着我们上那真真的人的路上去。也许我们的儿子（应该说我的）可以替我们出这口气，希望总要有的。①

## 四、第三次发掘及其重大收获

第二次发掘草草结束，因为地方大乱，李、董二人几乎是从安阳逃回北平的。等到 1929 年秋季，安阳的形势有所稳定，两个人便又重新回去开始工作。这次发掘的目标，是打算在小屯村北掘纵横沟，继续搞清楚地层问题。实际过程共分两期：前一期是从 10 月 7 日至 21 日，后一期是从 11 月 15 日至 12 月 12 日，地点是在村北高地和村西北的霸台。共开坑 118 个，约 836 平方米（图 21）。

这一次的收获比前两次要大得多。出土遗物包括大量的艺术珍品，如两大兽头刻辞，一是牛头，一是鹿头；半截抱腿而坐的"饕餮"石像；数量众多的各类铜器、石器和陶器；还有艺术性很高的雕花骨器、白陶、蚌器；带釉陶片。很多都是从所谓"大连坑"中发现的，这个坑堪称是"殷代遗物的一个宝库，恰巧给我们碰着了"。尤其重要的是发现一片仰韶期的彩陶，引起李济极大的关注。出土甲骨共 3012 片，包括著名的"大龟四版"。遗迹方面有长方坑、圆坑 15 处；俯身葬、隋墓等 30 处。②

以第三次发掘的重要资料为对象，产出了很多著名的研究成果。这时期的殷墟发掘，虽然仅仅进行了三次，但是在国内已经引起高度关注。

① 民国十八年一月二十三日，史语所档案元 25-10。转引自《新学术之路》，第 28 页。

② 李济：《民国十八年秋季发掘殷墟之经过及其重要发现》，《安阳发掘报告》第二期，第 29—252 页。

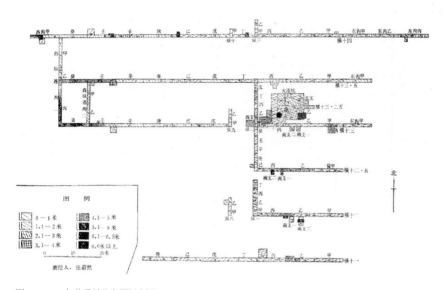

图 21　1929 年秋季村北发掘深度图

（张蔚然测绘，见李济《民国十八年秋季发掘殷墟之经过及其重要发现》，载《李济文集》卷二，第 242 页）

　　1929 年 10 月出版的《安阳发掘报告》备受瞩目，如鲁迅亦曾购买和阅读。[①]虽然还没有出土"地下二十四史"，但大量的甲骨文和艺术品已经令酷爱古物、古文字的众人表现出了很高的热情，其中最典型者就是对大龟四版（图 22）和兽头刻辞的热烈讨论。

———————————

① 在郁逸《鲁迅关于〈水浒〉以及文物考古的论述给我们的启示》[《考古》，1975（6），第 321—325 页] 中曾经提到，"鲁迅对殷墟考古甚为关切，1932 年 2 月和 1934 年冬天，曾亲赴书店或嘱亲人代购新出版的《安阳发掘报告》，及时进行阅读和研究。使鲁迅感到失望的是，这四册《安阳发掘报告》，'也是精义少而废话多'[《致台静农信（1932 年 6 月 18 日）》]。这是由于当时的考古学阵地，把持在胡适派学阀手里。他们一方面鼓吹'大胆假设，小心求证'的实验主义，标榜考古学与政治无关，提倡'有一分材料说一分话'，进行一砖一瓦的点滴研究，坛坛罐罐，支离破碎，面对惨绝人寰的人殉情形，却矢口否认奴隶社会的存在，借以反对马克思主义的普遍真理。另一方面，他们又宣扬'考古救国'的论调，在日本侵略军长驱直入的民族危亡关头，主张加紧做好考古工作就能救中国，为国民党反动派镇压抗日救亡运动，进行卖国投降勾当效劳"。

图 22　大龟四版拓墨

（引自孔召明《〈卜辞通纂〉附考释》，台湾大通书局，1976，第 159—165 页 ）

大龟四版是到当时为止最重要的甲骨卜辞发现。一方面是甲体完整，文辞多而内涵丰富，另一方面更是因为它有明确的出土环境和层位关系，是第　等的考古资料。当然，一般学者通常更重视前者。郭沫若从史语所索得复制件，收入《卜辞通纂》，率先发表，引起了很大反响。董作宾随后也发表论文《大龟四版考释》①，分卜法、事类、文例、时代、种属五个方面进行探讨，其中最重要的就是为断代提出了"贞人"说，这是甲骨文断代研究划时代的成就。文中提出的甲骨断代的八法②，构成了董作宾《甲骨文断代研究例》的前身。

但关于兽头刻辞的研究则有些戏剧化。首先是董作宾，将它与孔子所见的"白麟"联系起来，作了一篇《获白麟解》③，备受争议，相继讨论者有方国瑜《获白麟解质疑》、唐兰《获白兕考》和裴文中《跋董作宾获白

---

① 载《安阳发掘报告》第三期，中央研究院历史语言研究所，1931，第 423—442 页。

② 甲骨断代的八个标准：一、坑层；二、同出器物；三、贞卜事类；四、所祀帝王；五、贞人；六、文体；七、用字；八、书法。见董作宾《大龟四版考释》，《安阳发掘报告》第三期，第 423—442 页。

③ 载《安阳发掘报告》第二期，第 287—330 页。

麟解》等。这个鹿头经鉴定属于麋鹿，董作宾据此认为，孔子所说"白麟"实际上也就是这种动物。这实在是一个无法证实的问题，这方面的讨论并没有多少真正的学术价值。

李济的表现有所区别，他的关注点主要集中于一些纯粹的考古学问题，其中殷墟的范围和建筑基址被他认为是安阳发掘工作的重中之重[1]，虽然这次发掘并未得到很好的解决。

这次发掘的一个重大收获是发现了仰韶文化的线索。1929 年 11 月 21 日发现的这一块彩陶片，在史语所殷墟考古中是空前绝后的，在 15 次发掘出土的近 25 万块陶片中，这是唯一的一块仰韶期彩陶（图 23）。这并非偶然的机遇，主要应该归因于李济对彩陶问题一直非常关注，而且西阴村的经历使他对这种东西很是熟悉。在如此众多的遗物和现象中，能够注意到这样一块小小的陶片，的确显示出李济本人的问题意识和严谨工作态度。李济后来说："要不是终日守着发掘的进行，辛勤的记录，这块陶片的出现很可能忽视了。有了这一发现，我们就大胆地开始比较仰韶文化和殷商文化，并讨论它们的相对年代。"[2] 从这块陶片出发，李济开始探讨仰韶和殷墟文化之间的关系，写了《小屯与仰韶》一文，这是以考古证据探讨二者之间关系的开始。

但这次发掘存在一个很大的缺憾，就是关于殷墟文化层的成因，非但没有解决，反而向"漂没说"这个错误的方向进一步发展。这可能与前三次采取的纵横沟式发掘法有一定关系，因为缺乏完整的揭露，所以难以全面观察地层情形。第三次发掘时李济特聘来负责地质测量工作的张蔚然，特别对地层做了研究，作了长文《殷墟地层研究》[3]，将"殷墟漂没说"推向极致。张蔚然将夯土痕迹作为大水冲积的证据，而且认为殷墟文化层是经过了不止一次洪水而形成。董作宾又作历史地理考证《殷墟沿革考》长文，

---

[1]　史语所档案：元 152-1，李济致傅孟真，1929 年 10 月 20 日。

[2]　李济：《中国古器物学的新基础》，载《李济考古学论文选集》，第 60—70 页。

[3]　载《安阳发掘报告》第二期，第 253—286 页。

图 23　殷墟第三次发掘时李济手持仰
韶彩陶片

[1929 年秋，殷墟第三次发掘，在横
十三丙北支坑，李济发现仰韶期彩陶
片（11 月 21 日出土）。《殷墟发掘照
片选辑 1928—1937》，第 38 页。"中
央研究院"历史语言研究所供图 ]

推测洪水与古黄河的变迁有关。[①]张蔚然和董作宾的分析旁征博引，非常详
尽，结论却是完全错误的。尽管二人亲身参与田野发掘，根据第一手资料
进行研究，却得出了不切实际的结论，主要的原因，还是二人专业知识欠
缺。如张蔚然只是曾经在湘南厕身矿务，对地质有所了解，而遇到考古学
上的文化层这种复杂现象，已经完全超出了他的知识和经验范围，一切解
释只能凭借联想。其实李济也存在这个问题，缺乏地质学知识和训练，难
以解决复杂的文化层成因问题。

---

① 　董作宾：《殷墟沿革考》，《历史语言研究所集刊》第二本第二分，中央研究院历史语言研
　　究所，1930，第 224—240 页。

## 五、中央和河南在考古活动上的政治博弈

在安阳发掘初期，中央和河南地方当局围绕出土文物的归属问题，爆发了一场旷日持久的严重冲突，在史语所考古史上是一个极其重大的事件，影响深远，史语所老一辈学者对此都有深刻记忆。

北伐之后，南京国民政府要将它的影响力尽可能地延伸到全国每一个角落，这是近代国家构建的重要一环。但中国经过晚清以来的督抚分权和军阀割据，地方势力独立性很强。现在，代表全国的政府要将统治权扩张到地方，这对习于晚清以来政治社会情势的人民而言，是一件不能习惯的事。名义上已统一全国的国民政府与各个地方势力的关系充满紧张。国民政府派人到各地去，想支配原先带有浓厚地方色彩的事务，自然引起相当大的矛盾，尤其当中央的军事、政治力量尚无法完全控制时，中央来的命令或文件表面上或许会得到地方尊崇，但实际上地方另有一套。安阳的冲突便是众多这类矛盾中的一个。[1] 安阳出土文物，河南地方人士认为当属于地方，代表中央的中央研究院发掘团则认为一切出土文物属于国家，双方观念完全对立，这是爆发冲突的根源。

前文已经谈到，河南对于中央研究院到殷墟发掘其实很不情愿，只是迫于中央权威的压力，加上董作宾的个人斡旋，才勉强同意此事。然而随着中央发掘团取得了巨大收获，并且将珍品完全占为己有，河南方面开始抗拒和反击。[2]

河南方面出头的是一个文化机构的人物——河南图书馆馆长兼河南博物馆（有一段时间改名为河南省民族博物院）馆长何日章，而地方权力机关的一些实权人物在幕后支持，真正的主使者是主管此事的河南省教育厅

---

[1]　王汎森：《什么可以成为历史证据》，《中国近代思想与学术的系谱》，第379页。

[2]　很有意思的是，随着发掘收获越来越大，安阳地方人士也开始主张本地权益，争取古物的发掘权和所有权，不独反对中央，也反对河南省当局。见史语所档案：考24-1，尹焕章致函李济。"函寄本地民声日报四、五、六日三张报纸，有关本所考古事件，请看即知。1933年8月8日。"

厅长李敬斋①。

1928 年董作宾在与河南省政府商讨发掘事宜的时候，双方并没有明确规定发掘品的保管和归属问题。在第一次发掘之后，因为董作宾有相当的收获，这个问题开始浮出水面。何日章提醒省政府，掘出的龟骨器物要"陈列于开封"（当时河南省会在开封）。河南省政府于是致函中央研究院提出这个要求。中央研究院回复，"本院特派员在各地发掘古物，将来如何陈列，亦仅限于首都及本地博物馆。……贵省政府所请以掘出古物留存开封古物陈列所一节，自可酌量办理"，在一定程度上同意了河南的请求。但在第二次发掘之后，李济和董作宾趁战乱之机，将两次发掘的珍品全部运往北平，这大大激怒了河南地方人士。

河南人士自知要回这批东西无望，所以在这方面并未提出什么明确要求，但在李济、董作宾再度回来进行第三次发掘时，河南人开始行动。何日章获得李敬斋批准，自己也组织了一支考古队，开到安阳，进行发掘。当然，何日章方面由于并无懂得现代考古知识的专业人员，主要是以寻找甲骨等古物为目标，故而在中央发掘团眼里，他们的行为不但无知可笑，而且对殷墟造成了极大破坏，"至于彼等挖法，实在可笑可恨之至。传闻彼等已得之墓葬，皆为见头挖头，见脚挖脚，十有八九，均捣碎了。无记载，无照相，无方向，挖完了不知到底是怎么回事。此等方法名之曰研究（张尚德②说：双方都是研究），而省政府提倡之，此真中华民族之羞也"。③

但不管发掘技术如何，何日章作为地方人士，却得到当地官绅势力的大力支持。在他发掘同时，并请得安阳县政府发布文告，禁止中央发掘团发掘。李济、董作宾只得停工，于 10 月 22 日返回北平找傅斯年商议。10

---

① 李敬斋（1888—1987），河南汝南人。历任国民党湖南省党部组织部部长、中央党部组织部秘书、河南省政府教育厅厅长、国民党第六届中央委员、国民政府行政院政务委员兼地政部部长等职。

② 张尚德时为安阳中学校长，是他首先向河南省政府报告了中央发掘团"将发掘器物，潜运出省"。见 1929 年 10 月 8 日《河南教育日报》第八号。

③ 史语所档案：元 151—18，李济致函董作宾，1929 年 11 月 23 日。

月 24 日，傅斯年匆忙赶往南京寻求支持。以蔡元培为首的中央研究院调动了一切力量，力图解决此事。一方面，通过吴稚晖请蒋介石命令河南当地政府合作，国民政府文官处电令河南省主席韩复榘，请恢复中央研究院发掘，禁止何日章发掘。韩复榘是冯玉祥的部将，蒋冯双方正在虎视眈眈，所以这一命令未起作用，但此后官方渠道的沟通一直未断。另一方面，继续采用传统办事方法，寻求河南地方关系从中斡旋。傅斯年找了很多河南籍的名人，如张继、徐旭生等人，后来又通过中央大员如陈果夫、段锡朋、古应芬等，寻求与这一事件背后河南方面的真正主脑李敬斋沟通①。经过一番努力之后，中央发掘团终于可以于 11 月 15 日重新开工，但何日章的发掘队却对他们实行骚扰战术，使得工作难以正常进行。

　　何日章的行为令李济极其愤怒，他写信向傅斯年求援："兄开封彰德之行似为必需，最少限度必要做到免除何日章职务，此獠若不除去，必将反攻，则河南全省实无考古组工作之地也。"②

　　11 月 21 日，傅斯年亲赴河南协商此事。但关键人物李敬斋对中央政府以及傅斯年本人的亲来磋商，始终虚与委蛇。在极其复杂的情势之下，傅斯年勉力而为，充分发挥了他精通人情世故和办事练达的一面，经过全力斡旋之后，最终与河南省政府达成了一项协议，即《解决安阳殷墟发掘

---

① 通过交涉过程中的众多往来信件，可知李敬斋实际上是此次冲突河南方面的幕后指使者。如他给段锡朋写的一封信中表现就很清楚，何日章就是他派到殷墟去的。史语所档案：元 151-10，李敬斋致函段锡朋，1929 年 11 月 2 日。正文如下：

　　朋志兄大鉴。辰诵锦章为之失笑。连日接果夫先生、溥泉先生电责及道藩兄函问，方晓有此误会。

　　尊函所称较得质平，然亦无勒令停止工作之事。弟所以派何馆长前往发掘，此实因此项古物无人经理，恐被盗卖，又以该馆存有余款，约有专家，权令试办。可如现研究院亦在挖掘，或无款无人，绝不多此一举。研究院派员今春不践约，此次来豫又不通告地方。何君一去又未与之磋商合作，亦不来沔面筹。安知去后张大居翁纷纷请各方函电援助，均极幼稚。弟已令何君停工返沔，祈转告来沔筹议为荷。谨颂。

　　　　　　　　　　　　　　　　　　　　　职 弟李敬斋敬复。

　　　　　　　　　　　　　　　　　　　　　民国十八年十一月二日

② 史语所档案：元 141-7，李济函傅孟真，1929 年 11 月 18 日。

办法》，要点如下：

一、为谋中央学术机关与地方政府之合作起见，河南省政府教育厅遴选学者一人至三人，参加国立中央研究院安阳殷墟发掘团。

二、发掘工作暨所获古物，均由安阳殷墟发掘团缮具清册，每月函送河南教育厅存查。

三、安阳殷墟发掘团为研究便利起见，得将所掘古物移运适当地点，但须函知河南教育厅备查。

四、殷墟古物除重复者外，均于每批研究完结后，在开封碑林陈列，以便地方人士参观。

五、俟全部发掘完竣研究结束后，再由中央研究院与河南省政府会商陈列办法。①

按此协议，中央方面实际上做出了很大的妥协，但内中的关键点，即古物的研究权归属中央，研究地点由中央确定（也就是说可以运出河南），使得中央研究院史语所始终保留了这些发掘品。这也是李济向傅斯年强调过的谈判底线。②

傅斯年在与河南方面斡旋时极其强调一点，就是说我们发掘不是来挖宝的，而是来求地下知识的，而学术乃天下之公器，试图以此令河南方面释怀。这一点为王汎森所发挥，强调双方在学术观点上的新旧之别。这种差别当然是客观存在的，但并非双方冲突的关键所在。双方冲突的根本原因乃是中央与地方的权力冲突，即使不为发掘品的归属，而为新资料的研究权，双方的冲突也是在所难免的。须知，河南方面固然没有科学考古的专门人才，但也并非都是顽固守旧分子，即以此事件幕后的真正主使者李

① 傅斯年：《本所发掘殷墟之经过》，《安阳发掘报告》第二期，第387—404页。在斡旋过程中，傅斯年还答应为河南培养考古人才，河南大学学生可以参加殷墟发掘。这使得石璋如、刘燿得以走上考古道路。

② 史语所档案：元141-4，李济致函杨杏佛、傅孟真，1929年11月2日。

敬斋而论，曾经留学于密歇根大学，学习建筑工程，对河南近代化事业卓有贡献。

关于发掘品要暂归史语所，傅斯年解释说，发掘品在陈列前有一个整理和研究阶段，这期间发掘品归研究者保管是天下公例，之后物品再归地方所有。而这个整理和研究阶段时限到底多长，并没有一个明确的说法，这当然不能令河南方面满意。

对傅斯年斡旋的作用并不能做过高的估价。协议毕竟是纸面上的，至于是否遵守，一切取决于政治形势的发展。果然，双方协议墨迹未干，河南地方人士呼声又起。何日章两次发布传单，呼吁反对中央发掘，保护地方文化，得到本地舆论的普遍支持。1930 年 2 月 5 日，郭宝钧致函董作宾，表示河南地方人士仍想自行发掘。① 2 月 17 日起，何日章组织发掘，每天用工人七八十人，在中央发掘团原来的工地上乱掘，造成巨大破坏，李济等人无法阻止，向河南省政府反映，全无效果。② 3 月，冯玉祥、阎锡山、李宗仁联合反蒋，5 月，中原大战爆发，中央完全失去对河南的控制。傅斯年代表中央政府与河南省政府签订的协议成为一纸空文，中央发掘团被彻底逐出河南。直到 1930 年 12 月中原大战结束，河南正式落入南京国民政府掌握之下，到 1931 年春，发掘团才得以重回安阳。

## 六、小结

殷墟发掘的第一阶段，有以下几个方面值得注意。

第一，史语所的田野考古活动，作为国家学术建构之一部分，始终在中央与地方的权力博弈中沉浮。这使得中国考古学的探索期步履维艰，更凸显出将考古学定位为国家学术在实践中的重要性。

第二，这三次发掘出土的遗物，确凿证明晚商已经处于铜器时代。这

---

① 史语所档案：元 141-17，郭宝钧致函董彦堂，1930 年 2 月 5 日。

② 史语所档案：元 141-25，李济、傅斯年致蔡元培、杨铨电稿，1930 年 3 月 10 日。

是一个了不起的成就。之前安特生还怀疑商代仍然处于石器时代，而且由于安特生的权威，这个观点在国内学术界有相当大的影响。

第三，从方法而言，史语所的考古，这时期仍然处于初步探索阶段。石璋如曾经说，这时候一切设施都很简陋，范围甚小，仅仅是一种规模较大的试掘工作。① 这阶段发掘主要是收集遗物。董作宾主持的第一次发掘主要关注收集甲骨文，第二、三次李济参与，注意到了收集其他遗物。李济虽然具有问题意识，提出了一些很重要的课题，如殷墟文化的来源、殷墟文化与仰韶文化的关系，立意很高，并且处处科以科学标准，但实际上这些问题却难以解决。关键在于这时候考古研究的一些最基本的方法还没有建立起来，如地层学和类型学，所以尽管进行了很多专门性的探讨，但却没有取得很大的突破。发掘方法仍然采用水平层而非自然层，收集和记录的方式都存在问题。特别是关于殷墟文化层成因的研究，虽然下了很大功夫，但始终没有得出正确的结论，反而在"漂没说"的错误方向上越走越远。这也从一个方面表明，在考古研究中，材料并不是第一位的，掌握正确的理论、技术和方法更为重要。这与世界考古学的进展也有一定关系，当时西方新的发掘方法也处在探索阶段。

第四，发掘收获的艺术珍品，特别是第三次的收获，在中国学术界引起了震撼，研究殷墟遗物蔚然成风，从此殷墟成为中国考古的圣地，为中央研究院史语所今后的考古活动营造了良好的社会环境。

第五，初步形成了一些良好的学科传统，特别是李济、董作宾的合理分工，现代学术和传统研究的良好配合，为殷墟考古学的整体研究构建了一个很好的框架。

无论如何，虽然步履维艰，但是史语所的科学考古终于步入正轨了。

---

① 石璋如：《殷墟最近之重要发现，附论小屯地层》，《中国考古学报》第二册，第1页。

# 第 四 章

## 史语所考古的发展期（1930—1934）

### 从城子崖到殷墟第九次发掘

1930 年的城子崖发掘，对于史语所考古来说是一个重要转折点。从此以后，在诸般因素共同作用下，考古活动才真正走上科学轨道。我们可以把从城子崖到 1934 年的殷墟第九次发掘称为中国科学考古学的发展期，这期间发生了很多标志性事件，见证了中国科学考古学的逐步形成。

## 一、城子崖发掘与龙山文化的研究

1930 年中原大战爆发，这对建立不久的南京国民政府是一次严峻的考验。战事从 4 月到 11 月，延续了 7 个多月。蒋介石与阎锡山、冯玉祥、李宗仁四方共投入兵力 110 万人，战场东起山东，西至襄樊，南迄长沙，绵延数千里，席卷半个中国。

在战火连天的年月，进行田野考古已近奢望。1930 年全年，史语所考古组几乎未做任何发掘，全组人员在北海静心斋整理和研究前三次的发掘资料。① 但李济还是寻机调查，寻找除了殷墟之外可能的发掘地点。尽管国家生灵涂炭，饿殍遍野，但这并不能动摇中国第一代职业考古学家们追求科学知识的热情。

除了战争，史语所的考古活动这时候还遇到另外一个危机，第二、三次发掘经费的提供者美国弗利尔艺术馆终止了与史语所的合作。弗利尔艺术馆在华活动的主要目的是收集艺术品，在与史语所的合作中，他们似乎没有什么收获。1930 年的协商未能达成新的合作协议。这件事情对李济打击很大，一度令他非常沮丧。然而事情很快峰回路转。由于在安阳的出色

---

① 《历史语言研究所概况事务报告》，载《傅斯年全集》第六卷，第 47—48 页。

工作,民国时期最重要的学术资助机构——中华教育文化基金会①开始对史语所伸出援助之手。1930 年秋,该基金会聘任李济为中国考古学研究教授,这是一个特意捐赠给史语所的讲座席位。另外,三年里每年拨 1 万银元作为研究所的田野工作经费。②

经费重新有了着落,战争逐渐结束,事情开始有了转机。

山东原来就是南京国民政府控制区,也于 8 月较早结束战事。9 月,冯玉祥的叛将韩复榘被任命为山东省主席,社会秩序趋于稳定,具备了开展田野工作的基本条件。而且,从至关重要的地方社会关系资源而言,这里是傅斯年的故乡,他在这里人脉深厚。

从学术层面来说,很关键的一点是这里已经发现了新的重要线索。吴金鼎从 1928 年至 1929 年对济南以东的东平陵以及城子崖遗址进行了六次调查,发现了龙山文化黑陶等遗物遗迹。③吴金鼎是李济在清华研究院时期唯一的考古学研究生,他在山东的工作,也代表了"中国考古学之父"早期播下的知识火种生根发芽。本来史语所考古组被从河南逐出之后,已经准备在山东开展工作,初步的打算是在临淄试掘④,兼以听了吴金鼎的报告,

① 该基金会由所谓"胡适派学人群"把持,史语所实际上也是这个学术势力圈的重要组成部分。1930 年中华教育文化基金董事会机构如下:董事长蔡元培,副董事长孟禄、蒋梦麟,秘书胡适,会计贝诺德、金绍基,执行委员赵元任、金绍基、顾临,干事长任鸿隽。关于"胡适派学人群"的研究,参见章清《"胡适派学人群"与现代中国自由主义》,上海古籍出版社,2004。

② 李济:《安阳》,载《中国现代学术经典·李济卷》,第 504 页。又见史语所档案:元10-1,中华教育文化基金董事会致函本所。函请在本所设考古学研究教授并聘李济担任,1930 年 7 月 21 日。附:修正科学研究教授席办法一份、议案一份。[本年度中华教育文化基金会聘请了两位科学研究教授,分别是翁文灏(农矿部地质调查所,地质学研究教授,每年薪俸七千二百元)、李济(中央研究院历史语言研究所考古学研究教授,每年薪俸六千元),任期俱定为五年。除了薪俸外,按照科学研究教授席办法,每个教授每年还可支设备补助费二千元,调查和助理费一千元以内。]

③ 见吴金鼎:《平陵访古记》,载《国立中央研究院历史语言研究集刊》第一本第四分,1930,第 471—486 页。

④ 李济:《黑陶文化在中国上古史中所占的地位》,载《李济文集》卷一,第 48 页。

李济遂于 1930 年 6 月由北平前往济南，因战事阻道半途而返，10 月又往，与吴金鼎一起调查了龙山和临淄等处，寻找可能的发掘地点。[①]

　　1930 年 10 月 25 日，傅斯年到达济南，开始与山东省政府商讨合作事宜。这时任山东省教育厅厅长的何思源，与傅斯年有同乡（都是山东人）、同学（北京大学和柏林大学）、同事（回国后曾在中山大学共事）之谊，而教育厅又是主管文教之机关，所以协商十分顺利。在何思源的陪同下，傅斯年会见了省主席韩复榘。韩复榘在民间传说中以粗鄙闻名，却颇知爱护文物，当即表示支持中央机关的发掘工作，并令省图书馆馆长王献唐、历城县（城子崖所在地）县长张贺元全力配合。

　　鉴于在与河南地方势力斗争中得到的惨痛教训，这一次中央研究院采取了与殷墟考古完全不同的组织形式，不再单独自行发掘，而是与山东省政府合组了一个新的机构——山东古迹研究会。事实证明这样做很有好处，双方联合，让地方参与进来，结成互利互惠关系，这样可以更好地得到地方上的支持，至少不再掣肘。有以上强硬的关系以及良好的合作方式，史语所在山东的考古工作进行得相当顺利。

　　傅斯年与何思源反复协商，拟定了合组山东古迹研究会办法八条，以中央研究院名义致函山东省政府：

　　一、兹经国立中央研究院之提议，由国立中央研究院与山东省政府各聘委员二人至五人组织山东古迹研究会。

　　二、国立中央研究院所聘委员由国立中央研究院历史语言研究所推荐之，山东省政府所聘委员由山东省政府教育厅推荐之。

　　三、本会设委员长一人，工作主任一人，秘书一人，由委员互选之。

　　四、本会工作皆分调查、发掘、研究三步，其科学的指导之责由国立中央研究院任之，其保护之责由山东省政府任之。

　　五、本会会址设于济南，并于发掘地点设立办事处。

---

[①]　石璋如：《考古年表》，"中央研究院"历史语言研究所，1952，第 1 页。

六、本会工作费由国立中央研究院与山东省政府分任之，必要时由国立中央研究院独任之。

七、发掘所得古物均存置本会，以便研究，唯因研究之方便，得由本会通过，提出一部分在他处研究，但须于一定期内交还本会。

八、现在发掘工作暂以龙山及临淄为试办区。

以上合作办法，后经山东省政府第十一次政务会议讨论通过。该会议并决定以杨振声、王献唐、刘次萧、张敦讷四人为省方委员。①

这是一项双方都很满意的协议，古物的所有权归山东省，中央研究院具有研究权，可谓各得其所。地方上很有积极性，不但提供保护，而且允诺提供经费支持。但一切都掌握在史语所手中，傅斯年任委员长，李济任工作主任，整个过程皆由史语所考古组操作，而地方人士只是襄助而已。实际上山东古迹研究会的日常工作，基本上由史语所助理员吴金鼎一人承担，直到他去英国留学为止。山东发掘的珍贵古物，稍珍贵者也都被史语所运走，留下的只是些粗笨的东西。

双方也非完全琴瑟和鸣。例如在经费问题上，虽然协议规定工作费由双方分任，但后来皆由中央研究院承担，山东省并未出钱，后虽有动议，也未得落实。山东方面的主要人物，山东省图书馆馆长王献唐，对古迹研究会的工作并不热心，以至于被董作宾称"此公有点不好对付"。②甚至山东古迹研究会的办公处，都成了一个大问题，起初在齐鲁大学，后来被赶来赶去，长期得不到解决，令史语所方面很苦恼。③

山东古迹研究会成立之后，马上开展田野工作，因为已经临近冬天，

① 史语所档案：元169-3，本所致函总办事处。函送本所代表本院与山东省政府各方往来文件，1930年12月26日。

② 史语所档案：考13-1，董作宾函傅斯年、李济、梁思永，附山东古迹研究会第三次会议记录一份。1933年7月7日。

③ 史语所档案：元168-A，山东古迹研究会会址（元168卷宗目次）。

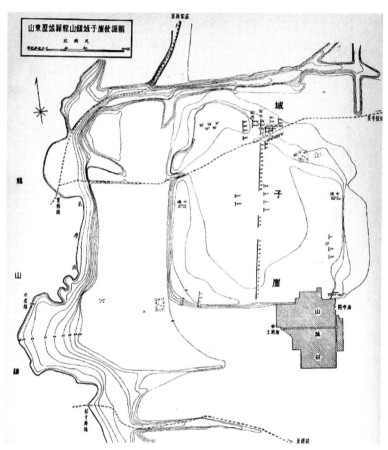

图 24 城子崖发掘图
（刘屿霞绘，载《城子崖》，图版 2）

故而选择在最近便的城子崖开始。[1]1930 年的城子崖第一次发掘进行了一个月，从 11 月 7 日到 12 月 7 日，参加人有李济、董作宾、郭宝钧、吴金鼎等六人。发掘方法是就遗址高处开纵横沟，共 44 条，面积约 440 平方米。遗迹方面的收获最为重要，发现了黑陶期的城墙和窑址，另外还有

[1] 史语所档案：元 169-2，历史语言研究所致山东教育厅公函，1930 年 10 月 30 日。

唐代墓葬和早期瓮棺葬。遗物方面，获得陶片以及骨、蚌、石器等标本
23878 件。[1]（图 24）

虽然这次发掘在艺术品方面的收获不如殷墟，但是城子崖的发现对于
中国考古学的进展实在太重要了，可以说是中国史前文化研究的一个里程
碑。

1930 年 11 月 6 日，山东古迹研究会在山东大学工学院召开城子崖遗
址新闻发布会，场面盛大。李济发表演讲，讲述了发掘城子崖的意义所在。
李济说：

（一）现代中国新史学最大的公案就是中国文化的原始问题，要研究
这个问题，我们当然择一个若明若昧的时期作一个起发点。这个时期，大
部分的学者都承认在秦汉以前的夏商周三个朝代。因为我们中国文化的基
础是在这“三代”打定的。要能把这将近两千年长的文化，找出一个原委，
中国文化的原始问题，大部就可解决。这个时代的晚期，虽已文字大备，
然而经了秦始皇一把火，传下来的可靠的史料，实在有限得很。所以我们
要求这一时代的史料，除文字外，不可不注重无文字的器物。器物制作，
最足以代表时代的精神。由此我们不但可以看出当代的风尚，并且可以看
得出当时一切生活的状态及工业的程度。在这种立场，我们认定只要是这
一时代留下来的人工制作的东西，随它们是残的，或是整的，都是我们的
重要史料。周朝是盛用铜器的时代是没有疑问的了。据我们在殷墟的发现，
商朝晚期铜器制作，业已进到很高的境界。但那时尚没完全脱离用石器的
习惯。那时的人民，尚继续的以石作刀斧等器。至于商朝的早期，我们就
差不多完全不知道。但我们可以想象到愈比这时代早，铜器必愈少，石器
必愈多；直可以早到只有石器、没有铜器的那一时代。要是我们能够如此
一步一步的追寻出来，中国早期文化递嬗的痕迹，当然也就看出来了。因
此，我们认定凡出石器的遗址，都可以供给我们研究这期历史的材料；城

---

[1]　石璋如：《考古年表》，第 11 页。

子崖既出有石器的遗存，就是我们选择城子崖发掘的第一个理由。

（二）还有一个更重要的理由：近数年来，中国考古界对于中国石器时代文化的研究，已有很重要的贡献。在奉天、山西、河南、甘肃一带均作过些极有系统的发掘。这类的研究，不但替中国史学界开了一个新纪元，并且已得到了世界考古学者的充分注意。换一句话，中国石器时代文化问题，已成为一有世界性的学术问题。但由这类材料的发现，再回顾到中国文化的原始问题，虽说添了好些光明，同时也把它弄得更复杂了。因为这几年在奉天、山西、河南、甘肃一带所发现的石器时代的遗址，大部分都包含着一种特殊的陶器：陶器上有彩画的装饰。这种带彩的陶器，与中亚、小亚细亚以及东欧所出的均有若干相似处。这就是外国考古家注意中国这种发现的基本原因。由这种材料的比较，就有好多学者指它们为中国文化原始于中亚的证据。所以近数年来，那沉默了三十年的"中国文化原始于西方"的学说，差不多又复活起来。这学说自然由此得了些强有力的新依据。不过就这些已经发现的石器时代的遗址地域上的分配看，尚不能给这"西来说"一个完全实证。因为这种带彩陶器所占据地方，只在中国西部与北部。东北部的大平原，如河北省的东南、河南的东部以及山东一带，尚没有发现这类的陶器。所以这些新发现研究的结果，令人自然的想到下列的问题：中国内地东北大平原是否也有个石器时代？要有的话，是否也有带彩的陶器？城子崖的地点居这东北大平原的中心点，它不但出了石器，并且出了与西部北部石器时代遗址完全不同样的贵重陶器。这种陶器是单色的，色黑发光像漆一样。它们的样子，有好多像后来的铜器。这种石器时代的遗存，在中国内地是头一次发现，与中国商周的铜器文化的关系很密切。它的重要性，是研究这类问题的人一看就知道的。[①]

由此可见，在发掘之前，李济已经充分认识到了城子崖的黑陶遗存在中国史前文化研究上的重要意义。后来的发掘和研究，只是将此问题逐步

---

① 李济：《发掘龙山城子崖的理由及成绩》，《山东省立图书馆季刊》第 1 集第 1 期，1931。转引自《李济文集》卷二，第 203—204 页。

推进和实现而已。

城子崖黑陶文化的重要性，如前所述，李济在发掘之前已经有所预计，发掘中的发现进一步丰富了这种认识。它的独特内涵，昭示着在中国东部地区确实存在着另外一个不同于彩陶文化的古老文化，光亮的黑色蛋壳陶表明这种文化技术高度发达，而卜骨及黑陶中的豆以及白陶鬹[①]等与殷墟出土物相近。在第一次发掘中，就发现了牛肩胛骨制作的卜骨（图25）。骨卜和龟卜是殷墟文化的突出特征，但在早前发现的仰韶文化中却毫无踪迹可寻，现在却在东方的龙山文化中发现了骨卜，这表明龙山文化与殷墟文化一定存在渊源关系。李济对骨卜有独特的见解，他相信在殷墟所代表的中国最早期历史文化中，骨卜不仅是一切精神生活之所系，而且骨卜的习惯对于中国文字的早期演进可能有极大的推动力。[②]所以，"凡此一切都给予我们一个强有力的暗示，就是构成中国最早期历史文化的一个最紧要的成分，显然是在东方发展的"。由此，"有了城子崖的发现，我们不仅替殷墟文化的来源找到了老家，对于中国黎明期文化的认识，我们也得到了一个新阶段"。[③]在黑陶文化发现之前，西方学者如劳弗尔等人多持"中国文化西来说"，认为先秦两三千年间中土文化之步步进展，只是西方亚洲文化之波浪所及，自身并不具有独立性。因为没有实物证据，傅斯年、李济等中国学者对这种学说虽然持怀疑态度，但只能保持沉默。有了城子崖的发现，史语所的考古学家们终于可以说，"我们坚信事实并不是如此的"。[④]

再一个重要发现就是龙山期的夯土城墙，这得益于对版筑遗迹的正确辨识（图26）。经测量勘察判明，城墙呈长方形，南北长约450米，东西长约390米，基沟宽约13.8米，墙根厚10.6米，残存高度3米，墙下有

---

① 龙山文化的陶鬹，系由郭宝钧所命名。据邹衡《郭宝钧先生的考古事迹及其在学术上的贡献》，载《新学术之路》，第370页。

② 陈星灿：《中国史前考古学史研究1895—1949》，第217页。

③ 李济：《城子崖》序二。

④ 傅斯年：《城子崖》序一。

图 25　城子崖出土的卜骨
（《城子崖》，图版 53）

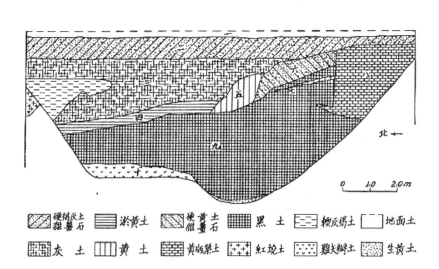

图 26　C1、C2 坑纵断面地层图
（《城子崖》，第 30 页）

黑陶遗存，墙内偶尔也有黑陶期遗物。根据文化层堆积状况，发掘者推测：先是下文化层即黑陶文化期居民在此居住了相当长的时间，建了城；大约在夏代末，人们因某种原因离开，随后，这里"似乎有一个人烟稀少或绝无人烟的时代"；大约到了商代，才迁来一批新居民，并在此修建了灰陶文化期的城，即上文化层的城。城墙是夯筑而成的，从这次发掘中获得的经验，终于在正确识别殷墟建筑遗迹时发挥了重大作用。

李济后来回顾说，城子崖的发现在中国科学考古学发展史上有重大意义，除了其自身的重要性，还在于给殷墟研究提供了一批极重要的比较材料，好些疑难问题，因此就得到一个可靠的根据去解决。考古组同仁由此对"比较法"也得到一种较深刻的认识。安阳第四、五、六次的发掘，很受这个新观点的影响，好些观察都以这种新认识为枢纽。[1]所以，城子崖的发掘为中国科学考古学的形成开创了一个很好的典范。

城子崖第一次发掘在技术方面仍然存在很多问题。如基本上仍然采取了水平层发掘方式，致使不同时期的遗物混淆在一起；记录虽然延续了李济的一贯做法，非常详细，但是至关重要的遗物出土地点却没有标出。

1930年12月7日，因天寒地冻，发掘停工。发掘品运至位于山东大学工学院的山东古迹研究会保存整理。重要资料后来都被史语所运走，留下来的都是重复的或者是比较笨重的东西。1931年8月，城子崖发掘报告初步完成，吴金鼎撰写了大部分篇幅。1931年上半年进行了殷墟第四次发掘，梁思永发现了后冈三叠层，揭示出仰韶、龙山和小屯文化之间的关系，使得城子崖的地位更加重要起来。由于在后冈发现黑陶，大家认识到这可能是中国史前期一种相当普遍的文化，城子崖有进一步发掘的必要。1931年秋天，10月9—31日，梁思永带领吴金鼎等人第二次发掘了城子崖。

---

[1] 李济：《安阳最近发掘报告及六次工作之总估计》，《安阳发掘报告》第四期，第559—560页。

## 二、殷墟第四次发掘和"殷墟漂没说"的解决

1930 年末，中原大战结束，蒋介石获得胜利，他的嫡系部将刘峙被任命为河南省主席，此后掌豫达 5 年之久。史语所重新获得了殷墟发掘的机会，考古组遂又把工作重点放在了这个中国考古的圣地。

这一次的发掘资金完全由史语所自行筹措。为了支持考古组的工作，傅斯年想尽了方法从中央研究院争取经费，并且压缩内部开支，裁撤合并了民俗学组。

1931 年三、四月间，开始了殷墟的第四次发掘，规模之大，人员之多，是空前的。考古组调动了自己的全部力量，工作人员包括李济、董作宾、梁思永、吴金鼎、郭宝钧等（图 27）。河南省政府按照双方协议派人参与，当时还是河南大学学生的石璋如、刘燿第一次参加（图 28）。傅斯年也亲来视察。其中最关键的力量是梁思永的参与。自从梁思永加入之后，殷墟发掘才逐渐走上科学的轨道。

前面已经提到，史语所考古前期田野工作，包括殷墟第一至三次发掘和城子崖的第一次发掘，由于李济、董作宾专业训练的局限，技术方法上始终存在很大的缺陷。虽然李济具有很好的问题意识，能够把握学科发展的大局，但田野技术却是他的弱项，这对整体研究水平的提高当然是致命的制约。梁思永恰恰在田野技术方法上为史语所考古做出了决定性的贡献。对于梁思永在这方面的贡献，李济有很高的评价：

> 梁君是一位有田野工作训练的考古家，并且对于东亚的考古问题做过特别的研究。两年来他对考古组的组织上及方法上均有极重要的贡献。①

夏鼐在梁思永逝世后也做过类似的评价，他说梁思永"提高了我国田

---

① 李济：《安阳最近发掘报告及六次工作之总估计》，《安阳发掘报告》第四期，第 559—560 页。

图 27　殷墟第四次发掘时工作人员在袁家花园驻地
（1931 年春，殷墟开始第四次发掘，河南省政府特派员于袁家花园养寿堂，宴请地方人士及同仁。殷墟第四次至第七次发掘，发掘团团址均设于袁家花园。前排左起：郭宝钧、李光宇、董作宾、李济、周英学、刘屿霞、梁思永；最后排中立、位"俱乐部"牌前者为谷重轮。左后最高者为马元材。据《殷墟发掘照片选辑 1928—1937》，第 52—53 页。"中央研究院"历史语言研究所供图）

野考古的科学水平。在野外工作中，能注意新现象，发现新问题。主持大规模的发掘工作时，能照顾到全局，同时又不遗漏细节"。[1]

在中国科学考古学发展史上，有一些最重要的人物，如李济、董作宾、梁思永、夏鼐和苏秉琦，他们各有擅长，分别从不同方面做出了不可或缺的决定性贡献，共同构建起中国科学考古学的大厦。特别是梁思永，在中国科学考古学的早期进程中发挥的作用十分关键，他不但是后冈三叠层的

[1]　夏鼐：《梁思永先生传略》，载《梁思永考古学论文集》，第 4—5 页。

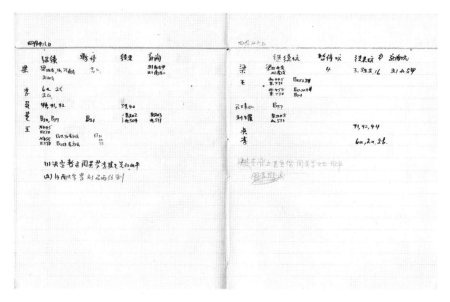

图28　董作宾工作手册

（手册中信息：第一，1941年4月28日，记载河大学生刘燿、石璋如报到；第二，殷墟第四次发掘史语所工作人员分工安排。石璋如：《安阳发掘简史》，第211页。"中央研究院"历史语言研究所供图）

发现者，也是中国第一部考古报告《城子崖》的手定者。

　　梁思永是当时中国唯一经过西方专门训练的考古学家，这是其父梁启超刻意培养的结果。他于1923年在清华学校留美预备班毕业，入李济曾经学习过的哈佛大学研究院，学习考古学和人类学。据陈星灿从哈佛档案馆查到的资料，李济在哈佛读书时，似乎并未选修田野考古的课程，而梁思永在哈佛时，除了念考古学的知识性课程，还修过一门田野考古的讨论课（Seminar）。那时候在哈佛教考古学的是狄克森（Dixon）和霍顿（Hooton）。当时研究玛雅考古的有一位新星，叫祁德（Kidder）[1]。梁思永在哈佛时，去美国西南部参加过祁德主持的印第安人遗址发掘，学到了一些

――――――――――

① A. V. 祁德，通译 A. V. 基德尔（Alfred Vincent Kidder，1885—1963），美国考古学家，以研究美国西南和中美洲地区考古而知名。

田野技术。①陈星灿说，在20世纪二三十年代的美洲，只有几个考古学家，也可能只有祁德一个人认识到按人为水平层的发掘方法是错误的。祁德明确指出正确的发掘方法应该是依地层的自然变化而不是任意地划分地层，因为地层的变化并不是统一的、等量的。梁思永在美国的导师之一就是祁德，因此，他很可能直接从祁德那里学到了地层学的发掘方法，并把这种依照土质土色划分地层的方法带回国内。②梁思永在美国时候，还对远东考古学做过专门研究，并形成论文③。李济将西阴村发掘的陶片让他研究，之后他以此得到了硕士学位。

1930年夏，26岁的梁思永学成回国，加入史语所考古组。这时候中国中部和北方因为中原大战，很难进行田野工作。经地质调查所丁文江介绍，梁思永遂到东北和热河调查发掘，这是史语所所谓"东北考古"计划④的发端。1930年9月30日至10月3日，梁思永调查发掘了黑龙江省齐齐哈尔的昂昂溪遗址，发现了一批细石器、骨器、磨制石器等遗物。⑤工作完毕之后，转道通辽入热河调查，工作38天。原拟在林西做大规模发掘，因为大雪融化、土地冻实未能实现。调查的结果受社会局势的影响，也很

① 唐际根、曹音：《张光直谈中国考古学的问题与前景》，《考古》，1997（9），第85—92、96页。

② 陈星灿：《中国史前考古学史研究（1895—1949）》，第238页。其实不仅仅是美洲考古学，当时全世界现代考古地层学的发掘原则推广并不普遍，例如约翰·马歇尔领导的著名的印度河文明的发掘，地层关系并不根据区分人类活动所形成的地层，而是从水平上测量每件器物的位置，并在很大范围内把它与卡拉奇的海平面联系在一起。见（英）格林·丹尼尔著：《考古学一百五十年》，第287页。

③ 梁思永：《远东考古学上的若干问题》，载《梁思永考古学论文集》，第50—57页。原文为英文，发表于《美国人类学家》34卷3期，1932，第365—376页。

④ 此事见梁思永《热河查不干庙林西双井赤峰等处所采集之新石器时代石器与陶片》之补记，《田野考古报告》第一册，中央研究院历史语言研究所，1936，第64—67页。随着九一八事变的爆发，东北四省沦陷，"东北考古"计划搁浅，而日本考古学者则随日本军队进入东北各地，频繁地开展调查和发掘。

⑤ 见梁思永《昂昂溪史前遗址》，《历史语言研究所集刊》第四本第一分，1932，第1—44页。

不理想。整个国家陷于内忧外患，已经残破不堪，热河处在边地，情况更甚。梁思永在调查报告中写道：

　　热河经过连续三年不断的饥荒，当局的虐政，兵匪的横行，我们所经过的地方除县城的近郊以外，沿途触目都只见是人民抛弃下的村落田园——大片整齐的砖房土屋，几十里废芜了的田亩，看不见半个人影。这惨黯的境况不但使我们精神感受极大的打击，并且增加了许多行旅的困难。一路上人食、马草、饮水、燃料、宿息的地方没有一天不发生问题。此外再加上贼匪的出没，气候的寒冷，冰雪的阻碍，白昼时间的缩短，我们的行走止息完全受了环境的支配，没有丝毫的自由。所以地面采集的成绩也很少。[1]

　　由上可知，在 1930 年之前，梁思永的研究和实践关注点完全是放在史前研究方面的，这为他今后研究关于仰韶、龙山和小屯这样的重大问题打下了一个很好的基础。

　　新组建的河南省政府也表现出了热情的态度。在第四次发掘开始之前，河南省政府即表示愿意按照协议协助中央研究院完成殷墟发掘工作，意即不再自行组织独立发掘。1931 年春天，第四次发掘开始。这次人员数量空前之多，包括考古组所有新老人物，以及地方政府和河南大学的参加者，分三批到达安阳。3 月 21 日开始发掘小屯，分为三个组，梁思永负责 A 区，郭宝钧负责 B 区，董作宾负责 C 区。后来又加了 D、E 两个区。刘屿霞负责定位定向，重立标点（即基点），把所有旧坑新坑都落在一张图上，测绘十分细致。一开始设定的发掘办法，是"整个的翻"，即全面揭露，试图寻找建筑基址，但因为经费和时间的限制，不得不加以修改。一周后改为留数米翻一米的办法，如果发现有必要，如连片遗迹现象，仍然

---

① 梁思永：《热河查不干庙林西双井赤峰等处所采集之新石器时代石器与陶片》，《田野考古报告》第一册，第 1—67 页。

全面揭露。由于这次发掘针对性很明确，属于"问题导向"的发掘，并且方法对头，所以取得了前所未有的成效。在郭宝钧负责的 B 区发现了大片的版筑遗迹，进而推翻了之前"殷墟漂没说"的错误观点，对殷墟文化层的成因开始有了正确的认识。这是殷墟发掘摆脱臆测、走上科学轨道的关键一步。对此，李济说：

　　这个发现得力于山东城子崖的发掘甚多。本来这种夯土是我们在第二三次工作的时候，已经注意到了的；那时因为所采取的完全是长沟式的发掘，见了这种像聚墨砚台似的无数的凹痕，就设想了好些解释。张蔚然君特别研究这个问题的结果，偏重水淹遗迹说……十九年秋季在山东城子崖发掘，得了城墙的基址，完全是版筑的。这些凹纹，宛然似我们在殷墟所见的。廿年春季继续殷墟工作，就不期然而然的特别注意了这个问题。……版筑的存在证实后，我们对于商朝建筑的研究，又鼓起新的兴趣来。这是我们发掘殷墟的历史中一个极重要的转折点。①

　　城子崖的发掘实际上也是采取长探沟式发掘，但是城墙遗迹实在太明显了，加上这些人在古文献上的知识，所以很容易判断出那些"像聚墨砚台似的无数的凹痕"是夯筑的痕迹，同样的经验再拿到殷墟来，终于能够对殷墟同类现象做出正确的判断和解释。

　　根据这次在 B 区的发掘，郭宝钧撰写了报告《B 区发掘记之一》②，这在殷墟发掘史上是一篇十分重要的文献。在殷墟地层成因这个最基本的问题上，之前一直停留在洪水淹没这种错误的臆测阶段，从郭宝钧之后，对这个问题才有了较充分的正确认识，使得发掘和研究能够建立在一个坚实的基础之上。（图 29）

　　在该文中，郭宝钧对董作宾、李济和张蔚然的错误看法进行了集中的

① 李济：《安阳最近发掘报告及六次工作之总估计》，《安阳发掘报告》第四期，第 564 页。
② 郭宝钧：《B 区发掘记之一》，《安阳发掘报告》第四期，第 569—596 页。

图 29　1931 年春殷墟第四次发掘中的郭宝钧

（B27 坑之方坑，坑内蹲踞者为郭宝钧。《殷墟发掘照片选辑 1928—1937》，第 54 页。"中央研究院"历史语言研究所供图）

纠正。他主要讲了三个方面的问题：

一、殷人版筑遗迹之判定。"经此次发掘结果，知殷墟文化层内聚凹纹，确为殷人版筑迹无疑，与波浪遗痕无关。"他从考古发现角度举出了七个方面的证据，然后又引用大量文献，说明这个问题铁证如山，是难争之事实。

二、殷人居住状况之两个时代。对居住遗迹研究的结果，"殷人居室状况，确有居穴及宫室两种，换言之，即殷之末世，确为由穴居进而为宫室居住之过渡时期，则无疑问也"。然而这个"无疑问"实际上大有疑问，二者之间是否纯然就是一个进化关系还是同时代的并存关系，在当时还难以做出正确的判断。

三、殷墟淹没说之修正。郭宝钧这次的研究和发现，最重要就是落实了这一点。郭宝钧说：

> 在本刊（《安阳发掘报告》）前三期，对于殷墟地层观察，咸谓系由淹没冲积而成。及今复视，殊有修正之必要。原"淹没说"之创始，始于吾友董作宾先生，作宾先生在开封所作《新获卜辞写本后记》，首标"漂流冲积"之目。彼时以试掘期浅，观察未精，致有疏失。迨张蔚然先生作《殷墟地层研究》，祖述其说，因仍未改。然殷墟地下实况，确有不可以漂流冲积解释者，于是创为"四次大水之说"以迁就之。余因张先生之暗示，于此次发掘之初，即注意四次大水界线。顾迟之又久，所谓冲积之迹者，杳不可得，而所得为居穴，为堂基，为版筑迹，与前说适成其反。此非故作循环论证也，于居穴堂基版筑之外，尚有可为佐证者数事……[①]

郭宝钧以确凿的事实反驳了张蔚然的观点，并且进而指出张蔚然之所以做如是解，原因在于："故凡张先生所解释，皆由殷墟淹没之成见先亘胸中，不得不于极普通明了之现象，多为迁曲之说也。"他认为，遗址形成

---

① 郭宝钧：《B区发掘记之一》，《安阳发掘报告》第四期，第591页。

的真正原因，应该是"废弃所致"：

> 吾谓殷都成墟，乃帝辛失国后逐渐废弃所致。……迨后风雨侵蚀，尘土委积，栋宇倾折，什器填埋，高者渐夷，凹者渐平，于以荒凉废弃，成今日地下堆积之状况。今于实地发掘时，苟一留心，随在可见。[①]

郭宝钧本人并没有受过考古专业训练，他的考古学知识和经验皆来源于实践。郭宝钧与梁思永同时进入史语所考古组，李济对他有与梁思永十分不同的评价："他是我们同人中最不怕困难、最能想办法的人。"虽是赞誉之词，但也蕴含着另外的意味。但郭宝钧能够解决这个在殷墟发掘史上极其重大的问题，说明了一点，就是没有受过科学专业训练者，只要能有实事求是的态度，秉承科学精神，在田野工作照样能够逐渐掌握科学方法，做出成绩。郭宝钧、石璋如等均是如此成长为卓有成就的考古学家。

小屯村北的发掘持续了50余天（1931年3月21日至5月11日），共开探沟175个，面积1400余平方米。发掘出有字甲骨781片、青铜武器、陶器、铸铜陶范、骨牙、玉石器、蚌器、兽骨，其中E10坑出土鹿头刻辞、虎头骨、象牙、鲸肩胛骨、牛骨、鹿骨等（图30），遗迹发现版筑基址、房子、窖穴和墓葬18座（图31）。其中，象牙和鲸鱼骨的发现对研究商代动物群和当时的气候、交通和生态环境有重要意义。

第四次发掘还包括对小屯之外两个地点的发掘。从山东发掘归来后，大家都有了一个认识，就是"要了解小屯，必须兼探四境"，故而在1931年春季，梁思永、吴金鼎在小屯工作一段时间后，想要用"由外求内"的方法发掘小屯的周边，以解决小屯问题。于是在小屯之外选择了两个地点，即后冈和四盘磨，由梁思永和吴金鼎分别负责。

后冈是安阳县城西北约3000米的高楼庄之北的一个土岗，其地形特征和表面陶片早已引起梁思永的注意。在发掘之前，梁思永和吴金鼎又去

---

① 郭宝钧：《B区发掘记之一》，《安阳发掘报告》第四期，第594页。

图 30　E10 坑大骨堆带刻辞鹿头骨出土情形

［1931 年 4 月 8 日，殷墟第四次发掘，发现 E10 坑大骨堆，王湘清理鲸鱼肩胛骨情形，同出有带刻辞鹿头骨（R041038）。《殷墟发掘照片选辑 1928—1937》，第 60 页。"中央研究院"历史语言研究所供图］

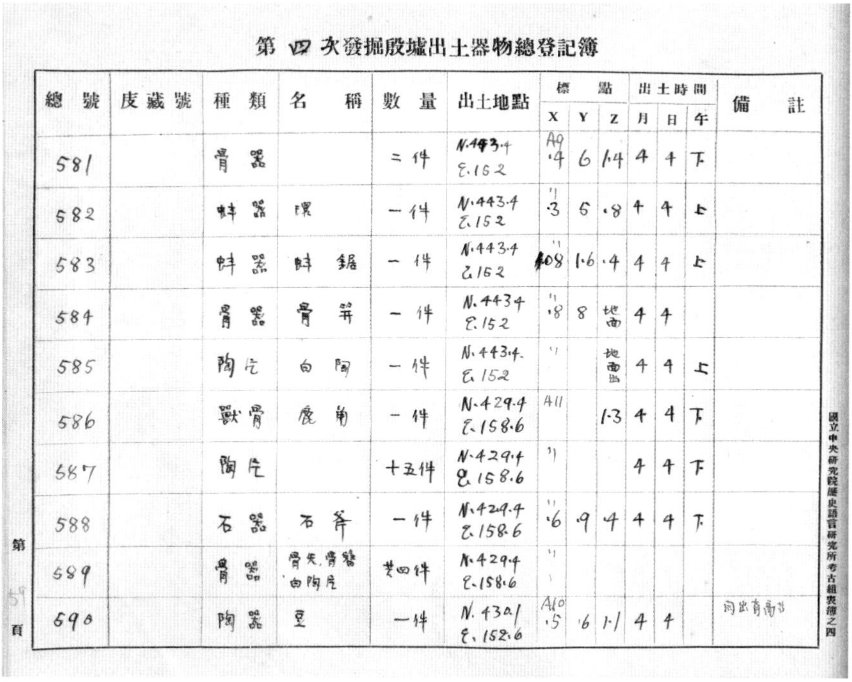

| 總　號 | 庋藏號 | 種類 | 名　　稱 | 數　量 | 出土地點 | 標　　　點 | | | 出土時間 | | | 備　　註 |
| | | | | | | X | Y | Z | 月 | 日 | 午 | |
| 581 | | 骨器 | | 二件 | N.443.4 E.152 | A9 .4 | 6 | 1.4 | 4 | 4 | 下 | |
| 582 | | 蚌器 | 璜 | 一件 | N.443.4 E.152 | .3 | 5 | .8 | 4 | 4 | 上 | |
| 583 | | 蚌器 | 蚌鋸 | 一件 | N.443.4 E.152 | A08 | 1.6 | .4 | 4 | 4 | 上 | |
| 584 | | 骨器 | 骨笄 | 一件 | N.443.4 E.152 | .8 | 8 | 墙 | 4 | 4 | | |
| 585 | | 陶片 | 白陶 | 一件 | N.443.4 E.152 | | | 地西墙 | 4 | 4 | 上 | |
| 586 | | 獸骨 | 鹿角 | 一件 | N.429.4 E.158.6 | A11 | | 1.3 | 4 | 4 | 下 | |
| 587 | | 陶片 | | 十五件 | N.429.4 E.158.6 | | | | 4 | 4 | | |
| 588 | | 石器 | 石斧 | 一件 | N.429.4 E.158.6 | .6 | 9 | 4 | 4 | 4 | 下 | |
| 589 | | 骨器 | 骨矢骨鑿由陶片 | 共四件 | N.429.4 E.158.6 | .4 | | | 4 | 4 | | |
| 590 | | 陶器 | 豆 | 一件 | N.430.1 E.152.6 | A10 .5 | 6 | 1.1 | 4 | 4 | | 同此背面刻 |

图 31　殷墟第四次发掘出土器物总登记簿
（石璋如：《安阳发掘简史》，第 218 页。"中央研究院"历史语言研究所供图）

考察，发现不少与城子崖类似的陶片和石器。发掘工作因为地方上治安不靖，分为两次进行。这时候的社会局势并不稳定，刘峙的中央军只能控制一些军事要冲，地方上匪患仍然十分严重。著名的"后冈三叠层"是在后冈第二次发掘时发现的，在时间上已经属于第五次殷墟发掘。

　　发掘进行到 1931 年 5 月上旬，在中原大战中降张学良的原西北军石友三部再次反叛，即将同东北军与中央军开战。发掘团所在的袁家花园附近就是石友三的叛军驻地，叛军认为发掘团是中央的奸细，所以董作宾、李济赶紧于 5 月 11 日停工，后冈等工地也随之停工。[①] 像第三次发掘时一

①　陈存恭等：《石璋如先生访问记录》，第 57 页。

样，中央发掘团又一次匆匆逃离了安阳。第四次发掘就这样结束了。

这一时期在发掘方法上已经有了重大进步。石璋如曾经总结史语所系统使用过的田野考古发掘方法，时代排列起来如下：1. 西阴村的"剥葱"式发掘与"三点测量"及"层叠记载"法；2. 安阳殷墟发掘时期小屯不连贯的纵、横、连、斜、支及点的发掘法；3. 不连贯与纵斜方法两者兼施的发掘法；4. 纵横连支线的发掘法；5. 简化纵横线的发掘而改为 ABC 等区的发掘方法；6. 从殷墟第四次发掘开始，利用吴金鼎发掘山东城子崖的经验，开始进行制度化的发掘，规划发掘网格，依每十米见方为一个单位，用等距离、等长度的探坑来发掘，建立了全面性的发掘方法。这一套方法，包括了点的探找、线的观察、面的揭开、体的发掘。① 这四个步骤，实际上也就是今日考古发掘中的抽样发掘、探沟发掘、块状区域发掘以及方格系统发掘的翻版。②

## 三、殷墟第五次发掘和后冈三叠层的发现

殷墟第四次发掘的重大收获，使得继续进行第五次发掘成为顺理成章之事，并且中华文化教育基金会的经费也落实到位③。但是就在这年秋季，九一八事变爆发了。国难当头，救国图存挽救民族危亡成为社会各界关注的头等大事。李济在工作报告中特意写道：

> 九一八国难发生后，我们常常的自问，我们这种工作，在我们现在所处的环境中，是否是一种浪费？我们虽然并不懊悔我们职业选择的荒唐，但那放下铲子抗（扛）枪赴前敌去打仗的冲动是免不了的，并且是很强烈的。……现在我们既尚没有机会表现我们这类的志愿，只有继续我们原来

---

① 石璋如：《李济先生与中国考古学》，《中华文化复兴月刊》，1975，8（5），第6—16页。
② 刘益昌：《石璋如先生与台湾考古学》，《古今论衡》总第 12 期，2005，第98—106页。
③ 第五至七次的发掘经费皆出自此补助费，每年一万元。

的工作。我们一年来都是这样感觉的。[1]

第五次发掘实际上主要是继续春季的遗留工作。李济留守北平，董作宾带领郭宝钧、石璋如等发掘小屯（11月7日—12月19日）。梁思永在做完城子崖第二次发掘后赶到安阳，带领刘燿继续完成后冈的工作（11月10日—12月4日），著名的后冈三叠层就是这次发现的。

小屯的发掘分为三区，郭宝钧负责B区，董作宾负责F区，石璋如负责E区。石璋如在第四次殷墟发掘之末，因为偶然的原因加入殷墟发掘团队[2]，但他成长非常之快，后来在发掘技术上做出了很多重要贡献，例如认土找边等。这次发掘开探坑93个，面积约818平方米。遗迹方面，除常见之窖穴外，在B、E两区又发现建筑基址遗迹，隋墓亦有规模较大者，F64坑之甲骨及B区之"黄土台"同为本期最重要之发现（图32）。遗物除常见之陶、骨、蚌、石器物，又有残石磬、雕石皿、金叶、花骨等，并有带字甲骨381片。[3]

这次发掘的一个重要收获，是进一步搞清楚了殷墟文化层的成因，并彻底否定了"漂没说"。"村中发掘证明地下堆积为废弃状况，不是如先前所说漂流来的。这当然又是洪水说的一个新的反证。"[4]董作宾在第一、二次发掘的甲骨坑附近，开掘了新坑，这次重新考察这里状况，得出了与过去完全不同的结论，知道原来的甲骨所在地，"显系堆积而非漂没"。至此，关于殷墟地下遗存性质这个基本问题，才得到了根本解决。

---

① 李济：《安阳最近发掘报告及六次工作之总估计》，《安阳发掘报告》第四期，第569页。
② 晚年石璋如回忆，他参加安阳发掘团是受了同宿舍同学刘燿（后改名尹达）的鼓动。"民国十九年下半年，室友刘燿看见图书馆有第二期《安阳发掘报告》，刊载傅先生给河南交涉的结果，河大学生可以实习，他把书借出，告诉我：'你肺里头有点毛病，就去做田野工作，也许对你健康有好处。'"石璋如认为自己咳嗽是室友刘燿等人吸烟，自己被动吸烟所致。河南大学当时报名参加发掘者，只有刘燿和石璋如二人而已，可见大多数人对此并不感兴趣。据陈存恭等《石璋如先生访问记录》，第56—57页。
③ 石璋如：《考古年表》，第13页。
④ 李济：《安阳最近发掘报告及六次工作之总估计》，《安阳发掘报告》第四期，第570页。

图 32　殷墟第五次、后冈第二次发掘时的张善与马元材

[张善（左）与马元材（右）清理第一、二、三层白灰面。石璋如注：后冈第二次发掘发现遗迹有版筑土围墙、白灰面及殷代的深窖。地层的堆积由上而下小屯、龙山与仰韶三期叠层甚清晰。《殷墟发掘照片选辑 1928—1937》，第 74 页。"中央研究院"历史语言研究所供图]

　　梁思永根据后冈的发掘资料，完成了他的名作《小屯、龙山与仰韶》[1]，论述了在中国考古学史上极其著名的"后冈三叠层"。这是地层学方法在殷墟发掘中的成功运用，比之当初李济对地层的简单划分，已经有了飞跃性的发展。而且因为这三层文化各自具有的代表性意义，它成了解中国史前文化与历史文化之间关系的一把钥匙。

　　三叠层是秋季发掘时在四个探坑（241、243、244、283）中发现的。

---

① 梁思永：《小屯、龙山与仰韶》，载《庆祝蔡元培先生六十五岁论文集》（下册），中央研究院历史语言研究所，1936，第 555—568 页。

这三期文化层之间，恰巧有清楚的叠压关系。最重要的是，梁思永运用了可能是从祁德那里学来的考古地层学发掘方法，将这三层文化清晰地区分开来。假设梁思永继续沿用当时考古界常用的水平层发掘法，能否正确地将这三层文化区分开来，仍然存在一定疑问。因为后冈的地层堆积还是比较复杂的，"土层的深度并不是全层一律，有厚处薄处是高低不平的"；而且还存在灰坑和灰沟，"又可以看出二百四十一、四坑的小绿土坑和坑里分层的绿土，和二百八十三坑包含仰韶遗物的深灰土层向下倾斜的情形"。但是，除了"第二百四十一、三、四坑里浅灰、灰褐、深灰三土层的界线不清楚"，"第二百八十三、四坑的情形都与地层图完全符合：绿土和褐色'鸡矢瓣土'之间，'鸡矢瓣土'和深灰色土之间确有很显明界线"。(图33)①

地下情形既如上述，后冈遗址上曾经经历过三期文化以及这三期文化先后的次序自然都成为无疑问的事实。而且，通过分析表明，这三层土中的代表性遗物，分别包含的正是小屯、龙山和仰韶的遗物。所以，三者之间的先后关系是很明确的，即仰韶早于龙山，龙山早于小屯（图34）。

这虽然是个简单的事实，但考虑到当时的学术背景，这一发现却有很重要的意义。当时考古学的主要成就，是辨认出了三种主要的文化遗存，即以仰韶村为代表的彩陶文化，以城子崖为代表的黑陶文化，以小屯为代表的灰陶文化。但它们之间的关系，却众说纷纭，笼罩在一团迷雾之中。梁思永所引格拉尼1930年出版的著作甚至说，没有确实的证据来证明仰韶不是与殷周青铜文化同时的石骨文化。②历史学家徐中舒猜测仰韶文化是夏文化。③李济在小屯发现的那一片彩陶，能够说明的问题实在太少。而解决年代学问题，是进行深入研究的最重要的基础。这个迫在眉睫的关键问题，恰恰是由梁思永在后冈的发现得以初步解决的。

① 梁思永：《小屯、龙山与仰韶》，载《庆祝蔡元培先生六十五岁论文集》（下册），第557页。

② Marcel Granet, *Chinese Civilization*. p.65. 转引自梁思永《小屯、龙山与仰韶》，载《庆祝蔡元培先生六十五岁论文集》（下册），第555页。

③ 徐中舒：《再论小屯与仰韶》，《安阳发掘报告》第三期，第523—558页。

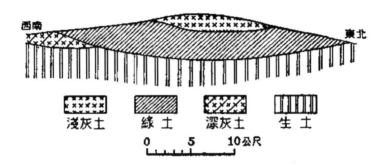

图 33　后冈遗存的理想断面图

（梁思永：《后冈发掘小记》，载《梁思永考古论文集》，第 101 页）

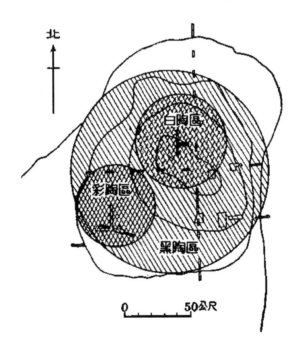

图 34　后冈三文化期堆积的平面分布图

（梁思永：《后冈发掘小记》，载《梁思永考古论文集》，第 102 页）

遗憾的是，尽管面临历史性机遇，但梁思永并没有能够彻底解决这个问题。如果没有其他的干扰，纯粹基于三叠层遗存的发现，相信梁思永必定会得出仰韶、龙山、小屯前后相继的正确结论。但在当时占统治地位的仰韶、龙山东西文化二元说的影响下，梁思永对仰韶和龙山之间的关系同样做出了类似的错误解释。他主要是受到了安特生仰韶村考古资料的影响。安特生仰韶村的发掘，由于采用水平层位的发掘方法，并且由于安特生似乎并不具备在整理阶段将两种不同性质遗存区分开来的能力，从而一直将龙山文化遗存与仰韶文化遗存混淆起来。这种发掘上的欠缺形成的错误资料，后患很大。安特生的权威，影响到了当时中外学术界所有的人，包括梁思永在内。似乎因为三叠层中发现的遗物比较简单，梁思永在推论小屯、龙山和仰韶的相互关系时，并没有以三叠层为主，而是以其作为旁证，对建立在鲁、豫、陕、晋等地史前考古资料基础上的东西文化二元说做了进一步的发挥。他说，根据已有考古证据可以断定，龙山文化与仰韶文化曾经发生过密切的关系，二者在地层上的先后关系，只不过证明仰韶文化先来到后冈，而后龙山文化又侵入而已。这显然是在十分明显的证据上做了一个迂曲的解释，甚是可惜。

在发掘方法上，梁思永通过后冈的工作使得史语所发掘技术水平有了质的提高。陈星灿通过分析梁思永的两篇论文[①]，将梁思永在后冈的发掘整理方法与早年李济的水平层位法做了对比。第一，梁思永的发掘清晰地揭露了自然层的叠压状况，特别是注意到各自然层的界线。第二，安特生和李济虽然也发现了地层中土质土色的变化，但是对遗物的统计是按水平层进行的，而梁思永在后冈发掘的统计显然是依照自然层进行的。第三，最关键的是梁思永根据遗物的特征，将数种不同的自然层次，分别合并入三个大文化层中，即上层的小屯、中层的龙山和下层的仰韶文化层中。这与李济把 33 个小的自然层划入以一米为单位的四个大层的做法有天壤之别，

---

① 　梁思永《小屯、龙山与仰韶》《后冈发掘小记》，皆收录于《梁思永考古论文集》（科学出版社，1959）。

从而在繁杂的堆积状态中排除那些无关宏旨的现象，归纳出人类文化埋藏情况的规律。第四，梁思永等在后冈发现了大量的白灰面——这是中国考古学史上第一次发现龙山文化房屋遗迹——虽然当时梁思永判断为露天的宗教性建筑，但是对石灰面的发掘是极其精细的，对白灰面的解剖及关于建筑的白灰面的推断也是基本正确的。他们发掘白灰面的程序是在白灰面的中央开一条沟，然后逐层观察白灰面的变化情况。他注意到白灰面最多可达六层，这显然需要非常精细的方法才能达到。因此，我们基本上可以认为后冈的发掘结束了以往按照水平层位的发掘，而开创了以文化层为单位的发掘历史。①

## 四、河南古迹研究会及其初期活动

除了兼探小屯周边，这时期更重要的一件事情，是展开了对河南其他地点的调查和发掘，史语所考古的地域范围进一步扩大，关注对象向后段延伸。

事情的起因有一定的偶然性。河南浚县辛村一带有古墓群（后来经郭宝钧研究是西周时期卫国墓地），在1930年前后当地掀起了一股盗墓狂潮，郭宝钧在后来的报告中有所叙述：

> 先是辛村人刘金华，串通估商，于村东掘一墓，得鼎彝售价甚昂；乡人涎其利，群起效尤，盗掘之风复启。民国二十年春，此风益炽，环辛村数十里，无村无之，皆相约成伙，每伙十余人，集资合工，计工分值，而以余利十分之三饵地主。盗伙之多，尝近千人，如集市然。……
>
> 时平津估客，麇集是地，遇有珍异，即重价购得，辗转海外，国人弗之问也。大利所在，趋之者众，地方官绅，争欲染指，分赃不均，乃酿械斗，殆河南省政府闻而查禁，撤惩县长，通缉匪首，盗掘之风始熄。

---

① 陈星灿：《中国史前考古学史研究（1895—1949）》，第234—236页。

中央研究院闻知此事，在民国二十年夏，嘱作者前往调查。作者至其地，见田间陶石累累，俯捡即是，颇讶其包罗之宏，遗存之古，不仅以墓地著。乃建议当局，组织河南古迹研究会，因有正式发掘，及附带清理残墓之举。①

因为辛村的重要性，史语所迫切想进行发掘，但是如何进行是个问题。想像殷墟那样独自进行，困难重重，史语所数年来与河南地方打交道，已经吃尽苦头。发掘辛村，最佳的方案就是借鉴山东的合作办法，联合成立机构，共同开展工作。

河南古迹会的成立并非一帆风顺。郭宝钧汇报，"至河南古迹研究会，弟已将尊意转达，河南方面婉辞谢绝矣"。②但形势毕竟已经今非昔比，史语所除了与河南地方人士继续磋商，李济还以考古组主任名义直接向河南省政府主席刘峙提出了申请，并迅速获得批准。③

河南古迹研究会于 1932 年 2 月 8 日正式成立。由董作宾提出简章九条并通过，内容如下：

一、本会根据国立中央研究院河南省政府合组河南古迹研究会办法组织之。

二、本会委员会由河南古迹研究会委员组织之，筹划议决一切研究进行计划，开会以全体委员过半数为法定人数。

三、本会委员长为委员会主席，召集会议并执行决议案，工作主任负责组织一切调查发掘及研究工作，秘书办理本会一切文件。任期均为一年。

四、本会设干事二人，协同工作主任及秘书处理本会一切事务，由委员会选聘之。

① 郭宝钧：《浚县辛村古残墓之清理》，《田野考古报告》第一册，第 168 页。
② 史语所档案：元 146-3，郭宝钧致函傅孟真，1931 年 5 月 3 日。
③ 史语所档案：元 153-1，本所考古组主任函河南省政府刘主席，提议合组河南古迹研究会并发掘浚县殷陵事，1931 年 9 月 23 日。

五、本会因工作需要得随时聘请顾问研究员及调查员。顾问研究员均为名誉职。

六、本会于每预算年始将一年工作计划，每预算年终将一年工作成绩，分别报告于中央研究院及河南省政府，以备查核。

七、本会经费，除工作费已有规定外，经常费请由河南省政府拨付。

八、本简章如有未尽事宜，经委员会之议决，得随时修改。

九、本简章由本委员会通过实行。①

这个章程是仿照山东古迹研究会制定的，唯河南省政府的支持力度更大，提供了日常经费支持。在组织上，选举张嘉谋为委员长，李济为工作主任，关伯益为秘书，王海涵、郭宝钧为干事。②这是中央研究院和河南省政府各自派出委员互选的结果，但实际负责人为中央研究院历史语言研究所方面的委员郭宝钧。这个古迹研究会，也和山东古迹会一样，成为史语所的外围组织。郭宝钧是河南人，曾任职于河南省教育厅，但他自1928年参加殷墟第一次发掘之后，已经加入史语所考古组。古迹会的行政经费由河南教育专款项下开支，发掘和整理等工作费双方对半负担。合作方法规定，"保护之责，由河南省政府担任，发掘研究之责，由中央研究院担任"。"发掘工作，以浚县为试办区。"③所谓浚县，主要指辛村遗址。

郭宝钧以及刘燿、马元材等人，对辛村、大赉店等地做了连续的调查和发掘，在辛村发掘和清理了较大规模的西周时期墓葬。刘燿和吴金鼎发掘大赉店遗址，发现了仰韶和龙山两期遗存的叠压。这时经过城子崖和后冈的发掘，已经能够对层位和遗物做出准确的判断，由此，刘燿将大赉店与仰韶村对比，对安特生的发掘提出了质疑，写出了《龙山文化与仰韶文

① 史语所档案：考3-1-24，中央研究院河南省政府合组河南古迹研究会成立会纪录，1932年3月8日。
② 史语所档案：考3-1-24，中央研究院河南省政府合组河南古迹研究会成立会纪录，1932年3月8日。
③ 史语所档案：考3-1-16，抄总办事处来函，1931年10月20日。

化之分析》①一文，明确把仰韶村的龙山遗物从安特生所谓的彩陶文化中剥离出来，标志着中国考古学家在史前文化的研究上已经超过了他们的西方前辈。

辛村墓地的发掘清理持续了四个田野工作季节，分别是 1932、1933年的夏、秋。四次发掘收获很大。第一次发掘发现两座大墓，形制甚大。M1 的墓道长达 19 米，宽 3 米，墓室长宽各 7 米，即使经过盗掘，尚获铜饰 28 件，壁间犹存轮痕，直径 1.4 米，有辐条 20 余根；M2 的墓道长 19米，宽 4 米，由南向北倾斜，室长 6.4 米，宽 4.9 米，深 11.2 米，残留遗物有戈、矛、戟、甲饰、毂饰等 30 余件，蚌饰百余件。另外，还发现有龙山时期的遗存。第二次发掘获得大墓 6 座，小墓 5 座。其中有一车马葬（M3），墓呈方形，面积约 90 平方米，遗物很多，出土犬骨 8 具，车 10乘，马骨 60 余具。另外，M5 形制也很大，有南北两条墓道，残留物品包括铜方彝，骨制鸳鸯、骨雕、蚌饰等，均甚精美。辛村第三次发掘时候，安阳殷墟第七次发掘已经停顿，石璋如等人就加入辛村发掘团。这次发掘规模最大，发现墓葬 21 座，出土遗物亦多，铜、玉、石、蚌、骨、角皆有，铜器以车马饰物为多，玉器以佩带装饰品为多，精美的金泡、金兽头为重大发现。另外，发现了一个未被盗掘的小墓，殉葬品包括鼎、鬲、甗各 1 件，敦 2 件，戈、斧、甲、贝多件，为发掘以来空前的收获。第四次发掘发现大小墓葬 52 座，以及马坑。大墓中的残留物包括戈 12 件、戟 2件、钩 21 件、斧 2 件、矛 2 件、（镶金）面具 3 面、甲泡 30 个、车轮 4组、轭 1 乘，以及其他物品 200 余件。M60 是一未盗掘小墓，出土鼎、（父乙）尊、爵、卣、敦、斧各 1 件，戈 9 件、觜 2 件、六边形物 4 件。棺中之物惜于夜间被匪盗去。②

---

① 刘燿：《龙山文化与仰韶文化之分析》，《中国考古学报》第二册，第 274 页。
② 据石璋如说，郭宝钧派了保护发掘团的士兵到屋顶守卫，以免生变，没想到盗掘者从旁边挖了一个洞钻进去偷了，殊为可惜。可见当时社会之混乱。据陈存恭等《石璋如先生访问记录》，第 65 页。

在辛村南还发现龙山期遗址一处。[1] 其间还在刘庄发掘两次，发现较完整的汉墓一座。但当时史语所多数人只想找早期墓葬，觉得汉墓太晚而兴趣快然，但李济认为汉墓也应该发掘，先前的殷墟遗址从未发现汉墓，这也是一种新的形式。

辛村发掘共清理了从西周早期至春秋初年的墓葬 82 座（包括大小车马坑在内），并发现新石器时代遗址 3 处。墓葬大部分被盗，通过残存遗物特别是器物铭文，郭宝钧将这批墓葬定为周代卫国墓地，大约是康叔以下，成公以上。[2] 墓主中有卫国贵族和平民，说明这是卫国的"公墓"和"邦墓"。根据这些资料，郭宝钧讨论了很多关于历史考古的重大问题，包括墓葬的形制、丧葬礼仪、殉葬制度等，开创了周代考古的先河。[3] 西周的特殊殉车制度（将车辆拆开放置），就是这次发现的。

辛村的发掘具有相当重大的意义。这一点一开始即为史语所领导人认识到，李济曾经向傅斯年汇报："此地之不宜轻弃，正如殷墟。从实物上说，或较殷墟更为丰富，想兄必怀此同感。"[4]

辛村的发掘除了实物方面的丰富收获，在学术研究范围上，还标志着史语所的考古以殷墟考古为中心，开始向上下两端延伸。向上的延伸就是对城子崖等史前遗址的发掘，这实际上是建立在安特生原有工作的基础之上，较易取得成就和突破。从商代向下历史时期考古的延伸，当然也是史语所考古的必然任务，这个起点，应该从郭宝钧在辛村的发掘算起。历史时期考古需要器物学、铭刻学、古建筑学以及深厚的文献修养，在这方面，史语所的留洋派并不擅长，反而是郭宝钧这样的传统学者更有优势。当时郭宝钧在辛村的发掘，重要程度甚至超过了小屯，史语所诸位领导人也很重视，傅斯年和李济皆来视察。

这一时期，即 1933 年秋，山东古迹会也开展了对山东地区历史时期

---

[1]　石璋如:《考古年表》，第 14—16 页。

[2]　郭宝钧:《浚县辛村古残墓之清理》，《田野考古报告》第一册，第 200 页。

[3]　邹衡:《郭宝钧先生的考古事迹及其在学术上的贡献》，载《新学术之路》，第 370 页。

[4]　史语所档案：元 25-19，李济致函傅孟真，1932 年 12 月 2 日。

遗址的田野工作。董作宾等人先后发掘了安上村、曹王墓、王坟峪等地，山东大学方面由刘咸带领学生 8 人参加。学生将每日发掘情形在北平《世界日报》上发表，引起社会关注。发掘重要收获有二：1. 在龙山晚期遗存中发现龟卜；2. 发现铜器时代墓葬两处。均为前所未见。[1]

## 五、殷墟第六至九次发掘及发掘方法的进步

九一八事变之后就是"一·二八"事变。第五次殷墟发掘结束不久，1932 年 1 月 28 日，日军进攻上海，战事持续了一个多月。中国最著名的出版机构商务印书馆和当时最大的私人图书馆东方图书馆即于此次被炸焚毁。2 月 1 日，日本军舰从长江上炮轰首都南京。国民政府宣布迁往洛阳，表示绝不屈服（年底才迁回南京）。全国人民同仇敌忾，抗日热情高涨，中央研究院自然也是群情激愤。但蔡元培院长认为在这种严峻的时期，作为学者最要紧的责任，还是按秩序加紧工作，给大家的训词就是"风雨如晦，鸡鸣不已"。在这个国难当头的时候，考古组同人也抱定了"考古报国"的决心，在 1932 年春继续进行殷墟的第六次发掘。[2]

这次发掘在四、五两个月进行，由李济带队，他兴致颇高，"半年多未到田间，忽然又得浴日吹沙，精神为之一爽，头几日满身酸痛，近已习惯矣"。[3]工作人员有董作宾、吴金鼎、刘屿霞、王湘、周英学、李光宇等人，河南省政府派马元材参加，石璋如作为河南大学学生继续参加。考古

---

① 钟柏生：《董作宾学术述略》，载《新学术之路》，第 280 页。

② 1932 年春季，史语所本拟考古组全体奔赴山东大举发掘临淄，并制订了连续三年的发掘计划。该计划因抗战而搁浅，本年春只是在小屯继续进行小规模发掘。（见傅斯年《国立中央研究院历史语言研究所十九年度报告》，《傅斯年全集》第六卷，湖南教育出版社，2003 年，第 201 页）另有记载，本拟战事稍解，除在安阳继续发掘之外，在山东以临淄为中心、在河南以洛阳为中心，展开大规模的发掘，但后来因为形势变化，计划皆未能实现。（见傅斯年《国立中央研究院历史语言研究所二十一年度报告》，《傅斯年全集》第六卷，第 391 页）值得注意的是，史语所的这些发掘计划，皆是以历史时期考古为目标。

③ 史语所档案：元 168-14，李济致函傅孟真，1932 年 4 月 18 日。

组的骨干梁思永 1932 年春天患烈性肋膜炎（一般称胸膜炎），随后卧病两年，到 1934 年春才逐渐康复，错过了殷墟第六至九次发掘，是考古组一个很大的损失。

小屯的发掘是在 B、E 两区继续进行，共开坑 93 个，面积约 818 平方米。遗迹除常见窖穴 26 个、墓葬 5 座之外，最重要的是在 B 区发现有三座门的遗痕，仅存柱础石，在 E 区有清楚完整的"夯土"基址，基址周围有柱础石。这是殷墟第一次清晰地发现宫殿的迹象（图 35）。

这次工作仍然采取了"兼探四境"的策略，分别在高井台子、四面碑、王裕口及霍家小庄做了发掘。吴金鼎在高井台子再次发现了仰韶、龙山与小屯三期的遗存。[1] 但他的机遇没有梁思永好，这里的三期遗存并非地层叠压，而是平面分区的散布。[2]

第六次发掘颇有重要意义，"小屯工作以寻找建筑基础为中心问题，近颇得端倪，惟实物发现甚少"。[3] 通过三年多的工作，李济越来越清晰地意识到殷墟发掘的核心学术问题所在是建筑基址，从此殷墟发掘逐渐进入正轨。

这时候除了李济，包括董作宾在内，发掘团上下都认识到了建筑基址问题对于殷墟考古的重要性，其间还做了陶灶的实验考古（图 36）。并且由此在中国考古学史上第一次考虑到遗址的就地保护问题：

此间小屯一部分，注全力于遗址之研索，一段已发现甚完整之夯土基，基旁有灶，灶甚小，其上似恰可置鬲，弟与济之为仿制一型，惜太笨重，不易迁运耳。一段有上下两层，现仅弄清一边，预计本季不过做完大半，因研考，观察，起土，均费时也……

遗址有人主张保存者，惟太不易办（地须购置，又面积太大）现在尚

① 吴金鼎：《小屯迤西三处小发掘》，《安阳发掘报告》第四期，第 627—634 页。

② 此说见石璋如《考古年表》以及陈存恭等《石璋如先生访问记录》。吴金鼎在《高井台子三种陶业初论》中又说在此地发现了三叠层，但从初步报告《小屯迤西三处小发掘》来看，系根据有限的出土物所做的推论。当以石说为是。

③ 史语所档案：元 168-14，李济致函傅孟真，1932 年 4 月 18 日。

可见其大概，若经夏，必崩塌毁圮无遗亦。（现在正做工时，已崩颓四五处）。济之曾有意约梁思成先生一来看，但未直接函之，弟与思永亦提及，不知彼能果来否？

看近日天气，工作似可做至五月底间，将来一切须俟济之决定耳。本季有零星异物发现，余则多与前五期相同。惟居住基址能做清楚一部分，为五年以来一切遗物，添许多注脚，殷人一切设置及遗存情形，恍然如在目前，前此不可解之问题，均可迎刃而解，虽物质上所得不足贵，而知识之获得，实出乎前五次之上，弟颇觉满意也。[①]

第五、七次殷墟发掘，由于时局的影响，是殷墟发掘史上比较式微的时候。特别是 1932 年秋季的第七次发掘，是殷墟发掘史上规模最小的一次。工作人员只有董作宾、石璋如等三人，但第七次发掘所体现出的指导思想，却具有很重要的意义，比第六次更为进步，这时候已经开始有针对性地以纯粹的考古学方式来探讨一些重要问题。如石璋如说：

这次的发掘，注重在殷墟中找遗址，在遗址中觅遗物，远窥址与址的联络，近察物与物的关系，并详记物、址个体所占的精确处所，探讨它们彼此相互的深刻意义。[②]

类似这种观念，过去莫说金石学出身的考古学者，即使刚刚接触殷墟的李济，也是不可想象的。经过前六次的发掘和探索，殷墟考古已经达到了较高水平，向科学考古迈进了一大步。

第七次发掘的重要发现是找到了更多的版筑基址。基址之上或者基础的前边，都有排列匀整的柱础石，南北标准的子午方向。居穴和基址的分布和关系，也较前几次的发现更为明晰。在小屯村北 600 平方米的面积内，就发现有版筑基址多处。这些地方，确为殷代宗庙宫室所在地。遗物出土

① 史语所档案：元 23-18，董作宾致函傅孟真，1932 年 4 月 29 日。
② 石璋如：《第七次殷墟发掘：E 区工作报告》，《安阳发掘报告》第四期，第 710 页。

图 35　1932 年殷墟第六次发掘，小屯 B 区工作情形
（《殷墟发掘照片选辑 1928—1937》，第 94—95 页。
"中央研究院"历史语言研究所供图）

图 36　第六次发掘期间，李济与董作宾仿造商代的灶

（1932 年 4 月 26 日殷墟第六次发掘期间，李济、董作宾根据考古发现仿造一个商代的土灶，堪称最早的实验考古。《殷墟发掘照片选辑 1928—1937》，第 86 页。"中央研究院"历史语言研究所）

甚多，其中以一块带字陶片最为珍贵，上面有一个墨书的"祀"字，锋芒毕露，知殷代必已有了毛笔。[①]

1933 年秋季，进行了第八次发掘，除了小屯，还继续发掘了后冈和四盘磨，总体规模并不很大。名义上由郭宝钧主持，但郭宝钧不幸得了重病，所以这次发掘实际上主要是由当时还是研究生的刘燿、石璋如等人操作。这时史语所的第二代考古学家们已经逐渐成长起来，在很多方面甚至超过了他们的前辈，为科学考古学的形成做出了很多重要贡献。更新的力量也加入进来，如祁延霈和李景聃。这些人在实践中逐渐成熟，担负起考古组的田野一线工作。

第八次发掘的注意力主要还是放在遗迹上，并观察黑陶和灰陶的文化关系。李济虽然没有参加发掘，但一直通过信件指挥。他特别强调，"一切工作仍以集中小屯为最要，只要把夯土问题及版筑遗址弄清楚，别的问题，只看余力"。[②]遗迹方面，发现版筑基址东、西两座，除了石柱础，还发现铜柱础十个。版筑之下发现龙山时期圆形半地穴房址四个。[③]

在后冈的发现更为重要，除了三期文化层，还发现了殷代墓葬。后冈的墓葬分为东、西二区。在东区墓葬中出土了一个从未发现过的铜甗。在西区发现了一座"中"字形大墓，因为这个重要发现，到年底小屯发掘工作结束后，后冈还在继续进行发掘。大雪之后天寒地冻，地下七八米深的工作坑被冻住，无法开掘，大家只好以柴火先将冻土逐渐融化后再逐步进行。实际上此墓早已被古人盗掘。在夯土堆中发现了很多人头骨，每一层夯土就有一个，有二十几个。就此而知殷代筑夯土时习惯以人作为牺牲，每筑一层夯土便举行祭祀仪式，砍一个人头。[④]但胡厚宣对这些头骨另有解释，说这是殷代统治者杀人殉葬的确证。[⑤]但作为亲手发掘者，石璋如的说

---

① 胡厚宣：《殷墟发掘》，第 68 页。

② 史语所档案：考 4-3-28，李济致函李光宇，1933 年 11 月 15 日。

③ 胡厚宣：《殷墟发掘》，第 60 页。

④ 陈存恭等：《石璋如先生访问记录》，第 74 页。

⑤ 胡厚宣：《殷墟发掘》，第 70 页。

法可能更为准确可信一些。

后冈大墓的发现，使得史语所学者们怀疑附近可能有殷陵存在。经过逐步寻找，终于发现了西北冈的王陵区，这将安阳发掘推向最高潮。石璋如后来说：

> 殷代的墓葬是这两次发掘后冈的绝大收获，虽然被扰乱了，虽然没有残遗，但是给我们以巨大的启示和肯定的信念，认识到安阳这个地方不仅是殷都所在，而且也有为殷陵所在的可能。从此便精心寻找，洹北侯家庄西北冈殷代墓地的发现与发掘，便是这个种子的发芽。[①]

转眼到了 1934 年的春季，发掘团在董作宾的带领下马不停蹄地开始了殷墟第九次发掘。考古组的负责人李济因为在学术和文化界有了相当身份和地位而牵涉精力，还要负责史语所在日军侵华威胁下搬离北平的工作，已经无暇顾及田野考古。这一次活动的目标是继续发掘小屯和后冈，规模并不太大，但因为一个偶然的发现，事情发生了转折。

洹河北岸一带特别是武官村的村民，在侯家庄盗掘到不少铜器而致富。侯家庄的一个农民侯新文，在侯家庄南地有半亩地，就想在这半亩地上挖铜器。挖掘了一天，没有找到铜器，却发现了一些有字甲骨。这时候古董商注重的是铜器，甲骨没有什么市场。有民工把这个消息告诉了董作宾。在洹北发现甲骨文，这在历史上是第一次，所以这是一件很重要的事情。董作宾遂决定全体转移到侯家庄发掘。董作宾秘密联络了地方官，县长等人于发掘当天亲临现场，保证发掘不像在其他很多地方一样受到村民阻挠。因为人手少，小屯和后冈的工作暂停，都集中到侯家庄来。先后参加者有董作宾、李景聃、石璋如、刘燿、尹焕章、顾立雅（H. G. Creel）等人。董作宾因为在殷墟的工作成就，这时候已经成为国内知名学者，在国际上

---

① 石璋如：《河南安阳后冈的殷墓》，载《六同别录》上册，中央研究院历史语言研究所，1945，第 1—26 页；又载《历史语言研究所集刊》第十三本，1948，第 21—28 页。

图 37 安阳专员方策参观侯家庄南地考古发掘现场

（1934年春，侯家庄南地进行发掘工作，安阳专员方策来参观。左起：苏孔章、张曹、方策、董作宾、顾立雅、刘燿、石璋如。《殷墟发掘照片选辑 1928—1937》，第 122—123 页。"中央研究院"历史语言研究所供图）

也有了很大的名气，连西方学者也来攀附。顾立雅是美国芝加哥大学研究古代东方的学者，因为跟董作宾熟悉，就从一开始的参观者变成了参与者。这时候董作宾正忙于《甲骨文断代研究例》的写作，不怎么下田野，实际工作主要由石璋如、刘燿负责。[1] 石璋如和刘燿正是在这期间研究生毕业，被聘任为助理员，成为中央研究院历史语言研究所的正式人员。[2]（图 37）

此次重要发现有建筑基址 2 处，周围排列柱础。又有窖穴 15 处，墓葬 19 座，情形与小屯基本相同。遗物方面，最重要的发现是"大龟七版"，

① 陈存恭等：《石璋如先生访问记录》，第 81 页。

② 史语所档案：杂 2-18-3-6，呈蔡元培。呈请任用石璋如、刘燿为助理员，胡福林为研究生，1934 年 6 月 2 日。胡福林即胡厚宣。

包括腹甲6件、背甲1件，大体完整，满版都是文字，这是继1929年第三次发掘得到"大龟四版"之后更重要的一次发现。从这次以后，在安阳出土甲骨文的地方，除了小屯和后冈，又增加了侯家庄这第三个地方。[①] 石璋如说，洹北发现甲骨，是甲骨学上开荒辟野的大发现。[②]

## 六、类型学探索和考古学解释

作为现代考古学核心方法的类型学，这一时期从无到有，在尝试中逐渐建立起来。这一工作主要是李济完成的。特别是自殷墟第七次发掘始，李济开始脱离了第一线的田野工作，而把更多的时间和精力用于系统性研究上。有了一定的材料作为基础，李济开始进行类型学研究的探索，试图以这些初步成果对殷墟文化进行解释。这时期的成就以《殷墟铜器五种及其相关之问题》[③]为代表，这篇文章开创了具有李济特征的类型学研究的先河。

李济的研究主要是基于对前五次发掘所获铜器的分析。他首先对铜器进行化学试验，以确定其确切性质。他先后邀请了地质调查所的梁冠宇、化学研究所所长王琎、英国皇家科学工业学院采矿科教授哈罗德爵士，对铜器进行成分分析。由于铜器氧化严重，分析的结果都不理想。最重要的收获是证实了其中含锡10%以上，所以知道它们完全是青铜时代的作品。所获铜器可以分为四大类，包括礼器、装饰品、日用器和武器。武器和日用器最多，李济将其分为五种进行讨论，包括矢镞、勾兵、矛、刀与削、斧与锛。上面列的五种武器与日用器不但有齐全的实物为据，而且它们形制的演化也表现出复杂的过程，探讨这些过程，可以窥见中国青铜时代文化背景的一个方面。这是特别选择它们加以讨论的意义。李济引用了英国考古学家柴尔德的观点表达自己的看法，柴尔德论及欧洲青铜文化时曾说，

---

① 胡厚宣：《殷墟发掘》，第71—72页。

② 陈存恭等：《石璋如先生访问记录》，第84页。

③ 李济：《殷墟铜器五种及其相关之问题》，载《庆祝蔡元培先生六十五岁论文集》（上册），第73—104页。

金属材料只有到了最便宜的时候才用作箭头。但李济认为柴尔德的观点实际也包含这样的意思，在青铜时代最普遍的箭头材料仍然是骨与燧石，说明这时候铜料仍然很珍贵。李济对考古学的了解，主要来自西方有关论著。从他的引文来源可以看出，引用的主要是欧洲学者的著作，以英国为主，其中受到埃及考古学影响最大，而对美国考古学论著的引用极少，虽然他是美国留学生。李济对柴尔德有相当的了解，他之所以不引用柴尔德那些最为人称道的经典理论，可能与他"不尚空论"的学术观念有关。而对于柴尔德的一些具体研究，李济不乏引用，如他对殷墟铜箭镞的研究就受到了柴尔德的影响。他还大段引用了皮特里对埃及箭镞的研究（图38），可见这时李济对西方类型学方法并不陌生。实际上，当时的考古学者对类型学的基本原理都已经有所了解，因为大家都能够从各种来源接触到蒙特留斯和皮特里等人的著作。李济还注意到皮特里对中国的瞿（即句兵）的比较研究，同时还引用了格林威尔关于不列颠铜矛演化阶段的观点[1]，进而谈到对中国矛头演化的认识。李济大量引用有关欧洲铜器时代研究的成果（主要是皮特里和柴尔德），结合对殷墟铜器分析的结果，推测殷墟铜器与欧洲可能具有的联系。关于蒙特留斯的类型学研究，李济是直接从外文原著中征引而来（图39）。李济还谈了柴尔德对直銎斧（李济称之为空头斧）的看法。柴尔德认为直銎斧来源于美索不达米亚，而殷墟也出土了这东西。在文章结语部分，他谈了殷墟文化与世界的关系，如矛与埃及的关系、斧与西亚的关系，所得出的重要结论，就是商代青铜技术的外来说，这与大家公认的殷墟文化的多种来源说密切相关。

但总体来说，这时李济的类型学思想尚处在讨论阶段，尚未触及器物类型学的真义。可能是他在美国受到的统计学训练对他影响过大，从而过于专注于器物的分类，反而在形成具有逻辑推理性质的类型学思维方面造成了一定的障碍。即使他了解西方的类型学，有相当好的条件能够参考蒙特留斯、皮特里的原著，却没有能够将之运用到自己的研究中。他后来甚

---

[1] Canon Greenwell, *Archaeologia*, Vol.61, p. 439.

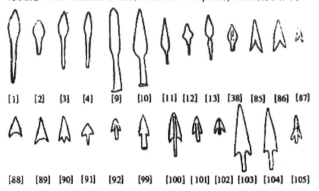

原图见 W. M. Flinders Petrie：*Tools and Weapons*：pl XLI，原图大小

[1]　[2]　[3]　[4]　　[9]　[10]　[11] [12] [13] [38] [85] [86] [87]

[88]　[89]　[90]　[91]　[92]　[99]　[100] [101] [102] [103] [104] [105]

图 38　西方早期之铜矢形制

（李济：《殷墟铜器五种及其相关之问题》，载《李济文集》卷三，第 461 页。李济
引自 W.M. Flinders Petrie 的 *Tools and Weapons*）

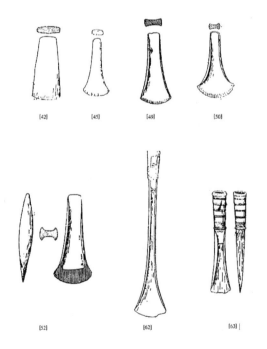

[42]　　　[45]　　　[49]　　　[50]

[52]　　　　　　　　[62]　　　　　　[63]

图 39　瑞典铜斧形制之演化

（李济：《殷墟铜器五种及其相关之问
题》，载《李济文集》卷三，第 465
页。李济引自 *The Cambridge Ancient
History*，Vol.1）

至说，皮特里的分类方法，并不适用于殷墟陶器。但李济对自己的类型学研究并不看重，甚至不认为是类型学研究，而只是分类，他曾经说自己分目排列的目的，只是便于检查而已。

对以柴尔德的研究为代表的西方考古学理论，李济持同样的态度。李济研究考古学的目的虽然是史学导向，但他的研究方法，却始终是自然科学式的，这与他所接受的体质人类学教育背景有直接的关系。中国传统文化影响了他的学术目的，而西方自然科学的训练则主导了他的方法。他和傅斯年一样，对所谓的洋理论抱有几乎是本能的反感，专注于具体材料的研究，倡导一分材料说一分话，这在当时也代表了一种较普遍的思潮。他对柴尔德的著作甚有接触，然而只是运用书中具体的材料，而对柴尔德具有重大影响的理论建树，如考古学文化、新石器时代革命、城市革命等，几乎是不置一词。

## 七、小结

从城子崖到殷墟第九次发掘这个时期，即从 1929 年到 1934 年的这五年，是史语所考古最关键的一个发展阶段，也可以说是中国科学考古学的形成期。

回首这五年，史语所的考古之路走得并不顺畅，最主要的原因，是外部环境对考古活动的严重困扰，幸而傅斯年、李济、董作宾诸君应对有方，方得逐渐渡过难关。即如第二、三次发掘之后，美国弗利尔艺术馆断绝了援助，殷墟考古陷入经费危机，因为这时考古工作已经有了相当的成绩，引起世人关注，遂得到所谓胡适派学人群把持的中华文化教育基金会的资助。而史语所的工作，已经成为中央研究院成立以后最重要的成绩，故而经费方面逐渐得到有力支持。

殷墟第一到三次发掘，在中央与地方表面维持的统属关系下勉力周旋而得以进行，随着中原大战爆发，战火所及之处，考古活动一概暂停。战事稍定，方得以在山东开展。中央控制河南后，殷墟发掘得到了基本保障，

但仍不免受到地方上接连不断的兵灾匪患的困扰。不久之后，九一八事变和"一·二八"事变先后爆发，国难临头，使得考古组的活动又受到很大影响，虽然在蔡元培"风雨如晦，鸡鸣不已"的教诲之下，殷墟考古正常进行，但仍然陷入低谷，这时期考古发掘的规模在殷墟发掘史上是较小的。然而就是在这样内忧外患的困难环境之下，史语所考古组以南京国民政府为依托，采取灵活的策略，保证了考古活动持续不断正常进行。随着中央对地方势力逐渐占得上风，活动范围逐渐得以拓展。

之所以说这一段时期是中国科学考古学的形成期，主要是基于史语所考古取得的以下两方面的成就而论。

### （一）考古研究的成就

搞清楚了当时发现的三种考古学文化之间的年代关系，初步建立起史前考古学和历史考古学的基本框架。

史前考古学以仰韶文化和龙山文化为对象的新石器时代考古为代表，对这两类文化的基本内涵和范围有了一定的初步认识。历史时期考古学以对殷墟的研究为代表，并且逐步向后段延伸。

安阳考古是这时期史语所最重要的考古活动，与前三次探索相比，这时期对殷墟文化已经有了一些相当切实深刻的了解，代表了商代考古的重大进步。这些认识是考古资料结合甲骨文研究的结果。一是破除了殷墟漂没说，弄清楚了殷墟文化层的成因，并做了初步的分期。对于殷墟文化的性质也有了相当清晰的认识，了解到殷墟文化层代表一个长期居住过程，是连续堆积形成的，但在连续中又表现出不断变迁的特点。殷墟文化至少可以分为两期。绳纹和方格纹粗陶、黑色和白色细陶分别代表了两个时期。铜器的形制与纹饰也可以分为两个时期。甲骨文字体的演变也表现出可以分期。建筑中版筑和方圆坑也可以分为两个时期。这首先表明对殷墟文化层的成因有了正确的认识，更是对殷墟文化分期的初步尝试。二是关于殷墟文化的构成。殷墟文化是多元的。出土物中确定来自东方的有：骨卜、龟卜、蚕桑、文身技术、黑陶、戈、瞿、戚、璧、瑗、琮等；确定与中亚和西亚有关者有：青铜业、矛、直銎斧等；显然与南亚有关者有：有肩斧、锡、稻、象、水牛等。这些出土物都是构成殷墟文化的重要成分。李济考古学研究的一个最重要特征是始终从世界文化的角度来观照殷墟问题，这是他超越同时代中国学者的卓越之处。三是殷墟文化的演化趋势。李济认为，无论研究殷墟出土的哪种物品，它的形制总是在一个变化的状态中，很少一直保持一个固定的样式。这种尚变的趋势，只是一种民族性的表现，或者有别的原因都不能断定，但这种事实是很明显的。①李济的这种考古学解释，明显加入了自己的价值观。

## （二）技术方法的进步

这段时期，在众人共同努力之下，在摸索中建立起来一整套的发掘整理方法。其中，梁思永做出了最重要的贡献。

1. 逐步建立了系统的田野发掘制度。定位、记录、照相、整理等各个步骤，开始有了规范，使得发掘资料成为科学的数据。这个过程由李济发端，梁思永做了重大改进，逐步完善和提高。

2. 从重视遗物到重视遗迹。从一开始的收集甲骨以及其他遗物为主，转向关注建筑基址等遗迹现象，这是非常重要的转折，标志着史语所考古与金石学家所从事的挖宝式考古有了根本的区别，代表了科学与传统的分野。

3. 在梁思永的领导下，逐渐形成了考古地层学的发掘方法。在史语所考古前期，基本上是采用水平层发掘法，梁思永运用在美国学到的自然层发掘方法，在城子崖、后冈等地的发掘中加以探索，使得按照文化层的发掘方法逐渐成熟起来，最具标志性的成果是后冈三叠层的发现。这一方法为刘燿、石璋如、吴金鼎等人学习和掌握，运用在了田野发掘中，成效明显。另外，梁思永还对工地的发掘管理进行改革，从过去的各自为政改为

---

① 李济：《安阳最近发掘报告及六次工作之总估计》，《安阳发掘报告》第四期，第576—577页。

统一管理，凡开坑、墓号、照相号码等，都由一人掌握。另外一些具体的田野技术，如认土找边的方法、记录现象的方法、画图和照相的方法、遗物整理的方法，都在实践中慢慢被摸索出来，形成了一套规则。很多现在发掘中常用的基本规则，都是这时候奠定的基础。

4. 李济进行了器物类型学的初步尝试，取得了重要成果，突出表现在《殷墟铜器五种及其相关之问题》等论文中。

5. 董作宾的甲骨断代研究取得了划时代的成就。董作宾 1932 年发表的《甲骨文断代研究例》①是最突出的代表性成果。李济曾经说，董作宾的甲骨文研究之所以成就极大，是因为他抓住了考古学中最关键的断代问题。②该文完善和发展了《大龟四版考释》中提出的一些观点，拟定了甲骨断代的十个标准：①世系；②称谓；③贞人；④坑位；⑤方国；⑥人物；⑦事类；⑧文法；⑨字形；⑩书体。据此，他将已经发现的甲骨文，自盘庚以至帝辛分为五期。自此之后，董作宾成为具有世界声誉的中国学者之一。

这一时期史语所考古的成就还表现在其他多个方面。一是发掘空间范围的扩大，从小屯到殷墟的周边地带，再到城子崖，又到河南浚县以及山东滕县，逐渐向全国各地扩展。二是研究时间范围的扩大，从殷墟入手，上窥仰韶和龙山，下接西周和春秋，直到隋唐和汉代。三是人才队伍的建设，史语所初期只有李济和董作宾两个半路出家的考古者，随后郭宝钧、梁思永、石璋如、刘燿等人陆续加入，留洋者和本土派相结合，形成了良好的人才队伍结构，并且新老结合，后起之秀不断成长，考古组的队伍越来越壮大，形成了中国第一、二代考古学家群体。这时期史语所编辑了一批考古出版物，如《安阳发掘报告》《田野考古报告》《城子崖》《历史语言研究所集刊》等，对于推进学术研究，扩大史语所考古的影响，发挥了很大作用。

---

① 董作宾：《甲骨文断代研究例》，载《中国现代学术经典·董作宾卷》，第1—140页。
② 李济：《南阳董作宾先生与中国现代考古学》，载《李济文集》卷五，第207—215页。

在李济的带领下，中国考古学这时期已经形成了自己的一些基本特征。一是考古学的定位，以古史重建为目标，考古学研究的目的就是为了探索中国文明的起源。二是科学方法与传统研究的有机结合，现代科学方法和传统的甲骨文研究、金石学都在史语所考古中发挥了重要作用。三是考古学的多学科特征，虽然考古学的学科定位是历史学，但是面向却十分宽广，最典型者是从周口店的工作继承而来的传统，注重收集人骨和动物化石甚至植物标本，以进行人类学和生态环境方面的研究。四是视野宽阔，研究中国文化，始终坚持欧亚太平洋的观点[1]，以世界参照系观照中国文化的发展，探讨它们之间的互动关系。

这时期史语所的考古研究所取得的成就，已经在知识界产生了相当大的影响，并通过各种渠道影响到社会，改变了中国人的历史观，信奉三皇五帝为信史的时代已经成为过去，人们对中国的史前史和殷商史有了与过去截然不同的认识。

---

[1]　张光直：《人类学派的古史学家李济先生》，载《李济与清华》，第195—201页。

# 第 五 章

## 史语所考古的鼎盛期（1934—1937）

殷墟第十至十五次发掘

1934 年初，梁思永卧病两年后痊愈，春季到安阳参加了殷墟第九次发掘，秋季主持了第十次发掘。此时期经过调查发现了侯家庄西北冈的王陵区，于是连续进行了三次大规模发掘（即第十至十二次），投入巨大，收获惊人。殷陵发掘告一段落之后，第十三至十五次发掘重回小屯，寻找居址遗迹。同一时期，河南古迹会也活动频繁，发掘了琉璃阁和山彪镇等历史时期重要遗址，调查了豫东地区，以寻找先商文化的线索。李景聃和王湘调查了安徽寿县楚墓。这一时期，以殷墟发掘为代表的史语所考古活动进入极盛时期，直至七七事变才突然中断。

## 一、梁思永领导下的殷陵发掘及重大收获

梁思永领导的殷墟第十至十二次发掘，主要发掘地点是侯家庄西北冈的殷代陵墓区。就规模和收获而言，这三次发掘都达到了史语所开展考古活动以来的顶峰。

### （一）殷墟第十次发掘

1934 年秋季，因病蛰居两年的梁思永复出，领导石璋如、刘燿、祁延霈、胡厚宣（时名胡福林）、尹焕章等人开始了殷墟第十次发掘。

起初打算继续发掘后冈和小屯，但因为在第九次发掘的时候得到线索，说武官村村民在侯家庄西北冈盗掘到了不少铜器，于是石璋如、刘燿等常驻安阳的发掘者建议发掘西北冈，得到了梁思永的同意，遂揭开了举世瞩

图 40　1934 年秋，1002 号大墓发掘工作情形，时为殷墟第十次发掘，西北冈第一次发掘
（由东向西照。《殷墟发掘照片选辑 1928—1937》，第 148—149 页。"中央研究院"历史语言研究所供图）

目的殷代王陵区发掘的序幕。[①]

　　第十次发掘从 1934 年 10 月 3 日至 1935 年 1 月 1 日，持续了 91 天。工作地点在侯家庄西北冈，以冈顶为起点，分东、西二区发掘，面积约 3000 平方米。结果发现侯家庄西北冈地区正是殷代的墓地，就探沟的情形而言，范围有五六十亩（图 40）。

　　这次在西区发现了 4 座大墓。最大的是 1001 号墓，墓室平面呈"亚"字形，面积约 460 平方米，有四条墓道（图 41）。在东区发现了密集的小墓，共 63 座，发掘了 32 座。这些墓葬，虽然大多经过古今多次盗掘，但

① 陈存恭等：《石璋如先生访问记录》，第 85—86 页。

发现物仍然极为丰富，大致可以分为以下十类：

1. 铜制品。东区小墓出土铜器 124 件，根据同出器物知为殷代之物无疑。这种发现，不但提供了大批新资料，而且使得研究殷代铜器有了确实可靠的标准。西区仅出铜器残片以及与小屯同样的铜镞 9 个，铜器大约已经被盗尽。

2. 石制品。共计千件以上，皆出自西区大墓。其中最宝贵者，为一白色大理石雕刻的立体神话动物，形状似虎，大约就是古书上记载的"饕餮"。与 1929 年第三次发掘出土的石制"人像"为同类，可能都是建筑部件。

3. 玉制品。皆出自西区大墓中。

4. 骨制品。多出自西区大墓中，最宝贵者为"花骨"（雕花的骨器）200 多件，花纹精细，与铜器花纹类似，是研究殷代美术极其宝贵的资料。

5. 绿松石制品。得千余件，皆出自西区大墓中。

6. 牙制品。得 800 余件，多出自西区大墓。大部分是镶嵌饰品的组件，形状有几十种。牙是野猪的犬齿，也有象牙。

7. 蚌制品。得 500 余件，皆出自西区大墓。多为镶嵌饰件，数十种，与绿松石和牙饰品一样，都是殷代纹饰研究的重要资料。

8. 白陶。得千余片，皆出自西区大墓。白陶器属于殷代贵重器物。

9. 龟版。在西区大墓发现多块一面涂朱的龟版，有特殊意义。

10. 人骨。得人头骨 100 多个，完整者约占三分之一；肢体骨架数十副。此为殷代人骨资料第一次重大收获，是殷代考古体质人类学研究的重要标本。

由以上发现可知，西北冈确为殷代墓地，西区 4 座大墓规模极其宏大，遗物珍贵，可以确定为王陵。殷陵之所在，过去不见于历史记载，也不闻于传说，这次重见天日，是考古学的极大贡献。①

第十次发掘由于发掘的是墓葬区，故而发现了大量的过去从来没有见

---

① 胡厚宣：《殷墟发掘》，第 74—78 页。

图 41 1934 年秋，西北冈王陵区第一次发掘，1001 号大墓发掘工作情形 [ 刘燿（中立戴浅色帽者）及工人合影。《殷墟发掘照片选辑 1928— 1937》，第 156—157 页。"中央研究院"历史语言研究所供图 ]

到过的遗物，分辨这些遗物的功能成为一个新的课题，构成殷墟考古学的重要组成部分。史语所考古学家们在这方面倾注了大量心血。这种细节性的工作往往不为人注意，但它们却为今后的深入研究提供了基础，实际上具有十分重要的意义。

例如在遗物出土较多的 1005 号大墓，陆续出土了铜盂 3 件，其中有 2 件著名的中柱旋龙盂（图 42），1 件夔龙纹盂（图 43），还有壶 3 件、铜箸 3 双 6 件、铲 3 件、锄 3 件、陶盆 2 个、圆铜片 1 件、"身首异处"的人骨 6 具、象牙质地的"骨锥"形物 25 个。

如何解释这些遗存之间的相互关系及其用途，是一个需要慢慢摸索的复杂过程。石璋如等人后来经过仔细分析认识到，这些物品与人骨都与"3"这个数字有关。人骨在上层有 3 具，在下层也是 3 具。上层 3 具与壶和盂等水器有关；下层 3 具各有铜箸一双，实际上这些铜箸可能是烛火的芯。至于象牙"骨锥"，十分光滑，但底部不尖，不像锥子，也不像箭头，观察其排列，头一个很大，五个较小的在旁。后来认为这"骨锥"很可能是琴弦柱，五个骨锥就是五弦琴，两组七个骨锥就是七弦琴，大骨锥是击弦的棒子，总共也是 3 组。至于铜圆片，背面有鼻钮，梁思永怀疑是铜镜，但为谨慎起见，在公开场合只称是"圆铜片"。后来高去寻做了深入研究，证明这圆铜片就是铜镜。直到 1973 年发掘妇好墓发现铜镜，才终于有了确凿的实物证据。[1]

这时候的发掘虽然得到政府的支持，但是社会仍然很不稳定，发掘团要时刻防范土匪和盗掘者的袭扰。最著名的一件事情就是所谓"一一·一五"事件。侯家庄一带出土的珍宝引起很多人的垂涎，其中有安阳县政府工作人员名李冠者，勾结当地人，组织了一个所谓"中央夜晚发掘团"（他们称史语所考古组是"中央白天发掘团"），公然在史语所发掘区附近盗掘。中央发掘团的护卫队与之发生武装冲突，最后依靠地方政府的力量，才将

---

① 陈存恭等：《石璋如先生访问记录》，第 93—96 页。

图 42　西北冈 1005 号大墓出土的"中柱旋龙盂"
（该墓出土了 3 件铜盂，有 2 件"中柱旋龙盂"，此为其中之一。"中央研究院"历史语言研究所供图）

图 43　西北冈 1005 号大墓出土的"夔龙纹盂"
（"中央研究院"历史语言研究所供图）

事件平息下去。①

　　与西北冈的发掘同时，梁思永、石璋如和胡福林还进行了同乐寨的发掘，发现了仰韶、龙山、小屯以及较后期之四层文化。仰韶层在最底部，没有明显的遗迹现象，遗物发现有红陶、石器等。龙山层居中，是该遗址的主要堆积，有地穴、灶、白灰面等遗迹，实际上是房址，当时并没有分辨出来，遗物发现有黑陶器等。

　　第十次发掘是在殷墟发掘式微期之后进行的，经费十分短缺，梁思永也无法争取到更多的资金来源。对于挖掘王陵这种巨大的工程来说，过去的经费预算实在是杯水车薪。但是在第十次发掘中发现了大量的精美文物，梁思永将这些东西运到北平之后，在社会各界都引起了很大的轰动，这使得第十一次发掘能够顺利争取到大量经费支持，继续进行殷陵的发掘。

### （二）殷墟第十一次发掘

　　第十次发掘因为面积较小，人们还拿不准西北冈西区到底是不是殷代王室墓葬，但梁思永却是信心十足，他制订了一个前所未有的庞大计划，准备在 1935 年春季进行殷墟第十一次发掘。预算总数达到了 2 万—3 万银元，大大超过了按照规定应该给史语所的经费。这时候胡适派学人群的一位重要人物丁文江正在担任中央研究院的总干事，同时兼任中央博物院理事会理事。丁文江向来是田野活动最热心的支持者，而且也是傅斯年的亲密朋友。据说他接到报告，几乎是毫不犹豫地批准了这笔庞大的经费。至于具体的办法，据李济说，是丁文江提出了一个建议，即请国立中央博物院（筹备中）投资这项事业。双方约定：博物院分担侯家庄田野发掘的部分经费，出土的器物待研究结束后，送到博物院永久保存。当时中央博物院筹备处经费较为充裕，正在南京兴建一座用英庚子赔款基金建造的大楼。②

---

① 陈存恭等：《石璋如先生访问记录》，第 91—93 页。
② 李济：《安阳》，载《中国现代学术经典·李济卷》，第 515 页。

　　这里有两方面事情值得注意：其一，中央博物院筹备处也在中央研究院的管辖之下；其二，中央博物院筹备处的主任正是时任史语所代所长的李济①。以李济的说法，从这次开始一直到殷墟第十五次发掘，发掘团都在使用中央博物院筹备处的经费。②这笔经费加上原来中华教育文化基金会的补助，使得殷墟发掘团的资金数额大大增加，保证了第十一至十五次发掘都达到了前所未有的规模。这两笔经费，实际上都出自庚子赔款，一笔来自美国，一笔来自英国。

　　李济对殷墟第十一次发掘有极高的评价，他后来回顾说：

　　1935 年春的第十一次安阳发掘是我们田野工作的高潮。虽然经费开支大，但重要的是收获丰富。这次发掘是最完善的组织工作和最高的行政效率的典范。特别是对一般公众来说，这些成就有力地证实科学考古不仅能促进书本知识的发展，而且能提供一个找到埋葬的珍品的可行方法，并对之给以法律保护。③

　　第十一次发掘的时间是从 1935 年 3 月 10 日至 6 月 15 日，发掘团的领队是梁思永，工作人员除了原来 5 人，又增加了王湘和夏鼐。（图 44）这一次主要是继续上次的工作，将西区 4 个已经找到轮廓的大墓挖到底，并且继续寻找古物。发掘面积约 8000 平方米，占地约 40 亩。西区 4 座大墓均发掘到底，东区发掘小墓 411 座。"亚"字形大墓（1001 号大墓，图 45）深 12 米，在"亚"字形椁室之下，四隅及中间共有 9 个小型殉葬坑，每坑中埋一人一狗一戈，四隅者是铜戈，中间者是石戈。此墓中遗存最多，

---

① 史语所核心领导层通过人脉关系和学术影响，势力范围逐渐扩大。例如中央博物院筹备处主任先后由傅斯年和李济长期担任；国家最高文物管理机关中央古物保管委员会也在其控制之下，傅斯年、李济、董作宾、郭宝钧等是其主要成员；河南古迹研究会、山东古迹研究会等地方分支机构和一些联合机构，实际上也是其外围组织。
② 但石璋如说，部分使用中央博物院筹备处经费是从第十三次发掘开始，直到第十五次。见石璋如《考古年表》，第 102 页。
③ 李济：《安阳》，载《中国现代学术经典·李济卷》，第 515 页。

图44　1935年春，殷墟第十一次发掘，同仁合影

（左起：王湘、胡厚宣、李光宇、祁延霈、刘燿、梁思永、李济、尹焕章、夏鼐、石璋如。《殷墟发掘照片选辑1928—1937》，第165页。"中央研究院"历史语言研究所供图）

图45　1934—1935年安阳侯家庄1001号大墓发掘时的情景

（见《李济文集》卷二，图版）

特别是石刻多从此中出土。方形墓 2 座，一深 13 米（1002 号大墓，图
46），一深 12 米（1003 号大墓）。二墓均被盗空，仅余"亚"字形之椁室
下中间一小坑幸存。在 1003 号大墓之南墓道发现有鲸鱼的肋骨，西墓道
小墓有石簋的断耳，上有铭文。长方形大墓（1004 号大墓）深 13 米，于
南部墓道、墓室交接处发现 10 捆成束之矛，及有柄痕之戈约百件，另有
牛鼎、鹿鼎、石磬、铜盉等。小墓除上次之数种外，长方形墓中另有殉狗
与戈者，殉铜戚、蚌贝饰者，殉 10 把大刀者，殉 10 把戈者，殉弓矢者，
更有单埋大小铜鼎 3 件者。又有车坑，其中有拆散之铜质车饰数百件，每
个马坑埋有带羁之马 4 匹，兽坑则一坑三兽，一坑一象，鸟坑则有许多鸟
骨，另有猴、羊等坑。铜器中之牛鼎高 0.74 米，鹿鼎高 0.62 米，大圆鼎
高 0.6 米。另有小鼎多件，马头刀，铙及精美马饰；石刻制品有猫头鹰、
牛头、双面兽及鱼、蛙、龟、蝉等；玉器有管、珠、鱼、虎、玦、璧、环
等；白陶、釉陶亦多。镶嵌绿松石的骨柶（又称骨匕）、马饰、花骨、长
齿象牙梳、绿石饰雕花象牙碗为最精美。其鸟形、兽形之各种仪仗，虽质
地腐朽仅存纹饰，而色泽之鲜艳，作风之壮丽，为前所未见。[1]特别珍贵的
是那些容易腐烂的竹木纤维等留下的精细痕迹，只有受过训练的考古学家
才能描绘出它们的轮廓。较有价值的遗物，如雕刻的大理石、大型铜器和
精致的玉器，这些都不是在原处，而是在被盗后墓道的填土中发现的。[2]

　　1001 号大墓的南墓道从 3 米深处就开始埋有人骨，打一层夯土就埋一
排，大部分都是无头葬，有 8 排之多，数目大概是 59 具。东墓道也发现 1
人。共发现 60 具被砍头的骨架。这是很清晰的殉葬的证据（图 47）。

　　1004 号大墓出土珍贵文物最多，如牛鼎、鹿鼎、成捆的矛和戈，以及
各种各样已经腐朽的遗物，主要集中在南部墓道、墓室交接处，这里被盗
墓者无意中遗漏了。李济视察工作的时候目睹了这令人眼花缭乱的发现，
回去向傅斯年做汇报，傅斯年又邀请当时正在中国访问的伯希和一起到西

①　石璋如：《考古年表》，第 19 页。
②　李济：《安阳》，载《中国现代学术经典·李济卷》，第 515 页。

图 46　1935 年春，西北冈第二次发掘，
1002 号大墓全景
（《殷墟发掘照片选辑 1928—1937》，
第 182 页。"中央研究院"历史语言
研究所供图）

图 47　西北冈第二次发掘时 1001 号大墓南墓道

（后立者是石璋如。《殷墟发掘照片选辑 1928—1937》，第 185 页。"中央研究院"历史语言研究所供图）

图 48　1935 年傅斯年与伯希和、梁思永在殷墟王陵发掘现场
（傅斯年邀请伯希和前往安阳视察第十一次发掘情形。石璋如说，这是殷墟发掘以来规模最大的一次，也是中国的考古工作在世界上最显赫的时期。《殷墟发掘照片选辑 1928—1937》，第 180—181 页。"中央研究院"历史语言研究所供图）

北冈参观（图 48）。西北冈殷代王陵的重大发现通过这些高层人物对外发布出来，引起了中外学术界的高度重视。

（三）殷墟第十二次发掘

到了下一个田野季节，即 1935 年的秋季，梁思永继续领导发掘西北冈。这一次规模比第十一次更大，工作人员包括梁思永、石璋如、刘燿、李景聃、祁延霈、李光宇、高去寻、潘悫、尹焕章等人，每天雇佣 500 名

工人，发掘场面之宏大，是过去不可想象的。

工作时间是从 1935 年 9 月 5 日至 12 月 16 日，共发掘 99 天。工作地带仍然分为东、西二区，发掘面积 9600 平方米，占地约 56 亩。发现大墓 5 座，假大墓 1 座，小墓 785 座。西区大墓 3 座，假墓 1 座，小墓若干。其中 1217 号大墓最大（图 49），墓道、墓室交接处一段加宽，西墓道尽端并有转弯，占地面积约 1200 平方米，深 13.5 米，遗物很少，已被盗掘殆尽。但在西墓道发现了精美的仪仗，如鼓、磬，以及用蚌、石镶嵌成的龙、虎、饕餮等（图 50）。1500 号大墓呈方形，面积约 320 平方米，西墓道亦有仪仗，南墓道有石刻，如几、臼、龙等，室内逐层发现有殉葬人头。1550 号大墓平面呈长方形，全墓面积约 670 平方米，深 10.9 米，下部结构与 1001 号大墓相同，出土遗物很多，有雕石兽、花骨、玉器等，在北墓道有殉葬人头十数排，每排 10 个人头。（图 51）1567 号大墓是假大墓，未实际使用，方形无墓道，面积约 510 平方米，深 4.3 米，出土玉象、花骨、铜器，木炭最多。西区小墓为武士及马坑，围绕在 1001 号大墓之东、北。东区有 2 座大墓，1400 号大墓呈"亚"字形，面积 550 平方米，深 12 米，在东墓道的底部发现盂、勺、人面等一套铜器，在南道西上方有尊、斝、觚、爵等一套铜器，南道底部并且有殉葬的涂朱人头及许多石戈。1443 号大墓呈长方形，仅有南北两条墓道，面积约 300 平方米，深 8.4 米，遗物少而甚精。长方形小墓有随葬鼎、彝、兵器、陶器者，有随葬玉器、石器者。方形墓有随葬小铜铃 10 个者，殉葬人头数目有 27—39 个者，有埋鸟兽骨多只者。另有一个象坑，埋有一象及一象奴。东西向的长方形墓，死者多为斩首埋入，故而头与躯干脱离，人骨架的数目多少不等，遗物则有盂、盘、人面、鸮尊、牛爵、鼎、卣、弓饰、马饰等铜器，坐兽、立虎、鱼、龙、牛、象、尊、皿、几、臼、琮、璧、璜、玦、磬、薰、跪坐人像、冠饰等石玉器，骨笄、绿松石饰、仪仗等均精美。有铭文器物十余件。[①]

第十二次发掘期间，梁思永表示，一个遗址做到一定阶段之后就该进

① 石璋如：《考古年表》，第 20 页。

图 49　1935 年秋，西北冈第三次发掘，1217 号大墓发掘情形

（《殷墟发掘照片选辑 1928—1937》，第 195 页。"中央研究院"历史语言研究所供图）

图 50　1217 号大墓西墓道

（1217 号大墓西墓道内鼓、磬及木架遗迹，旁立者为本墓发掘负责人祁延霈。《殷墟发掘照片选辑 1928—1937》，第 196—197 页。"中央研究院"历史语言研究所供图）

图 51　1935 年 10 月 8 日，西北冈第三次发掘
所见 1550 号大墓北墓道殉葬人头骨
（《殷墟发掘照片选辑 1928—1937》，第 193 页。
"中央研究院"历史语言研究所供图）

行整理，所以西北冈暂时只做三次；另外，要求每个人各自独立做一个小的遗址，而非目前的共同合作制，这样可以训练新增加的成员。基于这种想法，梁思永安排刘燿发掘大司空村，祁延霈发掘范家庄。①梁思永本来计划等西北冈这三次发掘的材料整理之后，继续进行下一步的发掘，但计划却被日本侵华战争打断了。

侯家庄西北冈的三次发掘，在中国考古学上，在殷墟考古上，在中国古代史研究上，都具有极其重大的意义。过去的九次发掘多在小屯殷都，这三次发掘却发现了殷陵，殷陵的出土物比殷都更为丰富珍贵，所发现的遗迹和遗物数量与质量惊人，具有很高的学术价值及文物价值。（图 52）可以说，西北冈的发现为史语所的商代考古提供了非常丰富的内容。西北冈的发掘，不但工作对象有了重大转变，由居址转向墓地，而且在梁思永的领导下，在工作的组织和方法上均有很多改进，阵容为之一新。梁思永在史语所考古工作中，在史前考古和历史考古两方面都做出了巨大的贡献。但令人惋惜的是，西北冈仅仅进行了三次发掘，而且梁思永尚未开始进行细致的整理和研究，便为病魔再度击倒，未能亲手完成这一伟业。《侯家庄》考古报告梁思永仅仅写出了初稿，后续工作由高去寻接手，花费了他半生的精力才得以完成。

西北冈殷陵的发现在国内外学术界产生了巨大影响。特别是殉人的大量发现，似乎为商代属于奴隶社会的观点提供了有力证据，为影响日盛的马克思主义历史学推波助澜。后来郭沫若、胡厚宣、郭宝钧等学者在这个问题上展开了热烈的讨论。②西方汉学界对西北冈殷陵的发现也极其重视，伯希和等人根据这些材料先后发表文章，讨论商代的社会、文化和艺术；日本学者最为关注，梅原末治前后写作了 8 种论著讨论殷墟的发现和商代

---

① 陈存恭等：《石璋如先生访问记录》，第 125 页。

② 例如，胡厚宣作《殷非奴隶社会论》，载《甲骨学商史论丛》初集第一册，齐鲁大学国学研究所，1944，第 183—210 页；郭宝钧作《致郭沫若函》（收入郭沫若《奴隶制时代》，人民出版社，1954）和《记殷周殉人之史实》（《光明日报》，1950 年 3 月 19 日）。

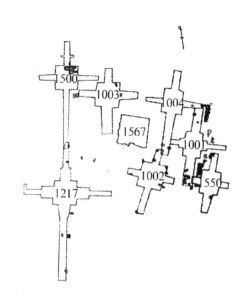

图 52　侯家庄西区 7 座大墓和 1 个坑
（李济：《安阳》，《李济文集》卷二，
第 461 页）

青铜文化。[1]

## 二、殷墟第十三至十五次发掘和遗址发掘方法的成熟

西北冈的三次发掘结束以后，梁思永认为应该稍作停顿和整理，并且拒绝再担任下一次殷墟发掘的领导工作。李济这时在高层担任不少职务，已经脱离了田野一线，董作宾正在编写《殷墟文字甲编》，于是第十三次的发掘，便由河南古迹会的郭宝钧挂名领队。而郭宝钧这时正在忙于琉璃阁的发掘，无暇顾及于此，安阳的实际田野工作从此便落在了石璋如等年轻的助理员身上。石璋如在第十三、十四次发掘中事实上担负起了执行领队的职责，第十五次更是独立领队（图 53）。

这些人经过数年锻炼，已经富有经验，特别是石璋如和王湘这些参与

---

[1]　胡厚宣：《殷墟发掘》，第 97—98 页。

图 53　1936 年 3 月 21 日，殷墟第十三次发掘，发掘团成员在安阳冠带巷发掘团住址前合影
（左起：潘悫、尹焕章、李景聃、郭宝钧、高去寻、石璋如。《殷墟发掘照片选辑 1928—1937》，第 105 页。
"中央研究院" 历史语言研究所供图）

较早者，田野技术比起他们的前辈已经有过之而无不及。他们对发掘方法
有自己独到的见解，有了独当一面的机会，便开始大刀阔斧地实现自己的
抱负。殷墟第一至九次主要是发掘洹南小屯的居址，十至十二次主要是发
掘洹北侯家庄后冈和西北冈的墓葬，十三至十五次再回到小屯，进行居址
的发掘。但这三次居址发掘与前九次相比，在组织上、方法上以及一切设
施上都大异于前。因为方法的改进，所以遗迹、遗物均有空前的发现。[①]

　　第十三至十五次发掘的面积，比前九次发掘的总面积还大。这三次发

① 石璋如：《殷墟最近之重要发现，附论小屯地层》，《中国考古学报》第二册，第 3 页。

掘面积是 12000 平方米，前九次为 8000 余平方米。[1]

　　与西北冈时期主要使用探沟寻找墓葬的方法不同，这三次发掘采用了第四次发掘时李济主张的"整个的翻"的方法并加以改进。具体方法就是布 10 米 ×10 米的探坑，以 4 个坑为一个单位，形成 40 米 ×40 米也就是 1600 平方米的方形，仿照地图的经纬线以寻找遗迹遗物。在中间位置放一个平板仪，出什么东西就用皮尺测量，并落在图上。[2]需要说明的是，这种整体揭露的方法并不是从西方引进而来，而是中国考古学家们在实践中逐渐摸索出来的。因为大面积整体揭露，所以能够发现许多以前难以观察到的现象，如牛、羊、狗坑之间的关系。以前因为使用探沟和单个探方，所以遗迹的相互关系容易被忽视，现在开了大坑则一目了然。当然有人也存在疑问，开了大坑虽然可以呈现现象全貌，但是深挖下去是否会层位不清？对此他们也找到了妥善的解决办法，随着一层一层深挖下去，只要发现现象立即测量记录，记下层位变化，并且另外用较大比例画图，日后就可以形成立体图，相当精细。因为现在要找现象，而不是孤立零散的遗物，所以这个方法很有价值。像牛、羊、犬，从前只是发现骨头，但这一次就发现了整体现象，坑内清清楚楚地成组排列着兽骨。跪着的人是一组，牛、羊、犬又是一组。过去没有发现的遗迹现象，现在全都呈现出来。[3]对类似车马坑这样复杂的遗迹也有了处理的能力，体现出发掘技术的精细化（图54）。

　　加强编号记录的规范化和系统化。所有 10 米 ×10 米的探方都用一系列数字按照顺序标明，如 C126，即表示 C 区的第 126 号探方。对窖穴和墓葬也用字母和数字表示，以 H 表示灰坑，以 M 表示墓葬，如 H127 或者 M164。这些沿用至今的记录办法，都是从殷墟第十三次发掘开始的。关于遗物的记录方法，是制订了一个常见遗物、重要遗物表，常见遗物就是过去第一至九次小屯发掘常见的东西，将这表和遗迹号码列在小本子上，发

---

① 李济：《安阳》，载《中国现代学术经典·李济卷》，第 532 页。
② 陈存恭等：《石璋如先生访问记录》，第 127 页。
③ 陈存恭等：《石璋如先生访问记录》，第 130—131 页。

图54　1936年4月18日，殷墟第十三次发掘，发掘YM40车马坑

（该车马坑发掘者为高去寻，绘图者石璋如。《殷墟发掘照片选辑1928—1937》，第108页。"中央研究院"历史语言研究所供图）

现遗物的时候记录数量。还有就是记录本，十分重要，类似后来的工作日记，分两种。一种是以探方为主的记载，发掘过程和发现都在里面，墓葬、窖穴等则另做记录；另外一种是日记本性质，自己一天做了什么事情，就在晚上记下来。记录本要客观记录现象与情形，而日记本可以发挥自己的见解。[1]（图55、图56、图57）

　　第十三次发掘的时间是从1936年3月18日至6月24日，工作地点在小屯村北，集中在B、C两区，共开坑47处，面积4700平方米。遗迹方面，发现版筑基址4处，灰坑127个，墓葬181座。基址之上有排列整

---

[1]　陈存恭等：《石璋如先生访问记录》，第127—128页。

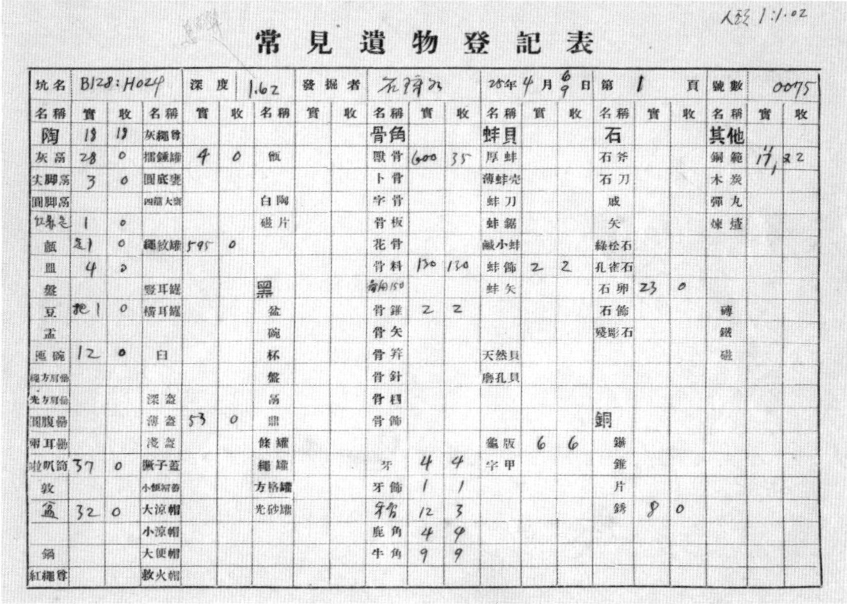

図55　殷墟第十三次発掘，石璋如填写的 B128 探坑 YH024 灰坑遗物登记表

（石璋如：《安阳发掘简史》，第220页。"中央研究院"历史语言研究所供图）

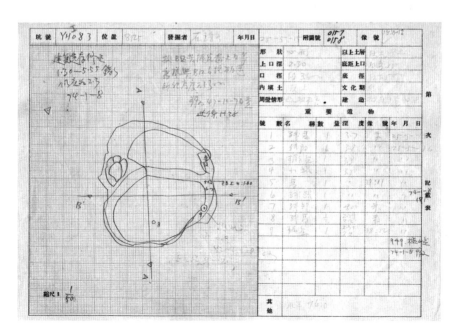

图56　殷墟第十三次发掘，石璋如所做的 YH083 灰坑记录

（石璋如：《安阳发掘简史》，第217页。"中央研究院"历史语言研究所供图）

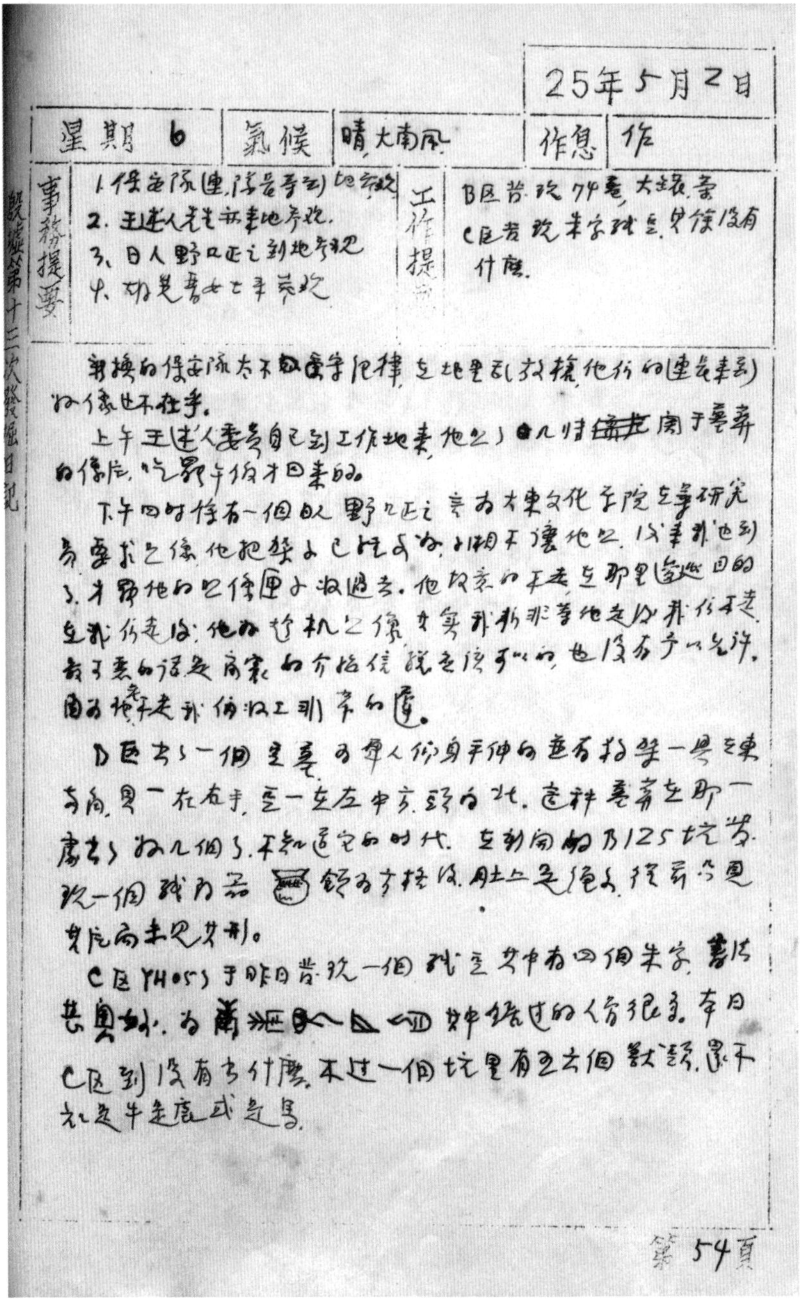
殷墟第十二次發掘日記
25年5月2日
星期 6 | 氣候 晴，大南風 | 作息 作
事務提要
工作提要
第 54 頁

图 57　1936 年 5 月 2 日，石璋如工作日记

（石璋如：《安阳发掘简史》，第 215 页。“中央研究院”历史语言研究所供图）

图 58　第十三至十五次发掘发现
的版筑基址和卵石
（胡厚宣：《殷墟发掘》，图版 53）

齐的础石，呈一定间距（图 58）。基址之下有很规整的排水系统，沟长 60
米，两壁用木桩加固。墓葬有车、马、牛、羊等坑。车马坑有 5 个，但仅
仅 M20 保存较好，未被扰动，埋有完整的马车和 4 匹马，这是研究中国
古代车辆最早的田野资料之一（图 59）。又有无头的俯身葬群，东西成排，
南北成列，人骨每坑三四具至十二具不等。遗物方面，除了常见的陶、骨、
蚌、石，还有铜质车马饰、刀、戈，石质戈、镞，玉质佩带，金叶和绿松
石的装饰品，又有朱笔书写的陶器、大批的铜范、带釉的陶豆和精美的白
陶。首次发现大批铜范，是研究殷代青铜技术的宝贵材料。其他重要发现
还有 M20 的战车和武士，M164 的武士和战马。武士和战马同坑，表明殷
代可能已经存在骑射之术。[①]

　　最为重要的是 H127 整坑甲骨的发现（图 60）。发掘团原计划 6 月 13
日结束工作，但到 12 日下午发现了 H127 甲骨坑。剔剥的工程极为浩大，
并非在短期内能够完成，于是发掘者王湘和石璋如等人想出了一个办法，
就是把甲骨坑形成的灰土柱整个套装在一个大木箱中，然后取出运走（图
61）。因为这是一个极其重大的发现，石璋如打电报给南京的李济，李济

①　胡厚宣：《殷墟发掘》，第 99 页。

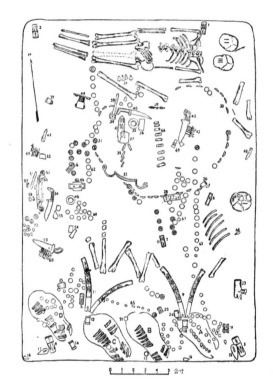

图 59　第十三次发掘时发现的车马葬坑
（胡厚宣:《殷墟发掘》，图版 44 ）

随即赶到安阳。大家一刻不停地工作，用了四昼夜的时间，把这一整块珍品挖出来。装满灰土柱和填土的箱子有数吨之重，数十人克服无数困难，用了两天时间抬到安阳火车站（图 62 ）。这件宝物还引起了土匪的觊觎，他们打算在运送的路上抢劫，但发掘团早有准备，安排士兵击退了土匪。最后这宝物安全运抵达南京史语所，由董作宾和胡厚宣在室内慢慢拓画、剔剥和记录（图 63、图 64 ）。①

　　H127 甲骨坑包含的甲骨数量惊人，史语所大多数的甲骨片都是这次发掘得来。过去所得完整的龟甲，只有第三次的"大龟四版"和第九次的"大龟七版"，而 H127 甲骨坑中完整的龟甲就有近 300 版，共计字甲

---

① 　陈存恭等:《石璋如先生访问记录》，第 133—137 页。

图60　1936年6月13日，殷墟第十三次发掘发现的H127甲骨坑全貌
（《殷墟发掘照片选辑1928—1937》，第212页。"中央研究院"历史语言研究所供图）

图61　H127甲骨装箱钉箱盖前整理内部情形
（右方踞箱上者为李济，其后着浅色背心坐者为高去寻，其后为李景聃。《殷墟发掘照片选辑1928—1937》，第214页。"中央研究院"历史语言研究所供图）

图 62　H127 甲骨装箱外运情形

（后方戴帽监工者石璋如。《殷墟发掘照片选辑 1928—1937》，第 215 页。"中央研究院"历史
语言研究所供图）

图 63　H127 大箱在南京去除箱
框后情形

（箱框经翻转，原坑底朝上。《殷
墟发掘照片选辑 1928—1937》，
第 216 页。"中央研究院"历史
语言研究所供图）

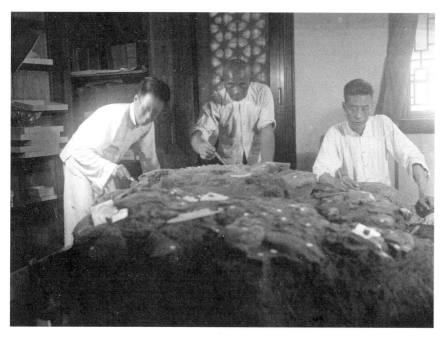

图 64　H127 于南京室内发掘情形
（左起：徐禄、魏善臣、关德儒。《殷墟发掘照片选辑 1928—1937》，第 217 页。"中央研究院"历史语言研究所供图）

17756 片，字骨 48 片，其中包含的信息极其丰富（图 65）。这批龟甲时代属于盘庚到武丁时期，尤以武丁时期为多；多有朱笔书写的卜辞，由此知道甲骨文是先写后刻，殷代确实已有书写的颜料和毛笔。文字刻画里涂朱墨的例子特别多。其中有很多把背甲改造成有孔的椭圆片，从这点知道甲骨也可能穿成书册。记载龟甲来源的刻辞特别多。龟甲特大，可能来源于南方。由出土形态观察，似乎属于有意识的埋藏。甲骨堆积中有一具蜷曲而侧置的人骨，紧靠坑的北壁，大部分被埋在甲骨中，仅头及躯体上部露出甲骨以外，这个人有可能是当时管理甲骨的人员。[1]

① 胡厚宣：《殷墟发掘》，第 100—101 页。

图 65　H127 甲骨坑出土带卜辞龟腹甲
（这片腹甲是 H127 甲骨坑所出龟甲中的典型。
"中央研究院"历史语言研究所供图）

　　H127 甲骨坑号称是商王朝的"地下档案库"，一般被认为是中央研究院前后十五次安阳发掘的最高成就和最伟大的业绩。李济说，当初傅斯年选择安阳作为第一个发掘点来检验现代考古学的理论和方法时，他主要是被在该地区已经发现最早的书写汉字记录这一著名事实鼓舞。果然，在科学方法的指导下，经过八年多坚持不懈的工作之后，终于在 1936 年夏季发现了 H127 甲骨坑的龟甲档案库，把这一建立在理性推理和田野经验积累之上的事业推向了顶峰！ H127 甲骨坑的发现并不是侥幸，而是系统的科学工作积累的结果。H127 甲骨坑明显居于安阳最后三次发掘整个过程的最高点之一，这不仅是因为其学术价值，还因为它给人们带来了一种异乎寻常的精神满足。①

————————————

① 李济：《安阳》，载《中国现代学术经典·李济卷》，第 546—550 页。

　　1936 年秋季，又进行了第十四次发掘，从 9 月 20 日到 12 月 31 日，工作 103 天。工作地点仍然在小屯村北，继续第十三次发掘未完成的工作。主持人是梁思永和石璋如，工作人员有王湘、高去寻、尹焕章等人，另外还有四位临时工作人员，实际是来学习的新学员（图 66）。史语所这时已有足够能力和水平为全国各个考古机构培养人才，历次发掘陆陆续续培训了不少考古工作者。临时工作站设在高楼庄，当地驻军四十军派兵 12 名随同保护。

　　工作计划一开始想集中全力发掘 C 区，将殷代的建筑遗迹情形清理出一个大概，以窥其究竟（图 67）。后来因为地下的情形纷繁复杂，引出了寻找殷代真正地面的重要问题。经过多方的观察和考虑，得到了一个比较可靠的解决途径，就是本着"孤证不立""株守难获"的训言，在附近未经严重破坏的高处去寻找殷代的真正地面。这样又将工作延伸到 I 区（又分为小屯西北隅和马家柏树坟西两片），但因为遗迹受到扰乱等原因，"地面"问题并未得到彻底解决。

　　这次总计开坑 60 个，发掘面积 3590 平方米。遗迹方面，发现版筑基址 26 处，窖穴 122 处，墓葬 132 座，此前发现的排水沟，这次继续清理。M188、M232 的大批铜器，156 号坑的两面台阶，196 号坑的十几件完整陶器，以及 243 号隋墓的瓷器、瓷俑，都是本季最重要的发现（图 68）。

　　为了培养新人，同时还发掘了刘燿以往发掘过的大司空村（第十二次时），工作人员为高去寻和石伟。发现窖穴 29 处，商代、战国及时代不明墓葬共 91 座。[①]

　　第十五次发掘时间是从 1937 年 3 月 16 日至 6 月 19 日，由石璋如主持，工作人员有王湘、高去寻、尹焕章等，临时人员若干（图 69）。这时候山东古迹会、河南古迹会和中央博物院筹备处都要自行组织发掘团，特别是中央博物院，因为属于国家机关，可以到全国各地工作，急需人才，因此殷墟发掘地便成为训练场。同时因为第十三次发掘的 H127 甲骨坑出

---

① 石璋如：《考古年表》，第 22 页。

图66 1936年9月24日，殷墟第十四次发掘期间，发掘团欢迎古物保管委员会监察员袁同礼前来视察（左起：李永淦、魏鸿纯、尹焕章、高去寻、王思睿、袁同礼、梁思永、石璋如。《殷墟发掘照片选辑1928—1937》，第220—221页。"中央研究院"历史语言研究所供图）

图67 1936年秋，殷墟第十四次发掘，C区工作情形（后方戴帽者为石璋如。《殷墟发掘照片选辑1928—1937》，第243页。"中央研究院"历史语言研究所供图）

图 68 1936 年 9 月 29 日，殷墟第十四次发掘时清理殷墓 YM188 工作情形
（戴星帽跪者为高去寻，站立绘图者为魏鸿纯。《殷墟发掘照片选辑 1928—1937》，第 222 页。"中央研究院"历史语言研究所供图）

图 69 1937 年 6 月 9 日，殷墟第十五次发掘期间发掘团欢迎梁思永视察，摄于冠带巷驻地后庭石榴树前
（左起：石健、魏鸿纯、尹焕章、石璋如、王建勋、梁思永、张光毅、潘悫、李永淦、高去寻。《殷墟发掘照片选辑 1928—1937》，第 254—255 页。"中央研究院"历史语言研究所供图）

了大量甲骨，安阳殷墟名声大噪，很多学校和著名学者都来参观。这次共计开坑 37 个，发掘面积 3700 平方米；发现窖穴 220 个，版筑基址 20 处，墓葬 103 座；采集陶骨蚌石等标本 50 箱，较重要者如甲骨、白陶、铜器、玉器共 200 余件。

这一次发掘在方法和技术上有很多进步，比较有代表性的有两点：一是深度测量，一是比例照相。

深度测量法，是制作一根长 12 米的标杆，顶上装一个滑车，用一个铁圈套在标杆上，用绳子系着仪器穿过滑车，抽放绳子，则铁圈上下移动，用平板仪和长标杆来测量水平，十分方便，深度在 5 米以上的深坑也可使用。

比例照相法，是制作两架特别的梯子，构成一个活动的照相架，这架子可以架在坑上，人可以到架子上操作。先量好尺寸，再去对光照相，一般都是照二十分之一，距离大概是 2.8—3 米。

第十三次到十五次发掘的最大收获，是对出土陶片的处理有了改进。第十三次是把出土陶片全部运回，到发掘工作完毕后，做一次总的清理。到十四次时候感觉这种办法在时间、人力方面都不经济，于是改在田野整理，除了新奇完整的陶器随时带回工作站，其余全放在田野，等到发掘工作完结后，做一次总清理，把它当作发掘工作的最后一步。把能够拼出器形的全数收集，并从中选择两三套标本，其余常见的碎片又复填入坑中。到了第十五次发掘，又觉得第十四次的办法太为仓促，于是改为随时整理，一个探坑或者一个灰坑完结后，即把其中的陶片做初步整理，先做拼合的工作，把拼成的器物随时带回，到了发掘工作完毕之后，趁着回填探坑的时间，再做第二次的清理。这样做实际上是把整理陶片当作发掘工作的一部分（图 70）。① 这三次收集的陶器和陶片特别多，史语所总共登记的 25 万片陶器标本，80% 都出自小屯的最后三次发掘。②

---

① 石璋如：《殷墟最近之重要发现，附论小屯地层》，《中国考古学报》第二册，第 11—12 页。
② 李济：《安阳》，载《中国现代学术经典·李济卷》，第 541 页。

图70　1937年6月，殷墟第十五次发掘期间露天整理陶片
（《殷墟发掘照片选辑1928—1937》，第276页。"中央研究院"历史语言研究所供图）

　　这一时期是中国考古学遗址发掘方法逐渐形成并走向完善的时期。后冈三叠层的辨认仅仅是个起步，遗址发掘方法的完善与形成主要还是在地层关系极其复杂的小屯发掘中逐渐形成的。这是史语所第一代考古学家的集体贡献，其中长期坚持工作在第一线的石璋如贡献最大。邹衡曾经说，石璋如创造了一整套田野工作方法，科学的中国田野发掘模式，尤其是遗址的发掘，是石璋如完成的，他的贡献在于结合小屯的实际情况，成功地把小屯的平面和剖面结合起来，彻底实行了"整个的翻"的设想。①

─────────────

①　邹衡：《中国考古学的奠基人之一——祝贺石璋如先生百岁寿辰》，载《石璋如院士百岁祝寿论文集：考古、历史、文化》，南天书局，2002，第1—2页。

石璋如曾经生动地谈到他对小屯地层的认识：

小屯这个遗址从发掘以来，历次叠有新的收获，知道遗物的包含非常丰富，遗址的分布，也很广阔，并不是单纯的仅殷一代的堆积，殷前殷后，都有大量的文化遗留。而殷代的遗存，也不是单独的一个方式，始而地下挖穴，既而地上建屋，揭去了地层上面的外衣，则先民的刀迹斧痕处处皆是。就穴窖而言，他们挖而后填，填而又挖，不知经过了几度的变迁和改造，纷繁重叠，复杂万端，要不是地层上有清晰的划分，遗物上有明显的区别，这座"关山万里，汪洋千顷"的云雾世界，真难逃出迷津，安渡彼岸。①

这是在殷墟十五次发掘之后的收获。正是因为殷墟地层复杂，出土遗物繁多，在田野发掘期间和后来的研究过程中，经过了不断的尝试和修正，对地层学和类型学的认识才比较深入。②

## 三、山东古迹会的调查和两城镇发掘

史语所与山东方面合组的山东古迹研究会，除了1930、1931年城子崖两次发掘，后来工作续有进展，但除城子崖之外，其他工作情况大都没有公开发表。这些工作包括吴金鼎1930年至1933年在山东中部泰山、峄山进行的多次调查，当时发现了20多个遗址，有3个属于龙山文化［包括临淄、城子崖和滕县（今滕州市）的凤凰台，见《三年间山东古迹之调查总报告》］。山东古迹会随后在城子崖及滕县安上村、曹王墓进行了发掘。1934年春，王湘、祁延霈在山东沿海进行了为期两个月的调查（见《山东日照县考古调查记》《鲁东调查》），发现的遗址以两城镇所含遗物最多，

---

① 石璋如：《殷墟最近之重要发现，附论小屯地层》，《中国考古学报》第二册，第53页。
② 参臧振华《中国考古学的传承与创新》，收录于《学术史与方法学的省思》，第160页。

遗址范围最大，复原陶器最多。[①]

王湘、祁延霈是在滕县发掘之后，奉李济、董作宾、梁思永的指示，于 1934 年由济南前往日照、即墨、诸城等县调查，主要目的是寻找彩陶与黑陶的分布范围，另外，因为日本学者驹井和爱发表了黄县龙口贝冢的调查报告，所以这次沿海调查也把寻找贝冢作为一个重点。调查目标是多方面的，临行之前，考古组分工负责山东工作的梁思永给他们做了具体的指示，要求关注以下方面：

（一）史前遗址（贝冢特别注意）。

（二）其他古迹。1. 古坟；2. 古塔；3. 古寺观；4. 古屋；5. 古桥梁；6. 汉画；7. 废城；8. 碑记。

（三）民俗（此项多注重物的方面，或与考古有关之事项）。

（四）各种工业（此项多注重工具制作和方法）。1. 窑业；2. 农业；3. 盐业；4. 铜铁工业；5. 骨角工业；6. 纺织及其他工业。

（五）校正陆军部十五年之山东省十万分之一地图。

（六）地理沿革资料之收集。[②]

王湘、祁延霈于当年 4 月开始，自即墨、日照沿山东沿海展开调查，至 5 月下旬沿海岸北行，往胶县（今胶州）、诸城，于 5 月 23 日由青岛返济南。5 月中旬，祁延霈因事赴河南，其后调查由王湘一人进行。调查时间计两个月又两天，共发现十余处遗址，包括即墨城子村、大洼、两城镇、丹土村、台庄、小挪庄、林子头、臭杞园、尧王城、秦官庄、刘家楼、安家岭、琅琊台。除即墨、琅琊台、秦官庄、臭杞园外，其他地方均发现了龙山文化陶片。发现龙山陶片的这九处遗址，当时除丹土村属诸城县，其他均在日照县境内。王湘、祁延霈在报告中已具体认识到，"日照的黑陶，

---

① 李永迪：《1930 年代中研院史语所山东地区龙山文化的发掘与调查工作》，《东方考古研究通讯》总第 5 期，2005，第 13 页。

② 史语所档案：考 13-46，王湘函李济，1934 年 3 月 23 日。

不但与河南不同，就是与龙山镇的黑陶也有些差别"。这次的调查没有发现彩陶或贝冢。①

城子崖发掘以后，山东古迹研究会计划继续进行田野工作，遂在1936年夏选择了两城镇，由梁思永带领刘燿及祁延霈，分别在瓦屋村及大孤堆进行了发掘。两城镇的发掘是在山东古迹研究会名义下进行的第四次发掘。

1936年春季，梁思永、刘燿、祁延霈在山东省东南部的日照两城镇进行发掘，这是一处很重要的龙山文化遗址。（图71）5月17日至7月22日，梁思永、刘燿发掘了瓦屋村，遗址在村西北，在高处开一十字坑向四外探找，开坑共52处，占地面积366平方米。遗迹甚少，仅发现烧土面、舂窝与烧土窝等。遗物以陶器为多，复原的器物有鼎、鬶、杯、盘、罐、盆、豆等一百多件，形制精巧，质地细薄，色泽黑亮，是龙山文化陶器的典型特点。发现墓葬43座，随葬品多为陶器，比遗址中更为精美。5月27日至7月7日，梁思永、祁延霈发掘了两城镇西北约500米的大孤堆，就大孤堆东开坑两组，相距约80米。开坑凡28个，发掘面积470余平方米。遗迹很少，遗物以陶石为主，形制质地与瓦屋村类似。墓葬6座，随葬品也是杯、罐、鼎、碗等一套陶器，人骨腐朽严重，与瓦屋村墓葬类似，皆成齑粉。墓坑大概是长方形，很不清楚。②

梁思永在发掘初期分别指导两地的发掘工作。根据保存的往来书信，两城镇发掘是由安阳的技工训练当地民工，因为民工均属生手。大孤堆与瓦屋村的发掘都采用了史语所早期发掘使用的长探沟，沿地形做南北、东西方向排列。瓦屋村的主要发现为43座龙山时期墓葬，其中13座有随葬陶器。另外，发现了可能为建筑遗存的烧土面与柱洞（桩窝）。出土器物包括陶器与石器。在大孤堆的六七座墓葬中，M2出土了一件质地较好的玉钺。其他主要发现为数个"陶器堆"，可能是房子内部的堆积，有很多

---

① 史语所档案：考13-46，王湘函李济，1934年3月23日。

② 石璋如：《考古年表》，第22页。

图71　祁延霈、梁思永、刘燿在山东两城镇

（1936年春，史语所在山东日照两城镇调查和发掘。左起：祁延霈、梁思永、刘燿。《殷墟发掘照片选辑1928—1937》，第210页。"中央研究院"历史语言研究所供图）

可以复原的陶器；出土器物中也有不少石器。由于两城镇发掘采用的是长探沟，因此，仅仅根据发掘记录与出土实物，无法清楚认识瓦屋村与大孤堆遗迹的面貌。[1]

_____

[1]　李永迪：《1930年代中研院史语所山东地区龙山文化的发掘与调查工作》，《东方考古研究通讯》总第5期，2005，第13页。

## 四、河南古迹研究会在历史时期考古上的努力

河南古迹研究会从成立以后，一直由郭宝钧主持。郭宝钧很有能力，田野工作接连不断，卓有成效。郭宝钧的工作以历史时期考古为主，兼顾史前。前面已经谈到，他们连续三次发掘了主要内涵为西周卫国墓地的辛村遗址，还发掘了史前时期的大赉店遗址，均有重要发现。1934 年以来，他们坚持原来的思路，继续调查和发掘，关注时段向后延伸，并且扩大地域范围。他们的工作，实为史语所考古成就不可或缺的一部分。

1934 年春季，根据在豫西调查的结果，郭宝钧和韩维周、赵青芳 5 月份先后发掘了塌坡、马峪沟、赵沟、陈沟四个地点，赵沟无收获，其他三处为仰韶、龙山遗址。1934 年 10 月，郭宝钧带队发掘了青台遗址，先后发现仰韶期和龙山期遗存。青台遗址的仰韶遗存中有沙土面、灰土坑、灶、红烧土等。红烧土呈长方形平面，中间并有两道墙，把基址分为三间。① 这是中国考古学史上第一次发现仰韶文化的居室建筑。

1935 年初夏，河南汲县（今卫辉市）农民在山彪镇探得一座大墓，挖出大铜鼎一件，小器物若干件。因与当地豪强发生纠纷，该农民遂告至河南省政府。河南省政府请求中央古物保管委员会的帮助，中央乃派遣郭宝钧处理此事，后遂在山彪镇展开了清理和发掘。从 1935 年 8 月 5 日至 9 月 8 日，郭宝钧以河南古迹研究会名义，带队发掘 35 天。② 这是一个很重要的大遗址，包含有战国时期魏国的墓葬和汉代墓葬。其中有战国大墓一座、小墓七座、车马坑一个，遗物丰富，尤以两组铜编钟、华盖立鸟铜壶、牺尊、水陆攻战图铜鉴等最受瞩目。

此次发掘的收获集中在战国大墓中，共有五项重要发现：其一，此墓是"积石积炭墓"，印证了《吕氏春秋·节丧篇》的有关记载；其二，此墓随葬了"列鼎"，为研究周代用鼎制度提供了直接证据；其三，此墓出

---

① 石璋如：《考古年表》，第 18 页。
② 史语所档案：考 6-2-52，郭宝钧函李济，1935 年 6 月 26 日。

土了两组编钟共 14 枚、一组编磬 10 枚，为研究周代乐器提供了绝好的材料；其四，此墓出土的两对华盖壶，使新郑莲鹤方壶造型问题得到解决线索；其五，水陆攻战图铜鉴的发现，提供了战国时代兵士、将帅、服装、武器、战况等方面的具体情况，这是中国最早的战况写实图。[①]

1935 年秋季和 1937 年春季，河南古迹研究会又连续两次发掘了在河南辉县琉璃阁，这也是一个非常重要的历史时期遗址。共发掘东周大墓 5 座、普通墓 44 座，汉代及以后墓葬 20 余座，而以东周的 50 余座墓葬资料最为重要。此批东周墓的年代自春秋中晚期至战国时代，明显可以分为三群，每群中都有大墓，也有小墓，似有一定的布局，这应该是魏国的"公墓"。另外，还发现两座墓葬（M80 与 M55）并列，如同辛村墓地中的 M17 与 M5、M1 与 M6 并列一样，它们应是一对夫妇的异穴祔葬墓，如《礼记·檀弓》上所说"卫人之祔也，离之"。出土物非常丰富，大墓中均出有七列鼎或五列鼎，说明列鼎已是一种制度，在魏墓中普遍流行。还有多件舞乐狩猎纹奁，纹饰乃用尖刀雕成，纹道细如发丝。连续"人"字纹方壶，纹饰用阴阳线互托法表现出来，意匠工细华美，是极其精美的艺术品。[②]遗物包括铜质钟、鼎、鉴、壶、鬲、盘、甗、匜等礼器；戈、矛、剑、镞等兵器；斧、凿、锯、削等工具；銮、毂、辖等车马器；及包金剑、铲币（也称布币）、带钩等。另有玉及各种美石（玛瑙、水晶、松绿石等）雕琢的成组玉饰，陶埙、石磬等乐器。[③]1937 年夏，七七事变爆发，发掘被迫停工，直到 1950 年才接续完成。

郭宝钧在史语所考古组是一个很特殊的人物。他本来是一个只受过传统教育的普通知识分子，因为特殊的机缘进入了史语所这个现代学术机构。据说他在中央研究院时期不被当时领导重视，因为当时院里集中了好些从国外留学回来受过现代科学训练的博士和国学根基深厚的饱学之士，而他是一个土专家。但是郭宝钧有自己的特殊优势，他可能是史语所考古组田

① 邹衡：《郭宝钧先生的考古事迹及其在学术上的贡献》，载《新学术之路》，第 371 页。

② 邹衡：《郭宝钧先生的考古事迹及其在学术上的贡献》，载《新学术之路》，第 371—372 页。

③ 石璋如：《考古年表》，第 19—21 页。

野经验最久、最丰富的一个。从第一次殷墟发掘开始，他一直工作在田野一线，始终没有离开。据石兴邦说，自从郭宝钧投身考古工作后，在中央研究院那样的环境里，深知自己没有受过现代科学的训练，只能以勤补拙，以劳成业，他很勤奋，很努力，像愚公移山一样，席不暇暖，废寝忘食，连续挖墓不止。除参加殷墟发掘外，他还在河南青台、辛村等地发掘了大量的墓葬和居址，在他那一辈人中，他是发掘墓葬最多、经验和感性认识最丰富的一位老人，也是贡献最大的前辈之一。他虽然没有受过严格的现代考古学训练，但国学底子扎实。他的研究多从古文献的记述中寻求答案和整合，但又接受用现代考古方法发掘的实证成果。也有人评价他，是以旧的思维方式来做考古研究，结果往往陷于集考据与实证一体而又不相融合的状态。①

　　在这一阶段的末期，河南古迹会有目的地在豫东地区进行了先商文化的探索，这在中国考古学史上具有开创性意义。

　　城子崖的发掘使得殷墟版筑遗迹和龙山文化等问题得以解决，给了史语所考古学家们很大的启示，知道比较法是考古研究的法宝，于是开始在殷墟周边以及相关地区寻找新的可供比较的材料。

　　到 1936 年下半年的时候，殷墟发掘已经进行了十三次，这时候对殷墟文化已经有了较充分的认识，然而甲骨文证明这都是盘庚迁殷之后的遗存。殷墟文化之前必然有一段很长的发展史，但殷墟文化究竟是在哪里萌芽，然后发育成长的？哪里是它的前身？这是当时研究中国上古史的人急于要寻找出来的。李济已经提出，殷墟文化是多元的，除了一部分承袭了仰韶和龙山文化，还有其他重要来源成分，也是人们急于知道的。

　　自然而然地，河南商丘地区进入了考古学家们的视野。不少文献记载表明，这里是古宋国属地，很有可能是先商文化的所在，如果寻找殷墟文化的前身，这里当然是首选之地。于是傅斯年、李济、梁思永、董作宾、郭宝钧等人制订河南古迹研究会 1936 年下半季工作计划的时候，到豫东

---

① 石兴邦：《我所知道的郭宝钧先生》，《中国文物报》，2003-6-1（7）。

商丘一带做调查就成为规定内容。

此事安排李景聃、韩维周施行，二人于 1936 年 10 月 11 日出发，调查和试掘了 25 天。经过长期实践，这时候大家已经知道史前遗址多分布在河流附近。1934 年李景聃和王湘做寿县调查的时候，即在淮河流域寻找到多处黑陶遗址。所以李景聃此行有相当明确的目标和信心，但是商丘永城一带的地形相当复杂。这里属于黄河泛滥之地，历史上曾遭多次洪水，地面上黄沙土沉积极厚，发现史前遗址并不容易。李景聃和王湘只寻找到造律台、黑孤堆、曹桥、青冈寺等数处遗址。这些地方大都是堌堆，属于龙山文化。11 月—12 月，李景聃、王湘分别在造律台、黑孤堆、曹桥做了试掘。在造律台开坑共 12 处，发掘面积 154 平方米，工作 10.5 日。遗迹发现有灰土坑和蚌壳层。蚌壳层系由螺蚌堆成，呈片段状态。遗物则有扁足鼎、鬲、甗、鬹、盘、豆、盆、碗、杯、甑、陶轮、网坠等陶器，石器有斧、锛、锤、刀、镞、磨盘、磨棒等，骨器有凿、锥、鱼镖、矢等，另外有鹿角器和野猪牙制作的饰物，蚌器也很多。黑孤堆只发掘 3.5 日，因西安事变消息传来而停工。该处遗迹、遗物与造律台类似。发现有带火号龟版，但董作宾说与他在山东滕县安上村发现的相同，可能系晚期遗物，李景聃由此怀疑是上层混入的。①

本次豫东调查，李景聃还受到中央古物保管委员会的委托，勘察了永城保安山的西汉梁孝王墓和芒砀山的石棺，并对梁孝王的巨大石室墓进行了细致的测绘，虽然李景聃此时尚未能断定遗迹的性质，但他的工作事实上代表了史语所在汉代考古方面的初步探索。

## 五、史语所考古活动向安徽的延伸

傅斯年领导的史语所考古活动，以中央研究院的名义在安阳殷墟起步，

---

① 李景聃：《豫东商丘永城调查及造律台黑孤堆曹桥三处小发掘》，《中国考古学报》第二册，第 83—120 页。

然后又采取与地方合作的办法，先后组织了山东古迹研究会和河南古迹研究会，在这两省展开了较大规模的考古调查和发掘。随着史语所势力的扩大，他们逐渐掌握了越来越多的机构和资源，例如中央博物院筹备处等。同时史语所的力量也开始由学术文化界进入政界，其中之一就是对中央古物保管委员会的主导，这使得史语所能够借助国家行政机关的力量，将考古活动进一步向其他地区延伸，其中，最典型的就是以中央古物保管委员会的名义在安徽开展的考古活动。

南京国民政府成立以后，1928 年即设立中央古物保管委员会，规划全国文物古迹的保管研究及发掘等事宜，国民党元老张继任主任委员，初属大学院，后归教育部管理。1930 年《古物保存法》颁布，规定组织中央古物保管委员会，作为全国保管古物的法定主管机关。1932 年 6 月 18 日，国民政府公布《中央古物保管委员会组织条例》，规定中央古物保管委员会直隶于行政院，掌管全国古物古迹的保管、研究及发掘事宜。1933 年 1月 10 日，行政院通过决议，延聘李济、叶恭绰、黄文弼、傅斯年、滕固、蒋复璁、傅汝霖等为委员。1934 年 7 月 12 日，中央古物保管委员会成立大会在南京行政院正式召开。傅斯年、李济、董作宾、郭宝钧等史语所重要人物都成为该委员会委员。直到 1937 年 10 月 29 日，因为战时经费紧张，该委员会被裁撤为止，史语所人员在该会始终占有重要地位。

据李景聃所作《寿县楚墓调查报告》[①]记载，史语所进入安徽考古的过程如下。安徽寿县在 20 世纪 20 年代初曾经出土大批铜器，大多为当时驻留在蚌埠的工程师瑞典人加尔白克氏（O. Karlbook）所得，经由其手分售欧美各地，遂喧传于世。此后古董商人趋往购贩，是以借农事闲暇，掘墓之风滋盛。20 世纪 30 年代初，寿县连遭水旱灾害，民不聊生，铤而走险

---

① 李景聃：《寿县楚墓调查报告》，《田野考古报告》第一册，第 217—279 页。

者甚众，盗掘古物甚至成为当地民众的一种生存手段。①1933 年夏，由土绅朱鸿初牵头，村民一百多人合伙在寿县东乡四十五里朱家集附近之李三孤堆大规模盗掘，出土大批古物，报章竞载，寰海喧腾。这件事情也引起了史语所的密切关注，秋季即拟派人前往实地勘察，查明真相及有无发掘之必要。延至 1934 年，中央古物保管委员会正式成立以后，始得实现。11 月初，李景聃、王湘两位史语所考古组骨干进入安徽，进行遗址调查。12 月初，接董作宾信函，以中央古物保管委员会的名义插手"朱家集事件"，调查并接收村民隐藏不报的出土铜器，但土豪劣绅把持勾结，并不惧怕这两个毫无权柄的所谓中央代表，县政府也采取敷衍塞责的态度，二人最后仅仅缴得一件铜盘和一只铜鼎足。②村民此次盗掘李三孤堆，出土铜器等文物 3000 件以上，种类有鼎、甗、簠、簋、壶、罍、敦、卣、豆、盘、鉴、勺、量、箕、炉以及兵器、生产工具等，精品大部分收藏在安徽省图书馆，约 700 件。其中以青铜器居多（包括著名的"铸客"大鼎），不少铸有铭文，是判断战国晚期楚式青铜器的标准器。据学者研究，此墓可能是楚幽王熊悍墓。除了收缴文物，李景聃和王湘还对这座楚墓本身做了勘察和记录。

　　李景聃和王湘这次到安徽去的目的有两个，一是调查朱家集李三孤堆大墓的实际状况，二是寻找淮河流域的史前遗址。在勘察朱家集李三孤堆

---

① "朱家集事件"发生后，朱家乡保长朱元初等给县政府的呈文中即称："窃查本乡农民以洪水之后继以亢旱生活无力维持，乃鉴于三四年来九里沟、砂石港一带挖掘古物，往往获利，虽水旱奇荒之后，衣食不缺，爰于今春筹商效法，从事掘挖，以博微利，而资糊口。"虽属推脱之辞，然非言之无据。见李景聃《寿县楚墓调查报告》，《田野考古报告》第一册，第 217—279 页。

② 朱家集出土的这批楚国铜器，数量巨大，极其珍贵。围绕这批宝物的归属，包括朱家集村民、寿县县政府、安徽省政府、中央古物保管委员会等几方势力展开了激烈的角逐。除了朱家集村民早已卖出的一部分铜器之外，大部分文物先为寿县县政府收缴，后为安徽省政府强行占有，另外村民手中藏匿了一部分，中央古物保管委员会仅得两件。其中，省政府和县政府之间的争夺极其激烈，往复数次，最后省政府强力夺取了大部分。这反映出民国时期不仅中央与地方之间存在矛盾，在地方上下层之间也存在激烈的利益冲突，这是国家形成（state-building）过程中地方势力与国家力量博弈的典型案例。

大墓之后，二人便着手四处寻找史前遗址，先后发现了魏家郢子、彭家郢子、古城子、陶家祠、江黄城、张罗城、庙旭子、酒流桥、刘备城、张飞台、斗鸡城、杨林桥等新石器时代遗址 12 处。这些遗址有一个共同特点，即都在距水较近的"孤堆"上，有大量螺蛳壳，应为先民食余所弃。另外王湘还注意到，这些遗址有不少龙山期的遗存，但完全没有发现仰韶期的彩陶。[①]

## 六、田野考古技术和整理方法的逐步形成

在这一阶段，史语所考古在调查、发掘和整理这几个重要方面，经过长时期的探索已经形成了一整套的技术方法。这完全是从无到有逐渐摸索出来的，这里面有向西方学习的因素，但更多则是史语所考古学家们自身心血的结晶。石璋如在《考古年表》中对此进行了较系统的总结。[②]下面以石璋如的论述为主，分几个方面兹举如下。

### （一）调查的方法

史语所的调查方法可以分为四个阶段：

第一阶段是按书去找，即依照古籍或县志上所记古迹的位置去调查。秦汉以后的古迹多半是真实的，而商周以前的古迹多半是附会的。用这种方法调查，效果并不好。

第二个阶段是调查盗坑，即某处有盗案发生时前往调查，盗掘者的目标主要是金银玉器，即为古代墓葬所在之地，所盗掘的地方也多为古书所未记载。例如辛村、琉璃阁、山彪镇等处，都是在这种情形之下发现的。

第三阶段是调查河谷，考古组在不同的地区发掘了若干遗址后，认识到古人多沿河而居，通过河岸与路沟可以很好地观察地层现象的断面。自从找到这个规律以后，寻找遗址的效率比以前更高了，在这个阶段获得的

① 王湘：《安徽寿县史前遗址调查报告》，《中国考古学报》第二册，第 179—180 页。

② 石璋如：《考古年表》，第 105—108 页。

遗址最多。

第四阶段是有计划的调查。第三阶段虽然收获很大，但是走了很多冤枉路。在第四阶段，发现了更多古代遗址的分布规律，故而调查的针对性更强。主要是在择要而先的条件下进行有计划的调查。即在一个区域之内，找出若干个重要遗址作为这个区域的标准。譬如在豫东去商丘一带寻找商代都城，在豫西到洛阳寻找隋唐时期的上都和下都，在陕西去找西周及其之前的都城。因为一个都城的形成，前前后后都是比较重要的，因此它可能有若干层的堆积，层次越多在考古学上价值越大。

### （二）发掘的方法

考古组发掘方法的探索，以殷墟十五次发掘为例，也分为四个阶段。

第一阶段是点的发掘。例如第一次和第二次发掘，所开的坑多为长 3 米、宽 1 米或者长 3 米、宽 1.5 米的小坑，各坑或衔接或不衔接，东一个西一个分布于各处，这种方法用来试探地下的土质则可，用以正式发掘则不能窥探出什么现象，所以这个阶段在遗迹方面收获不大。

第二阶段是线的发掘。譬如第三、四、五次发掘，所开的坑多为长 10 米、宽 1 米，多数的坑衔接起来，连成一条长数十米或者百余米的长线，把遗址作一个纵切面或者横切面。有时候也挖两条长沟，作平行线，中间相隔 10 米或者 20 米，也有两沟作"十"字形相交，或者作拐尺形相接。因为这样发掘的面积较大，而且也是连续的相接，所以获得了许多宝贵的遗物，发现了之前没有见过的现象。例如"大龟四版"、兽头刻辞、俯身葬及"黄土堂基"等。

第三阶段是面的发掘。譬如第六、七、八、九次这四次发掘，发掘方式仍然是开长 10 米、宽 1 米或者 2 米的坑，有时隔一个坑挖一个坑，两坑之间只有 1 米的间隔，遇到有必要时把隔梁这 1 米也要挖去。这个阶段的注意力集中在基址上，在 E 区发现了若干完整的基址，并且发现了行列整齐的石础或铜础，但只能知道基址的长宽而不了解基址的厚薄，至于基址组成的情况，则无法洞悉。因为要保存基址的完整，故仅把它的轮廓找

出而停止。同时在非夯土的地带注意地层堆积，所以在这个阶段不但获得了完整的基址，而且了解到在殷人未到小屯之时，那里便有了一层很厚的先殷文化的堆积。

第四阶段是体的发掘。譬如第十三、十四、十五次这三次发掘。由于以往数次发掘的经验，以及进一步探索的需要，即了解一个东西不仅仅要了解它的面，还要了解它的体，不仅仅要了解它的体，还要了解它的结构。于是这个阶段的发掘是以体为单位，不论是一个窖穴，或者是一个墓葬，或者是一个基址，先找出整个的轮廓，然后予以整体的发掘。在上层的发掘自然是整体揭露。采用的方法，是以 10 米见方为一个小单位，40 米见方为一个大单位，在每个大单位的中央安置一架平板仪和一条 30 米长的皮尺，在发掘过程中，凡是一个重要现象或者一件重要器物出土，均直接绘入总图。这样一来，不但地下的现象一无所遗，各种物体的结构也可以得到较清楚的了解。所以这三次的发掘，不仅在遗物上有重大的收获，而且对各种现象的联系也有了进一步的认识。这种发掘的方法，与英国考古学家约翰·马歇尔爵士（Sir John Marshall）在印度西北塔克西拉（Taxila）的发掘方法类似。[①]

上面所说，主要是指遗址的发掘。此外，侯家庄西北冈、浚县辛村、汲县山彪镇与辉县琉璃阁等处，都是青铜时代的墓葬，采用的是另外的发掘方法。

### （三）整理的方法

对各种质地不同的遗物，采取不同的整理方法。譬如整理铜器，要去锈，要剔纹；整理甲骨，要去土，要泡胶。至于绘图、照相、拓搨、度量等，都有不同的方法。以陶器为例，整理方法的发展可以分为四个阶段。

第一阶段是选择精品。一个居址的遗物，量最大的是陶片，在对陶片

---

① 约翰·马歇尔爵士最著名的工作是 20 世纪 20 年代在印度著名遗址摩亨佐·达罗的发掘，发掘报告有三卷精装本《摩亨佐·达罗与印度河文明》。他在塔克西拉的发掘工作载于 1946 年《古代印度》（Ancient India）第一卷，为史语所的考古学家们所了解。

没有深刻的认识之时，所有陶片看着都差不多。室内的整理与田野的收集有关，如果收集的都是些圆头圆角的小块，分类整理便很困难。这一阶段，即第一到三次的发掘，主要重视完整器和半完整器，都是选择精品收集。

第二阶段是选择口部。可以代表器物形制的莫过于口部。从第四次发掘起，收集陶片便着重口部，而大块的腹片也在收集之列。根据口部的弧度可以猜出是什么器形，看腹片的纹饰，也可以想象是什么器物。以上两个阶段是把陶片运回室内来整理，在田野只是尽量收集和记录。

第三阶段是在田野分类。从殷墟第八次发掘开始，把室内整理工作部分搬到田野来做，每个人都有一册殷墟陶器分类图录，每日两次收集，在收集的时候先行分类，然后记录器物的类号，收集的数目和弃置的数目均做记录，这样出土陶片的总数量就可以由此计算出来，而不必到室内整理时候进行。同时，这一阶段注意新种类，一旦有新器形出现，即通知所有工作人员。

第四阶段是在田野整理。第十三次发掘的时候，就开始把出土陶片一块不丢地全部运回工作站，等到发掘结束，就开始着手整理，整理之后，标本装箱，剩余陶片成了大问题，只好雇车拉出城外。到第十四次发掘时候，便改良方法，在工作地点附近建了一个置陶场，依照现象的单位，如灰坑、探坑等，按照深度排列起来。等着一个单位结束之后，即开始整理其中所出陶片，先行拼合和粘接，之后把剩下的陶片分类记录，把拼成整形的器物以及重要的标本运回工作站，把那些不要的陶片仍然弃置于原坑中掩埋起来。

## （四）陶片等遗物的收集、记录和整理

李济在《殷墟器物甲编：陶器（上辑）》①的第一章《导论》中详细记述了史语所考古组陶器、陶片的检取标准和记录方法不断改进的过程。这

---

① 李济：《殷墟器物甲编：陶器（上辑）》，载《李济文集》，第 49—488 页。最初发表于《中国考古报告集之二·小屯》第三本，"中央研究院"历史语言研究所，1956。

里以李济的记录为主，择要介绍如下。

董作宾主持的小屯第一次发掘（1928 年 10 月），主要是为了"大举发掘甲骨"，除此之外并未特别注意其他出土物，但也拣选了一些陶器和陶片，见于报告的有 109 件，经过正式统计者，陶片为 13 块，陶器 4 件。[①]

从 1929 年春李济主持殷墟第二次发掘开始，赋予全部出土物与甲骨同样的地位，对陶器更为注意收集。最初采用的办法甚为简单，只是把地层上无疑问的出土实物，连陶器在内，尽量采集。第二次发掘所得陶片有 2000 余片。

1929 年秋，进行了第三次发掘。这次对遗物和现象全神贯注的结果，是发现了一块彩陶，由此殷商文化与史前彩陶文化遂建立了明确的联系。从这一次开始，田野工作人员对陶片的检取亦寻出了若干切实可用的标准，大凡由一部可以推测全形的，如口部，或底部，及在全器形态上具有特殊意义的，如附件中之耳、流、柄以及具有纹饰之单独碎片，皆在采集之列。这次共登记陶片 5000 余片。

1931、1932 年两年，每年春、秋两季各在安阳发掘一次，共四次，即为殷墟发掘的第四至七次。在这四次田野工作期间，陶器与陶片的检取方法逐渐形成规定格式。助理员王湘对此事最为努力，发掘团就指定他专门负责收集陶片，并且尝试分类。分类开始于对陶片质料的初步鉴别，然后就它们的形制及所代表的全形，草成剖面图，分式统计，详计各式之数目及出土地点。这一部分工作，在田野中所引起的兴趣有时竟超过了对甲骨文的寻求。关于记录的方法、取舍的标准，工作人员常因为新的实际经验触发新的认识，形成新的意见，从而引起热烈的讨论。那时辩论最多的集中在两点：一是统计单位，最后的意见一块陶片即一个统计单位；二是统计数字所代表之真实情形，因为客观条件的限制，第四至七次发掘的陶片并没有全部收集，而只是像第三次一样，择要采集，记录的数量也只是代

---

[①] 董作宾：《民国十七年十月试掘安阳小屯报告书》，载《安阳发掘报告》第一期，第 3—36 页。

表性的。采集数目为：第四次 8716 片；第五次 4828 片；第六次 5917 片；第七次 14514 片。

　　根据以上七次发掘的经验，陶片收集和记录的方法基本形成了一套可以灵活运用的系统，田野工作各个环节逐渐有了固定的程序。小屯的后五次发掘，虽然仍然有所改进，但基本上依此进行。

　　第八次和第九次发掘的陶片记录包括四项数据：1. 出土数目；2. 采集数目；3. 登记数目；4. 统计数目。出土数目为各坑出土陶片的全部实际数量，在田野计算出来。采集数目就是运回工作站的陶片数量，起运前，凡是工作人员认为无价值的细碎小片，全部放弃。在工作站的清理工作中，淘汰过于常见及难以看出全器形态的陶片，然后登记，是为登记数目。统计数目，是运回研究所后，最后整理所得之数目字。单位性质略有改变，凡可黏合的均黏合起来，成为较大的陶片，间有全形复原的，因此每一单位可以代表原来出土的数个单位至数十个单位。故统计数目与登记数目所代表之实物，并无差别，只是黏合后的单位比黏合前的减少了。两次所记录的陶片数目见表 1：

**表 1　殷墟第八次、第九次发掘出土陶片统计表**

| 数目种类＼发掘次数 | 第八次 | 第九次 |
|---|---|---|
| 出土数目 | 16783 | 1388 |
| 采集数目 | 11276 | 872 |
| 登记数目 | 10015 | 1142 |
| 统计数目 | 6127 | 763 |

　　安阳第十至十二次发掘集中在侯家庄西北冈墓葬区，陶片出土不多。

　　第十三至十五次发掘又重新回到小屯，有了前九次的经验，这最后三次发掘对于陶片的收集整理，就有了一个深厚的凭借，近于系统化了，出土数目与采集数目均得到极详细的记录。采集人员对陶片的本质及形态已经具有了更深切的认识，同时工作站的组织也有改进，由采集到统计的过程得以简化，原有的登记数目取消，但记录却更加详尽。表 2 是第十三至

十五次出土陶片的数据。第八、第九、第十三、第十四、第十五次小屯发掘的陶片总数为206232片（统计数目），占全部收集数量（247565片）的83％。

表2　殷墟第十三至十五次发掘出土陶片统计表

| 数目种类＼发掘次数 | 第十三次 | 第十四次 | 第十五次 |
|---|---|---|---|
| 出土数目 | 110059 | 63313 | 99876 |
| 采集数目 | 103679 | 62284 | 99731 |
| 统计数目 | 97164 | 19674 | 82504 |

最后三次发掘记录了约20万块的陶片，占到总数的约80％。突然增多的原因在于两个，一是工作范围扩大，二是分类记录法的使用。第十三至十五次发掘的土方量，每次均在20000立方米上下，而第八次是2200多立方米，第九次为510立方米。最初七次的发掘没有记录，大约总共只有最后三次的三分之一。同时使用分类统计，基本上所有的陶片都进入记录范围，而不似原来择要记录了。

分类记录法是分类尝试最重要的成果。陶片分类可以根据若干不同的标准进行，质料、颜色以及纹饰，大半根据陶片本身可以认出，这些方面都容易识别。但形态的分类，就具有若干内在的困难。而要根据破碎的陶片本身推测它代表的器物，实在是见仁见智，容易引起争论。于是，史语所考古组创始了"田野号"制度，以逐渐代替旧有名称和通俗名称。

所谓"田野号"制度，就是用数字做号码替代个别名称，统计每日所收集的陶片及成形的陶器。凡是在田野发掘出来的陶片，发掘者认为属于同一种类的，均用同一数码做它们的符号，外附一剖面图或其他说明。这一分类工作，一直做到当时不能再分为止，故而每一数码，代表一个最小的类别单位。其类别的标准，以形态为主，形态一时难明的，纹饰、颜色、质料的异同亦可作为建置独立号码的基础。事实上，自开始实行起，这一类别工作即在不断地改订中，一方面固然是因为新式的陶器不断出现，使得类别的标准及数码的秩序常有校正的需要，另一方面也是因为这一方法的采取，原是由实验态度推动的。

与类别工作有关的两个基本原则，始终没有改变。第一，以完整器物的结构为基础，开始第一步分辨工作；看不出所代表的全形的陶片，另放一处，再用其他标准分类。第二，完整的陶器，从最下部的形制论起，作为第一标准，然后再就器身结构的异同，选择次级分类标准。殷墟出土的大部分的陶片，均可看出所代表的全形；看久了，早期分辨不出的小块，也可以看出它们所属的器形。

在殷墟用田野实验分类记录期间，所用的数码系统改订了两次。第一次至第九次所发掘陶器的分类数码为最初系统；第十三次田野工作时，改编了一次，为第二系统；第十四次田野工作时又改编了一次，为第三系统。最后整理时，完全照第十四次改编的第三系统所用之数码，外加括弧。

## 七、小结

从 1934 年至 1937 年，史语所考古活动进入了一个鼎盛时期，主要表现在以下几个方面。

### 1. 力量壮大，组织强化，资源增多

史语所的学术力量越来越强大，以傅斯年、李济、董作宾等这些重量级人物为中心，逐渐形成了一个行政权力和学术体制一体化的圈子，控制了全国的文博考古事业。以史语所考古组为核心，延伸出去的机构包括地方性的学术团体——山东古迹研究会、河南古迹研究会，以及中央博物院筹备处、中央古物保管委员会等。这些机构既为史语所的考古活动提供了平台，又提供了资金。特别是控制中央古物保管委员会和中央博物院筹备处之后，由于这两个机构拥有国家名义、行政权力和大量经费，史语所实际上在相当程度上掌握了南京国民政府文博考古事业的管理权，就此有了国内任何机构都无可匹敌的力量，可以在全国范围内推进考古活动。

从人才队伍来看，第一代考古学家如李济、董作宾、梁思永、郭宝钧

等人都已经成为著名的学者，第二代考古学家如吴金鼎、石璋如、刘燿、祁延霈、王湘、李景聃等人也成长起来。在傅斯年"拔尖主义"的人才思想下，从北京大学、清华大学以及其他渠道吸收了相当一批人才加入了考古队伍，如尹焕章、胡厚宣、高去寻、夏鼐等人，都在这一时期通过殷墟发掘得到锻炼，后来成为著名的学者。[①] 郭宝钧领导的河南古迹研究会也培养了相当一批人，如赵青芳、韩维周等。这一时期，通过史语所的训练，中国具有科学考古素养的人才，从 20 世纪 20 年代的数人增加到了数十人，很多人成为既富田野经验又有理论修养的高水平专家。参加殷墟十五次发掘的人员等情况见表 3、表 4。

　　资金短缺问题是造成民国时期很多有志于考古发掘的机构难以付诸实践的主要障碍，而这时期史语所的考古经费却有了较充足的来源，先是有中华文化教育基金会每年度的定额补助费，后有中央博物院筹备处的英国庚款经费、中央研究院的预算、各省古迹研究会的地方拨款等，充分保证了史语所能够持续大规模地开展田野工作。

### 表 3　殷墟第一至七次发掘情况汇总表[②]

| 发掘次数 | 时期 | 工作人员 | 参加人员 | 发掘地 | 经费 |
|---|---|---|---|---|---|
| 1 | 1928 年 10 月 13 日至 30 日 | 董作宾　赵芝庭<br>李春昱　王　湘 | 张锡晋<br>郭宝钧 | 小屯村北、村内 | 史语所工作经费 |
| 2 | 1929 年 3 月 7 日至 5 月 10 日 | 李　济　王庆昌<br>董作宾　王　湘<br>董光忠 | 裴文中 | 小屯村北、村内、村南 | 美国弗利尔艺术馆协助费 |

---

① 傅斯年曾致信李济，极力推荐高去寻，"弟本届在北大教书，发现一个很可造就的青年，其人名为高去寻"。信中详细谈了对高去寻的考察过程，有很高的评价，但因为要安排高去寻到考古组工作，故而需征得李济的同意。见史语所档案：考 2-81，傅斯年致李济，1935 年 7 月 4 日。

② 据《安阳发掘报告》第四期，第 730 页，李济作编后语。

续表

| 发掘次数 | 时期 | 工作人员 | 参加人员 | 发掘地 | 经费 |
|---|---|---|---|---|---|
| 3 | 1929 年 10 月 7 日至 12 月 12 日 | 李济　张蔚然<br>董作宾　王　湘<br>董光忠 | | 小屯村北、村西北 | 美国弗利尔艺术馆协助费 |
| 4 | 1931 年 3 月 21 日至 5 月 11 日 | 李济　刘屿霞<br>董作宾　李光宇<br>梁思永　王　湘<br>郭宝钧　周英学<br>吴金鼎 | 关百益<br>谷重轮<br>许敬参<br>石璋如<br>冯进贤<br>刘　燿<br>马元材 | 小屯村北、后冈、四盘磨 | 史语所工作经费 |
| 5 | 1931 年 11 月 7 日至 12 月 19 日 | 董作宾　刘屿霞<br>梁思永　王　湘<br>郭宝钧 | 马元材<br>张　善<br>李英伯<br>石璋如<br>刘　燿<br>郝升霖 | 小屯村北、村内、后冈 | 中华教育文化基金会补助费 |
| 6 | 1932 年 4 月 1 日至 5 月 31 日 | 李济　李光宇<br>董作宾　王　湘<br>吴金鼎　刘屿霞<br>周英学 | 石璋如<br>马元材 | 小屯村北、王裕口、霍家小庄、侯家庄 | 中华教育文化基金会补助费 |
| 7 | 1932 年 10 月 19 日至 12 月 15 日 | 李济　李光宇<br>董作宾　石璋如 | 马元材 | 小屯村北 | 中华教育文化基金会补助费 |

### 表 4　殷墟第八至十五次发掘情况汇总表[①]

| 发掘次数 | 时期 | 人员 | 发掘地 | 发现 | 经费 |
|---|---|---|---|---|---|
| 8 | 1933 年 10 月 20 日至 12 月 25 日 | 郭宝钧　石璋如<br>李景聃　刘　燿<br>李光宇　马元材△<br>尹焕章 | 小屯 | 龙山穴，殷代基址柱烬铜础 | 中华教育文化基金会补助费 |
| | | | 四盘磨 | | |
| | | | 后冈 | 殷代大小墓葬 | |

① 据石璋如《殷墟最近之重要发现，附论小屯地层》，《中国考古学报》第二册，第 12 页。

| 发掘次数 | 时期 | 人员 | 发掘地 | 发现 | 经费 |
|---|---|---|---|---|---|
| 9 | 1934 年 3 月 9 日至 5 月 31 日 | 董作宾　石璋如 李景聃　刘　燿 尹焕章　冯进贤△ 祁延霈 | 小屯 后冈 侯家庄南地 | 殷代基址，窖穴，墓葬及大龟七版字骨若干 | 中华教育文化基金会补助费 |
| 10 | 1934 年 10 月 3 日至 12 月 30 日 | 梁思永　石璋如 刘　燿　祁延霈 胡福林　李　济* 尹焕章　马元材△ | 侯家庄西北冈 | 西区大墓 4 座，东区小墓 63 座 | 中华教育文化基金会补助费 |
| | | | 同乐寨 | 仰韶、龙山、小屯汉等期堆积，龙山期窖，小屯期墓 | |
| 11 | 1935 年 3 月 15 日至 6 月 15 日 | 梁思永　石璋如 刘　燿　祁延霈 尹焕章　胡福林 李光宇　王　湘 傅斯年*　李　济* 董作宾　夏　鼐+ 马元材△ | 侯家庄西北冈 | 西区四大墓均到底，东区又获小墓 411 座，发现石雕、花骨、铜器、玉器很多 | 中华教育文化基金会补助费 |
| 12 | 1935 年 9 月 5 日至 12 月 16 日 | 梁思永　石璋如 刘　燿　李景聃 祁延霈　李光宇 高去寻　尹焕章 潘　悫（王建勋）（董培宪）李春岩△ 黄文弼。李　济* | 侯家庄西北冈 | 西区获大墓 3 座，假大墓 1 座，小墓若干，东区获大墓 2 座，小墓若干，两区小墓共 785 座 | 中华教育文化基金会补助费 |
| | | | 范家庄 大司空村 | 灰坑 37 处，墓葬 64 座 | |
| 13 | 1936 年 3 月 18 日至 6 月 24 日 | 郭宝钧　石璋如 李景聃　王　湘 祁延霈　高去寻 尹焕章　潘　悫 孙文青△　李　济* 董作宾*　王作宾。 | 小屯 | 版筑基址 4 处，窖穴 127 处，墓葬 181 座，并车马坑等，及 H127 甲骨坑 | 中华教育文化基金会补助费及中央博物院筹备处协助费 |

续表

| 发掘次数 | 时期 | 人员 | 发掘地 | 发现 | 经费 |
|---|---|---|---|---|---|
| 14 | 1936 年 9 月 20 日至 12 月 31 日 | 梁思永　石璋如<br>王　湘　高去寻<br>尹焕章　潘　悫<br>（王建勋）（魏鸿纯）<br>（李永淦）（石　伟）<br>王思睿△　袁同礼。 | 小屯 | 版筑基址 26 处，窖穴 122 个，墓葬 132 座，发现水沟遗迹 | 中华教育文化基金会补助费及中央博物院筹备处协助费 |
| | | | 大司空村 | 窖穴 29 处，殷代战国等期墓葬 91 座 | |
| 15 | 1937 年 3 月 16 日至 6 月 19 日 | 石璋如　王　湘<br>高去寻　尹焕章<br>潘　悫　（王建勋）<br>（魏鸿纯）（李永淦）<br>（石　伟）张光毅△<br>董作宾★　梁思永★<br>舒楚石。 | 小屯 | 版筑基址 20 处，窖穴 220 个，墓葬 103 座，长 120 米水沟遗迹，白陶豆、罐及铜器 | 中华教育文化基金会补助费及中央博物院筹备处协助费 |

（注：此表包括小屯和西北冈的发掘。在人员栏内，凡无记号者为正式工作人员；有（ ）号者为临时工作人员；有△号者为河南省政府参加人员；有+号者为清华大学毕业生；有★号者为本所视察人员；有。号者为中央古物保管委员会所派之监察员。）

### 2. 活动时空范围扩展

殷墟十五次发掘是民国时期史语所考古活动的主体（发掘面积和区域见图 72、图 73），但史语所的活动范围呈现逐渐扩大的趋势。在 1934 年之前，史语所的考古活动局限于很少的几个地点，如河南的安阳和浚县、山东的城子崖等。后来逐渐扩展范围，山东古迹会在 1933 年发掘了滕县安上村、曹王墓、王坟岭之后，又调查鲁东南地区，发掘了日照两城镇的瓦屋村和大孤堆。河南古迹会的活动更为活跃，先后调查了豫西、新郑、广武、洹河沿线、汤阴、豫北、禹州、汲县、偃师、豫东、登封等地，覆盖了当时所知的河南省大多数重要地点。发掘了广武青台，汲县山彪镇，辉县的琉璃阁、毡匠屯、固维村，以及豫东的造律台、黑孤堆、曹桥等。1934 年借"朱家集事件"以中央古物保管委员会的名义进入安徽，勘测了李三孤堆楚国大墓，调查了淮河流域的多个遗址。同时，零散的考古调查和小规模发掘活动也在全国各地不断展开。其中，最为重要的是 1936 年

小屯历次挖坑坑积表

| 次数 | 坑数 | 面積 | 体積 | 備要 |
|---|---|---|---|---|
| 1 | 40 | 356.00 部 | 3200.00 立方<br>尺 | 坑的大小不等有毛2.5<br>3.0, 4.0 m等初得一课均计. |
| 2 | 44 | 286.00 | 842.92 | 坑的大小不等 |
| 3 | 102 | 831.14 | 2262.93 | 正坑至坑的在内,故按<br>合(1个事秋…) |
| 4 | 175 | 1470.11 | 3977.74 | 多为長10m,宽1.0m之坑<br>其中也有面积不等之支坑 |
| 5 | 93 | 818.25 | 2045.6 | 有長10m宽1m者有毛5m<br>宽2m者也有支坑 |
| 6 | 90 | 900.75 | 1258.75 | 仝上 |
| 7 | 199 | 1612.70 | 3499.25 | 仝上 |
| 8 | 134 | 1196.05 | 2235.41 | 多为長10m宽1m之坑<br>支坑未有. |
| 9 | 51 | 380.00 | 510.80 | 闸坑很大也度長10m<br>宽1m之坑为多. |
| 13 | 52 | 4660.00 | 23300.00 | 多为長10m宽10m之大<br>方坑,也有三面修10x1坑. |
| 14 | 60 | 3590.00 | 17952.00 | 10x10之方坑多,10x1坑<br>之中还有毛40多尺毛者宽1m. |
| 15 | 37 | 3700.00 | 18500.00 | 纯为10x10m之大方坑. |
| 總計 | 1077 | 19805.40 | 79584.20 | |

以上所挖之坑都是实际挖去的而压土及走到即位的不在此
内,鉴且留地及白地亦未分闸.

图72　小屯历次挖掘坑积表原稿

（石璋如：《安阳发掘简史》，第209页。"中央研究院"历史语言研究所供图）

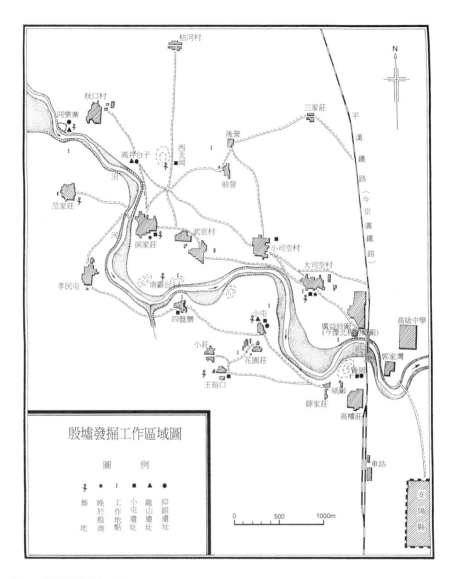

图73 殷墟发掘工作区域图
（原稿藏于台北"中央研究院"历史语言研究所安阳工作室，冯忠美重绘。石璋如：《安阳发掘简史》，第225页。"中央研究院"历史语言研究所供图）

应吴越史地研究会和西湖博物馆邀请，董作宾、梁思永、石璋如作为中央古物保管委员会的代表指导和协助了施昕更在浙江杭县良渚镇（位于今杭州市余杭区）的发掘。

这时期史语所考古研究的时段范围大为扩展。1934 年之前，主要以殷商考古和史前考古为主[①]，初步下延到西周（辛村），这时期时代范围继续下延，对春秋战国、汉魏六朝甚至明代遗存均有意加以研究和探索。

最为重要的是殷墟的发掘，找到了侯家庄西北冈的王陵区，从遗址的发掘转向陵墓的大规模发掘，发掘对象有了极大改变。

### 3. 技术方法的进步

这一时期史语所考古学家们在田野操作、室内整理、资料分析等方面的技术方法都有了飞跃性的进步。例如，对复杂遗迹的辨认，车马坑的复原，王陵中遗物（如仪仗）的提取，发掘和记录方法的系统化，小屯整体揭露法的实行等，都表现出史语所考古组的技术水平有了质的提高。

### 4. 认识水平的提高

经过将近 10 年的工作，到 1937 年时候，史语所考古学家们对中国史前文化和殷商文化的认识已经取得了重大突破。史前研究已经超过了安特生时代的水平，对中国史前文化的年代、范围和内涵，仰韶文化和龙山文化之间的关系，都有了新的认识。对殷商文化的性质、内涵和来源等多方面的研究，更是取得了举世瞩目的成就。

总而言之，这个阶段是中国科学考古学业已形成的时期，恰如李济1936 年所说："田野考古工作……在中国，可以说已经超过了尝试的阶段了。这是一种真正的学术，有它必需的哲学的基础，历史的根据，科学的训练，实际的设备。"[②]这些标志着现代考古学的知识体系，现在在史语所考古组已经形成了相当完备的形态。

---

① 小屯上层发现有隋墓，但并非针对性发掘目标。
② 李济：《〈田野考古报告〉编辑大旨》，《田野考古报告》第一册，第 1—2 页。

# 第六章

## 史语所考古的延续期（1937—1949）

全面抗战与解放战争期间的考古活动

1928 年至 1937 年是南京国民政府统治期间的所谓"黄金十年"，也是以史语所为代表的中国科学考古学在困局中乘势而起的"黄金十年"。实际上，在民国时期，中国田野考古也仅仅拥有这不到十年的宝贵发展时间。之后十二年是几乎接连不断的战争，给国家民族带来了深重灾难，也给刚刚兴起的中国考古学造成了几乎是毁灭性的打击。田野活动极度萎缩，室内研究勉强维持，原本人数有限的考古队伍遭到了严重摧残。

但在这样的困境之中，史语所仍然竭力维持，配合国民政府的边疆政策组织了一些田野活动，特别是通过对前期发掘资料的整理和研究，取得了一批重要成果，使得过去十年开创的科学考古传统得以延续，并有所发展。

这时期史语所较大规模的田野调查与发掘活动主要由新生代考古学者们来担当，特别是从英国学习归来的吴金鼎和夏鼐，发挥了很大作用。吴金鼎与夏鼐经过系统学习，已经掌握了当时世界上先进的考古学理论、方法和技术。虽在战争年月，但他们仍然尽力做出了相当大的贡献。这时史语所考古最重要的成就是室内研究上，李济、董作宾、梁思永等第一代考古学家带领大家对过去积累的发掘资料进行整理和研究，产生了一批重要成果，由此史语所科学考古达到了真正的顶峰。

俞伟超说，考古学能够使自己从一般学科中独立出来的最基本的特殊方法论有三个：一个是地层学；一个是类型学；再一个是根据实物资料来复原历史原貌的方法。[①]地层学与发掘技术关系最大，类型学与资料整理关

---

① 俞伟超：《关于"考古地层学"问题》，载《考古学是什么——俞伟超考古学理论文选》，中国社会科学出版社，1996，第 1 页。俞伟超说，这一种方法没有形成固定的名称，在西方考古学中广泛使用的"考古学解释"（archaeological interpretation）一词差可比拟之。

系密切，而根据实物复原历史的方法就是考古学解释，在研究阶段是最重要的方法，也是考古学的中心目的。

关于中国科学考古学以地层学为代表的核心发掘技术的进步，大致可以分为三个阶段，分别以李济、梁思永、吴金鼎和夏鼐的工作为代表。

第一阶段，从西阴村到殷墟前三次发掘。这是中国科学考古学发掘方法的奠基时期，代表人物是李济。这时期的主要特点是采用水平层位的发掘方法，但逐步做了很多改进，摸索出了很多新的东西，如钻探、开探沟、寻找遗迹的打破关系等。李济虽然并非考古学专业出身，在美国留学时候也没有参加过田野工作，但是他凭借自己的科学素养和善于学习的精神，主要吸收中国史前学的先驱安特生等人已经摸索出来的一些方法[1]，并且有很多革新，代表了 20 世纪 20 年代发掘的较高水平。事实上，近代考古学虽然说在 19 世纪末已经走向成熟，但在发掘方法上，直到 20 世纪上半叶还流行水平层位的方法。被格林·丹尼尔誉为在考古技术发展史上占据重要位置的安诺遗址的发掘，基本上也是采用这种方法。而美洲考古学也是在 20 世纪的第二个十年才开始使用严密的地层学方法，即戈登·威利所谓的"地层学革命"。20 世纪 20 年代的考古学家虽然采用水平层位的发掘方法，但已经对地层的自然变化给予了足够的注意，发掘方法从人为的水平层向自然层的过渡只是一个时间问题。[2]

第二阶段，殷墟第四次至第十五次发掘。这是从水平层位发掘法转向自然层发掘法并且日趋成熟的时期。在美国受过一定田野训练的梁思永做出了决定性的贡献，标志性事件就是后冈三叠层的发现。1930 年梁思永从哈佛大学留学归来，1932 年主持安阳后冈第二次发掘，发现了仰韶、龙山和小屯的三叠层，了解到三者之间的先后关系。后来他主持殷墟的发掘，就真正按照地层学原理进行工作。自从梁思永发现后冈三叠层和主持殷墟发掘之后，考古发掘必须按照自然层位划分地层的认识在我国的考古工作

①　西阴村的发掘者袁复礼参与过安特生在仰韶村的发掘，李济可能通过袁复礼受到安特生方法的影响。

②　陈星灿：《中国史前考古学史研究（1895—1949）》，第 150—151 页。

中便占据了主导地位。尽管今天观察后冈三叠层剖面图还存在着一些缺点，诸如一层褐土和一堆烧土叠压在绿土之上而又被绿土所压，但梁思永根据地层叠压关系清楚地论证了仰韶、龙山和殷代遗存的早晚关系，应该作为考古地层学已经在我国确立的标志。[①] 将后冈三叠层的发现作为考古地层学确立的标志，是我国考古学界的共识。按照土质、土色划分地层是一个原则，更是一个经验，只有靠长期的实践才能做出正确的划分，后冈三叠层的发现就是长期实践的结果。它既是水平层位方法的终结，更是地层学上一个新时代的开始。

第三阶段，抗日战争时期的边疆考古工作。这一时期发掘方法的进步体现吴金鼎和夏鼐的田野发掘上，吴金鼎和夏鼐在非常困难的条件下将从欧洲学习而来的方法运用到有限的考古活动中，在新的知识来源补充下，中国科学考古学的发掘技术又有了进一步的提高。

下面我们就以相关人物为中心，有重点地评述这段时期史语所主要的田野活动和研究成果。

## 一、吴金鼎与西南考古的开拓

吴金鼎虽然英年早逝，但在中国现代考古学史上是一个相当重要的人物，他在中国史前文化的发现和研究上，对于西南考古的开创上，都有很大的功绩。对此张光直曾有论及。[②]

1933 年秋，吴金鼎获得山东省政府的资助，到英国伦敦大学进修研究。在英国期间，他曾往伦敦中央高等工业学校学习制作原始陶器的方法，后又跟随埃及考古学泰斗皮特里在巴勒斯坦做发掘工作。自从发掘城子崖后，吴金鼎就想专攻中国新石器时代文化，所以特别注意陶器。在英国期

① 俞伟超：《关于"考古地层学"问题》，载《考古学是什么——俞伟超考古学理论文选》，第 9—11 页。
② 《张光直谈中国考古学的问题与前景》，《考古》，1997（9），第 85—92、96 页。

间，他写成了一部著作《中国史前陶器》①，这是当时关于中国史前陶器的最为详尽的参考书。为了做这个研究，他不但翻遍了所有已经出版的有关中国史前陶器的书籍，还整理观摩了已出土的几万片陶片实物。1937年，吴金鼎获得博士学位。经过留学数年来的训练和钻研，吴金鼎这时候已经成为中国为数不多的第一流的史前考古学家。

1937年吴金鼎回国时，抗日战争已经全面爆发，他随史语所和中央博物院筹备处四处辗转迁移，居无定所，但仍然坚持考古工作，主要活动包括以下方面。

### （一）苍洱古迹考察团的调查和发掘

1938年1月，抗日战局恶化，史语所由长沙迁昆明。10月，史语所与中央博物院筹备处合作成立苍洱古迹考察团，吴金鼎为团长，王介忱、曾昭燏为团员，从事大理及洱海一带的考古。这个考古团体的活动，成为史语所驻留昆明3年期间最为重要的业绩。

1938年11月至1939年1月，考察团赴大理丽江调查，发现苍山、马龙、龙泉、下关西等遗址。1939年2月至12月再到大理调查，发现中和北、小岑、佛顶甲、清碧、佛顶乙、马耳等史前遗址，以及五华楼、中和中、万年桥等3处南诏遗址，另有几处古迹。1940年1月至2月到大理喜洲调查，发现五台甲址、五台乙址、苍浪甲址、苍浪乙址、苍浪丙址、小鸡足等6处史前遗址。同年3月至6月又到大理调查，发现苍浪丁、苍浪戊、三阳、莲花甲、莲花乙、虎山、鹤云、捉鱼村等8处史前遗址，以及上关、塔桥城、白云甲、白云乙、白云丙等南诏遗址。三年间共发现遗址38处。

除调查之外，1939年至1940年间考察团还在大理一带发掘，地点包括马龙、清碧、佛顶甲、佛顶乙、中和中、龙泉、白云甲等7处遗址。

考察团将以上田野工作写成一部《云南苍洱境考古报告》，奠定了西

---

① Wu, G. D., *Prehistoric Pottery in China*, Kegan Paul, London, 1938.

南地区史前考古学的基础，报告于 1942 年由中央博物院出版。

## （二）川康古迹考察团的调查和发掘

1941 年春，因滇缅公路战事危急，史语所由昆明迁到四川宜宾南溪李庄，中央博物院筹备处、营造学社也都迁来。以上三个团体合组川康古迹考察团，由吴金鼎为团长，高去寻、曾昭燏、王介忱、赵青芳、夏鼐、陈明达为团员，从事川康境内的考古工作。

1941 年 1 月至 2 月，考察团在叙府一带调查，发现南溪墓地、九家村崖墓、双江头、旧州城等遗址。3 月至 4 月，由宜宾沿岷江而上，至成都。在新津发现堡子山墓地、旧县城故址；在彭山发现蔡家山墓地、双江墓地；在温江发现古城埂遗址；在成都发现青羊宫墓地。在郫县发现马镇古城遗址。

1941 年 7 月至 1942 年 12 月，吴金鼎率团在彭山江口镇一带进行了大规模发掘。在彭山江口镇豆芽房发掘崖墓 21 座，又在豆芽房东北的砦子山发掘崖墓 39 座。崖墓是四川一带特有的一种墓葬制度，这是中国考古学家首次对此进行较大规模的发掘和研究。在砦子山东北的陈家扁遗址，发掘了双洞花砖墓、石人洞墓、小型墓。在江口镇东北的李家湾遗址发掘崖墓 9 座。在江口镇东北牧马山遗址发掘了四种墓葬：高阜砖墓、高阜土墓、矮台土墓、地下土墓。此时抗战已经进入最艰苦的时期，发掘团经费十分困难，加之江口镇一带地处偏僻，生活条件十分艰苦，这段时间堪称史语所开展考古活动以来最艰难的时期。

## （三）琴台整理工作团的活动

1943 年春，中央研究院、中央博物院筹备处、四川省立博物馆合组琴台整理工作团，由吴金鼎任团长，王振铎、王文林、刘绎和、冯汉骥、莫宗江为团员，自 1943 年 3 月至 9 月对琴台前蜀王建墓发掘整理。该墓由砖砌成，墓室高约一丈五尺，宽丈余，长约七丈，分前、中、后三室，有玉台、胡床等设置，并有高约三尺的王建石雕像，放置在胡床中部。前室

的壁画，玉台周围之石雕，均极精美。该墓的发现，对于唐末五代艺术史的研究有极其重要的价值。①

吴金鼎、曾昭燏、王介忱等在苍洱地区的考古发掘是该时期规模最大的考古活动。在田野工作方面，除继承了前一时期的传统之外，又有新的发展。

陈星灿曾经以马龙遗址为例，具体分析过吴金鼎的地层发掘方法。该遗址根据土色、土质而被分为六层，自下而上依次是沙层、红灰土层、浅灰土层、深灰土层、黄灰土层、草根土层。发掘者既注意到了各土层在纵面上的分布，也注意到了横面上的分布，并分别统计了各层在遗址中所占面积的百分比，对地层的了解十分透彻。关键是发掘者把出土遗物依各地层的不同而予以分别统计，然后根据出土物的类型把这六层归并成四个文化层，即把沙层和红灰土层合并为第一文化层，把黄灰土层和草根土层合并为第四文化层，四个文化层分别代表四个文化阶段。然后发掘者又根据遗物的形制，把这四层分为两个时期，即第一、二层为早期，第三、四层为晚期。这种方法既注意到并详细记录了局部的各个小自然层的地层变化和出土遗物，又照顾到整个遗址的地层变化，不至于因为小的自然层的划分而忽视了有意义的文化层的区别，使人陷入烦琐之中；而且由于按小的自然层记录遗物，又能使我们检验发掘者文化层合并的正确与否，对于复原遗物在地层中的位置极富价值。这显然比后冈等地的发掘仅仅依红陶层或黑陶层记录出土的遗物更精细一些。②

吴金鼎与曾昭燏都是从英国学成归来，吴金鼎曾师从皮特里，在巴勒斯坦做过发掘工作，被称为"田野工作的好手"，因此可以认为吴金鼎等人所从事的田野工作方法代表了当时英国甚至可以说是世界的较高水平。

史语所在西南一带虽然从事考古活动时间长，获得材料不少，但重要

---

① 石璋如：《田野考古第一——吴金鼎先生》，载《新学术之路》，第631—637页。
② 陈星灿：《中国史前考古学史研究（1895—1949）》，第311页。

研究成果却不多。究其原因，虽然有战争造成的环境困难，但主要还是史语所的学术取向所致。以史语所的研究重点而言，西南地区的考古资料显然不能引起他们足够的兴趣，大家的关注点仍然停留在中原，停留在殷墟，中国文明起源和三代历史问题是无可争议的学术重点，这是由中国考古学的特点或者说使命所决定的。

吴金鼎在琴台的工作结束之后，这个被称为"田野考古第一"（石璋如语）的中国史前考古最重要的后起之秀不但离开了史语所，也离开了考古事业。他加入了国民政府军事委员会，去了四川新津的美国空军第二招待所做主任，为抗战服务。抗战结束后，他回到母校齐鲁大学，主持学校复员事宜。1948 年 9 月 18 日，吴金鼎病故于济南的齐鲁大学，时年 48 岁。

同为英国留学生的夏鼐与吴金鼎有着深厚的友谊，他对吴金鼎的才学有深刻认识和极高评价。在吴金鼎去世后的纪念文章中，夏鼐引用梁思永的话说，"像吴禹铭先生才算是田野考古学的正统派，着重田野考古而轻视故纸堆中的研究"。夏鼐进一步说，在中国考古刚刚发轫的时代，像吴金鼎这样正统派的田野考古学家，尤为需要，只有多做田野工作，多发现新材料，然后才能进一步做切实可靠的综合的工作。[①]

## 二、夏鼐在西北地区的考古活动及成就

夏鼐与吴金鼎是亲密的朋友，两人经历有类似之处。他们在同一时期都作为中国考古学的新生代被派到英国留学。夏鼐年龄比吴金鼎要小，但出身起点要较吴金鼎为高，吴金鼎在清华国学研究院没有得到学位，而夏

---

① 夏鼐：《追悼考古学家吴禹铭先生》，原载《中央日报》（南京），1948-11-17（6），《决决》副刊第 638 期。又载《中国考古学报》第四册，后收入《夏鼐文集》上册（社会科学文献出版社，2000）。夏鼐的这种认识显然源于他在史语所的经历，至少梁思永、吴金鼎对他有很大影响。这种看法贯穿了他的一生，作为新中国考古学的掌门人，他的这种思想对中国考古学的发展产生了决定性的影响。

夏鼐据称是清华鼎盛时期著名的"三才子"①之一。

考察夏鼐到英国学习考古学的前因后果，是一件很有意义的事情，因为这涉及 20 世纪 30 年代中国考古学的领导者们对世界考古学发展潮流的一些基本认识和判断，反映出他们的价值观念和对现有思想资源的取舍。

傅斯年为史语所选拔人才时向来采取"拔尖主义"②的策略，即将北大、清华这些名校最优秀的学生吸收进来。史语所的很多后起之秀，如高去寻、胡厚宣等人就是这样加入的，而夏鼐这种治学办事能力皆为人中翘楚的人物更是深得傅斯年的器重。③

1934 年，夏鼐从清华大学毕业。同年，他以清华"历年之冠"的成绩考取了公费赴美留学的奖学金（庚款）。④ 他最初的计划是继李济、梁思永之后到哈佛大学去学习考古学，然而有意思的是，在 1935 年成行之前，夏鼐的求学地点却由美国改为了英国⑤。有人称之所以如此，是因为"李济和梁思永都曾受业于哈佛大学的狄克逊（Roland B. Dixon）教授，由于狄克逊已于 1934 年病故，李、梁转而把英国的伦敦大学选定为中国考古学者的培养地。年青有为的留学生吴金鼎的学成归国坚定了李济、梁思永送夏鼐赴伦敦大学深造的决心"⑥。

但这种说法可能推测的成分居多。实际上狄克逊主要是研究人类学而

---

① 这类说法很多，一般是以钱锺书、夏鼐、吴晗并称。

② 尚小明：《中研院史语所与北大史学系的关系》，《史学月刊》，2006（7），第 80—87 页。另外，傅斯年还有另一个著名的观点，"三十岁之前不要做学问要出洋"。夏鼐恰恰符合他这两条标准。

③ 1947 年傅斯年赴美治病，托以史语所所务者非其他所有人，而是 37 岁的副研究员夏鼐。

④ 当年清华大学校长梅贻琦给夏鼐的回信中曾说："你去年考试成绩为历年之冠。"见徐贤修《悼念旷世的考古历史学家夏鼐》，《传记文学》总第 49 期，1986（4），第 1 页。

⑤ 中国留学事宜很大程度上把持在"胡适派学人群"手里，做这种改变对史语所来说似乎并非难事。

⑥ Edward Field, Wang Tao, "Xia Nai : the London connection", *Orentions*, 1997, 28（6）。译文见《夏鼐先生的英伦之缘》，《文物天地》，1998（6），第 6—10 页。又见石兴邦《夏鼐先生行传》，载《新学术之路》，第 709—735 页。

非考古学,而且似乎还是一位"人类学史上的失踪人口"①。哈佛大学考古学教授主要是胡顿（E. W. Hutoon）等人。从美国考古学界能够学到多少真东西,李济、梁思永恐怕心知肚明。当时世界考古学的中心无疑是在英国,新的理论和方法也在孕育发展中,李济、梁思永等人虽然对欧洲考古学界的详情不甚了然,但大势还是清楚的。梁思永对夏鼐的建议是,先在伦敦大学攻人类学,以造成根底,然后赴爱丁堡从戈登·柴尔德②学习考古学,以求广泛涉猎考古学范围内之各种学识。梁思永的眼光十分宽广,超越了一般考古学的关注范围,他还教导夏鼐:

　　赴国外习考古学之目的,在于:（1）学习田野工作及博物院保存古物之技术;（2）浏览西洋考古学之成绩,以便作比较研究;并须注意人类学,以养成远大之眼光;（3）参观流入国外之中国古物。③

　　夏鼐初到英国,面对英国考古学的复杂状况一片茫然,就学业应做如何选择写信向李济求教,李济回信称,"英国大学情形,弟苦于不知,故不能冒昧建议。昨特以尊函商之于傅孟真先生"④。在关键时刻,仍然是傅斯年给出了明确的决定性意见。傅斯年首先表明,不必随名师求虚名,"随Yetts⑤学,实无多少意义……此等外国汉学家,每好以收罗中国学生炫人,

---

① 据于道还研究,狄克逊等哈佛大学的人类学家们完全游离于当时的学术主流之外,后来有人认为他们的主要学术观点和方法都是错误的。见于道还:《史语所的体质人类学家》,载《新学术之路》,第163—188页。

② 戈登·柴尔德（V. Gordon Childe, 1892—1957）,生于澳大利亚的英籍学者,被认为是20世纪最伟大的考古学家。1927—1946年担任英国爱丁堡大学史前考古学教授。

③ 史语所档案:元545-2,夏鼐致李济,1935年4月3日。

④ 见《夏鼐陈请梅贻琦校长准予延长留学年限的信函》附录三,李济1936年5月9日给夏鼐的复信,载《清华大学学报（哲学社会科学版）》,2002（6）,第1—5页。

⑤ 即英国著名考古学家、汉学家叶慈（Percebal Yetts, 1878—1957）,时任教于伦敦大学,主要教授艺术史,对中国考古有所研究。

然我们可以向之学者甚少。兄与禹铭在彼，恐只备他顾问耳"①。傅斯年接着列出了一个他认为对将来的中国考古学发展有用的科目目录，希望夏鼐学习。包括：1.史前学；2.埃及学；3.亚述学，包括远东、小亚细亚；4.古典考古学；5.拜占庭与阿拉伯考古学；6.印度考古学；7.大洋洲考古学；8.美洲考古学。指出其中史前学、亚述学、印度考古学特别重要，因为这与中国考古有"直接关系"。②

另外，他赞同夏鼐的意见，不再去爱丁堡追随戈登·柴尔德学习史前学。主要原因当然是夏鼐在信中谈到的一些对柴尔德不好的看法，但傅斯年还着眼于史语所考古人才的结构，"弟意兄不必到爱丁堡，因史前考古，中国已有多人，梁思永先生即其最著者，大家都走一行，亦与此学发展上不便"③。

夏鼐对柴尔德的负面看法主要来源于周培智。④夏鼐到英时，清华大

---

① 见《夏鼐陈请梅贻琦校长准予延长留学年限的信函》附录二，傅斯年 1936 年 5 月 8 日给夏鼐的复信，载《清华大学学报（哲学社会科学版）》，2002（6），第 1—5 页。附录三，李济 5 月 9 日的复信中也称："外国教授收学生，往往自顾自己兴趣，不顾学生死活，但各人需要，自己知之最切。若认为必需换先生，决不必怕难为情也。"

② 见《夏鼐陈请梅贻琦校长准予延长留学年限的信函》附录二，傅斯年 1936 年 5 月 8 日给夏鼐的复信，载《清华大学学报（哲学社会科学版）》，2002（6），第 1—5 页。傅斯年能够列出这个清单，可能是与李济协商的结果，但也可见其对现代考古学研究领域有相当宽广的了解。

③ 见《夏鼐陈请梅贻琦校长准予延长留学年限的信函》附录二，傅斯年 1936 年 5 月 8 日给夏鼐的复信，载《清华大学学报（哲学社会科学版）》，2002（6），第 1—5 页。

④ 关于周培智的情况，王世民在《夏鼐陈请梅贻琦校长准予延长留学年限的信函》注释中说他留英后情况不详，这里略作介绍。周培智（1902—1981），清华大学第一级学生，1931 年赴英国爱丁堡大学留学，先学历史，曾随柴尔德、柯林伍德学习，后转习经济获得哲学博士学位。1938 年回国，历任中央大学、复旦大学、南开大学等校历史系教授。1949 年后到台湾，是淡江大学历史系的创系系主任。以上据《文忆周培智先生》、淡江大学历史系《口述历史——创系三十周年系庆专刊》（1997）。在其个人履历中，几乎从来没有见到他提起柴尔德。只是从夏鼐的信我们才知道，他可能是民国时期唯一随柴尔德学习过考古学的中国留学生，而且学习时间较长。夏鼐称其"出国留学前曾在中央研究院考古组研究"，据史语所档案元 45"周培智"案卷记载情况，应系他和另外一个同学在罗家伦介绍下以实习生身份参加了李济领导的第二次殷墟发掘，为时一个月。后来周培智亦曾应聘史语所助理员，未果。

学第一级出身的周培智已经在爱丁堡大学随柴尔德学习考古学三年半。夏
鼐写信向他询问爱丁堡大学考古学的情形，周培智回信说：

> 柴尔德教授确为苏格兰考古方面之有著作权威者，语及教法及乐掖外
> 人，可谓一完全不热心者，对于有色人种抱轻视之态度，弟在此亦以此与
> 之屡次相左。此间考古科不能成专门，因除柴尔德外无一讲师及助教。……
> 考古学标本很少，因所称考古学室，即在柴尔德房中，有抽屉数个，标
> 本即在其中。……至兄询及搜集古物及发掘工作，在此可谓不轻见之举。[1]
> （1936 年 2 月 4 日来信）

虽然周培智如此说，但鉴于柴尔德如日中天的名气，夏鼐并未死心。
他在给梅贻琦的信中说，"但生以为柴尔德教授为此学权威，纵使设备不
周，但从之多读考古学之名著，依其指导努力，亦未尝不可"[2]。但傅斯年的
指示终于完全打消了他的想法。傅斯年除了开具上面的科目，还支持他去
学习埃及考古学，因为"埃及学未如古代西方亚洲考古之与中国考古发生
直接关系，然其意解与方法，可资取证者多矣。故舍 Yetts 而专学埃及学，
弟非常赞成"[3]。

于是，夏鼐便在 1936 年夏转入伦敦大学学院埃及学系去学习埃及考
古学[4]，指导老师是格兰维尔教授（Stephen Glanville，1900—1956）。1936
年，夏鼐被指派到著名考古学家惠勒教授（Mortimer Wheeler，1890—

---

[1] 见《夏鼐陈请梅贻琦校长准予延长留学年限的信函》，《清华大学学报（哲学社会科学版）》，2002（6），第 1—5 页。

[2] 见《夏鼐陈请梅贻琦校长准予延长留学年限的信函》，《清华大学学报（哲学社会科学版）》，2002（6），第 1—5 页。

[3] 见《夏鼐陈请梅贻琦校长准予延长留学年限的信函》附录二，傅斯年 1936 年 5 月 8 日给夏鼐的复信，《清华大学学报（哲学社会科学版）》，2002（6），第 1—5 页。

[4] 埃及考古学泰斗皮特里原在该系，当时已经退休。该系一向是英国最具实力的考古学教育机构之一，培养出了许多重要学者。在夏鼐之前，日本现代考古学的奠基人滨田耕作（1881—1938）也曾在该系学习。

1976）的手下，参加英格兰坦彻斯特地区梅登堡（Maiden Castle）遗址的发掘，这也是他首次在国外参加田野考古发掘工作。惠勒采用了当时世界上最先进的方法：先用探沟试掘，然后进行网格式布方，以探方为单位进行发掘，通过保留的探方壁和关键柱来显示地层堆积状况。这次田野实习对夏鼐产生了深远影响，后来他将这一套方法带回到中国，直到今天在中国仍被广泛使用。1937 年至 1939 年，夏鼐先后参加了埃及艾尔曼特遗址和巴勒斯坦杜韦尔遗址的考古发掘①，并发表了关于古代埃及象形文字的学术论文。天资聪颖、才华横溢的夏鼐颇得校方赏识，他是该校第一个获得玛利奖学金的学生。夏鼐的表现，可以从 1938 年 6 月 30 日格兰威尔教授写给学院院长的一封信可以看得出来：

　　他是一个出类拔萃的学生。我第一次见到他时，……他对埃及学还一无所知。但他以极大的热情投身于这一学科的各个领域，很快就熟练地掌握了所必须具备的古代埃及语知识，这与他很快就适应了考古学是一样的。……从他在埃及和巴勒斯坦的考古经历来看，我有足够的证据相信他对不同类型的遗址的发掘技能都融会贯通、一点即通。我坚信，一旦他回到中国，他就会成为蜚声考古学界的学者。②

　　1941 年，夏鼐获得伦敦大学埃及学博士学位（因二战影响，学位证书 1946 年补授）。他在埃及开罗博物馆工作一年以后，1941 年辗转归国。经过国外 6 年时间的学习和锻炼，夏鼐这时已经从一个出国前毫无经验的年轻人，成为"中国受过最为优秀训练的考古学者"。③

　　夏鼐归国时候，正值抗日战争最为困难的关头。史语所、中央博物院筹备处、营造学社等学术团体皆避居于四川南溪李庄。夏鼐与吴金鼎、曾

---

① 夏鼐在巴勒斯坦发掘期间曾问学于皮特里。在履历中，吴金鼎、夏鼐皆以曾受教于皮特里为荣，可见皮特里当时在中国考古学人心目中的崇高地位。

② 姜波：《夏鼐先生的学术思想》，《华夏考古》，2003（1），第 100—112 页。

③ 姜波：《夏鼐先生的学术思想》，《华夏考古》，2003（1），第 100—112 页。

昭燏三位留英回国人员被安置于李济任主任的中央博物院筹备处任专门委员。1941 年至 1942 年，夏鼐参加吴金鼎领导的川康古迹考察团，和吴金鼎、曾昭燏、高去寻等在彭山县（今属眉山市）豆芽房、砦子山发掘汉代崖墓。1943 年，转入史语所考古组，任副研究员。①

　　抗战时期夏鼐最重要的考古活动是在西北科学考察团的工作。该考察团也是因国民政府抗日战争期间经略边疆的国策而起，系由中央研究院历史语言研究所、中央博物院筹备处、中国地理研究所、北京大学文科研究所四个文化团体所组成。史语所派夏鼐参加，中国地理研究所派李承三、周延儒参加，北京大学文科研究所派向达、阎文儒参加，于 1943 年至 1945 年在甘肃、新疆工作，但考古活动实际上仅限于甘肃境内。②

　　1944 年秋季，夏鼐与向达在甘肃敦煌一带进行考古发掘。5 月至 7 月，发掘了佛爷庙墓地，清理墓葬十余处，应为北朝时期；8 月至 10 月，发掘了月牙泉墓地，掘墓 7 处，有六朝和唐墓两种；10 月，与阎文儒发掘了玉门关，即小方盘遗址，确定了汉代玉门关的确切位置。1945 年，1 月至 2 月，与阎文儒发掘长城烽燧遗址，在大方盘附近发现晋碑等重要遗物③；4 月 22 日至 30 日发掘了临洮寺洼山史前遗址；5 月 12 日至 13 日，夏鼐发掘了宁定阳洼湾史前墓地，在齐家文化墓葬的填土中发现了两片仰韶文化的彩陶④；6 月，与阎文儒发掘了民勤沙井遗址，发现沙井期重要遗迹；11 月，与阎文儒发掘了武威南山喇嘛湾的唐代吐谷浑墓地，掘得金城县主及朔方节度使慕容曦光墓志，获得大量文物。⑤1944 年至 1945 年在西北科学考察团期间，还与吴良才陆续调查了兰州附近的多处史前遗址。⑥

①　王世民：《夏鼐同志学术活动年表》，载《中国考古学研究论集——纪念夏鼐先生考古五十周年》，三秦出版社，1987，第 40 页。

②　石璋如：《考古年表》，第 27—28、102 页。

③　夏鼐：《新获之敦煌汉简》，载《考古学论文集》，河北教育出版社，2000，第 169—209 页。

④　夏鼐：《齐家期墓葬的新发现及其年代的改订》，载《中国考古学报》第三册，中央研究院历史语言研究所，1947，第 101—117 页。

⑤　夏鼐：《武威唐代吐谷浑慕容氏墓志》，《历史语言研究所集刊》第二十本，第 313—342 页。

⑥　夏鼐：《兰州附近的史前遗存》，载《考古学论文集》，第 119—168 页。

　　夏鼐等人在甘肃两年时间的辛勤工作收获很大，对中国历史文化多个方面的问题都有所涉及，并且多所创见。①特别是 1945 年 5 月 12、13 日两天在甘肃宁定（今广河县）阳洼湾的发现，在中国考古学史上有重要意义。阳洼湾齐家墓葬的发掘，第一次从地层学的角度确认了仰韶文化的年代早于齐家文化，从而纠正了安特生关于甘肃远古文化分期的错误，为建立黄河流域新石器时代文化的正确年代序列打下了基础。

　　夏鼐在发掘阳洼湾二号墓时，由于严格按照发掘规程，不仅明确地在人骨架足部的两侧发现两组齐家文化的典型陶器，在肋骨和左臂之间发现一件骨锥，而且最关键的是在地面下 1.2 米、下距骨盆 0.1 米的地方发现了一件带有黑色花纹的陶片；又在地面下 1.4 米、头颅骨前方约 0.1 米处发现了另一件带有类似花纹的陶片。就陶质和花纹看，显系马家窑文化（即仰韶期文化）的典型彩陶。夏鼐注意到，墓葬填土可分为两部分，下半部是稍带棕色的黄土，厚约 0.8 米，很坚实，但没有夯打；上半部的填土及墓葬周围的表层土，都是颜色较深的棕色土，厚 0.5—0.6 米，土质松散，似经过后期翻动。但是下层的填土，却丝毫看不出有什么扰乱过的痕迹。如何解释齐家墓葬填土中发现的马家窑文化陶片？据陈星灿分析，夏鼐是先假定埋葬后墓上的土全部经过扰乱，以至于马家窑的陶片混入填土，但是旋即他就否定了这个假设，因为他观察到人骨与随葬陶器毫无被扰动的痕迹。既然如此，与人骨接近的两块陶片也绝对不可能是后来混入的。由于夏鼐的结论建立在严密的发掘和记录基础上，远比安特生仅仅根据齐家遗址地面上有半山期的彩陶就作为后者晚于前者的推论依据可靠，所以在前人屡次怀疑齐家文化晚于马家窑文化的基础上，第一次以无可辩驳的证据，证实了前人的怀疑是正确的，从根本上否定了安特生的仰韶文化六期说。因此夏鼐的这次发掘，无论在发掘技术上，还是在中国史前考古的理论方面的研究上，都具有重要意义（图 74）。②

① 　夏鼐：《敦煌考古漫记》，《考古通讯》，1955（1—3）。
② 　陈星灿：《中国史前考古学史研究（1895—1949）》，第 312—314 页。

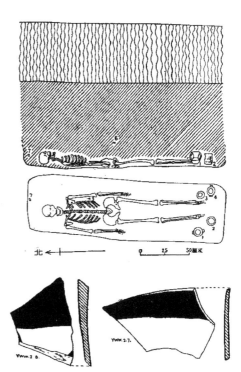

图 74　夏鼐 1945 年发掘甘肃宁定阳洼湾齐家文化墓葬及填土中所出马家窑文化陶片

（夏鼐：《齐家期墓葬的发现及其年代之改订》，《中国考古学报》第三册，该图为夏鼐亲绘）

　　夏鼐留学英国，在皮特里、惠勒、格兰维尔等学者的指导下，学到了当时世界上最高水平的发掘技术和研究方法。虽然由于战争的关系，在1949 年以前他的实践机会很少，但齐家墓葬的发掘，仍能显出他发掘技术的高超。这种技术，为 1949 年之后中国考古学在与国外隔绝的相当长一段时间里仍然能保持一定的水平奠定了基础。[①]

## 三、石璋如的田野活动和史语所的民族考古学探索

　　石璋如是史语所自身培养的新生代考古学家中很突出的一位。他一生

① 陈星灿：《中国史前考古学史研究（1895—1949）》，第 312—314 页。

的际遇十分典型，了解他的出身、经历、治学等方面，对研究中国考古学的前期历史很有帮助。

与夏鼐这些人不同，石璋如出身不高，只是由于偶然的机缘进入史语所。他似乎没有得到当时人们最为看重的出国深造机会，始终工作在田野一线，这和"土专家"郭宝钧的情形有些类似。但石璋如的专业功力不可小觑，他可能是史语所在大陆时期最为资深的一线田野考古学家。从1931年以河南大学学生的身份第一次参加殷墟发掘，直到1949年离开大陆，近20年间，田野工作始终未曾间断。终其一生，他都在史语所考古组服务，直到2006年在台北以102岁高龄去世。

史语所在战争期间的田野活动甚少，除前面所述吴金鼎、夏鼐的工作之外，石璋如在此时期的考古活动，是这一阶段田野工作的重要组成部分，主要由以下工作组成。

## （一）晋绥调查、天工学社与史语所的民族考古学实践

在殷墟最后三次发掘的时候，石璋如已经成为实际上的领导者，许多重要问题的研究责任都落在了他的肩上。安阳殷墟发掘以来，对大量发现的"穴窖（即灰坑）"问题，考古组诸人一直存有疑问，没有一个很好的解释。后来有人说，绥远现在还有存粮食的窖，大家听到便想去考察，是否与殷墟的窖类似。第十五次发掘结束前，石璋如与考古组主任李济商量，打算进行调查。1937年7月初，石璋如与工友魏善臣由安阳出发去绥远。先抵北平，石璋如利用短暂的停留时间调查了西郊的古庙村、南城的制铜业、西城的制陶业。① 由北平出发的当天正是7月7日，卢沟桥事变刚刚爆发几个小时。② 两个人在之后的两个月里调查了晋、绥多个地方，包括大同云冈造像及陶业，包、绥之毛业，石拐子之陶业，五达昭（今称五当召）之建筑，固阳、五原之粮窖，以及萨县（即萨拉齐县，今已撤销，划归包

---

① 石璋如：《考古年表》，第6页。

② 陈存恭等：《石璋如先生访问记录》，第163—182页。

头管辖）、包头出土之青铜器。①这是史语所在抗日战争全面爆发之初极少数田野活动之一。②

石璋如的这次调查是史语所历史上第一次专门的民族考古学调查，是一件相当有意义的事情。石璋如后来在西南随所辗转时写了一本书《晋绥纪行》③，详细记述了这次调查的目的、意义、过程和收获。

在该书的第一节《由殷墟的穴窖问题说到绥远调查》中，石璋如谈到调查的缘起：

中外注目的殷墟发掘工作，到二十六年六月为止，已经有十五次之多，在这十五次的途程中，发现了许多为史籍所不载的新事实及传说所没有的秘密；并获得了大批可供解决殷代疑问的宝贵史料。对于中国古代文化上的贡献，在这里无须估计它的价值，只要稍为留心学术工作和考古事业的人们，都已经很清楚的了解了。但是其中有许多问题，因为没有得到有力的证据，虽然经过这样长时间的探讨，仍然没有得到一个合理的解答，其中顶显著的一个，便是殷墟中最常见、最普遍、最使人厌烦的窖穴问题，惟其普遍，我们便感觉它的重要，以其重要，才作种种的推测和据理的解释：因为殷人尚鬼，又有凡事必卜的习惯，恰巧在一个坑里发现有整架的猪骨，另一个坑里发现矛、镞等器，所以有人把它解释为与祭祀有关。又因为古有茹毛饮血、穴居野处、陶复陶穴、茅茨土阶等传说，恰巧又发现有些坑中有脚窝，有些坑里有台阶，所以又有人解释为与居室有关。这两种解释，都有他部分的理由和事实的根据，不过全没有把握着真谛所在，有待于将来更合理的解答。④

---

① 石璋如：《考古年表》，第6页。
② 同年史语所还与地质调查所合组了川康古迹考察团，双方分别由祁延霈和安特生负责，于6—10月调查了西康地区，发现遗址20余处。
③ 石璋如：《晋绥纪行》，独立出版社，1943。
④ 石璋如：《晋绥纪行》，第1页。

　　这次晋绥考察，虽然关注点甚多，但主要以藏粮食的窖穴为主。发现的第一个粮食窖藏，是在包头附近的古城湾村。包头北 10 里的后营子，也有藏粮食的窖穴。观察到的另外一处粮窖，在固阳县。第四个观察的地点，在五原县。为了找到有窖穴的地方，石璋如奔波极其辛苦。找到这几个地点以后，他做了详尽的记录，并且采访了相关人员，以获得更具体的信息。

　　这个因为殷墟灰坑引发的晋绥考察，是在战争期间的颠沛流离中完成的。石璋如没有把他在殷墟发掘的各种窖穴同该地区的现代窖穴做一番比较，实际上也不能在这样一本考察记里推测殷墟窖穴的功能。不过石璋如关于现代窖穴的描述，因为有考古学上的目的，所以相当有针对性，对于理解考古上所见各种所谓灰坑，确有重要价值。①

　　在中国考古学史上，民族考古学是发端很早但没有得到足够重视的一个研究领域。第一代考古学家中，石璋如是对民族考古学最有兴趣的一位，他对酒泉制玉业②、昆明制铜业③、华宁窑业④的观察研究，以及抵台之初所做的杨梅砖瓦业⑤和土葬⑥调查、莺歌的陶瓷业调查⑦、瑞岩民族学调查⑧，都可算是民族考古学的相关研究案例。

　　除了石璋如，梁思永对此类调查也颇为重视。但他主要关注手工业，不似石璋如兴趣那样广泛。梁思永以为，要了解古人如何制作器物，最好能从当代民间手工艺入手。抗战全面爆发前他调查过北京制作玉器的技术，

① 陈星灿：《灰坑的民族考古学考察——石璋如〈晋绥纪行〉的再发现》，《中国文物报》，2002-3-1（7）。

② 石璋如：《酒泉的制玉工业》，《技与艺》1，1952（4），第 18 页。

③ 石璋如：《记昆明的四种铜业》，《中央研究院院刊》3，1956，第 227—237 页。

④ 石璋如：《云南华宁瓦窑村的窑业》，《中央研究院院刊》2，1955，第 275—291 页。

⑤ 石璋如：《杨梅的砖瓦业》，《台湾文化》，1949，5（1）。

⑥ 石璋如：《杨梅土葬三步骤》，《公论报》，1951-4-6。

⑦ 石璋如：《莺歌的陶瓷业》，《台湾文化》，1950，6（3），第 39—46 页。

⑧ 石璋如：《瑞岩民族学初步调查报告》（衣食住部分与陈奇禄合作），台湾省文献委员会文献专刊 2，1950。

并搜集工具标本。[①] 史语所迁到昆明时，因为看到当地材料很多，梁思永便仿照营造学社，拉了有同样兴趣的石璋如组织"天工学社"，利用工作之余调查手工业，并得到了李济的支持。这几个人调查的第一步就是史语所驻地对面的瓦窑村，他们对窑进行测量，天天去看人家和泥、烧窑，星期天有时候就看一整天。之后石璋如自己又去调查较远的华宁县窑场，将全部的过程，包括和泥、做坯、晒坯、晾干、上釉等程序都看过，并照相。后来又继续调查昆明附近的宜良与呈贡的陶窑。梁思永和石璋如还调查了昆明的制铜业，据他们记载，昆明的铜有四种，包括红铜、白铜、乌铜和黄铜，制作方法和价值都很不同。二人还调查了玉器业和象牙制作业，所有调查都做了详细记录。[②]

天工学社调查的范围甚广，对农业生产、社会组织、建筑和民俗都有所关注。例如，他们在昆明调查过农业灌溉系统。昆明的农田灌溉系统十分发达，许多河渠两边用木桩加固。梁思永忆起，安阳小屯的地下沟渠与之十分类似，也是做网状联结，并用木桩加固两壁。二人还对驻地所在龙头村的农业社会组织和生活进行了详细调查，向镇公所借来地目、册子、地图等资料，抄录副本。昆明当地有很多倮倮人，生活习惯与汉人大不相同，梁思永调查倮倮的社会情况，记录了很多资料。其中包括"跳神子"，就是每年在一个固定的时候，倮、汉夹杂在一起，在一个固定的地点，在神的面前跳舞，各种舞蹈都有。石璋如曾经撰文记述[③]。他们还与营造学社的刘致平共同调查昆明的建筑，不但观察房子的样式，测量尺寸，也观察建筑结构。同时注意到房屋建成前后所举行的一些很有趣的仪式，如敬神献祭之类，这些使他们联想起来殷墟的建筑牺牲。云南的民俗也是天工学社的调查对象，梁思永对此很感兴趣。他们曾经从头到尾观察和记录过邻居一家人嫁女的全过程，以了解婚俗。另外还有女巫作法，当地称为"观

① 夏鼐：《梁思永先生传略》，《考古学报》，1954（1）。

② 陈存恭等：《石璋如先生访问记录》，第204—208页。

③ 石璋如：《两担石跳神子》，《说文月刊》，1944，3（12），第47—55页。

望"，目的是探望过去的祖宗亲人等。①可惜后来随着梁思永病倒以及战争形势和生活状况恶化，这些资料大都没有写成文章。②石璋如抵台之后，曾经陆续加以整理。

天工学社之所以在史语所流寓西南之时出现，原因之一在于战争使得进行田野发掘失去了可能，史语所的考古学家们便利用辗转边地多见民族学材料之机，广泛开展调查活动。同时，前一阶段发掘材料引起的问题，也使得调查具有很强的目的性以及开展比较研究的价值。

但史语所的民族考古学研究并没有能够发展起来，梁思永和石璋如的调查几乎从来没有直接应用在考古研究中，主要原因是同仁内部对民族学材料在考古学解释上如何运用有不同认识，其中以领导者李济的看法最为典型。李济是学习人类学出身，对于民族学调查本身的局限性，以及用以解释考古资料的局限性有较深的认识。史语所迁昆明时，李济曾经担任云南民族学会会长，作有题为《民族学发展之前途与比较法应用之限制》③的讲演，其中讨论了这一问题。中国的民族学与考古学一样，实际上也是从西方引入的一种以田野工作为特征的新学问。民族学与民族、国家以及意识形态的关系更为密切，李济首先谈到中国民族学的定位问题，他说：

> 我们的出发点，应该是以人类全部文化为目标，连我们自己的包括在内。我们尤其不应该把我们自己的文化放在任何固定的位置。固然不必提得高于一切，也不必放在低的地位，最好是保持一种保留的态度，完全以客观的事实为评价的标准。……
>
> 不过，观点虽说是应该如此，方法还是要从欧洲民族学的先进学的。④

---

① 陈存恭等：《石璋如先生访问记录》，第214—218页。

② 夏鼐：《梁思永先生传略》，《考古学报》，1954（1）。

③ 李济：《民族学发展之前途与比较法应用之限制》，载《李济考古学论文选集》，第37—45页。演讲作于1939年6月10日。

④ 李济：《民族学发展之前途与比较法应用之限制》，载《李济考古学论文选集》，第37—45页。

但是李济更进一步特别强调，学习的时候，应该有所鉴别，而不应该对洋人的东西照单全收：

外国的材料以及外国的理论，固然可以参考，但是我们要知道，外国文字所变出来的逻辑把戏，也同中国把戏一样，玩的不好是会出危险的。

现在以贩卖这种西洋把戏为业的似乎太多了，也太时髦了。我们应该知道，没有耍狮子手段的人，要把狮子放出笼来在人前喂，那狮子会跑出来吃看的人的。我们的青年，已经被这类狮子吃了不少了。我们应该养些真正靠得住的实力，抵抗这种外来的强暴。①

李济对民族学调查的客观性持保留态度，更罔论以之解释考古资料。李济是史语所考古组所有出版物的主编，以其向来之态度，是绝对不会允许研究文章中出现以民族学材料做牵强附会的解释的。

其实天工学社的活动并非孤例。抗战时期有大量文教机关撤到西南后方，例如当时在昆明附近，除了史语所在的龙泉镇龙头村之外（图75、图76），还有竹园村的中央博物院、麦地村的营造学社、瓦窑村的中央地质调查所、落索坡的中央研究院社会研究所、黑龙潭的北平研究院等。② 其中有些单位本来就从事民族学的研究，有些则是见到西南大量随时随地的新材料而兴趣大增。另外还有像燕京大学、南开大学、"乡村建设派"等，都在进行农村调查，当然他们的研究不仅限于民族学。③ 据说还有一些人组织了"西南民族学会"，兴高采烈地研究这方面的学问。他们研究西南民族史时，对西南地区民族历史的独立性大加讨论。傅斯年见了这些论文后大怒，他痛责说，日本军国主义正在提倡大傣主义，煽动云南脱离中国

① 李济：《民族学发展之前途与比较法应用之限制》，载《李济考古学论文选集》，第37—45页。
② 陈存恭等：《石璋如先生访问记录》，第213页。
③ 陈存恭等：《石璋如先生访问记录》，第215页。

图 75　史语所的礼堂
（位于昆明龙头村。"中央研究院"历史语言研究所供图）

图 76　史语所善本书室外观
（位于昆明龙头村。"中央研究院"历史语言研究所供图）

与泰国联合，在此之际，竟考订他们种族上不同于中国，当龙云等人以中国人自居而正共同为抗战而努力之时，竟考查出他们原本是偻偻，是民家，而且"更有高调，为学问作学问，不管政治"。他说这些研究成果如果只是在"专门刊物"上发表，关系还小，而竟腾诸报章。他忍不住痛斥"西南民族学会"所治的是"无聊之学问"。①

## （二）西北史地考察团的考古活动

　　史语所考古组年轻一代考古学家们自长沙星散之后，各觅去处，为生计奔波。其中石璋如比较特殊，仍然继续坚持考古活动。

　　石璋如离开长沙后，回到家乡住了一段时间，组织抗战活动，但不顺利，便继续进行考古调查工作。首先就是打算考察北平研究院发掘的宝鸡斗鸡台遗址。这是因为 1937 年 7 月石璋如到北平的时候，在北平研究院见到了苏秉琦和白万玉发掘的斗鸡台的遗物，其中有一辆车，引起了他的关注。当时因为天热，这辆车没有完工又重新埋回土里，只带了一点小铜泡回北平。石璋如打算探究一下，宝鸡的车与安阳的车有何不同，所以去宝鸡调查。新年之后，石璋如便去了苏秉琦等发掘过的宝鸡北岭，做了详细的考察，后来写了报告，于 1938 年 3 月初寄给李济，并附上了一封言辞恳切的信，发给李济、梁思永和董作宾，陈述自己在家乡的抗战活动经历，以及自己对考古的热爱和规划，请求归队继续从事研究。② 石璋如在陕西宝鸡、醴泉（今礼泉县）一带继续独自调查，其间遭到土匪抢劫并有生命危险，大约一个月后终于接到李济自昆明发来的电报，写着"速到昆明青云街靛花巷三号"。

　　归队后，石璋如继续工作。他在战争期间，除了室内研究，最重要的田野实践是参加西北史地考察团的工作。这时候已经到了抗战最困难的时候，大后方的作用越来越重要，政府和民间都弥漫着一股西北热，各界纷

① 罗志田主编：《20 世纪的中国：学术与社会·史学卷》（上册），山东人民出版社，2001，第 111 页。

② 这个报告对于后来石璋如能够迅速归队可能起到了关键作用。

纷组团去西北。<sup>①</sup>西北史地考察团是 1942 年春由中央研究院历史语言研究所、中央博物院筹备处、中国地理研究所三个文化团体所组成，大约算是后来夏鼐等人参加的西北科学考察团的前身。考察团由辛树帜任团长，史语所派劳榦、石璋如参加，中央博物院筹备处请西南联合大学教授向达参加，中国地理研究所派李承三、周延儒参加，并请同济大学教授吴静禅负责植物方面，于 1942 年在甘肃、宁夏、青海境内开展工作，其中考古仅限于甘肃、宁夏两省之一部。至 1943 年转往陕西。<sup>②</sup>

石璋如和劳榦于 1942 年 4 月从李庄出发，费时两个半月才到甘肃。此后石璋如在西北一带持续进行田野工作近一年半。在甘肃时，石璋如和劳榦一起，第二年，石璋如则一人到陕西关中一带调查。

首先是测绘敦煌莫高窟一带的窟形和地形，这对史语所考古组来说，也是前所未有的工作，但石璋如想出来许多有效的土办法。测量洞窟的器材很简单，包括：皮尺，30 米、10 米各一；平板仪，有两个小机器，一个是测量近距离的照准仪，一个是远距离的望远镜。但平板仪在窟内用不到，预备的标杆、标尺也无法使用，他便设法找到较长的棍子，捆起来做测量杆。石璋如让工友拉住皮尺一端，放在指定的位置；自己念出尺寸，然后在方格厘米本上量一尺画一道线记录下来。先量平面，再量立面。测量立面的方法，就是在测量杆头钉钉子，把皮尺固定，一个皮尺来量高度，一个量平面，彼此不冲突。测量工作很复杂，窟内有佛龛、佛窟，还有神位，顶上又有藻井，东西很多，又要记录窟内的重要题记，进度很慢，一天只能测量一个。除了测量洞窟本身，还要测量其方位。因为洞窟随山势蜿蜒，方向各有差异，于是采用指南针测量。一个大洞用一张纸，小洞就数洞合用一张纸，各洞之间的距离有多远亦须记录；距离路面、平地多远也各有不同，都加以仔细记录。有些洞在绝壁之上，当地人为了庙会和游览需要，挖了通道与其他洞相连，对这些通道，也记录其方位、长度、宽

---

① 陈存恭等：《石璋如先生访问记录》，第 247 页。

② 石璋如：《考古年表》，第 102 页。原文误为 1945 年。

窄、高度。只要属于洞窟当时的情形，都在记录范围。测量过程中还要照相，量过洞窟之后，觉得哪些值得入镜，就要拍照。[①] 这些地方以后很多都遭破坏灭失，史语所的测绘资料弥足珍贵。石璋如和劳榦在此辛勤工作了大约一个季度，记录了当时敦煌莫高窟大量的资料，后来整理成为《莫高窟形》三册，于半个世纪后的 1996 年出版。[②]

除了测量千佛洞，石璋如和劳榦还做了大量调查，发现了很多历史时期的遗址。比较重要者，如玉门关和阳关一带，黑水流域等地。其间曾在古董滩、察克图烽燧、阳关墓地进行发掘。[③] 1942 年底，西北史地考察团在甘肃的工作结束。

1943 年 2 月至 8 月，石璋如独自一人在陕西进行田野工作半年之久，先后调查了泾河流域、唐代等历朝陵墓及石刻、龙门造像（和阎文儒一起）、耀县（今铜川市耀州区）石刻、西安附近的佛教遗迹、渭水流域、雍水流域、秦始皇陵等处，收获很大。[④] 石璋如还曾在邠县（今彬州市）老虎煞、丰镐村和岐阳堡分别做了小规模试掘。[⑤] 其中特别是大量周代遗址的发现和记录，具有重要意义。如在渭水流域针对周代都城的调查，在丰水一带发现了丰镐村、斗门石刻、回回坟、张家坡、马王村、斗门镇、开瑞庄、福应寺、落水村、普渡、灵台、台北、姬家堡、礼贤村、涝店、崔家坟、兆丰桥、圪垱庙、杜家坡、姜嫄嘴、白龙湾等 20 余处遗址。其中多处在 1949 年后进行了发掘，有很重要的发现。石璋如自西北史地考察团的活动之后在关中一带的调查，虽然大半出于个人主张，但有极其丰富的收获，后来也得到李济的认可。石璋如后来在李庄做了细致的整理，写成

①　陈存恭等：《石璋如先生访问记录》，第 253—255 页。

②　田野工作报告之三《莫高窟形》（一、二、三册），"中央研究院"历史语言研究所，1996。

③　石璋如：《考古年表》，第 26 页。

④　石璋如：《考古年表》，第 9—10 页。

⑤　石璋如：《考古年表》，第 27 页。

专文《关中考古调查报告》①。

周代考古是中国考古学很重要的一部分，民国时期这方面的工作，发掘以北平研究院在宝鸡斗鸡台的工作为先，调查则以石璋如的关中调查最有成绩。当然，由于时代的限制，他的判断有很多不正确的地方，但瑕不掩瑜。因为时局变迁，石璋如的调查结果后来长时期没有为大陆考古界所认识和利用。

## 四、战争期间史语所的考古研究

1937 年至 1949 年连年战争，使史语所的考古工作处于萎缩状态。田野考古方面，如前所见，只做了一些有限的工作。但在无条件开展大规模田野活动的情况下，考古组同仁勉力而为，在室内研究方面做出了相当优异的成绩，取得了民国时期科学考古研究的最高成就。这里以李济在全面抗战期间和胜利后的工作为代表，对史语所考古组这段时期的室内研究做一重点考察，并对中国科学考古学这段时期的发展做一总结性讨论。

李济关于殷墟资料最重要的研究，是在陶器和铜器方面。②这与董作宾的甲骨文研究堪称殷墟考古的双璧，也是二人在殷墟合作上早年约定的结果。李济在这方面的论著甚多。论文如《殷商陶器初论》（1929）、《殷墟铜器五种及其相关之问题》（1933）、《记小屯出土之青铜器（上、中篇）》（1948）、《豫北出土青铜句兵分类图解》（1950）、《殷商时代青铜技术的第四种风格》（1964）、《殷商出土青铜礼器的总检讨》（1976）等。专著包括《殷墟器物甲编：陶器（上辑）》（1956）、《古器物研究专刊》五册（1964—1972）等。

李济在大陆时期的主要精力用在发掘整理上，加之行政事务的困扰，

---

① 石璋如：《关中考古调查报告》，《历史语言研究所集刊》第二十七本，1956，第205—323页。

② 张光直：《对李济之先生考古学研究的一些看法》，载《李济文集》卷一，序二，第16页。

以及战争带来的家庭灾难①，他用于学术的时间大受影响，综合性研究成果似乎并不突出，没有能够产生像董作宾《殷历谱》那样的巨著，对此他自己也引以为憾。李济长期担任中央博物院筹备处的主任（1934—1947），1938 年还曾经代理史语所所长，这两个职务事务很多。同时他的社会兼职也不少，如在 1939 年曾经当选为云南民族学会会长。这使得他能集中精力从事考古研究的时间并不多。李济对殷墟材料形成真正的综合性研究论著相当晚，已经是在解放战争时期，他辞去担任的最重要的职务——中央博物院筹备处主任之后。后面这项职务占用了李济大量的时间，他不得不把精力投入中国博物馆事业的发展中，而偏离了考古本行。李济对于殷墟研究，包括国内极其重视的类型学研究，主要成果发表在赴台之后，但在早期一些论文中已露端倪。②李济 1949 年后的学术史已经超出本书范围，并且对新中国后来的考古学发展走向基本上没有产生影响，在此不做讨论。

关于全面抗战前李济在陶器和铜器上的初步研究，前面已经加以讨论，这里主要谈一下 1937 年至 1949 年间李济的主要研究活动和成果。

## （一）陶器的分类整理

在全面抗战期间，特别在昆明和李庄期间，李济领导考古组进行了殷墟陶器的研究，以编制《殷墟陶器图录》为中心，做了大量工作。

李济对陶器在现代考古学中的地位有清楚的认识，他曾经说，陶器之所以重要，是因为它具有其他实物不具备的三种性质：1. 数量多；2. 在地下保存可以历久不变；3. 形制质料随时代发生变化，变的部分均足以反映时代精神。③

十五次殷墟发掘，收集了将近 25 万块陶片，以及 1500 余件可以复原

---

① 在昆明和李庄期间，李济的两个女儿因病得不到及时治疗而先后去世。
② 李济在学术上的主要成就，是以殷墟发掘材料为中心进行专题和综合研究，其中成果最为突出者是对殷墟陶器和青铜器的系统研究。李济这方面的重要论著大多发表于 1949 年赴台之后，对新中国考古学的发展没有产生多少影响。
③ 李济：《殷墟器物甲编：陶器（上辑）》序，载《李济文集》卷三，第 51 页。

的陶器。这些陶器的出土地层既包括了殷墟文化层，也包括了先殷文化层，在后来分类时，因为考虑到时代的连续性和层位的连续性，并没有分开。这些陶器都有完整的发掘记录，包括：（1）出土时候的记录及其在地下的原始情形，以及所在地层和其他地层的相对位置；（2）与同地层或墓葬出土的他种器物的关系。以上两项记录均包括发掘时的记载、照相和图录。进一步的室内研究还包括了对其质料、做法、形制以及纹饰的研究，这需要专门的技术。例如陶质的化学分析，就要请专家来做。抗战之前，这类合作已经经常进行。但到了战争时期，因为条件所限，合作逐渐不可能。在昆明时期史语所考古组曾经送了一批陶片请化学研究所代为化验，即因为化验材料的缺乏未能完成，以后再未进行类似合作。

全面抗战时期，史语所大迁徙，虽然带走了很多考古标本，但大量陶器遗留在了各个驻地。没带走的标本保存在三个地方：安阳的冠带巷①、北平的蚕坛和南京的北极阁②。随着史语所搬迁的，只限于考古人员常说的"形制代表标本"（type specimens），这些东西是做分类时候检选出来的各式各型的代表。只有全部的原始记录，考古组是始终带在身边的。

利用这些原始记录和典型器物，考古组的室内研究在战争期间断续进行。在昆明期间，吴金鼎完成了可复原以及完整陶器标本的做法、形制与纹饰的说明；石璋如做了昆明窑业调查，对于了解殷墟陶业有所帮助；同时还做了陶质物理实验，如吸水率和硬度的测量。统计表的整理、田野号的调整，以及图录的安排、序数的编制都是在这一时期开始的。其中一项特别繁重的工作，是在潘悫和李连春帮助下，用统一的比例（原大的1/4）将所有标本绘图，并为完整的标本拍照。这项工作用了数年时间。③

值得一谈的是李济1939年在昆明驻地进行的殷墟各类陶片之吸水比重实验。④似乎当初是要做更有意义的陶器容量测量，因为无法进行，所

---

① 这里是史语所殷墟发掘团的长期驻地。

② 这两处都曾经是史语所驻地。

③ 李济：《安阳》，载《中国现代学术经典·李济卷》，第565—566页。

④ 《李济先生学术活动简表》，载《李济与清华》，第219—225页。

以改做了吸水量测量。那是 1939 年史语所在昆明时候，李济住在史语所附近的棕皮营，中央博物院则设在二里外的竹园村土主庙内，在那里有一个实验室，设置着一架极准确的比重天平，每天或者隔一天去做比重实验。他的方法是：（1）先量陶片干燥时的重量；（2）然后浸入蒸馏水 36 小时；（3）先用马尾缚住陶片在蒸馏水中称重量，次取出擦去其上的水痕，离开水再称一次，每块陶片要称三次，算出一个公式，求其比重。把各种质地及颜色不同的陶片选出代表，一一加以实验，以求出各种陶片的吸水率。这个研究的结果，后来发表在《殷墟器物：甲编（上辑）》① 第二章。

　　由昆明迁徙到李庄（图 77、图 78），史语所得到了一个较长的安定时期，并且有了以前的工作作为基础，于是李济下决心完成一本殷墟出土陶器的汇总，即陶器序数② 的编制。成果即为后来编入《殷墟器物甲编：陶器（上辑）》中的《殷墟陶器图录》。这份图录是考古组陶器研究最为重要的成果，集中代表了李济陶器分类和类型学研究的思想，李济极为看重。这种分类方法，是李济经过长期实验和思考的结果。在"总说"部分，李济详细定义了图录及序数的排列原则：

　　1. 收编的陶器，全以殷墟出土的容器为限……

　　2. 容器门内陶器的排列，以最下部的形态作第一数的标准；尖底及圆底的排在 000 至 099 的序数内，平底的排在 100 至 199 序数内；圈底的排在 200 至 299 序数内；三足的在 300 至 399 序数内；四足的在 400 至 499 序数内。……

　　3. 每目内再按最上部的形态定那 1—99 的标记，排列的秩序大致依口径的大小及全器的浅深为准，大的浅的在前，小的深的在后；中间又以周壁与底部的角度，纯缘的结构，作详细划分的准则：向外撇的在前，向内拱的居后。

　　4. 他种形制上的变化，如周壁的曲线，最大横截面的所在，耳、把、

① 李济：《殷墟器物甲编：陶器（上辑）》，载《李济文集》卷三。
② 李济做陶器分类时的专用术语，指顺着某一种秩序为各种形制不同的器物所编的一串号码。

图77　史语所历史组所在地（李庄）
（"中央研究院"历史语言研究所供图）

图78　史语所图书室、语言组、民族学组所在地（李庄）
（"中央研究院"历史语言研究所供图）

鼻、柄、嘴、流等附着器的有无，往往构成一器的个性——这些变化是最无秩序的，皆随着各器一般的形制排列，中间再加英文字母表示这些个性。[①]

……

　　按照以上编制方法，殷墟出土的1500余件完整以及可复原陶器都纳入了一个系统，系统内每一式、每一型都有了一个固定的名称。同时，每一序数的每一图样，均将所绘标本的轮廓、结构与纹饰表现了出来。共计16幅图录，按照序数排列了殷墟陶器群的各式各型的全貌（图79）。[②]

　　这项基础性研究的目的在于尽可能按照器物的本来面貌还原其类别归属，第二项为分型，第三项为定式，排列十分清楚。第四项是关于其他形制特征，也做了归类。[③]但他的表达和分类方法后人沿用者并不多，之所以如此，可能与李济在排列时候最主要的两个假设有关系。第一是关于型的假设，以底部形态分型；第二是关于式的假设，以最上部形态的变化为依据，以口径大小及全器的深浅、周壁与底部的角度、缘的角度变化确定排列的顺序。这两个假设虽然是李济等人长期探索的结果，有相当的合理成分，但是带有很大的随意性和想象成分，是否反映了器物的真实类别和演化的序列是很有问题的。

　　事实证明，最终确定类型演化排列顺序最重要的依据仍然是地层关系，只有以地层关系加以校正，才能较正确地确定器物的相对年代和演化轨道。虽然殷墟陶器有不少地层资料可以参考，但在李济的陶器类型学中，似乎对于地层关系并没有给予足够重视，没有将陶器之间的地层关系作为排列顺序的考虑因素以及最终依据，当是这个排列在探索演化方面不甚成功的原因之一。李济并非对现代考古类型学一无所知，事实上，这位"中国考

---

① 李济：《殷墟器物甲编：陶器（上辑）》，载《李济文集》卷三，第97—98页。

② 李济：《殷墟器物甲编：陶器（上辑）》，载《李济文集》卷三，第53页。

③ 李济对于"型"与"式"的定义与后来大陆考古界所习用的不同，正好是颠倒了过来。见李济《记小屯出土之青铜器》，载《李济文集》卷三，第472页。

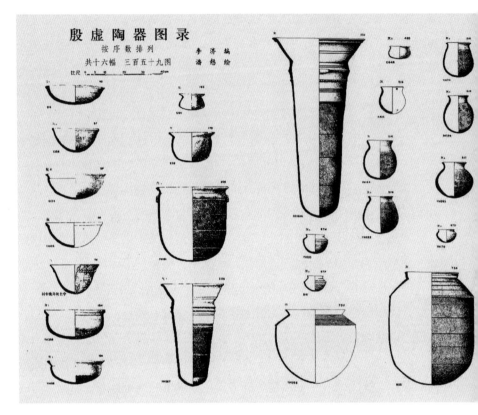

图79　殷墟陶器图录（部分）

（李济编，潘悫绘，载《李济文集》卷三，第134—149页。图共16幅，此处选取前4幅为代表）

古学之父"对于类型学有深刻的了解和掌握，这充分体现在后来他对青铜器以及骨笄的研究中，由于成果主要发表于他在台湾岛时期，这一点似乎还没有为很多人了解。李济的陶器排列之所以呈现以上特征，主要的因素有两点。

第一，他主要的目的在于对陶器进行分类，而不是探索陶器的演化。李济后来谈道，"这样分目排列的办法只具有一个极简单的目的：便于检查。至于由这个排列的秩序是否可以看出形态上的关系出来，却是另外的

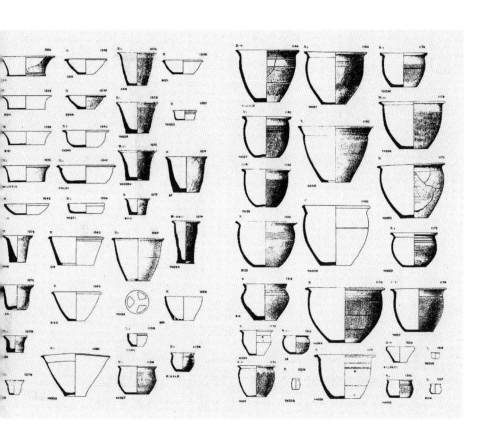

问题；不过这个排列的秩序，显然可以供给讨论这一问题的不少的方便"①。

实际上，在编制殷墟陶器图录时候，李济对皮特里的陶器类型学排列方法

并不陌生，也曾经参考皮特里的代表作之一《史前埃及》，但他的结论却

是，皮特里的分类标准与自己的目的"很不相适"②，从而放弃了皮特里的

编写方法，自己另行创造了上述体例。之所以说两者目的不同，是因为皮

———————————

① 李济：《记小屯出土之青铜器（上篇）》，载《李济文集》卷三，第 472 页。

② 李济：《安阳》，载《中国现代学术经典·李济卷》，第 566—567 页。

特里的目的在于以类型学探索分期问题，而李济想把所有殷墟陶器都在一个系统中安排位置。皮特里是以一群典型器物解决具体问题，而李济是对一群极为庞杂的资料加以整理，这是李济没有按照皮特里的类型学方法排列殷墟陶器的一个具体原因。材料的庞杂无序对李济类型学研究构成了一个很大的妨碍，材料本身反而对人的创造力形成了束缚。但在具体的编排上，李济还是采取了皮特里的做法，如皮特里排列陶器的方法是把最敞口的（和浅的）放在前面，一直推展到把最小口的放在最后，李济同样也是按照这种方法，把口最大和浅的放在前面，而把身高口小的放在最后。[1]

第二个重要因素就是，整体而言，这批数量庞大的陶器的地层资料并不清楚。虽然李济声称有所有陶器的完整田野发掘资料，但如此之多的陶器之间的层位关系，依照当时的发掘水平，却成为一个很难理清的问题。李济曾经说：

> 小屯地面下先殷文化与殷商文化的层次可以划分得清楚的只居少数。大部分的地层都被后期扰动了或毁坏了，所以我们虽然能够根据未扰乱的地层断定先殷陶器若干形制，但并不能划定全部先殷陶群的范围。先殷时代的陶群既不能在地层上全部勘定，殷商陶群的范围也就被牵涉了同样地不能划定。……地层上既无帮助，要解决这一问题，只有先将陶器在地面下分布的情形，先作一研究，以有层秩可寻而扰乱最少的坑位所包含的实物为基础追寻那在地下堆积的先后秩序，再决定两个时期的分别。[2]

所以说，李济之所以在陶器类型学上没有取得重大突破，地层关系资料混乱是一个很大的制约因素，从而很难以时间序列为线索，为陶器的发展排出一个序列。反过来说，也正是因为李济以全部殷墟陶器为研究对象，才造成了这种境况。

---

[1] 李济：《安阳》，载《中国现代学术经典·李济卷》，第 567 页。
[2] 李济：《殷墟器物甲编：陶器（上辑）》，载《李济文集》卷三，第 53 页。

尽管李济将全部精力放在了陶器的分类上，但他的这个陶器分类是否真正体现出了陶器的本来类别归属，有很大的疑问。首先，最重要的一点就是他的起始点，即按照底部形态开始分类的做法是否正确。例如，三足和四足器物被分为截然不同的两目，但实际上很多时候四足器仅仅是三足器的变种而已，两者之间功能相同，亲缘关系极近，归类为差别很大的器别是不恰当的。

而且，李济的这种分类方法，过于体现器物之间的区别，而忽视了它们之间的联系，从而给探索同种器物不同的演化轨道带来了很大的困难。李济使用的序数方法，可以很好地区分器别，但难以记录和表达同一器别内形态差别的复杂和细微之处，从而不便于寻找及表示器物的形态变化过程，更不易于记忆。李济这种分类方法，实质上是把记录器物形态差别的方法与寻找器物形态排列秩序的目的完全分割开来，等于造成研究工作多做一个项目，自然极为不便。① 而苏秉琦的类型学方法则克服了这些缺点，将两步合为一步，从而成为后来的规范。

总起来说，李济的陶器研究基本上还是停留在分类整理的初步阶段，他在类型学探索上的成就主要体现在后来的青铜器和骨笄的研究上。

## （二）青铜器的分类与研究

抗战胜利之后，史语所返回南京。李济在完成战后复员和对日接收之后，辞去所兼行政职务，开始潜心于殷墟材料的研究。

1948 年，李济写出了他在大陆时期关于殷墟研究最重要的文章之一——《记小屯出土之青铜器（上、中篇）》② 。经过几年的探索，他的类型

---

① 俞伟超：《关于"考古类型学"的问题》，《考古学是什么——俞伟超考古学理论文选》，第58—59 页。
② 该文并没有写完。完成的部分分为两次发表，分别是：《记小屯出土之青铜器》，载《中国考古学报》第三册，第1—100 页；《记小屯出土之青铜器（中篇：锋刃器）》，载《中国考古学报》第四册，书稿存上海商务印书馆，1949 年 12 月以中国科学院历史语言研究所名义出版。

学研究比起在李庄排列陶器时有了很大的进步。

　　《记小屯出土之青铜器》之所以重要，是因为它集中地体现了李济的分类方法和类型学思想。李济后来在这方面的成果颇丰，达到了很高的研究水准，这是李济留下来的最重要的一笔学术遗产。[①]从《殷墟铜器五种及其相关之问题》开始，李济经过长时间的探索，至此在类型学方面已经有了一些相当成熟和系统的成果，使得青铜器研究摆脱了古器物学的束缚，走上了科学轨道。

　　这篇文章开篇，李济首先讨论了一些最基础的问题，就是如何对青铜器进行分类。之所以如此不厌其烦地讨论这个貌似简单的问题，是因为青铜器一直是中国古器物学研究的主要对象之一，所需要破除的传统习惯，比起陶器来要强得多。他反复强调，古器物学家以猜测性的功能进行分类是不正确的，这是造成古器物学八百年来没能进步的主要原因。[②]至于李济自己的分类方法，与陶器一样，仍然是从形态入手。他将小屯出土的 76 件青铜礼器（出于 10 座墓葬中），依其最下部的形态排列，分为六类：圜底器、平底器、圈足器、三足器、四足器、器盖。完全根据器物形制，以最下部形态作为第一分类标准，这个方面延续了研究殷墟陶器时采取的办法。李济说，这样所排列的秩序，甚便检查；再顺着这个顺序，就可以看出一种自然的类别来。

　　同时他还认为，从形态入手，可以打破质料的限制，从而能够找出器物形制的演化关系。例如，他说，陶器和铜器，质料虽别，但同一个遗址与同一时代出土的，它们的形制必然有相互关系，问题就是要找出它们所有关系的远近及深浅的程度。这个原则要是可以为古器物学家全部接受，古器物学的研究一定可以达到一个新的境界。

　　他认为，铜器分类的标准一定要严格，不能随意变换标准。为此，他有针对性地批评了日本考古学家梅原末治的铜器分类方法。梅原末治在

<hr />

① 张光直：《对李济之先生考古学研究的一些看法》，载《李济文集》卷一，序二，序第 17 页。

② 李济：《中国古器物学的新基础》，载《李济文集》卷一，第 334—344 页。

1940 年出版了《古铜器形态的考古学研究》①一书，根据形制将中国古代青铜器分为十三类，这对于金石学来说是一种全新的突破。但李济认为其分类标准仍然存在很多失误，"标准的选择虽似完全在器物的形态上着眼，但所采用的，忽为全身，忽在口部，忽在底部，前后甚不一律；把那分类应有的效用，互相消失了"②。

　　李济自己的排列完全参照了殷墟陶器的分类标准，将青铜容器按照底部形态分为圜底目、平底目、圈足目、三足目、四足目、盖形目六大类，目下分式，式下分型，做了详细的排列以及测量统计。

　　但是李济对于铜器的研究深度远远超过了陶器。和陶器不同，在这里分类仅仅是其初步的工作，他的研究目的和重点在于探讨铜器形制的演变，这方面的内容占了绝大多数篇幅。就是说，他不仅仅完成了第一步，更着重探究了第二步，这是真正的类型学研究。之所以李济能够在铜器研究上有此突破，主要的原因在于：1. 这批材料数量不多（76 件），便于编排，而且出土情况十分清楚（属于 10 座墓葬）；2. 有了数年来进行陶器研究积累的经验；3. 有蒙特留斯等学者关于铜器类型学研究的范例可以直接参考。

　　在这篇文章中，李济结合陶器和石器，详细探讨了各类铜器所代表的器物形态可能的演变轨迹。在上篇，他主要探讨了各类铜容器的演变，在中篇进一步探讨了锋刃器。例如上篇在追溯觚形器的源流时，李济认为龙山文化陶豆可能是觚形器的祖型，或者"受过黑陶业作风甚大的熏陶"，这种分析植根于他对觚形器各个部分的细致观察及与陶豆的比较。他还认为龙山文化的陶豆祖型是黑陶杯，黑陶杯向两个方向发展，形成两种形式的豆，然后分别演化，其中的一支演变成了觚形器。值得注意的倒不是这个演化轨迹的正确与否，而是他使用了两重符号 a.al、a.a2 与 a.bl、a.b2 等表示了陶杯向两个方向的发展（图 80）。在分析铜鼎、斝、爵等器时，李济也采取了同样的方法。李济还根据器物在各个墓葬中的共存关系，讨论

①　梅原末治：《古铜器形态的考古学研究》，《东方文化研究所研究报告》第十五册，东方文化研究所出版，1940。

②　李济：《记小屯出土之青铜器》，载《李济文集》卷三，第 471 页。

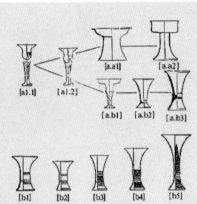

[a1.1]、[a1.2] 日照两城镇出土之带座圆底杯形黑陶；[a.a1] 日照两城镇出土之豆形陶器一；[a.a2] 日照两城镇出土之豆形陶器二；[a.b1] 日照两城镇出土之黑陶；[a.b2] 小屯殷商文化层出土之觚形器；[a.b3] 小屯殷商文化层出土之觚形陶器；[b1] 小屯 M232 出土之觚形铜器；[b2] 小屯 M388 出土之觚形铜器；[b3] 小屯 M331 出土之觚形铜器；[b4] 小屯 M232 出土之觚形铜器；[b5] 小屯 M238 出土之觚形铜器。

图 80　觚形器形制之演变及与豆形器可能之关系
（李济：《记小屯出土之青铜器（上篇）》，载《李济文集》卷三，第 543 页）

了可能的年代关系；根据不同器形的铜器在墓中的组合情况认识到可能存在礼制的不同（如觚与爵的组合、鼎的组合）。后者实际上是把类型学的方法提高到了对社会关系的分析方面，说明李济应用类型学方法比前期有了很大发展。[1]

　　李济青铜器研究的另外一个特征是做了大量的测量和统计。据夏鼐讲是学习了英国科学家 K·皮耳生[2]的生物测量统计学方法，将之引入古器物研究中。[3]例如一个爵杯，有 15 项尺寸和容量测量，7 项形状和纹饰描写。[4]

① 陈星灿：《中国史前考古学史研究 1895—1949》，第 319—320 页。
② 即卡尔·皮尔逊（Karl Pearson，1857—1936），英国数学家、哲学家，现代统计学创始人之一，20 世纪初期在生物统计方面卓有贡献。
③ 夏鼐：《批判考古学中的胡适派资产阶级思想》，《考古通讯》，1955（3），第 1—7 页。
④ 李济：《记小屯出土之青铜器（上篇）》，《中国考古学报》第三册，第 22 页，表 6。

至于铜镞比较表，每组测量点统计数据达 42 项之多，除了测量尺寸，还求每组的每种尺寸的最大、最小和平均数、差异系数和标准差异系数。[①] 这些统计方法，可能来自他在美国时候所受的教育，他在学习心理学、社会学和人类学期间都修习过统计学，并有很多实践训练。

在台湾期间，李济继续对殷墟材料进行综合性研究，在类型学的探索方面有了更加显著的进步，取得了卓越的成就。这方面的文章包括《豫北出土青铜句兵分类图解》（1950）、《殷墟有刃石器图说》（1951）、《由笄形演变所看见的小屯遗址与侯家庄墓葬之时代关系》（1958）、《笄形八类及其文饰之演变》（1959）、《如何研究中国青铜器——青铜器的六个方面》（1966）、《斝的形制及其原始》（1969）等；著作包括《殷墟器物甲编：陶器（上辑）》（1956）、《中国文明的开始》（英文，1957），以及《古器物研究专刊》系列：第一本《殷墟出土青铜觚形器之研究：花纹的比较》（1964）、第二本《殷墟出土青铜爵形器之研究：青铜爵形器的形制、花纹与铭文》、第三本《殷墟出土青铜斝形器之研究：青铜斝形器的形制与花纹》（1968）、第四本《殷墟出土青铜鼎形器之研究：青铜鼎形器的形制与花纹》（1970）、第五本《殷墟出土五十三件青铜容器之研究：殷墟发掘出土五十三件青铜容器的形制和文饰之简述及概论》（1972）。

例如，在《中国文明的开始》一书中，李济引用了他 1950 年所作《豫北出土青铜句兵分类图解》的成果，详细探讨了"戈"这种在中国延续了上千年的武器在豫北的发展演化。在该文中，李济列举了原始形态的石戈、青铜的仿制品及各种铜戈的变化阶段，以及《考工记》所载的标准形制，将这一系列的变化探溯出来。他挑选了 208 件戈作为分析对象，分别出土于小屯（35 件）、侯家庄（31 件）、浚县辛村（67 件）、汲县山彪镇（59 件）、辉县琉璃阁（16 件），属于商代、西周、战国三个大的时期。李济详细地探讨了石戈——铜戈——铜戟的演化路线，以及戈的各个组成部分由

---

① 李济：《记小屯出土之青铜器（中篇）》，《中国考古学报》第四册，第 57 页，表 30。

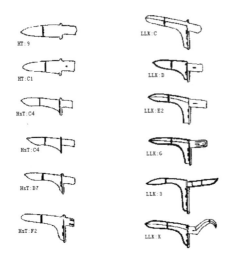

图 81 戈的形制演变

（李济：《中国文明的开始》，载《中国现代学术经典·李济卷》，第 420 页）

简陋向完美所发生的细微变化。① 这部戈的演变史，可以追溯到新石器时代的石刀上去；这些石刀最初的用处大概是收割农作物的，像镰刀一样。因此早期的青铜戈仍然带着仿制石戈的痕迹，没有下垂的"胡"。胡的产生与发展，完全是青铜戈的特征。这一形下垂的度数，完全是随着时代演进的。渐渐地这一横砍的句兵，即戈，与直刺的刺兵（矛）联合在一起，演成了战国时代的戟（图 81）。由石戈发展到铜戟的过程，差不多经历了一千年。② 这是类型学方法的典型运用。

但李济对类型学的认识并不像大陆学界 20 世纪 50 年代的批判所说，仅仅局限于形态演变的分析 ③，实际上他也进一步注意到了功能的方面。

---

① 李济：《中国文明的开始》，载《李济文集》卷一，第 389—390 页。

② 李济：《如何研究中国青铜器——青铜器研究的六个方面》，载《李济文集》卷一，第 431 页。

③ 北京大学历史系考古专业学术批判小组：《批判李济的反动学术思想》，《考古》，1959（1），第 14—17 页。

1948年，在一篇题目为《中国古器物学的新基础》①的演讲中，在充分阐述了类型学的原理和功用之后，他接着说：

> 但是，要对古器物求全面的了解，专在形态的演变方面下功夫，无论做得如何彻底，也是不够的。器物都是人类制造的，它们的存在，既靠着人，故它们与人的关系——器物的功能——也必须要研究清楚，然后它们存在的意义，以及形态演变的意义，方能得到明白的解释。②

至于方法和途径，李济认为民族学最为有效：

> 要充分地解释古器物的功能，民族学的训练显然是最大的帮助；这在多方面已经证明了。看红印度人打制石器及用石器的方法，就增进了史前学家对于石器时代生活无限的了解……这种参考资料，不但可以加深我们对于古器物的个别了解，并且可以帮助我们对于古器物所代表的全部社会的远景，得一明确的、有比例的认识。③

实际上，到了20世纪40年代末，经过20年的探索，李济对中国考古学的各个主要方面，已经有了相当成熟、完整而切实的认识，这也代表中国科学考古学已经发展到了一个较成熟的阶段。

### （三）李济类型学思想的来源及特点

类型学在中国考古学研究中具有特殊地位，被认为是一种最核心的方法，苏秉琦、李济、裴文中、梁思永、吴金鼎等先驱在这个方面各有探索，

---

① 李济：《中国古器物学的新基础》，载《李济文集》卷一，第334—344页。原载台湾大学《文史哲学报》第一期，1950。文末附记："1948年1月11日上午，在南京北极阁中央研究院礼堂，中央研究院与北京大学同学会联合组织的纪念蔡子民先生学术讲演会上宣读。"
② 李济：《中国古器物学的新基础》，载《李济文集》卷一，第344页。
③ 李济：《中国古器物学的新基础》，载《李济文集》卷一，第344页。

这里以李济为中心稍作展开。

俞伟超和陈星灿都曾经分析过李济的陶器和铜器分类方法，认为这一分类方法显然是从体质人类学中借用而来，但对于了解器物的演变没有提供多少帮助。①李济对生物分类学非常熟悉，这一点并没有很大的疑问，因为他受过很好的体质人类学训练。他的"门—目—式—型—个体"的器物分类，与"门—纲—目—科—属—种"生物分类方法并没有本质的区别，这种方法通行在人类学中，源自林奈（Carolus von Linné，1707—1778）的伟大贡献。但我们前文已经加以讨论，在李济心目中，分类和类型学研究是两个不同阶段的概念，前面的分类只是为下一阶段的器物演变研究提供基础。他在陶器研究上似乎仅仅止步于分类，但在铜器的研究上不仅是分类，而是在类型演变上做了很大的发挥。所以讨论李济的类型学研究，必须以其对青铜器和骨笄的研究为对象。

从李济的论著来看，他对蒙特留斯和皮特里等人的研究方法都有所参考，但受蒙特留斯的影响似乎最大。②李济曾经大量引用西方考古学家和汉学家的论著和观点，其中最多当数对中国考古学有启蒙之功的安特生，然后还包括柴尔德、皮特里、蒙特留斯③、高本汉、步达生等多人，另外还有日本考古学家滨田耕作、梅原末治等。其中与器物分类有关的是皮特里，李济参考皮特里《史前埃及》中的一些排列原则，如把最敞口的（和浅的）放在前面，一直推展到把最小口的放在最后，但李济在铜器类型演变方面

① 俞伟超：《关于"考古类型学"的问题》，载《考古学是什么——俞伟超考古学理论文选》，第54—107页。陈星灿：《中国史前考古学史研究（1895—1949）》，第317—319页。

② 需要注意的是，在民国时期，中国考古学实际上与西方考古学界也处在一种半隔绝状态，李济等人对西方考古学理论、技术和方法的学习主要是从书刊上进行，而在当时，得到这些外文书刊并不容易。例如，李济在研究陶器时，唯一可以参考的著作是皮特里的《史前埃及》，而这并非皮特里关于陶器类型学研究的代表作。所以，当时能够学习到西方考古学哪些方面的知识是带有一定偶然性的。但蒙特留斯1903年出版的著作《东方和欧洲的古代文化诸时期》，其首章（《方法论》）专门论述类型学原理及若干实例，因其影响巨大，所以成为东亚考古学界的必读书。

③ 李济将皮特里和蒙特留斯分别翻译成裴居立和穆太尼斯。

的研究主要参考了蒙特留斯等人的方法。

李济对欧洲铜器演变的类型学研究有一定的认识。早在 1932 年写的《殷墟铜器五种及其相关之问题》中，他就征引了数位学者这方面的研究成果。

首先是关于矛的演变，他引用了格林维尔关于矛头在英国演化的研究，并将这个演化过程与殷墟矛头相对照，最后他认为："殷墟所出的一种矛头的形制有好些特点可以对证英国矛头的沿革。……由原来内于柲上的匕首变作戴于矜上的矛头，那一步一步的改革的次序与格林威尔所讲的英国矛头可以完全扣合起来。"[1] 在研究殷墟出土刀具时，他引用了柴尔德、皮特里等人关于西方青铜文化中刀的演变的观点，例如柴尔德谈到单刃铜刀："单刃铜刀在欧洲中部青铜时代中期即已出现；到了晚期，样式就渐渐的变多，柄端或为一勾，或为一环；这个演化是很清楚的。"[2]

关于蒙特留斯的方法，李济说：

欧洲铜器时代的文化，均无文字；它们的年代大概都靠着器物形制的演化作一个相对的标定。实物形制的变革，最能代表时代性的，古物学家公认为下列三种：（1）斧与锛；（2）匕首与剑；（3）扣针。三种实物中尤以斧形的演变视为最可靠的青铜文化分期的标准。倡始这个方法的为瑞典考古学家穆太尼斯（Montelius）及密勒（Müller），后来的考古学家大都采用并且加以证实，只在年代前后有点讨论；那各实物形制的递变的秩序都公认有一定的。

……

① 李济：《殷墟铜器五种及其相关之问题》，载《李济文集》卷三，第 449 页。所引用格林维尔的文章是：Canon Greenwell, *Archaeologia*, Vol. 61, p. 439. 格林维尔把矛头在英国的演化分为以下几个重要阶段：1. 匕首；2. 匕首加柄，首作矛头，内于柲；3. 柄加宽，内柲处加箍以免罅裂；4. 箍与矛头联合，筒之初步；5. 筒旁加环以固结；6. 环向上升。

② 李济：《殷墟铜器五种及其相关之问题》，载《李济文集》卷三，第 451 页。所引用著作为柴尔德的 *The Bronze Age*（pp. 94–97）和皮特里的 *Tools and Weapons*（pp. 22–27）。

穆太尼斯论不列颠铜器时代纪年问题文中，曾申述古遗物在地下堆积之联锁性如下："最要紧的是假如两个时代不同、形制不同的实物，在一块找着，必定有一种形制恰居另一种之前。所以第一期与第二期的实物（此处指英国青铜时代为例），或第三期与第四期的实物可以在一个地方找着，但第一期与第三期，第二期与第四期，不会并存在一个遗址中。这种现象在青铜时代的遗址中很少有例外的（*Archaeology*，Vol. 61. Part I. p.99）。"这个条例不但可以代表青铜文化遗址堆积的现象，实可以扩大到括叙一切古物在地下堆积的情形——由旧石器时代直到历史期间。所以在理论上说，任何古物要是我们知道它们出土的情形，对于它们的相对的时代性，我们就可以得到一个了解的根据。[①]

其实，无论是皮特里还是蒙特留斯的类型学方法，在其研究中并非孤立的存在，都只是研究文化演变的一个工具，直接目的是解决年代学问题或者是分期问题。李济对此也有认识。[②]但与欧洲青铜文化的复杂情况不同的是，殷墟文化因为已经属于历史时期，时间坐标相对清楚，故而在这方面的要求并不迫切，所以李济运用这些方法的要义并不在确定时间上，而是在于追寻器物形态的演变轨迹。[③]他对很多器物演变轨迹的排列，都采用了蒙特留斯等欧洲考古学家常用的方法。

但是李济对蒙特留斯类型学的理解似乎有相当大的片面性，他注意到要探索器物的演变轨迹，却没有充分意识到演变形式和轨道的复杂性。孙祖初将蒙特留斯类型学的方法论精髓归纳为如下三点：其一，"人类制造

① 李济：《殷墟铜器五种及其相关之问题》，载《李济文集》卷三，第 452—453 页。
② 无论是历史学还是考古学，最基本的线索都是年代或者说时间问题……李济对此有充分认识，他曾经谈到董作宾的甲骨学研究，说董作宾之所以能够取得断代研究例那样的伟大成就，是因为他十分敏锐地迅速抓住了年代这个关键问题。
③ 李济曾经说，"小屯出土的这批材料，在时代上是相当清楚的。小屯出土的青铜容器虽不及百件，演变的痕迹极为显然。要就这些变异料理一个秩序出来，我们必须把实物的形制与传统的观念综合起来讨论一番"。见李济《记小屯出土之青铜器（上篇）》，《中国考古学报》第三册，第 3 页。

一切物品，自往古迄于今日，都是遵循发展的法则，往后下去，亦复不变"，但不同的物品，其变化敏感程度亦不一样，当然，愈敏感对考古研究的意义愈大，即使同一器物的不同部位亦存在变化快慢的差别，那些显现退化趋势的部位，对排序最有帮助；其二，把不同器物的序列与它们之间的共存关系结合起来考察，并依据必要的层位关系，可确定遗存间的相对年代和分期，但所谓共存，在他看来，"只能证明全部物品是在同一时候埋藏的罢了"，因此，不同的埋藏方式，反映出的共时性亦不尽相同，具体地讲，墓葬一般要比窖藏的共时性准确得多，当然，同样的几个东西，共存的次数愈多，准确性愈高；其三，提出了谱系学（Genealogie）的重要概念，即"万不能把一个体制（即类型）的联类（即序列）比拟于没有分枝的树，比拟于一棵一直向上的棕树；它的发展行程，反之往往像枝叶丛生的柞树，或是像那谱系学（Genealogie）上的系统树"。① 蒙特留斯的以上思想构成了苏秉琦类型学研究的方法论基础。李济在这些重要方面的把握不如苏秉琦精细，特别是第三点，李济在谱系研究方面进展甚微，而苏秉琦却做了相当深入的探索，成为中国史前研究最重要的方法之一。

　　19 世纪考古类型学的探索者们深受生物进化论的影响，往往不考虑器物的考古和历史依据，仅仅根据几个简单的原则解释形态异同的变化。实际上他们所排列出的经常只是器物发展的理想状态，而不是真实轨迹。如亨利·鲍尔弗（Henry Balfour）所举竖琴的例子，把古今各地的竖琴都集中在一起，把近代非洲、南美、几内亚等土著民族简单弓弦的乐器作为竖琴的早期形态，把古代埃及、叙利亚、希腊和印度的复杂竖琴作为进步的形态，不问民族有无迁徙，文化有无交流，均假定凡成为人类使用之竖琴，必经过如此的阶段。事实上所谓"真正的"（actual）连续并不能获得历史和考古证据的充分支持。他们不过根据形制的相似性，认为掌握住所谓的主流（main stream），就可建构它们的进化程序。说穿了这是一种理想形

---

① 　孙祖初：《考古类型学的中国化历程》，《文物季刊》，1998（4），第 38—53 页。其中引文来自蒙特留斯《先史考古学方法论》（滕固译，商务印书馆，1937）。

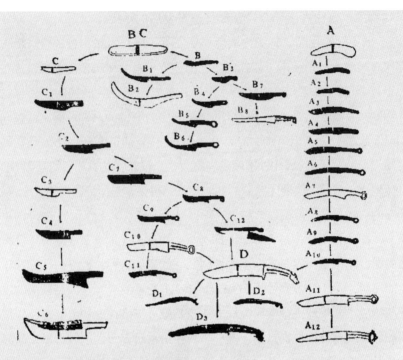

小屯、侯家庄出土各式小铜刀形态演变图谱

A.石制，小屯购品（A1.HPKM1350.3：3547，A2.HPKM1244.3：2059，A3.HPKM1128.
3：1270，A4.HPKM1494.4：266，A5.HPKM1209.3：3080，A6.HPKM1923.4：2211，
A7.E16.4：13611，A8.HPKM1461.4：28，A9.HPKM1008.6A，A10.HPKM1769.4：
2269，A11.YM040.13：1059，A12.YM164.13：2853）　　BC.石制，小屯出土（B.HPKM
1344.3：3445，B1.HPKM1128，B2.不详，B3.HPKM1617.4：1319，B4.HPKM1432.3：
3609，B5.HPKM1537.4：255，B6.HPKM1736.2：2421，B7.HPKM1648.29，B8.YM
238.14：0769）.C.YH250：7326（C1.HPKM1114.3：1585，C2.HPKM1038.3：318，C3.
横十三丙北支3：10.0089，C4.HPKM1343.3：3437，C5.HPKM1：2045.4：2475，C6.YH
186.1：40004，C7.HPKM1432.3：3591，C8.HPKM1460，C9.HPKM1274.3：2631，C10.
YH181.4242，C11.HPKM1：2046.4：2199，C12.HPKM1：2047.4：2420）　　D.YM
020.13：890（D1.HPKM1537.4：254，D2.HPKM1008：20A，D3.HPKM1311.3：2459）

图82　小屯、侯家庄出土各式小铜刀形态演变图

（李济：《记小屯出土之青铜器（中篇）》，载《李济考古学论文选集》，第647页）

态，不是事实。现代考古学的先驱之一皮特·里弗斯也是以这种方式建立他的进化理论，一根最简单的棍棒，可以演化出无数的形制。然而这种兵器或工具的发展系谱只是形态学的关系图，没有历史或考古的根据，也可能不是真实的进化表。这种研究方式是欧洲早期类型学研究者的普遍做法，皮特里和蒙特留斯的研究案例同样也存在这些问题。

可能由于受训背景等原因，李济类型学的单线进化论色彩也相当明显，如他研究小屯出土的各式青铜小刀，即本着由简而繁的原则建构一幅系谱[①]（图82），不但把凹背凸刃的北方式刀和凸背凹刃的中原式刀共归一族，也把环柄与兽首柄的北方式刀与中原刀列为同科。我们今天已经清楚地认识到，环柄刀和兽首刀、剑是北方民族文化的标识。它们在殷墟出现，显示出当时北方草原文化对中原的影响。但李济却认为殷商的兽头刀都由较简单的形制开始，经长期孕育发展而成，兽头装饰的风气是因为商人时常接近动物群之故。这种解释显然没有考虑到外来文化因素，与他对待有銎兵器的态度截然不同。强调科学考古的李济建立古兵器系谱当然不会像鲍尔弗那样只掌握器物发展的"主流"而不寻求历史与考古的证据，他研究豫北青铜句兵自殷商到战国大约1000年的历史，依地区分成小屯、侯家庄、辛村、琉璃阁和山彪镇五组，通过测量铜戈上下刃线的比率，建立了胡穿由无而有、由少而多的进化史。他得出的发展序列虽然大体上符合事实，但殷代无带胡戈的结论很快便被西北冈1003号大墓所出的铜戈推翻。这是建立器物形态发展序列经常会遭遇的难题，不是李济一个人所能解决的。李济治学素以严谨著称，而仍不免发生这样的错误，可见器物形态的发展如果没有精确的地层根据加以约束，依托充足的资料呈现其全貌，恐怕很难避免上述进化论流派的弊端。苏秉琦以较多的资料做基础，在这方面有进一步的贡献，他不但坚持地层学是形态学的基础，运用器物形态学进行分期断代必须以地层叠压关系或遗迹的打破关系为依据，而且把器物与人以及社会的因素结合一起，不把器物形制变化理解为如生物进化同等的模

---

[①] 李济：《记小屯出土之青铜器（中篇）》，载《李济考古学论文选集》，第647页。

样。这样，器物类型的系谱才可能比较接近真实，而器物所代表的人类和社会的历史也才可能重建。

作为中国考古学器物谱系分析方法的真正开创者，苏秉琦对类型学的建立有更重要的贡献，但实际上苏秉琦在陶器研究的过程中与史语所考古组李济等人也有相当的交流。苏秉琦类型学的代表作之一为《陕西省宝鸡县斗鸡台发掘所得瓦鬲的研究》①，据徐炳昶 1941 年 6 月 27 日所作序言：

> 请他将稿子送给历史语言研究所的李济、梁思永诸先生阅看。李、梁诸先生对此部分经验极丰，学力甚深，又经他们的厚意，给了他不少可宝贵的指示。他就遵照这些指示，改易初稿以成此编。这是苏君头一部印出的著作，就有这样好的成绩，固由于苏君自己的勤学好问，而诸先生的指示对于他有很大的帮助，也是毫无疑问的。②

1948 年，苏秉琦多年心血的结晶《斗鸡台沟东区墓葬》③出版，之后他也曾写信向李济请教。从回信看，虽然李济极口称道其重要性，却表示尚没有细看此书。④这似乎也从一个方面体现出自居中国考古学正统的史语所考古组对其他学术流派的态度。

由于当时中国内忧外患频仍，和国际学术界的接触有限，不要说直接的交流，即使可以利用的西方书刊也很有限。史语所当时已经堪称中国

---

① 该书 1941 年春脱稿后，即与香港商务印书馆订立出版合同，6 月间将原稿、插图稿寄出。是年终，太平洋战争爆发，香港沦陷，该稿下落不明。后来发表者为苏秉琦保存的底稿，但在 1949 年前始终未得出版。据《苏秉琦考古学论述选集》，第 93 页。

② 苏秉琦：《陕西省宝鸡县斗鸡台发掘所得瓦鬲的研究》，载《苏秉琦考古学论述选集》，第 93 页。

③ 这是北平研究院史学研究所多年从事考古发掘研究以来出版的第一部考古报告。

④ 李济 1948 年 10 月 25 日给苏秉琦的回信节略如下："润章先生（即物理学家李书华——作者注）将大著交到时，即为考古组同仁取去。此报告在本所只有一本，但欲先睹者不只一人。……就弟匆匆翻阅所得之印象，大著对于原始资料处理既详且尽，又力求准确，已超乎一般之标准。中有不少问题，为弟兴趣之所寄，俟将来细读后，当再将拙见奉达，以备参考，余不尽。"见《苏秉琦考古学论述选集》，第 58 页。

学术机关中收集图书资料最为丰富者[①]，但考古学方面可资利用的外文著作似乎也并非很充分。在铜器研究中，李济频频征引的西方考古学著作只有数种，如皮特里的《史前埃及》（*Prehistory Egypt*）、《工具与武器》（*Tools and Weapons*）、柴尔德的《青铜时代》[②]等，以及一些重要的期刊，如 *Bulletin of the Museum of Far Eastern Antiquity*（Stockholm 出版，自 1929 年起每年一期，简称 BMFEA）、*Archaeologia*（他对蒙特留斯的了解即由此而来）。对日本考古学的进展了解较多，因为与日本联系毕竟比较方便，日本考古学界的重要出版物如《东方考古学丛刊》《东方文化研究所研究报告》等史语所皆有购存。

　　关于器物类型学方面的一些代表性原著，却未见李济征引，如蒙特留斯和皮特里的相关著作[③]，究其原因，也许还是与这些方法不符合李济的研究目的有关。因为李济主要的研究对象是属于历史时期的殷商考古学，而西欧考古学的这些理论方法却是围绕史前学展开的。另外如柴尔德《欧洲文明的曙光》《史前多瑙河》，作为以考古学文化方法进行综合研究开文化史考古学之先河的著作，在西方已经产生了相当大的影响，亦未见李济引

---

① 石璋如回忆，抗战时期史语所图书藏有中西文图书 13 万册，其中中文书 12 万册，外文书 1 万册。见石璋如：《与张政烺先生谈对日抗战期间史语所的图书馆》，载《揖芬集——张政烺先生九十华诞纪念文集》，社会科学文献出版社，2002，第 15—20 页。

② Gorden Childe, *The Bronze Age*. Cambridge, 1930.

③ 弗兰德斯·皮特里和奥斯卡·蒙特留斯是 19 世纪末 20 世纪初以类型学方法开展考古研究的两个代表人物，且都著作等身。皮特里率先采用严格科学方法在埃及发掘，并创立了"序列断代法"以解决前王朝遗存的年代，对后世有重大影响，重要著作包括：《埃及十年之发掘》（1893）、《埃及史》（1894—1905）、《古代埃及的宗教意识》（1898）、《叙利亚和埃及》（1898）、《海克索斯和以色列城市》（1906）、《古代埃及的宗教》（1906）、《埃及的艺术与工艺》（1909）、《第一王朝的王陵》（1900）、《文明之革命》（1911）、《史前埃及》（1920）、《古代埃及的社会生活》（1923）等。蒙特留斯研究的重点是史前文化的分期与年代，尤专注西欧、北欧地区的青铜文化，提倡类型学方法，主要著作包括：《青铜时代的年代问题》（1885）、《异教时代的瑞典文明》（1888）、《使用金属器以来的意大利原始文化》（1895—1910）、《东方与欧洲上古文化诸时期》（1903—1923）、《英国青铜时代年代学》（1908）、《史前希腊》（1924）等。以上据《中国大百科全书·考古学卷》。在皮特里和蒙特留斯等人工作的基础上，20 世纪初是西方考古学理论方法突飞猛进的时代，也是中国考古学在内忧外患中艰难起步的时代。

用。当然主要原因是史语所的学术风气不赞成这种广泛的"比较法"研究，但更重要的原因可能与当时这些人并未有机会接触到这些著作有关。

### （四）李济的思想行为特征

李济被公认为"中国考古学之父"①，1949 年前，他在中国科学考古学的诞生和对这门新兴学科的扶植与领导上，都做出了历史性的贡献。②

探讨"中国考古学之父"的思想，是一个很大的话题，对李济学术思想的评价，现在有关论著已经相当多③。这里试图对李济个人的几个具体特点略做探讨。李济的这些个性特点，大多数也塑造了史语所考古组的特点。

#### 1. 一个纯粹的学者

胡适派学人群中的很多人在民国政坛上是很活跃的，他们或者直接从政（如翁文灏、蒋廷黻、吴景超、周诒春等），或者坚持不入政府，据学术教育机关之势力影响政府（如胡适、傅斯年、任鸿隽、张奚若等），但李济与这些活跃人物不同，他始终与政治保持距离，即使任职于国家学术文化机关，也只是恪守本职，潜心学术，除 1932 年至 1933 年曾经短期参与组织民权保障同盟北平分会之外，一生极少参与政治团体④。这固然与他只是属于这个文化精英圈子的外围、影响力较小有关，但更与其人生态度有关。1977 年 9 月，费慰梅对晚年李济做了一个详细的访问记录，其中谈道："李济承认他有一种厌恶政治的偏见。他认为这也许是受他父亲的影

① 将李济尊称为"中国考古学之父"的说法，最重要的出处见张光直《考古学和中国历史学》，《考古与文物》，1995（3），第 7 页。这篇文章原为英文，见《世界考古学》13 卷 2 期，1981。

② 张光直：《编者后记》，载《李济考古学论文选集》，第 977 页。

③ 关于李济的纪念和研究论著不胜枚举。传记作品较详细者如李济哲嗣李光谟编著的《锄头考古学家的足迹——李济治学生涯琐记》《李济与清华》《从清华园到史语所》等；考古学界撰写的代表性论文如：石璋如《李济先生与中国考古学》、张光直《人类学派的古史学家——李济先生》、刘文锁《论李济》[《考古》，2005（3）]。

④ 李光谟：《锄头考古学家的足迹——李济治学生涯琐记》，中国人民大学出版社，1996，第 91—93 页。

响；他的父亲宁愿做一名默默无闻的小京官，而不愿出任地方上的长官。'那种地方让人堕落：罪恶、腐败和权力永远是联在一起的。'……共产党人曾三次接近李济，邀他合作，可是都被他谢绝了。"① 实际上李济这个人对政治的认识也相当有趣，"在李济看来，国民党的垮台主要是坏在二陈兄弟的所作所为……还有孔祥熙和宋子文"。② 他台湾时期的学生对他也有类似的评价："作为一个自由主义者，他从不强同别人的政治观点，坚决把学术和政治分开来……终其所长任内，史语所可能是'中央研究院'里在办公时间之中唯一没有公开的政治活动的地方……"③

　　事实上，李济对政治的这种态度，在一定程度上也代表了考古界固有的一种普遍情绪。在 1955 年的一篇大批判文章中夏鼐曾经予以指出：

　　胡适、傅斯年辈都是热衷于政治的，但是希望受他们影响的学术家不要过问政治，要"为学术而学术"。"整理国故"不过是想引导知识分子脱离革命的队伍。我曾看到一部抗战期中写成的中国田野考古史性质的书籍的稿本。作者是一个干了十几年田野工作的考古家。他在自序中称赞考古工作的好处说："近年来社会思想澎湃于中国，各欲行其道，不惜动干戈行杀戮。……一部分文人骚客，避世息影，借此（指考古工作——作者注）表示清高，以谓从事社会活动则成功少而杀身多，考古事业则可置身事外，与人无争。"④

　　这种想法和风气不但主导了 1949 年前的考古学界，在后世也有很大的影响。

---

① 李光谟：《锄头考古学家的足迹——李济治学生涯琐记》，1996，第 176 页。

② 李光谟：《锄头考古学家的足迹——李济治学生涯琐记》，1996，第 91—93 页。

③ 谢剑：《怀念李济之先生》，《明报月刊》，1979（9）。转引自李光谟《锄头考古学家的足迹——李济治学生涯琐记》，第 179 页。

④ 夏鼐：《批判考古学中的胡适派资产阶级思想》，《考古通讯》1955 年 3 期，第 1—7 页。

### 2. 行业自律规则的创立者

1929 年春殷墟第二次发掘时候，李济与董作宾等全体工作同仁约定：一切出土物全属国家财产，考古队同人自己绝不购买、收藏古物。这条约定，在那盗掘古物成风、收藏古物成癖而且愈演愈烈的社会状况下，可说是振聋发聩。对这条约定，他自己身体力行，终生不渝，并且通过他的学生和青年同事传承下来，现在已成为中国考古界、文物博物馆界乃至民俗学界的不成文规范。[①]

### 3. 一个竭力倡导现代科学并身体力行的学者

李济在学术上事事讲科学，这一点是民国时期受过现代教育者的共性，但与胡适等人文学者大多只是将"科学方法"停留在口头上不同，受到过人类学系统训练的李济对科学方法有更具体的认知和手段。有人说，李济一生的学术思想，最后似乎可以归结为在中国推进科学思想上面。[②]

在研究方法上，李济多所开创：一是采用物理观察或者化学分析的方法来研究殷墟陶器和青铜器等，二是采取人类学的方法进行统计分析，以及进行民族学比较研究。这都是中国古物研究前所未有的领域。总起来说，李济的研究方法，是自然科学式的，多以客观态度从事实验，所用资料以发掘资料为基础。这些实验，自己能做的自己做，自己不能做的请其他专家代做。譬如陶、铜的成分分析请化学家，石质鉴定请岩石学专家，动物骨骸辨认请古生物学家。他根据专家的报告，再做进一步的研究，也就是说把自己研究的基础建立在各类专家的成果上，完全是一种科学家的态度。在 20 世纪 30 年代初期，他曾经说：

我们在这种民生凋敝的时候，居然能够为社会所容许，作一点考古的工作，一部分的理由不能不说是受了宋人传下来的民族好古癖所赐。可是

---

① 20 世纪 50 年代初成立黄河水库考古队时，队长夏鼐即向全体队员做出了个人绝不收藏古物的号召，显然这也是来自历史语言研究所考古组的传统。据李光谟《锄头考古学家的足迹——李济治学生涯琐记》，第 170 页。

② 刘文锁：《论李济》，《考古》，2005（3），第 86—94 页。

话只能说到如此而止，此外全是中国学术界向所没有的自然科学的方法。中国现在还能够继续地进行这些考古工作，一半也是因为借用了自然科学的方法，得了若干发现的缘故。这一半我们应该记得，完全是外国带来赠予中国的。[①]

### 4. 一个兼容并包的古史学家

其实对李济学术成就的定位，并不能把他视为仅仅是一位纯粹的考古学家，从广泛的意义来说，他实际上是一位古史学家，考古学对他来说只不过是诸多工具中最重要的一种而已。他的治学方式绝不限于考古学，更不只限于西方式的自然科学方法，他是一个胸怀博大、兼收并蓄的集大成式的创造性人物，张光直称其为"人类学派的古史学家"，[②] 或者称作"兼容并包派""多学科并进派"，即指其以多种方法来治历史学的目标。张光直回忆说，在他 1950 年初上大学人类学的第一堂课上，李济便告诉他们，要研究人类学，中西名词和中西观念都要融会贯通，因此不论是西洋玩意儿，还是中国固有文化，只要与研究论题有关，都得采用。进一步说，只要与研究论题有关，不论是哪种资料，哪种学科，都可以毫无顾忌地拿来使用。李济一生追求的史学课题是中国民族之起源，在这个问题的研究上，他从学生时代起便走了一条人类学的新路，就是多方面使用第一手的有关资料，采用各种角度与研究方法开展研究，而不仅仅局限于一个考古学家或者自然科学家的角色。

### 5. 以世界眼光研究中国考古学

张光直认为，把中国文化放在世界文化范围内来研究的态度，也是李济人类学派古史观的一个重要成分。李济在《中国上古史编辑大旨》中制订的一条规则就是："中国上古史须作为世界史的一部分看，不宜夹杂偏狭

---

① 李济:《〈城子崖发掘报告〉序》，载《李济文集》卷二，第 206 页。
② 张光直:《人类学派的古史学家——李济先生》，载《李济与清华》，第 195—201 页。原载台北《历史月刊》，1988（9）。

的地域成见。"① 这个看法，并不是个人胸襟的问题，而是代表了在上古史资料研究上的一种实事求是的基本态度。例如，在《再谈中国上古史的重建问题》一文中，李济综述了他对殷商时代中国文化来源问题的见解："殷商时代的中国文化……发展的背景，我们认为是一种普遍传播在太平洋沿岸的原始文化。在这种原始文化的底子上，殷商人建筑了一种伟大的青铜文化。而青铜文化本身却有它复杂的来源。在这些来源中，有一部分，我认为是与两河流域——即中央亚细亚有密切关系的。"② 无论是在铜器、陶器的研究，或是在艺术花纹方面，他都指出过殷商与亚洲中部、西部同时的古代文明之间的若干相似性。③ 李济的这种世界眼光也是史语所考古的优良传统之一，为年轻一代遵循，如高去寻就是以欧亚太平洋视角研究中国文化的突出一例。④

### 6. 局限性

由于时代的限制以及学术训练上的欠缺，今天看来，李济的学术思想也存在某些局限性，其中突出者当数考古解释上的薄弱或者说综合研究上的欠缺。李济主张科学精神，对一切方法和资料的判断皆以科学为准绳，绝不滥用和发挥。他对科学的认识和方法的掌握，得自他在美国时期的人类学和心理学训练。这方面的训练固然对于保证考古发掘和研究的科学性有所裨益，但也有所束缚。史语所考古研究在解释方面的成就并不突出，与此有密切的关系。张光直曾经大胆评价自己的老师，说李济在具体的研究成果方面并不精彩。专就李济的考古著作来说，他做出了划时代的贡献，但也受了时代的限制。他在中国史学需要新材料的时候，不但大声疾呼去找新材料，而且坚持要第一等的材料。另一方面，得了材料以后，应该如何去整理材料，在他的著作中我们却找不到系统性的理论指导。李济在资料里抓到了许多关键性的问题，但他并没有很明白地指出这些问题之间的

---

① 李济：《中国上古史编辑大旨》，载《李济文集》卷一，第153页。
② 李济：《再谈中国上古史的重建问题》，载《李济考古学论文选集》，第88—97页。
③ 张光直：《人类学派的古史学家——李济先生》，载《李济与清华》，第200—201页。
④ 《新学术之路》，第677—708页。

有系统、有机的联系。① 这实际上是一个很有刺激性的批评。因为事实上，考古学解释才是考古学研究的灵魂所在，一切工作皆归此处。史语所考古在这方面的缺憾，我们下文再做详细的评价和解释。当然，张光直的看法一定程度上是受到了偏重理论阐释的美国新考古学思潮的影响。②

总而言之，李济在中国科学考古学奠基阶段的贡献是无可替代的。恰如张光直的评价，李济个人的研究取向和成就在以下方面具有特别深远的影响：他一生坚持以使用科学手段取得的第一手材料（而非过去写在书上的教条）作为信仰和立论的依据；他主张考古遗物的分类应以可定量的有形东西为基础；他从文化人类学的观点出发，对考古资料进行解释；他不把对中国问题研究的视野局限于中国的范围。我们无法对李济漫长而又多产的考古生涯的每一个侧面进行详细评述，然而，仅仅以上这些方面就足以表明，就中国考古学说来，我们仍旧处于李济的时代。③

## 五、小结

纵观 1937 年至 1949 这十几年，史语所的考古工作呈现出以下特点。

1. 田野工作勉力延续。由于接连不断的战争，史语所考古组的田野活动陷于低谷，这期间主要是配合国民政府的边疆政策在边远地区开展了一些工作，从而在另一个方面使得史语所考古在地域范围和研究内容上开辟了新的领域。在地域范围上，史语所的足迹延伸到西南和西北的很多地方。在研究领域上，开辟了很多新的方面，如四川崖墓、五代王建墓、西北敦煌、长城考古、关中地区周代遗址调查等，都是前所未有的内容。

2. 室内整理和研究取得较大成绩。由于发掘活动受到限制，考古组的

---

① 张光直：《对李济之先生考古学研究的一些看法》，载《李济文集》卷一序二，第 19—20 页。
② 张光直最重要的一些成果，如中国新石器时代区域分布和发展、商周青铜艺术、早期萨满与政治权力的研究等，受新考古学思潮影响颇深，虽然他自己并不承认这一点。
③ 张光直：《考古学和中国历史学》，《考古与文物》，1995（3），第 8 页。

工作重点转入对过去发掘材料的整理和研究，取得了很大成绩。其中最为重要者，是李济领导的对殷墟陶器和青铜器的研究，使过去积累的材料得以系统化。在对这些资料进行整理研究的过程中，中国考古学一些最重要的方法和观点开始形成，例如对器物分类方法的探索、对殷商青铜文化的认识等。

3. 考古人才队伍的变化发展。日本发动的全面侵华战争使得前期十年艰难培养出来的考古队伍遭到重大损失，一部分人离开考古工作，一些人在战争的磨难中去世。抗战中期考古队伍的构成有所变化。随着吴金鼎、夏鼐等人从英国学成归来，陆续进入史语所，考古组不但人员力量有了很大的增强，而且知识结构得以更新。西南以及西北地区的考古之所以取得前所未有的新成绩，即与吴金鼎、夏鼐的贡献直接相关。

4. 战争对考古材料的破坏。在因抗战而接连不断的疏迁中，史语所的考古资料遭到一定损失，很多普通陶器等资料被迫放弃，珍贵的安阳植物遗存采集品也未能保存下来，人骨资料因为种种原因未能得到充分研究。虽然主要资料得以保全，但整体而言损失是巨大的。

1937 年至 1949 年，中国社会主要的特点就是连绵不断的全国性战争，首先是抗战全面爆发，打断了中国走向近代化的进程，中国教育文化事业饱受摧残，考古工作也概莫能外。抗战胜利之后，解放战争又起，这时期中国社会经济已经接近完全破产，文化事业更是举步维艰。仅仅三年时间，虚弱腐败的国民党政权便一败涂地，政权易手。随着国民党政权的覆灭，史语所在大陆的考古工作终于画上了句号。1948 年底，淮海战役结束，国民党政权败局已定，行政院示意疏迁，史语所在傅斯年主持下召开讨论会，最后决定迁往台湾岛。（图83）政府派兵舰护送史语所全部文物资料迁台，李济主持督运。[①] 史语所考古组的多数人以及全部文物资料运去了台湾岛，梁思永、夏鼐、郭宝钧等选择留在了大陆，他们将在新的时代开创中国考古学的新纪元，而所继承的正是史语所二十年来创造的科学考古学传统。

---

① 《"中央研究院"历史语言研究所七十年大事记》，第 20—22 页。

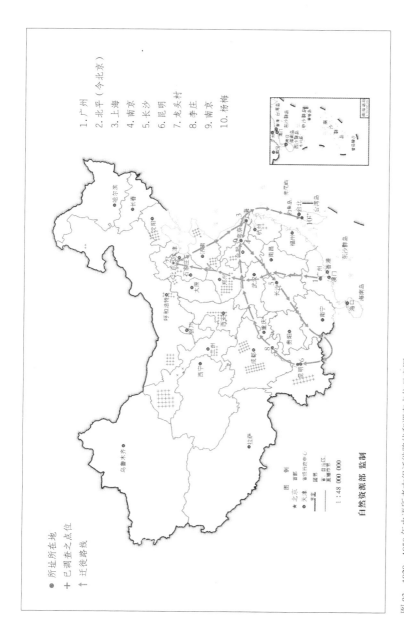

图83　1928—1950年史语所考古组正途路线和调查点点位示意图
（据石璋如《考古年表》重绘）

## 附论一 史语所早期考古人才队伍的构成及其命运

史语所在 1938 年 1 月撤往昆明之前，曾经短期驻留于长沙。在一片兵荒马乱中，史语所考古组在长沙迎来了有史以来最惨痛的一幕。

从 20 世纪 20 年代中国地质调查所的培养开始，中国考古专业人才队伍日渐壮大，到抗战全面爆发前，具备较高科学发掘水平的专业人员应该在 20 人左右。这些人员主要分布在史语所考古组、中央博物院筹备处、中国地质调查所、北平研究院等机构，但主要还是集中在史语所考古组。中国有能力从事大规模、高水平科学考古的专家，主要就是史语所考古组的十几个人[①]。

这十余人是中国的第一代考古学家，但他们的资历、教育、出身、师承以及派系都有一定的区别，大致可做如下分析：

### 1. 资历

属于第一代的老师辈，对于史语所考古有开创之功者有：李济、董作宾、梁思永、郭宝钧；资历较浅、属于学生辈者包括"十兄弟[②]"中的大多数人，以及刘屿霞[③]、赵青芳[④]，还有后来出国深造的吴金鼎和夏鼐。（图 84）

即使同属于老师辈或者学生辈者，相互之间的关系也很复杂。例如，老师辈中，李济实际上是梁思永的长辈，因为李济是清华国学研究院时梁

---

① 夏鼐在作于 1948 年的《追悼考古学家吴禹铭先生》一文中说："今日中国考古学界中，真正能够吃苦，肯下田野去做发掘工作，既有丰富的田野经验，又有充分的考古学识的学者，不过十来个人。正感觉到人才的缺乏，现在呢，在这十来位中又弱了一人！"见《夏鼐文集》，社会科学文献出版社，2000，第 223 页。这说的是抗战之后人员凋零的情况。

② 在梁思永领导殷墟第十至十三次发掘的最鼎盛时期，发掘团的年轻一代考古学家们人数较多，气氛热烈，被称为"十兄弟"，分别是老大李景聃、老二石璋如、老三李光宇、老四刘燿、老五尹焕章、老六祁延霈、老七胡厚宣、老八王湘、老九高去寻、老十潘悫。梁思永和他们相比其实年纪也不算大，但属于师辈，众人是不敢与他称兄道弟的。见李光谟：《考古组"十兄弟"》，载《锄头考古学家的足迹——李济治学生涯琐记》，第 98—100 页。

③ 刘屿霞是通过公开招聘考试来到史语所考古组担任绘图员的。

④ 赵青芳是属于中央研究院与河南省政府合组河南古迹研究会的人员。

图84　史语所在南京时的同仁合影

（1936年冬，史语所考古组在南京所址前合影。后排左起：董作宾、梁思永、李济、李光宇、胡厚宣、高
去寻。前排左起：王湘、石璋如、刘燿、郭宝钧、李景聃、祁延霈。据《殷墟发掘照片选辑1928—1937》，
2012年，第248—249页。"中央研究院"历史语言研究所供图）

启超的同事，同属研究院导师。而且李济发掘的西阴村陶片是梁思永作为
硕士学位论文题目来整理的，李济有指导之力。学生辈诸人中，资历、水
平差别更大。论田野资历和能力，王湘、石璋如、刘燿参加田野工作最早，
次数最多，技术最好。[①]"十兄弟"中的其他人，很多是由这几位训练出来

①　王湘是董作宾的表弟，从殷墟第一次发掘就开始参加，石璋如、刘燿二人是从第四次开始
参加，这三个人都十分聪敏，而且工作踏实，充满热情，不但从前辈那里学习到了科学方法，
更在实践中多有发明创造，故而他们的田野工作能力在史语所考古组最为突出。其中石璋如
参加过十二次殷墟发掘，是史语所考古组参加殷墟发掘次数最多者。

的。这些人都是殷墟出身，城子崖出身的吴金鼎是个"异类"。但吴金鼎先后在山东、河南、西南开展考古活动，成就斐然，对于史语所早期考古有极大贡献，在后辈中是非常突出的一位。

**2. 教育背景**

以教育背景而论，可以分为留洋派和本土派。

留洋派包括早期留学美国哈佛大学的李济和梁思永，以及留学英国伦敦大学的吴金鼎和夏鼐。其他人如董作宾、郭宝钧、"十兄弟"等都可说是本土派。

李济和梁思永是留学西方学习现代考古学的先驱。李济本来学习的是体质人类学，兼学了一些考古学知识。但梁思永留学的目标非常明确，就是学习考古学，虽然梁思永只是得了硕士学位，但他在美国学习的时间却很长，自 1923 年至 1930 年，前后达 7 年之久。而且他得遇祁德（A. V. Kidder）这样的大学者受教，有一定机会参加田野实践，所以他后来成为推进中国田野考古学近代化的最重要人物。吴金鼎和夏鼐去英国学习考古学是受到了李济、梁思永的直接刺激，而且选择去当时世界考古学的中心英国留学，表明了中国学术界对世界学术发展潮流的认识。吴金鼎和夏鼐通过这难得的机会，学习到了当时世界上最先进的考古学知识和技能。他们的考古学修养，似乎已经超过了他们的前辈，但战争期间有限的实践并没有给他们证明的机会。吴金鼎先是改行脱离考古界，更于 1948 年英年早逝。而更具优势的夏鼐，则在新中国做出了超越前辈的成就。

本土派虽然都是在国内受的教育，但情况差别很大，大致可以分为三种类型。一种是在中国文化中心如北京等地的名牌大学接受高等教育，如董作宾、高去寻、胡厚宣等毕业于北京大学，吴金鼎、夏鼐、祁延霈等毕业于清华大学，李景聃毕业于南开大学。这些人深受新思想、新知识的影响，属于当时中国最先进的知识分子，不但接受新事物，还有很强的学习精神和传播能力。二是在内地城市接受高等教育者，如郭宝钧、石璋如、刘燿等一批河南人士，虽然也受到新思想、新知识的影响，但比较间接而微弱，与前者相比，更处于一个学习者的地位。三是只接受过中等教育者，如王湘、刘屿霞、潘悫等，凭借机遇和勤奋逐渐在田野工作中磨炼出来，成为一方面专家。其中尤其是王湘，考古技术既高，在研究方面亦颇有心得。①

本土派和留洋派在史语所考古发展史上的地位和作用是明显不同的。留洋派是现代考古学的引进者，是思想上的先驱，行动上的先导。本土派对科学考古学有在实践中学习、在学习中发展之功。两类人物有相辅相成之关系，但留洋派在科学考古学的兴起中起主导作用则是毋庸置疑的。

通过以上讨论我们可以知道，史语所这少数几个留洋派考古学家在中国科学考古学史上的地位是如何重要。但是，从这一段史实延伸出去，更有深意的是事情的另外一面，就是说，另外一些具有考古专业知识的人为什么进不了史语所。

在 20 世纪 30 年代的时候，史语所在中国学术文化界的声望如日中天，待遇和治学环境极好。文化人都以能够进入史语所工作甚至以能在史语所挂名为荣，成名学者毛遂自荐者不少。如郭绍虞，1936 年他写信给傅斯年，讲了自己的众多成果，想进史语所。但以傅斯年看来，郭绍虞的学问属于传统的文史考证和诗话，不是"预流"的学术，故而傅斯年直截了当地说

---

① 王湘经过多年实践，对考古类型学已经有了相当深入的了解。如史语所档案：考 1-1-87，王湘致函李济，1933 年 4 月 14 日。信件内容体现出的学术水平令人惊异，特节录如下：

此次在刘家庄发现五个遗址，并在此五个遗址中选出一个仰韶时期的作一试探，此试探的起初即得到了不少精美之彩陶……

近来发掘此仰韶遗址发现了鬲的演化情形，很明显的在此仰韶遗址中绝无鬲的发现，而与鬲同样作用的砂质上有烟痕的平底罐极多。其在全层陶器中所占的比例数比较鬲在小屯灰陶前期的陶器中所占的比例数要大得多。砂质的鼎只有少许。很明显的，仰韶时期用平底砂罐最多。鼎的制作也已经发现了。而在小屯的黑陶时期中，平底砂罐小（少）了，鼎已比较多，并且有了空足的甗（就是把鼎足变为空的了，也就是把平底砂罐下加了三个空足），到了小屯的灰陶前期，大多数都是用鬲，以前的另外在底下加三个空足的笨而且麻烦的制作方法，变为足腹连到一起，并且把三足间的隔离也合到一处的巧妙制作方法。至小屯的灰陶后期，鬲的尖脚已变为平脚，以后三足砂质的陶器就绝迹了。兹将这几个时代的砂质有烟陶器亦绘为草图，附函内寄上，更可以看出其明显的演化过程。

他的学问"不在本所研究范围之内",给回绝了。①

　　但胡肇椿的情况与郭绍虞有所不同。在 20 世纪 30 年代的中国,胡肇椿是极少数几个在国外受到过考古学正规教育的留学生,但以现有资料来看,当时这个在国内颇有影响的考古学者和博物馆专家几乎没有与李济领导的史语所考古组以及中央博物院筹备处有过什么交集。

　　胡肇椿是日本东京帝国大学毕业,随滨田耕作等日本第一代考古学家专门学习考古学数年,1930 年回国。他以考古学留学生的身份回国,后来却没有得到很好的机会从事本专业。他一生做过多种工作,包括考古学者、大学教授、博物馆馆长、出版家、翻译家、官员等。②令他在中国近代学术史上留下姓名的原因是,他从日文本入手,翻译了大量有关文物考古和历史的重要学术著作。③考古学方面有两种,一是他做银行职员时和郑师许一起翻译的瑞典考古学家奥斯卡·蒙特留斯《考古学研究法》④,这本书可能是从日文本转译过来的,因为他留学日本时候的老师滨田耕作的名著《考古学通论》的方法论这一部分就是蒙特留斯的《方法论》。二是他曾经独自

①　见史语所档案:元 34-2-3。转引自《新学术之路》,第 37 页。

②　贾利民:《胡肇椿:中国早期考古学、博物馆学的开创者》,《大众考古》,2023(3)。

③　20 世纪初期,中国从日本翻译了大量各种著作,占当时西方译著的大部分,这些书籍大多在上海出版。邹振环《西书中译史的名著时代在上海形成的原因及其文化意义》[《复旦学报》,1992(3),第 87—93 页],对 20 世纪上半期的翻译高潮有详细的总结和评价。张凤编译的《考古学》,郑师许、胡肇椿译《考古学研究法》,滕固译《先史考古学方法论》,都是在那个时代产生的。这三本著作,实际上是瑞典考古学家、考古学类型学的创立者奥斯卡·蒙特留斯《方法论》的三个不同译本,在中国有一定影响,尹达、苏秉琦皆有当年阅读该书的记载。

④　奥斯卡·蒙特留斯在 1903 年于斯德哥尔摩出版的《东方和欧洲的古代文化诸时期》首章中,专门论述了他所总结的类型学原理及若干实例。这一章,他命名为"方法论"。蒙特留斯的《方法论》从 1935 年起被广泛介绍到我国。此年,郑师许、胡肇椿二人在《学术世界》第一卷 2—6 期上发表了他们的译本,题目译作"考古学研究法",1936 年由世界书局印成单册发行。也是在 1935 年,滕固完成另一译本,题目为"先史考古学方法论",1937 年由商务印书馆出版。

翻译的英国学者吴理的《考古发掘方法论》①。此外，他还翻译过滨田耕作的《古玉概说》②、巴克尔的《英国文明史》③等名著，特别是后者，有很大的影响。20世纪30年代初，他到黄花考古学院任教，发掘过广州东郊木塘岗汉墓、西郊大刀山晋墓。后来胡肇椿逐渐转向博物馆研究和教学，先后担任上海博物馆馆长、中山大学博物馆学教授等职。

类似胡肇椿这种专业出身而不为史语所见重者，其实不在少数。其中的原因，一方面可能有门户之见，另一方面，与在当时历史背景之下，史语所的欧美派学者对日本考古学的隔膜以及民族主义意识有关。

### 3. 地缘和派系

由于不同的出身或者是来源，史语所考古组的学者群体客观上形成了几个派系是一个事实。这件事情并无人去讨论，但加以探讨却是有意义的。因为这对他们的机遇、命运，以及在历史关头的抉择都起到了重要作用。

史语所考古组的人员来源，主要围绕三个人而形成，那就是创始"三巨头"：傅斯年、李济、董作宾。故而围绕这三人自然而然也就形成了三个派别。

首先谈一下这三个人之间的关系。傅斯年作为史语所的创建者，对李济、董作宾有知遇之恩。是傅斯年为二人提供了机会，使得他们能够功成名就。但这三人之间却并非绝对的从属关系，因为史语所的功业是大家共同开创出来的，李济、董作宾都为史语所名扬天下做出了决定性贡献。随着李济、董作宾学术声望日隆，在社会上也获得了相当高的地位，李济长期担任中央博物院筹备处主任，三人都是中央古物保管委员会的委员，董作宾、李济还先后代理史语所所长④。所以虽然傅斯年在史语所有绝对的权

---

① Charles Leonard Woolley：《考古发掘方法论》，胡肇椿译，1935年8月第1版，正文共103页。

② 滨田耕作：《古玉概说》，胡肇椿译，上海市博物馆丛书丙类第4种，中华书局，1930。

③ 1936年商务印书馆发行"中山文库"，胡肇椿重译了英国实证主义史学家亨利·托马斯·巴克尔（Henry Thomas Buckle，1821—1861）的名著《英国文化史》上册。

④ 董作宾和李济在傅斯年去世后先后担任史语所所长。

威，实行家长制管理，但这三人之间的关系，在地位上却大致是平等的。三人合作无间，但也经常为了所务甚至私事争吵。特别是董作宾，本来创所之初他的地位较低，只是一个比研究员低一等的编辑员，但他有实力又有运气，对殷墟甲骨文的独家研究使他成为名重天下的学者，很快在国内外有了很高的声望，与李济相比有过之而无不及。董作宾在与脾气火暴的傅斯年相处不融洽的情况下，屡次以辞职相威胁，而傅斯年竟然毫无办法。① 董作宾在史语所的地位，实际上也就代表了甲骨学在史语所学术体系中的地位，虽然考古发现是史语所业绩的重点，但作为一门更有传统根基的新学问，甲骨学的影响力和影响范围要大得多。

史语所是一个壁垒森严的学术团体，第一代创业者是同志的结合，而第二代进入者，基本上是第一代人及其密友的学生或者亲朋故旧。② 外人除非有很强的奥援，或者机缘巧合，一般不予接纳。以考古组为例，大多是傅斯年、董作宾和李济引进的人员。围绕三人进入史语所考古组的人员，以李济最多、最强，其次是董作宾、郭宝钧等河南籍人士，最次是傅斯年。

李济延揽的主要是清华和南开时期自己的学生。清华出身者最重要的一个人物当然是梁思永，梁思永因其资格和显赫的出身，虽然不算李济的私人关系，但他从事考古事业李济助力甚多。清华出身者还有吴金鼎，是李济在清华国学研究院时期指导的唯一的考古学研究生。吴金鼎在史语所大陆考古时期贡献极大，是龙山文化的发现者，西南考古的开拓者。另外

---

① 1935 年 4 月，董作宾离婚后，"另外追求一个女学生。事前未向孟真和济之说明，就把这位小姐带到彰德去，并且住在史语所办事处里面"。这个时候董作宾去安阳乃是以中央古物保管委员会监察委员的名义。结果引起傅斯年大怒，以自己管理不力向中央研究院提出辞职。董作宾亦坚决要求辞职，丁文江致信好言相劝并警告云："在中国目前状况之下，研究学术非有机关不可，求一相当之机关，谈何容易，任何人皆不可轻言辞职。"事见潘光哲《丁文江与史语所》，载《新学术之路》，第 392—394 页。

② 参见《学术史与方法学的省思》，第 10 页。

还有较晚的祁延霈①和夏鼐,但夏鼐与傅斯年的关系似乎更为亲近。再就是
"十兄弟"中的老大李景聃②,是李济任教南开大学时期的学生。

以董作宾为首的河南籍学者,因为在殷墟发掘的地缘关系,数量相当
不少。最重要者是郭宝钧以及石璋如、刘燿、王湘。郭宝钧和王湘都是南
阳人。郭宝钧是董作宾的小学同学,王湘则是董作宾的表弟,二人自殷墟
第一次发掘即参加,资格很老,业务水平和贡献也很高。刘燿和石璋如则
是因为中央研究院与河南省政府的协议才以实习生的名义参加殷墟发掘,
因为表现突出,又被史语所录取为研究生,经过长期田野工作,后来成为
考古组不可或缺的骨干力量。③河南古迹研究会成立,郭宝钧成为实际上

---

① 祁延霈（1910—1939）,字霈苍,又名祁天民。原籍山东益都,生于济南,满族。1929年
考入清华大学。1933年毕业后受聘为中央研究院历史语言研究所助理员,潜心于田野考古,
曾参与负责殷墟发掘工作,写有较高质量的学术论文。1937年抗日战争全面爆发后到延安,
同年底加入中国共产党。1938年初,被选派到新疆从事抗日民族统一战线工作,任新疆学院
秘书兼教育系主任,以"抗大"为榜样,整顿校风,使全院面貌焕然一新,被誉为"抗大第
二"。1939年春任哈密区教育局局长,参与毛泽民主持的币制改革,同年12月22日在哈密
病逝。

② 李景聃（1899—1946）,字纯一,安徽舒城人,先入清华学校高等科,后考入南开大学,
于1923年毕业,其间曾修过李济的课程。1933年秋第一次参加殷墟发掘,同年入史语所任助
理员。隔年和王湘在寿县调查。1936年秋,调查永城,发掘造律台、王楼、黑孤堆、曹桥等
遗址。隔年春和郭宝均共同主持辉县的发掘工作。1941年春,赴重庆任军事委员会工程委员
会合作社襄理,后至弥渡任滇缅铁路财务处总务主任。1942年,先后在桂林任军事委员会工
程委员会桂林筹备处第一科科长,在江西大庾新城任军事委员会工程委员会十九工程处一等稽
核之职。战争结束后,应李济之招到中央博物院筹备处担任专门设计员。1946年12月病逝。

③ 史语所档案：元159-6,本所致函河南大学。函送安阳殷墟发掘团评定参加实习生成绩,
附学生成绩证明书一纸,1931年12月24日。

证明书内容如下：

**证明书**

查此项本团发掘安阳小屯村及后冈两地,河南大学实习生刘燿、石璋如二君参加工作,
始终其事。于遗物之搜检,遗迹之观察,均能勤慎详密,记载绘图,亦极明晰。较之前次工
作,大有进益,裨助本团不少。成绩优良,特为证明。

董作宾　梁思永
廿年十二月十九日

的负责人，以此机构为据点，招揽了相当多的人员，如他的南阳同乡尹焕章①、赵青芳②等。其中也有不少人因为各种原因中途退出。

当然，进入史语所的绝大多数人都与傅斯年有关，但他直接招揽进入考古组的人并不多，后来到20世纪30年代初，胡适任北京大学校长，而傅斯年作为胡适的得力助手参与北大事务，实际控制了北京大学史学系之后，开始实行所谓"拔尖主义"，挑选了不少有潜力的毕业生进入史语所各组，包括考古组，其中有高去寻③、胡厚宣等人。

因为这样一种进入方式，故而第一代与第二代人之间形成了一种严重的依附关系，内部等级秩序森严，薪资待遇相差很大。管理上实行家长制，业务上实行学徒制。

据1930年史语所致中华教育文化基金董事会函及备忘录显示，各级职员的薪资标准是：专任研究员为400元，编辑员240元，助理员120元或80元，书记25元至30元。④像王湘这样第一线的田野工作人员，1929年10月至12月每月只有10元，到1930年1月至5月，才增长到每个月16元。⑤

---

① 尹焕章（1909—1969），河南南阳人。河南大学肄业。1929年起先后在中央研究院历史语言研究所史学组、中央博物院筹备处工作。1949年后，历任南京博物院保管部主任、华东文物工作队副队长、江苏省文物管理委员会委员。与曾昭燏合作首次提出了"湖熟文化"的名称。著有《华东新石器时代遗址》（学习生活出版社，1955）等。

② 赵青芳（1912—1994），河南南阳人。1932年参加河南古迹研究会。1939年入中央博物院筹备处工作。1949年后，历任南京博物院考古部主任、副研究员、副院长。曾参加河南浚县卫国墓、四川彭山岩墓发掘。主持并参加了安徽寿县蔡侯墓、南京北阴阳营遗址、苏州越城和涟水三里墩西汉墓等处的发掘工作。1956年首次提出了"青莲岗文化"的名称。

③ 高去寻（1909—1991），字晓梅，河北安新人。1931年由北京大学预科转入正科历史系。1935年毕业入史语所，参加殷墟第十二次发掘，即侯家庄西北冈第三次发掘。抗战时期曾参加吴金鼎领导的川康古迹考察团。1949年随史语所迁台，升研究员。1954年，西北冈王陵发掘领队梁思永逝世后，高去寻受命整理乃师梁思永西北冈报告的未完稿，成就斐然。1966年荣膺"中央研究院"院士。1973年出任史语所所长。

④ 史语所档案：元258-1，本所致中华教育文化基金董事会函及备忘录，1930年3月31日。

⑤ 史语所档案：考1-1-58，［悟得］函董作宾，1930年5月10日。"悟得"即董作宾的表弟王湘。

这三种来源不同的人，各自有其独特的性格。他们在史语所的机会和地位很不相同。傅斯年和李济的人一般有较好的发展机会，如吴金鼎、于道泉等都得到了公费留学的机会。而河南古迹研究会的人员机会稍弱，有一定的独立意识，一定程度上导致了他们在 1949 年历史巨变关头的不同选择。傅斯年和李济及其追随者大部分去了台湾，而河南籍学者除董作宾一人之外，其他全体留在了大陆，包括元老郭宝钧在内。[①]

### 4. 社会阶层与出身

史语所的考古学家们大多出身不高。稍高一些的，如史语所的领袖傅斯年出身破落官僚地主家庭；李济出身下层官僚地主家庭，父亲在清末短暂当过小京官；梁思永的父亲梁启超则是清末民初文化界和政界巨擘。其他人大都出身寒微。董作宾少时曾因家境贫寒一度辍学，与人合伙设馆授徒，并兼营书店；郭宝钧为遗腹子，由祖母、母亲抚育成人，以开布店为生，家境十分清寒；石璋如出身农村小地主家庭。其他人大多也是如此。

史语所考古学家们虽然大多出身寒门，但又并非一贫如洗，家庭尚有余力支撑他们接受高等教育以改变命运，大体属于由社会底层上升而来的新型知识分子，这与罗振玉等老一代金石学家已经有根本区别。清末民初从事金石学研究者大都出身社会上层，有一定经济实力、社会地位以及闲暇从事玩赏和考据之学，躬身田野是与其身份地位和一贯生活作风不相配的。一般的小知识分子很难有机会和条件从事这种学问。科学考古学的崛起在需要新型知识分子献身田野的同时，也给他们提供了一个晋身至少是谋生的机会[②]。民国时期中国一批田野考古学家的出现，与二战之后西方中

---

① 郭宝钧自称不去台湾的原因之一是想趁机摆脱傅斯年的控制，他一直认为傅斯年这些留洋派瞧不起他。郭宝钧作为考古组元老，直到 1940 年仍然只被评聘为编辑员。

② 如石璋如，曾经做小学教师，月薪 15 元，这也是当时小学教师的一般收入。他后来和刘燿入史语所考古组做研究生，每月 50 元。成为史语所的正式研究人员（即最低级的助理员）后，收入达到 150 元左右，是当时一个小学教师的 10 倍。史语所的高级职员如李济，每月收入在 400 元，已经属于社会上层人物。社会地位也是如此，如郭宝钧，原来只是河南省教育厅的一名秘书，后来加入史语所，成为中央古物保管委员会委员，也进入社会名流的行列。

产阶级崛起带来考古学的繁荣①有相当多的类似之处。考古学家与传统金石学家们在身份地位上的不同，也在这两种学问上留下了不同印记，在一定程度上使得它们具有了不同的风格与个性。当然，史语所考古学家这种身份上的高度一致性并非孤立现象，而是与清民之际知识阶层结构的普遍转变密切相关。

但经过千辛万苦培养出来的中国第一代考古学家群体，在1938年的长沙，在战争压力下却面临解体。这时候，殷墟的工作才刚刚进入正轨，全国性考古活动刚刚起步，大量的材料都没有整理，中国田野考古学迅速发展的势头戛然而止。

这一幕是在长沙一个有名的饭店"清溪阁"发生的。之所以不厌其烦地把这个掌故叙述出来，是因为它拥有太多的历史含义，特别是中国考古学和考古人的爱国情和民族恨，都可以从这里找到无须解释的根源，任何其他辩解与分析，在这活生生的历史事实面前，都会陷于苍白无力。民族情怀在中国考古人的血脉中流动，在血与火的民族战争中得以永固。②

---

① （美）萨布罗夫等著：《美国聚落考古学的历史与未来》，陈洪波译，《中原文物》，2005（4），第54—62页。

② 史语所考古组同仁均很了解两城镇考古发掘的重要意义，对于发掘者刘燿执笔的发掘报告期望很高，刘燿本人也是如此。在长沙，刘燿日夜不停地补写瓦屋村发掘报告的初稿。在这本手稿的最后注记中，刘燿留下了那个时代中国考古学家发出的最强音：

别了，这相伴七年的考古事业！

在参加考古工作的第一年，就是敌人铁蹄踏过东北的时候，内在的矛盾燃烧着愤怒的火焰，使我安心不下去作这样的纯粹学术事业！但是，事实的诉语影响了个人的生活，在极度理智的分析之后，才压抑了这样的矛盾，暂时苟安于"考古生活"之内。

现在敌人的狂暴更加厉害了，国亡家破的悲剧眼看就要在我们的面前排演，同时我们正是一幕悲剧的演员！我们不忍心就这样的让国家亡掉，让故乡的父老化作亡国的奴隶；内在的矛盾一天天的加重，真不能够再埋头写下去了！我爱好考古，醉心考古，如果有半点可能，也不愿舍弃这相伴七年的老友！但是我更爱国家，更爱世世代代所居住的故乡，我不能够坐视不救！我明知道自己的力量有限，明知道这是一件冒险历危的工作，但是却不能使我有丝毫的恐怖和畏缩！

全文共三页，现藏"中央研究院"历史语言研究所。转引自张光直《二十世纪后半的中国考古学》，《古今论衡》创刊号，1998（1），第39页。

1937 年 12 月 12 日，南京沦陷，然后发生了大屠杀，举国陷入震惊与悲愤之中。长沙很快成为日军下一步进攻的目标，史语所在没有找到新的搬迁地之前，为了同仁安全决定疏散。个人去留的先决原则是：家乡没有沦陷的话，就先回家；家乡沦陷的话，跟着史语所走，只是地点未定；若不想跟所走，可以自便。决定此一原则之后，就让各组自行商量。考古组商量的结果是，三个高级委员，李济、董作宾、梁思永是不能动的，要跟所走，"十兄弟"则各奔东西。老大李景聃是安徽人，家乡未沦陷，回去；老二石璋如是河南洛阳人，家乡还在中国军队控制下，也要回家；老三李光宇是河北人，家乡未沦陷，但他是考古组的古物管理员，不能走；老四刘燿是河南滑县人，去延安投奔他的哥哥[①]参加抗战，后来改名尹达；祁延霈是山东济南人，家乡沦陷，去重庆投奔教书的父亲，后来也去了延安；王湘是河南南阳人，家乡没有沦陷，但他决定跟着长沙的一些大学生去抗战；老九高去寻，河北保定人，家乡沦陷，随所走；老十潘悫，获派押运古物到重庆，也没有走。这样，"十兄弟"只留下了四个，有六个离开了史语所，都是考古组的主力成员。[②]

据石璋如回忆，大家商量好以后，就去了"清溪阁"。参加的人除了"十兄弟"，李、董、梁三先生，还有几位常年跟随考古组的技工[③]：胡占奎、王文林、魏善臣、李连春。当时大家志气都很激昂，喝酒比较爽快。大家先说"中华民国万岁"，这是第一杯酒，大家都喝，第二杯"中央研究院万岁"，第三杯"史语所万岁"，第四杯是"考古组万岁"，第五杯是"殷墟发掘团万岁"，第六杯是"山东古迹研究会万岁"，第七杯是"河南古迹

① 尹达的哥哥赵毅敏（1904—2002）是中共高级干部，时任莫斯科东方大学第八分校校长，1949 年后历任要职，晚年曾任中共中央顾问委员会委员、中共中央纪律检查委员会副书记。
② 陈存恭等：《石璋如先生访问记录》，第 188—189 页。
③ 史语所考古组有一批出色的技工，一般都有极其丰富的田野经验和高超的发掘技术，在田野考古实践中贡献很大。因为没有学历，他们一辈子只能当待遇和地位甚低的工友，生活无保障。在中国考古学史上，技工的历史和作用同考古学家们同样悠久而巨大，但到目前为止，这是一个被遗忘的群体。

会万岁",第八杯是"李(济)先生健康",第九杯是"董(作宾)先生健康",第十杯是"梁(思永)先生健康",第十一杯是"十兄弟健康"。一路喝将下来,满座大醉。醉后是惨然的离别,他们之中的许多人从此之后再未见面。①

"十兄弟"中离开的六个人,后来际遇颇为不同。石璋如经过一番漂荡,幸运地又回到考古组,之后再未离开。②尹焕章在中华人民共和国成立后继续从事考古工作,卓有成就。刘燿成为职业的革命家。祁延霈抗战期间病逝于新疆哈密。李景聃抗战胜利不久后病逝。王湘则终生脱离了考古。

战争期间,史语所和中国其他学术机关一样,面临极端严重的困难,不仅仅是学术研究,连生存都成了问题。这期间队伍很不稳定,除了上述人员之外,考古组的骨干人物,如吴金鼎、郭宝钧以及胡厚宣,也因为各种各样的原因离开了史语所。③

---

① 陈存恭等:《石璋如先生访问记录》,第 190 页。

② 抗战全面爆发之后,史语所决议,凡 1937 年 8 月 1 日前未能到所者,皆暂行停止。见史语所档案:杂 5-4-11,傅斯年致吴相湘函,1937 年 9 月 14 日。1938 年 3 月 10 日,石璋如仍在陕西调查,在极端困难的情况下,给史语所领导人写信要求回所。见史语所档案:昆 14-29,石璋如致李济、梁思永、董作宾函。内容为:"函达生参加殷墟发掘工作多年,尚多有未厘清之处,深觉自己责任之重大,而欲往工作地点以完成自己未完成之责任,但不知工作地点在何处,更不知能否有机会完成斯项工作,请即示知。"日期为 1938 年 3 月 10 日。石璋如的要求得到李济的同意,并幸运地收到了李济的回函,方得一路艰难来到了昆明归队。李济另外还约请王湘回所,然不知后事如何。李济约请二人之举亦得傅斯年认同。见史语所档案:考 2-131,傅斯年函李济,1938 年 4 月 10 日。

③ 这里面涉及诸多个人恩怨,如郭宝钧与吴金鼎的矛盾、胡厚宣与史语所的纠葛等。参见史语所档案:1. 李 13-11-1,郭宝钧函傅斯年,1941 年 1 月 4 日。"函达服务博院二年遭受极大污辱,势不能不言去,即回所重理旧业,恐亦时势不许,现决归田,拟借路费壹千五百元,回宛抵里后卖田以偿。倘渝中各机关如有需用笔墨助手者,弟亦不妨暂供人刀笔之驱使,祈吾兄为弟留意。"2. 李 60-1-6,李济函傅斯年,1941 年 7 月 30 日。"函达弟对于胡福林实在厌恶,他所抗议的几条是否可作有效答复这要问彦老了,士林多此一人即多一败类,未议尊意何如。"胡福林即胡厚宣。双方矛盾因系胡厚宣离开史语所之后,撰写文章使用了该所尚未公开发表的殷墟第十三次发掘的资料。虽然李济私信中表现出极大愤怒,但实际上后来胡厚宣还是对李济等师长甚为尊敬,多次著文悼念。

　　"中国考古学之父"李济对于中国好不容易建立起来的考古队伍受到的战争摧残极为悲痛和愤怒。在 1940 年夏即已编竣、历尽艰辛在 1947 年 3 月才得以出版的《中国考古学报》（即原来的《田野考古学报》）第二册的《前言》中，李济悲愤地写道：

　　试看这个统计：六篇报告的作者，已死了两位，改业的又有两位；只有石璋如、高去寻两君抱残守阙到了现在，但他们的健康，已被战事折磨了大半。至于去世的，是祁延霈君和李景聃君，本期附有二君的传略。这种损失在将来的和会上是否可以列入赔偿的要求？假如可以列入，赔偿可以抵补这种损失么？不过无论麦克阿瑟将军所主持的盟军总部对于此类损失作何打算，我们仍希望负责计算中国在战争中文化损失的主持人不要忘了这一项的道义的和法律的意义。

　　……

　　田野考古工作的恢复，在最近的将来是一点希望没有，但考古组的工作却不能不继续。田野工作人员从此在屋内读读书，除写作未完成的报告外，再多写点靠背椅子的考古文章，也许对考古学可以有更新的贡献。[1]

　　麦克阿瑟等人也许并不在意中国考古学的这点损失，但日本侵略者给中国考古人造成的伤害，就像他们给全体中国人带来的伤害一样，是永远不会被轻易抹去的。

---

[1]　李济作《中国考古学报》第二册前言，写作时间是 1947 年 3 月 24 日。

## 附论二　蒙特留斯考古类型学思想在中国的传播

　　瑞典考古学家奥斯卡·蒙特留斯《东方和欧洲的古代文化诸时期》①一书的《方法论》部分，被公认为西方现代考古学中关于类型学研究最重要的经典，在东西方均具有重大影响。中国考古中的类型学方法，通常也被认为是发源于蒙氏的思想，但这个传播过程到底如何，向来语焉不详，本文在梳理相关资料的基础上略做介绍。

　　蒙特留斯这部著作传入东方，最先到达的是日本，介绍人是日本考古学的鼻祖滨田耕作。滨田耕作1913年至1916年即赴英国伦敦大学考古学院，在考古学泰斗皮特里教授的指导下学习西方考古学理论，并专攻埃及考古学。皮特里在伦敦大学教席的继任者是惠勒教授，也是夏鼐留学英国期间的导师。夏鼐留学后期亦曾拜见定居在耶路撒冷的皮特里。从这一角度说，夏鼐先生和滨田耕作确是同门中人，而且滨田耕作比夏鼐入门早得多。②滨田耕作返日之后，将欧洲各国，特别是英国考古学的理论和方法引进日本，包括在欧洲最为人所重的蒙特留斯类型学方法。滨田耕作最重要的著作之一是1922年初版的《通论考古学》，其中讲方法论的第一部分，基本上就是蒙特留斯《方法论》的摘译。滨田耕作后来又将蒙特留斯的《方法论》全文译成日文，于1932年出版，书名为《考古学方法论》。③

　　近代日本对中国有极大的影响，西方学术文化主要通过日本传播到了中国。20世纪初中国学术界的多位大师，如章炳麟、梁启超、王国维、罗振玉等，他们对西方学术文化的吸收，多是在日本通过日文的译述学习到的。④西方现代考古学知识传入中国，最早也是通过日本这个渠道，传播的

---

①　Montelius，O. *Die älteren Kulturperioden en Orient und in Europa*，1903—1923.

②　刘正：《滨田耕作与东洋考古学京都学派》，《南方文物》，2010（1），第142页。

③　蔡凤书：《中日考古学的历程》，齐鲁书社，2005，第64页。

④　李学勤主编：《20世纪中国学术大典·考古学博物馆学卷》，季羡林序一，福建教育出版社，2007。

主要人物是留日学生或者与日本关系密切的学者。[1]蒙特留斯《方法论》借助滨田耕作的著译传入中国，也是如此。

受滨田耕作《通论考古学》之影响最早出现的一本书，是一位曾经留法的学者张凤主编的教科书《考古学》[2]。书前有一声明，对该书的来龙去脉做了详细交代：

> 此书不是在一时及在一地写成，且也不出于一人之手。二三年来，任课沪地各大学，若暨南、复旦、大夏、持志，讲授时，迻译及参考东西各考古学、史前史等著而成。最初只有一篇讲解的纲要，随编随讲，后由代课者继任者续编。先后若程仰之闻野鹤两先生皆预其事。由程君讲授时，一按原目编纂，后由闻君转译滨田耕作之《通论考古学》足成之。最后又由凤前后截割，酌量补充，具如现状。

与此书有关的三个人都是有名的学者。张凤（1887—1966），字天方，浙江嘉善人，曾经留学法国，雅好考古，对吴越史地研究会的活动多所参与。程仰之，即程憬（1903—1950），清华国学研究院首批学生，后以研究中国古代神话知名。闻野鹤，即闻宥（1901—1985），是著名的文物考古和民族语言学家，曾做过商务印书馆的编辑，是国内古代铜鼓研究的首创者，字喃、彝文和羌语的研究，都是由他开创的。

该书大概是从 1928 年开始，作为几所大学考古学课程的讲义，经此数人之手陆续编纂而成，正式成书于 1930 年底，共计 135 页。此书质量甚高，虽然正文只有短短的 120 余页，但体例完备，内容先进，对西方现代考古学知识有相当细致完整的介绍，是在中国系统介绍现代西方考古类型学和地层学知识的第一本书。书后的参考书目，罗列了不少当时世界上

---

① 陈星灿：《中国史前考古学史研究（1895—1949）》，第 36—42 页。

② 张凤编：《考古学》，国立暨南大学文学院，1930。

最为前沿的考古学著作。① 以张凤、程憬、闻宥的出身和经历，确实有条件接触到这些论著，并且有外语能力和专业修养理解吸收。

　　书中内容，有从欧洲版本的原著中直接的征引，也有从日文著作中转述而来。全书共分五编，讲述了考古学的各个方面。其中第四编为"研究"，其第二章为"特殊的研究法"，讲述了地层学和类型学（文中称为层位学和型式学）等方法，重点叙述了蒙特留斯（书中译为茫特拉斯）的方法，并举例说明；第三章是"时代的决定"，讲了相对年代和绝对年代的概念以及断代方法，重点介绍了皮特里（文中译为布他利）的序列断代法（文中称为假数法），以埃及土器（即陶器）的演变示意图加以说明。

　　张凤称"由闻君转译滨田耕作之《通论考古学》足成之"，对事实表达并不充分。实际上，闻宥参译滨田耕作的《通论考古学》，是这本书得以成形的关键。该书编写主要是参考了滨田耕作的著作，其体例及内容与滨田耕作《通论考古学》基本一致。这应该出自闻宥的手笔。所以，从此意义上说，闻宥是将蒙特留斯考古类型学介绍到中国来的第一人。

　　在张凤《考古学》正式成书的次年，滨田耕作《通论考古学》的正式

---

① 书后的参考书目部分列有外文书籍 14 种，分别是：1.《考古学的研究法及其目的》（W. Flinders Petrie, *Methods and Aims In Archaeology*. London, 1905）；2.《考古学的价值与其研究法》（W. Deonnd, *L'Archéologie, Le valeur, Les methodes*. Paris, 1912）；3.《考古学研究的目的与其方法》（J. De Morgan, *Les Recherches Archeolo-gique, Leur Buts Et Leur procédes*. Paris, 1906）；4.《考古学发掘的方法》（G. Boni, *Metoodo'nell Espolazioni Archeologiche. Roma*, 1913）；5.《东方及欧洲的古代文化期》第一册方法编（O. Montelius, *Die Altern Kultuperioden In Orient und In Europa Stock—A.1m*, 1903. 1 Die methde）；6.《考古学》（F. Roepp, *Archaologie. Sammuing Goecsehen*, 1911）；7.《考古学教本》第一卷（H. Bulle, *Handbach Der Archäologie Münchea*, 1913）；8.《考古学教本》（J. Decheltte, *Manuel D'Archeologie, Prehistorique, Celtique Et Gallo Romnie*. Paris, 1908）；9.《古典籍与考古学》（D. G. Hogarth, *Authority And Archaeology*. London, 1899）；10.《史前的时代》（Lord Aoebury, *Prehistoric Times*. London, 1913）；11.《欧洲原史》（Sophus Müller. *Urgeschichte Europas. Strassburg*, 1905）；12.《人类与自然及原史》（M. Hoernes. *Natuiund Urgeschichte Des Menschen. Wier & Leipzig*, 1900）；13.《人类原史》（M. Hoernes. *Urgeschichte Der Menachhoit. Sammulung Goeschen*, 1905）；14.《第十九世纪考古学发见史》第一册（A. Mechaelis, *Die Archaeologisichen Entdekungen Des Neunzehate Handuets Leipzig*, 1905）。

译本便出现了。1931 年，商务印书馆出版了该书的全译本，译者是著名的美术史家俞剑华（1895—1979），中文名称为《考古学通论》①，是王云五主编"小百科全书"中的一册。俞剑华一生著述有近千万字，但这本书的分量却很小，正文只有 106 页，篇幅小于张凤《考古学》，而且与张凤《考古学》一书对比可知，俞剑华实际上几乎完全照搬了闻宥的译文。

1932 年，蒙特留斯《方法论》（书名《考古学研究法》）经滨田耕作翻译出版，在日本考古学界成为经典读物，不久也被翻译到中国。翻译者是郑师许和胡肇椿，二人的译本首先于 1935 年发表在《学术世界》第一卷 2—6 期，题目即《考古学研究法》，1936 年由世界书局印成同名单行本发行②。该书完全是依照滨田耕作日文译本的转译，附有滨田所作日文译本的序言、例言。译文本身基本上继续沿用了闻宥首译使用的概念和词句，如将类型学称为"型式学"等。全书正文 140 页，内容十分完整，保留了全部 498 幅插图，这在印刷制版还比较困难的年代是十分难得的事情。

郑师许（1897—1952），系民国时期知名学者，在文物考古方面多有著述，曾为考古学社③会员。胡肇椿（1904—1961），20 世纪 20 年代末曾经求学于日本东京帝国大学，随滨田耕作专修考古学数年，是中国当时极少数受到过专业考古训练的留学生。二位学者一直都是考古学的热情鼓吹者和参与者，对当时影响较大的考古学论著相当了解。胡肇椿作为滨田耕作的弟子，翻译业师的著作不止一部，除了《考古学研究法》，还有一本《支那古玉概说》也十分重要。1932 年，滨田耕作翻译蒙特留斯《考古学

---

① （日）滨田耕作：《考古学通论》（小百科全书，王云五主编），俞剑华译，商务印书馆，1931。

② （瑞典）孟德鲁斯：《考古学研究法》（上海市博物馆丛书），郑师许、胡肇椿译，上海世界书局，1936。

③ 考古学社是中国现代考古学者和金石学者的群众组织，以古器物学之研究、纂辑及重要材料之流通为主旨。1934 年 6 月，由容庚、徐中舒、董作宾、商承祚等 12 人发起组织，当年 9 月 1 日在北平集会成立，1937 年抗战全面爆发后停止活动。该社编辑出版了《考古社刊》第 1—6 期，又曾经将社员在他处出版的著作编列为学社考古专集和考古丛书。以上据《中国大百科全书·考古学卷》"考古学社"词条。

研究法》在日本出版不久，郑、胡二人便不约而同着手将其译成中文。在各自独立翻译此书已经过半时，因为偶然的机缘互相了解到对方的工作，遂合力完成。因为出版困难，延至 1935 年夏才在新发行的《学术世界》期刊上连载发表。

郑师许为《考古学研究法》写了一篇较长的"译者序"，交代了翻译此书的背景和经过。其中有一段话甚为重要，据此可以了解当时为数不少的这类学者的普遍心理，特此引用如下：

孟得鲁斯博士一生的生活，未尝操持过锄头的生活，又未尝埋头为一遗物的详细记述，始终坐在书桌上详较他人发掘的报告书而推定其年代先后及嬗变分布的迹象，以完成其大组织大综合的研究的学者。这本书即为孟氏一生研究经验得来的自然结论。其最大的成绩即在本书所论"型式学的研究"。滨田耕作译本序谓："……博士殁后垂且十年，犹未有若此书第一册所述研究法之详尽者，此中型式学的方法论尤为精确而周密。当余攻习考古学时，若此书之深刻且坚强地影响于我的学问，可说没有再多的例子。"可见孟氏头脑的清楚和见解的高超，令人佩服的所在了。吾辈担任介绍翻译工作的人马，深望这书一出，其影响所及，我国有志考古事业的青年，也能成就一两位如滨田氏的权威学者。……

现代学术，分工至精至细，即以考古学而论，田野工作者和研究的专家确有分工的必要。吴理的《考古发掘方法论》第五章《考古材料的应用》里说道："野外考古作业者的首要责任，乃在收集和整理材料，无论其当时对于该材料能否有见解。"这句话已经把锄头考古家最大的责任说出，其他不必苛求。但反过来说，这些由比较研究得到结论的责任，应求之有综合与解释能力，及有创造精神和文学天才的历史学者。而且在事实上田野工作人员毕生埋头埋脑于一地的发掘与整理，所得常为片段的，我们应该不必勉强他也同时担任研究的工作。所以在这时应该另有一部分的人们罗致大量的报告，充实有记录的历史常识，立志终身为桌上的研究工作，如孟氏的一样。发掘与研究分工合作，这两方面的进行，如辅车之相依。[①]

　　这段话首先十分清楚地说明，此书的翻译是受到了滨田耕作成就的影响，希望借助此书，中国也能造就一两位如滨田氏的权威学者。其次最重要的是，蒙特留斯的工作给了郑师许等人极大启发，使得他们知道，即使没有机会从事田野实践，照样可以在考古学上做出伟大的成就！这很能表现出像郑师许这类雅好考古却没有田野机会的学者的期盼心情，这类学者在当时数量并不算少，考古学社即集中了一批这种知识分子。在专业职能的划分上，郑师许毫不犹豫将史语所考古划入了收集材料的"锄头考古学"一类，而认为综合性研究具有更高的难度和要求，比田野工作高一个层次。令他特别值得期待和欣喜的是，这个职能，足不出户的历史学者们也是可以承担的。

　　郑师许的这种观点，表现出对 20 世纪前后西方社会在考古学发达之后职能分工的认识，具有一定的合理性，但当时中国考古学正处在起步阶段，这类分工几乎不可能成为现实。另外，郑师许对史语所考古特点的认识，与《安阳发掘报告》等出版物所体现出的研究水平有直接的关系，实际上也是对史语所在综合研究以及考古学解释方面较为薄弱的一种反思，有其合理之处。

　　除了日文，中国学者还通过另外的渠道从蒙特留斯那里获取真经。蒙特留斯《方法论》的另外一个中译本，即滕固名为《先史考古学方法论》[②]的译本可能完成于 1935 年[③]，也就是郑师许、胡肇椿《考古学研究法》出版的那一年，只是到了 1937 年才得以出版。

　　滕固（1901—1941），著名的美术史家，曾经留学日本，攻读文学和艺术史，获硕士学位，1929 年又赴德国柏林大学留学，1932 年获美术史学博士学位。从他的专业和教育经历来看，他应该通晓日文和德文，对滨

---

① 郑师许：《〈考古学研究法〉译者序》。

② （瑞典）蒙德留斯：《先史考古学方法论》，滕固译，商务印书馆，1937。

③ 序言写作的时间是 1935 年 2 月。

田耕作和蒙特留斯的著作都不陌生。他选择将蒙特留斯《方法论》译成中文，其起因并非偶然。

滕固翻译这本书的初衷，其实并非出于考古学的考虑，而纯粹是出于艺术史研究的需要。在译者序言中他说："研究先史遗物的体范纹饰，蒙德留斯博士的《方法论》不失为一有价值的指示。近年来吾国学者治古代彝器，于款识文字而外，也兼及花纹；这个风气现方发轫，或需借鉴之处，爰译此著，献给从事于此方面者作一种参考。"①滕固的着眼点主要在器物纹饰上，与考古研究有密切关系，又有所差异。让不同需要的学者都能从中找到治学路径，显示出蒙特留斯类型学方法的广泛适用性。

在译者序言中，滕固对蒙特留斯类型学研究的介绍可谓言简意赅，表现出他对蒙氏的思想有较好的理解和把握：

这本《方法论》即为体制学的实例，他将意大利和北欧的金属斧锛、短剑及长剑，意大利、希腊及北欧的扣针，编列排比，明其年代位置，形式异同。又对北欧的铜器、意大利的陶器，就其器形纹饰，探究渊源胎息之所自。最后提及埃及、亚述利亚、腓尼基及希腊之莲花纹饰的发展行程，而对于古典的棕叶式纹缋之形成，以及伊沃尼亚（Ionia）柱头如何由莲花柱头演变而来，也作了详细的检讨。②

该书篇幅甚小，正文只有 90 页。滕固的翻译可能根据德文本，并未沿袭闻宥等人的译文，加以他是从美术史而非考古学的眼光来看待此书，所以他的翻译基本上是另起炉灶，概念和词句都与已经习用的考古学术语不同。例如，"史前"概念当时已经广泛流传，滕固却译为"先史"；至于类型学这个最重要的术语，前人三部译著皆译为"型式学"，而滕固却译

---

① 滕固：《〈先史考古学方法论〉译者序言》。
② 滕固：《〈先史考古学方法论〉译者序言》。

为"体制学"①；相对年代和绝对年代这两个齐整的概念，他译为"相对的年代"和"绝对的年代"。其他不一而足。从考古学的角度而言，由于滕固并没有吸收已往积累的知识成果，这实在并不是一个很好的译本。但该译本长处也很突出，有关纹饰演变的部分，滕固译得相当流畅通达，显示出他在艺术史研究上的良好修养，而且在每段之后，夹有译者的简单注释，更有助于读者对原文的理解。在与蒙特留斯《方法论》有关的几本译著中，滕固的译本影响可能是最大的，也是被提起最多的一个译本。

盘点以上著作可知，在20世纪30年代，从1930年到1937年，蒙特留斯《方法论》直接与间接的中译本先后有四种之多。这与特定的时代背景有一定关系。20世纪二三十年代的中国出现过一个西书中译的高潮，当时以上海为基地，翻译了大量的外文著作，其中来自日文者占大部分。②以上四种译著亦皆在上海出版，属于20世纪二三十年代中国"西书中译"热潮的产物。实际上，在这一时期，中国知识界对西方考古著作的译介形成了一个小高潮，除了以上著作，还先后出版了《东方文化之黎明》③《考古发掘方法论》④《古物研究》⑤等一些考古学译著。

考察蒙特留斯著作以上四种译本的来龙去脉，充分表明当时知识界对蒙特留斯的思想和方法有相当深入的了解。在此情形之下，如果说蒙特留斯类型学思想和方法对中国从事文物考古工作的知识分子没有产生影响，那是难以想象的。

但奇怪的是，在民国时期中国考古学家的相关论著中，对蒙特留斯

---

①　该书第五页注四作者对自己的译法做了专门说明。"译者按：Typus 一语，通常译为'类型'或'型式'，乃包含一物品之造型与纹饰。译者以为嵇康琴赋中'体制风流莫不相袭'，'体制'适当 Typus，'风流'适当 Stil，前者较多实质的意义，后者较多精神的意义；故译 Typus 为'体制'，而下面的 Typologie，则译为'体制学'。"

②　邹振环：《西书中译史的名著时代在上海形成的原因及其文化意义》，《复旦学报（哲学社会科学版）》，1992（3），第87—93页。

③　（日）滨田耕作：《东方文化之黎明》，汪馥泉译，上海黎明书局，1932。

④　（英）吴理（C. L. Wooley）：《考古发掘方法论》，胡肇椿译，商务印书馆，1935。

⑤　（日）滨田耕作：《古物研究》（史地小丛书），杨炼译，商务印书馆，1936。

《方法论》译本的征引却难觅踪迹。陈星灿曾经说："（蒙特留斯《方法论》的）中文译本，对当时中国考古界有多少实际影响，还是一个需要研究的问题。因为，从引用此书的情况看，影响似乎不很显著。不过，从方法论上说，不少学者相信中国考古学的类型学研究，可能受到蒙德留斯的启发。"[①]就民国时期考古书刊资料数量的有限程度，以及部分考古学者对相关资料综述的完整性而言[②]，这些译本为考古学界所熟知当是不言而喻的事情。据俞伟超回忆，苏秉琦先生到20世纪50年代还多次阅读蒙特留斯著作的译本。[③]而且以上所有这些著作，传播范围相当广泛，当代不少历史悠久的大学和科研机构的图书馆与资料室，这些书籍都非罕见之物，多是民国时期购置和流传下来的。这些书后皆未标明印量，但看来当时印刷量应该不会太少，发行情况也不错。

蒙特留斯译著对中国考古界的影响可能主要体现在潜移默化中，使得大家都得以了解到当时国际流行的考古类型学方法。真正开花结果还是需要第一线考古学者在实践中的尝试和努力，苏秉琦先生就是杰出的代表，也可能是唯一的代表。正如俞伟超所说，是苏秉琦"把北欧学者创立的考古类型学理论，结合中国考古学的实际，成功地实现了中国化，从而奠定了我国考古类型学的基础"[④]。

从某种意义上讲，苏秉琦的成就实现了《考古学研究法》译者郑师许当初的一个愿望——"深望这书一出，其影响所及，我国有志考古事业的青年，也能成就一两位如滨田氏的权威学者"。苏秉琦走的正是这条道路。

20世纪30年代，蒙特留斯著作通过日本乃至直接来自欧洲的传译，

---

① 陈星灿、马思中：《蒙德留斯与中国考古学》，载中国社会科学院考古研究所编：《21世纪的中国考古学与世界考古学》，中国社会科学出版社，2002，第686—695页。

② 如郑师许和刘燿都分别总结过当时中国考古学著作的出版情况。郑师许的总结见《考古学研究法》的译序；刘燿的总结见其一篇书评——《考古学研究法》（1934年9月《出版周刊》第九十六期，署名刘虚谷）。该文其实是刘燿对自己打算写作的一部考古学著作的介绍，但该书后来并未写成。

③ 俞伟超：《考古学的中国梦》，《读书》，1998（8），第77页。

④ 俞伟超：《考古学的中国梦》，《读书》，1998（8），第77页。

使得以苏秉琦为代表的中国学者真正学习到了欧洲考古研究的核心技术，从而在地层学之外，考古学的另外一种基本方法也逐渐发展起来，中国现代考古学由此迈上了一个新台阶。这应该主要归功于闻宥、郑师许、胡肇椿、滕固等这些默默为人作嫁衣的翻译者，今日我们盘点中国现代考古学的发展史，是不应该忘记他们的。

# 第 七 章

# 民国时期中国科学考古学的
# 基本特征与历史遗产

本章对史语所考古组在大陆时期大约 20 年的活动做一总结性的评析，总结它的一些基本特征，寻求它在学术史和社会史上的意义，并对其局限性做一些初步探讨。

## 一、史语所考古的基本特征

史语所考古由于其诞生年代的特殊性和思想来源的复杂性，因此带有十分鲜明的时代特征，走出了一条不同于西方现代考古学的发展轨迹，其学科定位、研究手段、价值取向等多个方面都深具个性特点，下面试述之。

### （一）国家学术与集众研究

在民国时期诸考古团体中，史语所之所以能够处于领军地位，取得举世瞩目的成就，最重要的客观条件在于它得到国民政府的支持以国家力量推进学术研究。史语所考古几乎获取了在当时社会形势之下能够争取到的所有资源条件，这是国内其他任何机构无法望其项背的。这些方面，大多数要归结于史语所领袖傅斯年的事功，而傅斯年当初"点缀国家崇尚之学术"的设想，也终于得以实现。

史语所考古之所以能够取得重大成就，也与采取现代化组织方式，即所谓"集众"式的工作方式有绝大关系。① 关于这方面，前文已有叙述。这

---

① 关于集众工作方式，傅斯年是这样解释的："历史学和语言学发展到现在，已经不容易由个人作孤立的研究了，他既靠图书馆或学会供给他材料，靠团体为他寻材料，并且须得在一个研究的环境中，才能大家互相补其所不能，互相引会，互相订正，于是乎孤立的制作渐渐的难，渐渐的无意谓，集众的工作渐渐的成一切工作的样式了。这集众的工作中有点不过是几个人就一题目之合作，有的可就是有规模的系统研究。"见傅斯年《历史语言研究所工作之旨趣》，载《傅斯年全集》第三卷，第 12 页。

一集众工作方式，不仅仅是史语所考古组的分工协作，而且也将史语所之外的各种专家结合进来，开创了多学科合作的传统。

史语所的考古学家们通过自己的行动，使一种新的学术研究模式得以创立和成熟。自民国初年发端的一些历史性学术变革，如金石学向考古学的转变，书斋学问向田野活动的转变，从学在官僚地主到学在资产阶级和小资产阶级知识分子的转变，从个人研究到集团研究的转变，到史语所这里得以完成和提高。他们继承了前期地质学家们开创的传统①，从书斋走向田野，突破金石学的范围，开辟新领域，引入新方法，都具有革命意义和深远影响。虽然史语所并不是独力开创者，但却是让这种研究方式走向成熟、并以成就树立典范者。特别是五四运动以来，经过新思想的洗礼，虽然知识界已经了解到田野工作和自然科学方法的重要性，但由于掌握西方自然科学的繁难以及田野工作的艰苦，很多人采取了回避甚至排斥的态度。口称科学而实际上从事文学，是新文化运动中诸人的普遍现象。②但史语所的考古学家们却不畏艰难困苦，在这两个方面都表现出了新时代学者的素质、决心和勇气，为中国知识分子树立了新的榜样。

## （二）历史学的学科定位

20 世纪 90 年代，在西方考古学思潮影响下，国内学术界掀起了关于中国考古学学术定位的大讨论，即中国考古学到底应该属于历史学还是人类学。大讨论最终的结果是基本上达成共识，大多数考古学家和历史学家认为，中国考古学应该定位于历史学。③这一共识坚持了夏鼐等老一辈考

---

① 夏鼐：《五四运动与中国近代考古学的兴起》，《考古》，1979（3），第2704页。

② 罗志田：《走向国学和史学的"赛先生"》，《近代史研究》，2000（3），第59—94页。

③ 这方面的重要文章如张光直《考古学和中国历史学》[《考古与文物》，1995（3）]、严文明《走向21世纪的中国考古学》[《文物》，1997（11），第67—71页]、张忠培《中国考古学世纪的回顾与前瞻》[《文物》，1998（3），第27—36页]、北京大学考古文博学院《考古学与中国历史的重构》[《文物》，2002（7），第75—81页]、朱凤瀚《论中国考古学与历史学的关系》[《历史研究》，2003（1），第13—22页]等。

古学家给中国考古学的一贯定位①，这种定位是建立在深厚的历史基础之上的。

赵辉执笔的《考古学与中国历史的重构》一文详细讨论了这一问题。一般认为是 20 世纪 20 年代安特生的工作揭开了中国考古学的序幕，事实上，自 19 世纪末，一些外国科学考察团、探险队就已经在中国境内活动了，其中也不乏考古学家的活动，然而何以直到 20 世纪 20 年代安特生的工作才引起中国学人的响应，并由此开始了中国考古学的历程呢？这个原因，同样不局限在考古学的内部。当安特生在中国从事考古活动期间，中国史学界正在重新检讨历史。文献史学家们猛然发现，他们有能力摧枯拉朽般摧毁旧的历史体系，但要建立新体系却远非易事。对此，王国维"取地下之实物与纸上之遗文互相释证"，向学术界展示了地下文物之于历史研究的重要作用。而安特生则通过仰韶文化的发现和对中华远古文化的研究，进一步展现了通过考古学构建史前史的可能。正是因为这个原因，考古学这门外来的学问获得了中国学术界的接纳。从此，重构中国史的任务，经过几代考古学家薪火传承，直到今天。②

如果说安特生等西方考古学家的早期考古实践还带有明显的自然科学特征，那么史语所考古从诞生之日起就明确定位在历史学上，而这也成为后来中国考古学始终不渝的传统。

张光直曾经说，在把新的考古学和传统的历史学及其古器物学的分支结合这一点上，殷墟的发掘扮演了十分重要的角色。殷墟是历史时期的遗址，出土了丰富的文字材料——甲骨文和青铜器铭文。不仅如此，古器物学家收藏的许多青铜器，即是历代在殷墟盗掘的产物。因此，对殷墟出土材料的任何研究，虽然用考古学的方法给予描述，却必须在传统的历史学和古器物学的圈圈里打转。这服务于两种目的：一方面使考古学成为一门

---

① 夏鼐的著名观点是："考古学和历史学，是历史科学（广义历史学）的两个主要的组成部分，犹如车的两轮，不可偏废。"见《中国大百科全书·考古学卷》"考古学"词条，第 1—21 页。

② 赵辉：《考古学与中国历史的重构》，《文物》，2002（7），第 75—81 页。

人文科学和更新了的中国传统史学的一个分支；另一方面，也许有人会说，还使传统的中国历史学"获得了新生"。由于上述原因，在中国，考古学无论是在国家的研究所、博物馆或是大学里，都属于历史学科的范畴。①

　　实际上，史语所的考古工作一开始就是定位在要解决中国古史问题，傅斯年和李济对考古学的作用有非常明确的认识。例如李济，尽管他是美国教育背景，却坚决反对美洲地区那种考古学与历史学分离的倾向。他说："田野考古者的责任是用自然科学的手段，搜集人类历史材料，整理出来，供史学家采用，这本是一件分不开的事情。但是有些有所谓具现代组织的国家，却把这门学问强分为两科，考古与历史互不相关；史学仍是政客的工具，考古只能局部地发展。如此与史学绝缘的考古学是不能有多大进步的。这种不自然的分离，我们希望在中国可以免除。"②作为"中国考古学之父"的李济，从来不把自己局限为一个纯粹的考古学家，而是以一个古史学家自况。③他终生的心愿，就是要重建中国的上古史。④

　　由于中国考古学定位于历史学，而不像北美考古学一样定位于人类学，这就造成了二者之间另外一个重要差异，就是中国考古学往往只是局限于描述或者叙述，而并不刻意去寻求事物发展背后的动因。史语所的考古学家们从来没有试图通过考古学研究来总结人类行为和社会发展的法则，他们不认为这是考古学应有的任务。20世纪末张光直曾经提出，为什么近10年来的学者对"中国文明是如何起源的"这个问题仅仅限制在"中国文明是从什么地方来的"上面来理解？为什么不讨论文明前的社会产生文明的内部动力的问题？⑤当代中国考古学的这种表现实际上是体现了近一个世纪以来的学术传统，在根本上是由中国考古学的历史学定位决定的。

---

① 张光直：《考古学和中国历史学》，《考古与文物》，1995（3），第8页。

② 李济：《〈田野考古报告〉编辑大旨》，载《李济文集》卷一，第332页。

③ 张光直：《对李济之先生考古学研究的一些看法》，载《李济文集》，代序二，上海人民出版社，2006年。

④ 李济：《中国上古史之重建工作及其问题》，载《李济文集》卷一，第353—360页。

⑤ 张光直《序》，见陈星灿：《中国史前考古学史研究（1895—1949）》。

### （三）科学主义原则

史语所是高举"科学主义"大旗走上新学术之路的，他们的一个主要关怀就是要使中国学术预世界学术之流，而学术的"科学化"是"预流"的重要先决条件。①科学主义是史语所考古学的最基本特征之一。

从《历史语言研究所工作之旨趣》的表述来看，傅斯年并不认为科学思维是近代西方人的专利，而认为中国传统学问中也有科学的成分，所谓"继承亭林、百诗的遗训"②即有这样的意思在内，这可能反映了五四一代人一种普遍的情绪。然而史语所考古的主要思想方法来源于欧美，甚至不是像近代中国启蒙时期很多科学那样来自日本。③来源的主要渠道是留学生，初期主要是在美国哈佛大学留学的李济和梁思永，后期是在英国伦敦大学留学的吴金鼎和夏鼐。史语所的考古学家与西方汉学界和考古界平时也有一定的联系，但并非很密切。这都构成了知识传播和更新的途径。总而言之，史语所考古学者们学习的主要还是西方考古学在第一次世界大战前后的那些知识，对于西方20世纪20年代中期之后的新思潮虽有了解，但不甚了然。总体来看，在发展潮流上，中国考古学与西方考古学呈现出一种逐渐疏离的趋势。虽然就研究范例而言，中国考古学可以归结为文化历史

---

① 罗志田：《走向国学和史学的"赛先生"》，《近代史研究》，2000（3），第59—94页。

② 傅斯年：《历史语言研究所工作之旨趣》，载《傅斯年全集》第三卷，第8—12页。

③ 到了欧美、日本，并不见得就能接受西方思想，还与个人性格、经历和以往教育背景有关，如康有为和梁启超就是两个相反的例子。二人同在日本流亡十余年，梁启超在日本接受了新思想和新知识，而康有为仍然如故。梁启超自述二人个性之差异："康有为太有成见，而梁启超太无成见。"（梁启超：《清代学术概论·儒家哲学》，天津古籍出版社，2004年，第80页）另外如钱玄同，在日本留学数载，却对日本及日本人极有恶感，也未见学到日本人什么东西，在日期间交往的主要仍然是中国人，如章太炎。留学欧美学生也有此类现象。大多数后来在国内有成就的留学生，大多对西方知识采取"取一瓢饮"或者说批判地接受的态度，全盘接受者甚少。

考古学，①但与西方的同类研究差别很大。②

史语所的科学主义，思想来源并不只有西方近代科学。就考古学而言，虽然基本理论和方法来自西方，但并非对西方考古学的简单照搬，而是中国传统学问和西方现代知识的结合。

承认中国传统的古器物学或者说金石学在中国现代考古学中的传承，是很多人的共识。夏鼐曾经说，中国现代考古学有两个来源：一是自18世纪以来一直到20世纪初年，中国学者继承和发展了北宋以来的金石学，又利用新出土的古器物，做了大量的整理研究工作；二是西方资本主义国家的科学。直到殷墟考古时，现代考古学在中国才得以诞生。③

张光直谈到当代中国考古学的三个学术来源，在三个不同时期进入中国考古学的舞台，即传统的古器物学、西方考古学和马克思主义的历史唯物主义。④在民国时期中国考古学的舞台上，明显是前两者占据主要地位。对传统的古器物学加以改造吸收，构成新的知识体系的一部分，对于中国考古学来说，是必不可少的。例如对古器物的研究，因为中国有大量可资引用的文献资料，可以从事张光直称为"文化相对性（emic）"的研究，这在全世界只有中国才具备这种得天独厚的条件。但古代器物本名的使用并不成系统，宋代以来学者们的器物命名主观而又含糊，并不适于现代的考古学研究。现代的考古学家，一直试图把古代的名称和客观的形式结合起来，对古代青铜器等器物进行分类，李济做了最初的尝试和最主要的工作。⑤

史语所的考古工作最突出的特点是推崇科学思想，强调科学方法，所

① B. G. Trigger, *A History of Archaeological Thought*, Cambridge University Press, 1989, p.10.

② 陈淳以李济的西阴村考古为例说："李济在西阴村实践的考古学方法，既不是西方以前的进化考古学范例，也不是最先进的文化历史考古学范例，这一欠缺，显然是李济的受训背景造成的。"见陈淳：《中国考古学80年》，《历史教学问题》，2003（1），第33—45页。

③ 夏鼐：《中国考古学的回顾和展望》，载《夏鼐文集》（上），社会科学文献出版社，2000，第141页。

④ 张光直：《考古学和中国历史学》，《考古与文物》，1995（3），第2页。

⑤ 张光直：《考古学和中国历史学》，《考古与文物》，1995（3），第4页。

谓李济"一生致力于在中国推进科学思想"[①]，主要功业即落在此处。

### （四）民族主义立场

清末以来，救亡图存即成为时代主题。知识分子当仁不让是时代的担当，是探索的先行者。恰如 1903 年一个湖南留日学生的自问："中国有何种学问适用于目前，而能救我四万万同胞急切之大祸也？"[②]民国知识界的主流学者大多对学术在现代民族竞争中的作用有一种自觉认识，即认为学术可以提供"一国之名誉与光辉"（王国维语）。史语所的学术虽然以象牙塔里的纯学术自居，但实际上内在的民族主义观念相当突出。傅斯年受德国民族主义史学影响甚重。19 世纪的德国，学术界有一项共同奋斗的任务，亦即建构民族国家的认同，20 世纪的中国也有类似的要求，这一点不可避免地从导向上深刻影响了史语所的学术研究。[③]更何况考古学与民族主义有着天然的联系，中国考古学也不例外。张光直在总结 20 世纪前半期的中国考古学时就曾经说过："我相信，1950 年以前，中国考古学最主要的特征是民族主义。"[④]

张光直之所以说民国时期考古学最主要的特征是民族主义，一定程度上与抗战这个时代背景密切相关。张光直说，除了像刘耀那样直接奔赴前线，考古学者还有别的方法去抵抗日本侵略者，最常用的手段就是民族主义考古学。当然，事实上民族主义考古学是全世界每一个国家都有的，最常见的就是"文明的起源"这一类的主张。在 20 世纪 30 年代，就已有以"我的文明比你早！"做结论的文章，如毕士博与李济在《古物》（*Antiquity*）杂志上关于中国文明来源问题不同观点的商榷，以及滨田耕作 1930 年《东

① 刘文锁：《论李济》，《考古》，2005（3），第 86—94 页。

② 转引自罗志田《再造文明的尝试：胡适传（1891—1929）》，第 23 页。

③ 许倬云：《傅孟真先生史学观念的来源》，载《许倬云自选集》，上海教育出版社，2002，第 349—362 页。

④ 张光直：《二十世纪后半的中国考古学》，《古今论衡》创刊号，1998，第 39 页。

亚文明的曙光》。①同样的例子张光直还举了何炳棣的名著《东方的摇篮》
（*The Cradle of the East*）和傅斯年的《东北史纲》。张光直说，《东方的摇
篮》是民族主义这类研究中最明显者，已经超出了正常的学术研究所能允
许的范围。1932 年出版的《东北史纲》则是在日本侵占中国东北后建立伪
满洲国时，作者在很情绪化的心情之下写作的。②

当然，不仅仅是与帝国主义列强之间的战争强化了中国考古学的民族
主义倾向，而且西方学者有意无意坚持"西方中心论"的态度也刺激了中
国的考古学家。民族主义倾向在史语所考古研究的各个方面，包括史前研
究、夏文化的探索、殷商文化的研究等各个时段都有所体现。

首先是在新石器时代考古领域。一定程度上"中国文化西来说"及其
衍生的"中国人西来说"的刺激，推动了龙山文化的发现和研究，导致了
"中国史前文化东西二元说"的产生，并在很长一个时期内成为统治中国
史前学的权威观点。③陈星灿就"中国文化西来说"对史语所史前研究产生
的巨大影响已经做了详细的梳理和精辟的论述，他认为中国新石器时代考
古学的研究实际上代表了老一代考古学家探索中国文明起源的心路历程。④
当然，对"中国文化西来说"或者"中国人西来说"的强烈反应不限于考
古界，而是代表了整个中国知识界的一种民族主义情绪，但史语所考古学
家们的可贵之处在于并没有在这个问题上仅仅表现为愤怒的情绪，而是以
学术探索做了相当严谨有力的表达。

在夏文化探索方面，中国学者进一步发展了在史前史领域的观点，夏
文化问题从一开始就被提升到事关民族尊严的高度。徐坚曾经以 20 世纪
夏文化探索的最初三十年进展为例，分析了早期中国考古学的"国家主义
（nationalism）"倾向。在 20 世纪 20—40 年代的中国，尚处于新生阶段的

---

① 张光直：《二十世纪后半的中国考古学》，《古今论衡》创刊号，1998（1），第 39 页。

② 《东北史纲》的写作目的之一是向全世界证明东北自古以来是中国的领土，以反驳日满分
裂言论。李济为《东北史纲》写了英文提要并发表。

③ 陈星灿：《中国史前考古学史研究（1895—1949）》，第 205—226 页。

④ 陈星灿：《中国史前考古学史研究（1895—1949）》，导言部分。

中国考古学被急切地运用于中国古史的确认运动中，一个典型的例子就是早期夏文化考古，即对史载中夏王朝的考古学面貌的追寻。最初追寻夏文化的作业方式可以表述为这样一个模式：在考古材料中寻找早于殷商的文化层，归纳其中的文化现象，与文献中夏文化的描述进行比较、确认，于是先后将仰韶文化以及龙山文化比对为文献上的夏文化。在龙山文化的资料基础上，傅斯年发表了著名的《夷夏东西说》，系统阐释关于古代中国文化东西分野的理论。在夏文化问题上，傅斯年的态度是明确的：他不排斥夏为西来的观点，但是他认为中国文明的基本特征来自中国东部的农业文明。傅斯年的二分理论与其说反映了从一元说向多元说的层进，倒不如说是中国民族主义的学术自卫。①

在殷商文化研究方面，史语所的民族主义倾向也十分突出。例如，李济在《中国上古史之重建工作及其问题》一文中就曾经举出数例，强烈批评西方学者的偏见，特别典型的是对毕士博的批评。1933 年前后，英国期刊《古物》登载了毕士博的一篇文章《中国之新石器时代》，1940 年又发表了他的一篇论文《远东文化之原始》。前面一篇文章大意是说，如果把中国的新石器时代文化与欧洲的新石器时代文化相比，中国显得非常贫乏，它的成分大多是外国已有的。譬如家畜方面，欧洲有牛、山羊、绵羊、猪、狗，中国只有猪和狗；家禽之中，鸡来自缅甸，麦、黍也都不是中国的东西。后一篇文章说，如果在北极附近地带画出一个圆圈，可以看出里面有几种共同的文化，如穴居、复弓；中国的这些东西，都是来自北方。青铜时代的车战、版筑，在西方早于中国 1000 多年便有了。他说他不愿做任何的解释，只把事实列举出来，便可以证明中国早期的文化不是来自西方就是来北方，没有任何成分是中国人自己发明、发展的。他的文章本来是在美国史密森研究院（Smithsonian Institution）发表的，英国的杂志转载

---

① 徐坚：《追寻夏文化：二十世纪初的中国国家主义考古学》，《汉学研究》（总第 35 期），2000，18（1），第 291—307 页。

了，所以他的意见不但代表美国人的观点，而且为欧洲人所赞同。①西方人对待中国文化的这种态度当时相当普遍，虽然不能否认其出发点是基于"学术"，但在解释上却不可避免地受到西方文化中心论的影响，而且所列举的证据本身并不客观全面，带有鲜明的倾向性，引起李济等中国学者的普遍反感和愤怒是理所当然的事情。

史语所考古之所以具有相当浓厚的民族主义色彩，与当时中国思想界和国内外政治形势的变化密不可分。20世纪初，以古代社会的实物材料为研究对象的考古学传入中国时，多数学人敏锐地意识到考古研究将成为填补在古史辨运动冲击下形成的中国古史空白的主要力量。萌蘖于新文化运动的古史辨运动，其初衷并非对中国古史的考信问题提出根本的质疑和否定，但这场本属于学术的启蒙运动，在特定时代深刻刺激了整个中国社会的本土文化认知。而挽救文化、挽救国运的救亡激情反映在学术上，则表现为重建中国上古信史的热望。健全的民族意识，必须建立在真实可靠的历史上。要建设一部信史，发展考古学是一种必要的初步工作。救亡高于启蒙的认识②导致了中国民族主义考古学的生成，这是考古学在强烈的意识形态影响下的一种表现形式。徐坚称之为"国家主义考古学"。国家主义考古学的基本关怀和具体课题都直接回应特定意识形态的"学术"诉求，其中，最常见的课题是论证特定民族或国家的文化特质及原创性。因此，虽然在不同民族或国家的国家主义考古学关注对象各有不同，但有一个共同特点，即国家的萌生阶段，亦即区域文化特质的生成阶段，受到普遍关注。③这种国家主义，实即民族主义或者说爱国主义的另类表达。

---

①　李济：《中国上古史之重建工作及其问题》，载《李济文集》卷一，第357—358页。该文是李济1954年1月11日在台湾大学法学院"蔡孑民先生87岁诞辰纪念会"上的学术讲演。
②　有人认为，五四时期中国思想界的主流就是启蒙与救亡的双重变奏。可参见李泽厚《启蒙与救亡的双重变奏》，载《中国现代思想史论》，生活·读书·新知三联书店，2008，第823—866页。
③　徐坚：《追寻夏文化：二十世纪初的中国国家主义考古学》，《汉学研究》（总第35期），2000，18（1），第291—307页。

### （五）自由主义精神

所谓"自由主义"，是说史语所作为中央研究院下属的一个学术机构，虽然与国民政府是一种从属和依附关系，但其主要领导人一直与国民党政权保持一定距离。表现在治学上，史语所始终忠于科学学术和民族文化，没有沦为政治的工具。考古组作为史语所的重要组成部分，也具有这种品性。这使得中国考古机构和考古学家群体具有了一种独立的自由主义知识分子色彩，也作为一种传统以"暗流"形式传承下来。两耳不闻窗外事，稳坐象牙之塔，潜心学术，成为考古学从业者一种很典型的人生态度。例如胡厚宣在 20 世纪 50 年代大批判时就吐露他们那一代学人的心情，他一再说当时自己是"幼年穷苦，受刺激，发愤求名利，入北大而巩固，中研院而发展。因在学术上求名利，所以脱离政治，不认真教学，受胡适、傅斯年影响，劝同学读学报，死读书，不谈政治"，并非全不可信。

以胡适、傅斯年为代表的一批自由主义者，与国民党政权始终保持距离。抗战时期，国民政府一度要求全体公职人员加入国民党。经调查发现，史语所居然一个国民党员都没有，虽然后来在动员之下，有 26 人提出加入。[①]

他们作为新兴资产阶级知识分子，对国民政府这个政权抱有很高的期望和归属感，而且由于当时的主要社会矛盾是中华民族与帝国主义的矛盾，也在一定程度上弱化了知识分子阶层对国民党政权腐败统治的反对。在纷纭复杂的历史洪流面前，每个人都可能做出不同的选择。李济的政治和人生态度在史语所考古组最具有代表性，前文已经有所说明。

## 二、科学考古学对学术与社会的影响

史语所科学考古学的成就和范例产生了巨大的影响，不但改变了中国历史的书写和中国人的历史观念，而且使得一种新的学科和研究范例得以

---

[①]　史语所档案：昆 3-37，本所函总办事处，1939 年 9 月 1 日；昆 3-39，本所函总办事处，1939 年 11 月 20 日。

确立。我们可以从学术和社会两个方面对史语所考古工作的贡献做出评价。

王国维曾经说，考古学的成就对现代史学来说是一场革命。首先扩张了新材料，考古发现所带来的新史料远远超过了甲骨文、敦煌文献、内阁大库档案。而在王国维之后的史语所时期，考古学在中国学术史上扮演了更为重要的角色，成为 20 世纪最辉煌的学问之一。

史语所作为民国时期最重要的一个学术重镇，在中国近代学术史上占有无与伦比的位置，而考古工作又是史语所成就的顶峰，在多个方面都具有重大的开创性意义。自学术传承言之，它开创了中国科学考古学的传统。作为中国民国时期学术近代化进程的一个组成部分，它树后世以规则，奠定了后来中国考古学发展的基调。评价这一成就，最需要注意的是不可脱离时代背景。虽然史语所考古与西方考古学的迅速进展有所差距，但我们一定要明白，这些成就是在民国时期连年战争的间隙，在国破民穷、百业凋零的艰难处境中取得的。

从清末民初开始，知识界已经认识到现代考古学的重要意义，并且做了很多尝试。同时，外国团体和个人也在中国开展了大量田野工作，其中安特生 1921 年在仰韶村的发掘，被认为是中国考古学的开端[①]。但从后来整个中国考古学的学术源流而言，真正使得现代考古学作为一个学科而创立、塑造科学考古传统的，是史语所的考古活动。今天无论是大陆还是台湾岛的考古学，论其学术渊源，无不来自史语所考古组。从这个角度而言，1928 年中央研究院历史语言研究所考古组的成立，以及当年开始的第一次殷墟发掘，才是中国考古学诞生的真正标志。[②]在中国考古学最初三十年中，殷墟发掘构成了这个学科最主要的内容。殷墟的发掘并不是中国最早的考古发掘，但是对于中国考古学而言，殷墟无疑是这个学科传统的源头。[③]

① 陈星灿：《中国史前考古学史研究（1895—1949）》，第 76—184 页。

② 见《中国大百科全书·考古学卷》"中国考古学简史"词条，第 690 页。

③ 徐坚：《追寻夏文化：二十世纪初的中国国家主义考古学》，《汉学研究》（总第 35 期），2000，18（1），第 291—307 页。

　　傅斯年开创了新学术之路，考古学是其中的重要组成部分。这是由一批留学生从西方输入而又加以改造形成的一种新学术，它与中国的传统学问迥然不同。正如李济 1936 年所说："田野考古工作……这是一种真正的学术，有它必需的哲学的基础，历史的根据，科学的训练，实际的设备。"[①]通过找新才，重实学，开新路，整合利用各种资源，史语所的考古事业终于做出了大成绩，成为中国 20 世纪最辉煌的学问之一，使得中国传统学问进入了一个新天地。

　　在中国考古学学科的形成上，张忠培曾经评价过史语所考古的贡献。他说，回顾 20 世纪二三十年代考古学，可以看到，中国考古学从起步始，就以研究历史为目的，自安阳发掘起，便以重建古史作为学科的最终追求。同时通过发掘、整理及研究的实践，开始确立了层位学和类型学的基础，而且，在田野工作中已掌握了适合遗存堆积特性的发掘技术。并且广泛邀请自然科学学者参与研究，取得了十分重要的成果。可以说，当时的中国学者在实践中掌握的层位学、类型学及发掘技术诸方面，都高于同时代在中国境内做考古的外国学者，同时，在世界考古学中也处于先进行列。总之，从学科实践的理论、方法、技术和具体研究成果观之，可以说在 20 世纪 30 年代已经初步建立了中国考古学体系。正因为如此，北京大学才可能于 50 年代初在历史系中创立考古学专业，而在此执掌教鞭的教授，便是二三十年代参加考古工作的学人。他们也是 50 年代初新中国考古工作的启动者和领头人。这些前辈在北京大学传道授业，传的是 30 年代树立的道，最初授的也主要是 30 年代得到的学问，培养出一代又一代的考古学者。总之，30 年代树立的优良传统得到了继承，30 年代的中国考古学，是发展到今天的中国考古学的重要基础。[②]

　　史语所考古因其有效的组织和研究方式，使它成为民国时期中国考古学研究的典范，对全国范围内的考古工作都产生了示范性的影响。当时的

---

① 李济：《〈田野考古报告〉编辑大旨》，《田野考古报告》第一册，第 1—2 页。
② 张忠培：《关于中国考古学的过去、现在与未来的思考》，载《中国考古学：走近历史真实之道》，第 102 页。

考古单位与个人，无不以史语所的做法为准绳。而它所取得的成就，成为学术界进行同类研究的基础和出发点。其中，最著名者如良渚文化的最初发现与研究，就是受到了史语所黑陶文化研究影响的结果。例如李济说："风气所及，别的学术机关，也感到同样兴奋，西湖博物馆在杭州良渚发掘黑陶遗址的工作，确实是一件值得称赞的成绩。"① 史语所出版的中国第一部考古报告《城子崖》，成为施昕更探索良渚文化最重要的指南，《良渚》②报告的撰写也基本仿照了《城子崖》的体例。③

史语所田野考古的成就和方法，对中国古史研究的冲击更是革命性的。李济曾经说，十余年前，旧一点的史学家笃信三皇五帝的传说，新一点的史学家只是怀疑这种传说而已；"这两种态度都只取得一个对象，都是对那几本古史的载籍发生的。直等到考古学家的锄头把地底下的实物掘出来，史学界的风气才发生些转变"。④

以史语所考古为代表的中国考古学的成就，改变了中国人的历史观和世界观，具有十分深远的历史意义。

这方面可以李济本人的叙述作为佐证。1934 年，李济在《中国考古学之过去与将来》一文中论及中国考古学经过 10 年来的努力所取得的成绩对整个社会思潮所发生的影响。他谈到 10 年来社会上人们历史观念的变迁，10 年之前人们还在笃信三皇五帝，而"现在事隔 10 年，情形是全变了，好些乡下的小学生也都知道'石器时代'这个名词了"。社会上对三皇五帝的忆念，虽仍觉得恋恋不舍，然究竟敌不过石器时代、铜器时代所代表的观念的实在。⑤ 自 20 世纪 20 年代开始，考古资料和研究成果开始进入各种历史书籍，特别是影响巨大的教科书中，国人逐步形成了新的历史

① 李济：《中国古器物学的新基础》，载《李济文集》卷一，第 340 页。

② 施昕更：《良渚———杭县第二区黑陶文化遗址初步报告》，浙江省教育厅，1938。

③ 王心喜：《小人物发现大文化》，《华夏考古》，2006（1），第 102—109 页。

④ 李济：《中国考古学之过去与将来》，载《考古琐谈》，湖北教育出版社，1998，第 127—137 页。

⑤ 李济：《中国考古学之过去与将来》，载《考古琐谈》，第 127—137 页。

观，进而在培养民族主义情感方面发生作用。① 田野考古获得的大量资料，使得人们对史前史和原史时期历史有了新的认识。通过考古成果，传统的中国历史得以重构，不但文化的基本时空框架得以建立，更对社会经济和社会组织等多方面的具体内容有所了解。

### 三、批评与反思

因为时代的限制等因素，以今天的眼光来看，史语所考古还存在种种不足，主要表现在以下方面。

#### （一）与西方考古学发展潮流的疏离

虽然中国科学考古学的基本思想是从西方舶来，但最初的两个主要引进者李济和梁思永自从哈佛归来之后，由于当时中国长期处于战乱之中，教育文化事业落后，与国际学术界沟通的条件有限，他们与西方学术界直接交流的机会并不是很多，所以史语所考古是在一种相对封闭隔绝的状态下独立发展的。

这种相对封闭一方面让史语所考古走出了一条自己的道路，另一方面也造成史语所考古无法及时充分吸收国际学术界的成果，对西方技术和理论进展一知半解，使得自己脱离了国际学术主流，只是在一种较低水平的层次上运转，长期处于积累材料的阶段，没有取得相应的理论成就。这既有指导思想上的原因，也有未能"预流"的原因。

首先是在技术方法上。格林·丹尼尔说，20世纪史前考古学最杰出的成就在于考古学终于成为一门科学，意思就是说考古学在科学技术方法上取得了决定性进展。② 这些进步体现在发掘技术、调查技术、分析技术等多个方面。发掘技术达到了非常精细的程度，例如在著名的乌尔发掘中，甚至通过对"一星半点"的琴弦的研究，复原了所谓"示巴皇后竖琴"的样

---

① 刘超：《民族主义与中国历史书写》，复旦大学博士论文，2005。
② （英）格林·丹尼尔：《考古学一百五十年》，黄其煦译，第282页。

子。加罗德教授依据在巴勒斯坦发现的一位旧石器时代猎人骨盆上木矛留下的洞眼而复原出一支木矛。依据自然层进行的考古地层学发掘原则逐渐为人掌握。调查技术更是有极大进展，空中摄影广泛用于遗址调查，包括使用气球和飞机，航空考古成为一门重要分支，水下考古也开展起来。分析技术有了很大进展，达到相当系统、成熟的地步，不仅对考古材料的分析，对地理分布和生态环境的研究也有进展，考古学家越来越依赖自然科学家对土壤、花粉、金属、石器、动植物群的分析报告。<sup>①</sup>以上这些技术方法，史语所考古组大多无力做到，或者只限于局部的开展，这既是由于条件的限制，也是由于信息的闭塞所致。

  史语所考古与西方考古学差距最大的是在考古学解释方面。第一次世界大战之后至20世纪40年代，西方考古学进入成熟期。这一阶段的主要成果是构建考古学文化的时空框架，为进一步全面复原人类社会奠定了科学基础。考古学进入成熟的另一个标志是出现了建立在考古资料综合研究之上的理论阐释，明确了考古学作为历史科学的目标，即通过考古研究揭示人类社会的发展规律。<sup>②</sup>20世纪上半期是西方考古学范例变革突飞猛进的一个时期，戈登·柴尔德等考古学家基于已经积累起来的大量考古资料，在综合研究方面取得了巨大成就，文化历史考古学逐渐取代进化考古学成为新的主流。特别是柴尔德的《欧洲文明的曙光》一书，被考古史家格林·丹尼尔称为"史前考古学发展的一个新起点"。柴尔德《欧洲文明的曙光》等一系列著作为20世纪上半叶的史前考古学提供了一种新的研究范例，被认为是考古学的一场革命。这一范例很快为全世界的考古学家们所采纳，并在欧美沿用到20世纪50年代。<sup>③</sup>中国考古学不但没有能够参与这个过程，甚至对国际学术界发生的这些变革一无所知。即使到20世纪30年代中期，中国考古界对国际考古界发生的巨大变化仍然没有表现出必要的敏感性，视野一直停留在20世纪初乃至19世纪末的水平。这一点我

① （英）格林·丹尼尔：《考古学一百五十年》，黄其煦译，第282—304页。
② 杨建华：《外国考古学史》，吉林大学出版社，1995，第75页。
③ 陈淳：《考古学理论》，复旦大学出版社，2004，第72—73页。

们从傅斯年和李济对夏鼐在英国留学期间的指导上可窥见一斑。[①]甚至到了20世纪40年代末期，中国考古学的主要成就仍然停留在类型学的探索和发展上，而当时以传播论为核心的类型学方法在西方考古学上的地位已经不再那么重要，取而代之的是考古学文化的研究等一些新的范例了。20世纪50年代之后，西方考古学发生了越来越重大的变化，例如碳十四测年等重要技术、新考古学思潮的出现等，考古学的面貌日新月异，而中国考古学的基本观念仍然停留在三四十年代的水平，就像与西方经济、科技的差距一样，与西方考古学的差距越来越大，这与长期缺乏国际交流有直接关系。

事实上，民国时期的中国考古学长期停留在积累材料的初步阶段，未能在考古学解释上取得应有的成就。如陈淳说，从科学考古学自20世纪初被引入中国以来，虽然中国考古的田野工作在近一个世纪中成绩骄人，但是它的成就仍然主要体现在原始材料的发现和积累上。作为一门现代科学，中国考古学的发展受历史条件的制约和传统文化的影响，也造成了许多不尽如人意的地方。目前中国考古学最受诟病之处，是在考古材料积累的同时，没有进一步深入提炼大量材料中的社会文化信息，使得许多行外的学者和一般公众觉得这是一门象牙塔里的学问。因此，如何提高这门学科的研究水准，进一步提炼和解读蕴含在原始材料中的社会文化信息，并将它们转化成社会公众能够了解的历史知识，是这门学科发展所面临的艰巨任务。[②]这种批评虽然针对的是一个世纪以来的中国考古学，但也同样适用于民国时期的史语所考古。当然，对他们做出评价，不应该脱离当时的历史环境。史语所在所谓"黄金十年"中，有限的人力物力全部投入到了田野发掘和调查之中。在1937年至1949年的连年战争中，考古队伍星散，残留人员在无法从事田野工作的前提下，在十分艰难的环境中，进行了一些资料整理工作。相对于他们的薄弱条件，对他们取得的成绩似乎很难提出苛求。

---

① 从前文所谈夏鼐与傅斯年和李济关于学习方向的往来书信中可知，傅斯年和李济对柴尔德了解甚少，实际上这也是他们力主夏鼐随皮特里开创的埃及考古学派学习的重要原因。

② 陈淳：《中国考古学80年》，《历史教学问题》，2003（1），第33—45页。

### （二）中西考古学价值观的差异

史语所考古之所以对西方考古学发生的历史性变革没有做出及时回应，或者说一直停留在收集整理资料的低层次阶段，除了信息隔绝，最重要的原因是双方在学术价值观上存在一些根本性的歧异。

在史语所乃至中国学术界，考古学从来没有被当作一门独立的社会科学来对待。从其引入至今，考古学实际上一直是作为中国历史学的一种工具来看待并使用的。傅斯年曾经明确说，"考古学是史学的一部分"[①]。在著名的《历史语言研究所工作之旨趣》之中，对此有更具体的表述。他说："近代的历史学只是史料学，利用自然科学供给我们的一切工具，整理一切可逢着的史料。"考古学就是具体方法之一种。"现代的历史学研究已经成了一个各种科学方法的汇集。地质、地理、考古、生物、气象、天文等学，无一不供给研究历史问题者之工具。"[②]在傅斯年看来，即使历史学，其基本的内容就是史料学，更罔论为历史学提供资料的考古学，考古学的功能就是收集整理资料，一切解释皆是"空论"。考古学对于史语所来说，只是为新史学处理新资料的一个所谓"不陈的工具"而已。

### （三）对史语所考古之科学主义取向的反思

史语所建立之时，由于新文化运动的洗礼，"德先生"（民主）和"赛先生"（科学）深入人心，科学观念已经在知识界居于主流地位。从西方留学归国的新一代学者在国内的重要学术机构和高等学校取得了领导位置，他们力图用自己的领导权推行科学方法、科学规则、科学体制、科学思想。科学观念具体表现在史学领域，则是对实证方法的极力提倡。在20世纪30年代前后，以傅斯年、顾颉刚为代表的科学主义史学成为中国历史学界的主流学派，史料派一时成为正宗。[③]但随着学术实践的推进和社会形势的变化，以科学自我标榜的"史料派"的缺点渐渐显现出来，受到很

---

① 傅斯年：《考古学的新方法》，载《傅斯年全集》第二卷，第88页。

② 傅斯年：《历史语言研究所工作之旨趣》，载《傅斯年全集》第二卷，第3—12页。

③ 王尔敏：《20世纪非主流史学与史家》，自序，广西师范大学出版社，2007。

多批评。

欧阳哲生曾经总结史语所学术宗旨的四个方面：1. 强调历史学即史料学，故重视对新史料的开掘和利用，重视对各种史料的校勘和比较；2. 强调历史学的实证性质，"一分材料出一分货，十分材料出十分货，没有材料便不出货"，处置材料存而不补，证而不疏；3. 强调历史研究宜从个案、具体的问题入手，以小见大，发现一个问题立案一个问题，史料证据充足时解决一个问题，如此积累，不搞那种大而不当、内容空泛的宏观研究；4. 重视语言在历史研究中的作用。[①]

傅斯年提倡的新史学宣称史学就是史料学，对于史料的处置，主张"我们反对疏通，我们只要把材料整理好，则事实自然显明了。一分材料出一分货，十分材料出十分货，没有材料便不出货。两件事实之间，隔着一大段，把他们联络起来的一切涉想，自然有些也是多多少少可以容许的，但推论是危险的事，以假设可能为当然是不诚信的事。所以我们存而不补，这是我们对于材料的态度；我们证而不疏，这是我们处置材料的手段。材料之内使他发见无遗，材料之外我们一点也不越过去说"[②]。"史料赋给者之外，一点不多说；史料赋给者以内，一点不少说。"[③]这是史语所处置一切材料的基本指导思想。而且这种思想，是傅斯年和李济的共识。[④]

史语所科学考古指导思想脱离了西方考古学变革的主流，之所以如此，是因为考古研究所依附的新史学思想本身在欧洲已经落伍。傅斯年在欧洲

① 欧阳哲生：《胡适先生与中研院史语所》，载《新学术之路》，第 227 页。

② 傅斯年：《历史语言研究所工作之旨趣》，载《傅斯年全集》第二卷，第 3—12 页。

③ 傅斯年：《中国古代文学史讲义》，载《傅斯年全集》第三卷，第 51 页。

④ 在史语所，与傅斯年治学思想最为接近者是李济（见《新学术之路》，第 30 页）。这可能与二人具有类似的教育背景有关。二人都非真正的自然科学家，但接触过相当多的科学知识，对科学的认识有类似之处。他们对科学的把握和理解胜于第一代留学生胡适。科学方法的第一代提倡者胡适等人，由于其受训背景纯粹局限在人文学科，实际上对科学的理解和把握较流于表面，口号提得多，实际手段少。傅斯年、李济对科学的理解虽然较胡适有所进步，但仍然停留在比较朴素甚至是粗浅的地步，如《历史语言研究所工作之旨趣》中的许多提法，很有失于偏颇之嫌。

求学期间受到巴黎学派、德国兰克史学的影响，大致属于西方第一次世界大战之前的思想，等到史语所成立的时候，世界潮流已经开始改变。傅斯年回国后提倡的新史学，如倡导建立与自然科学同等精确的历史学等，虽然在中国尚属新思想，但在西方已经成为过去。①所谓"历史学就是史料学"，有一分材料出一分货，绝不多说，反对空论，与法国巴黎汉学类似，但与当时正在兴起的社会科学方法（如以唯物主义史观研究历史）是异途的，这造成了研究与时代的脱节。②在考古学上同样也是如此，如中国考古界极其重视的类型学研究，实际上主要是在 19 世纪末期兴盛一时的进化考古学的基础上发展起来的，而第一次世界大战之后逐渐形成的代表 20世纪新潮流的以考古学文化为中心的综合性研究在中国却影响甚微。

　　傅斯年说"要把历史语言学建设得和生物学、地质学等同样"③科学，是因为根据赫胥黎的观点，历史学、考古学、地质学、古生物学以及天文学，都属于"历史的科学"，与数理化学是不一样的。④傅斯年的史学观点当时就有人不赞同，如南高学派认为，史学既有科学的一面，又有非科学的一面，史学当有条件地采用科学方法，但并非一定要科学化才能显示其伟大。傅斯年将历史学引向纯科学的观点，以及"不做空论""不以史观为急图"的看法，实际上束缚了史语所学术的发展。以考古学而论，类似苏秉琦在中华人民共和国成立后进行的社会文化史探索在史语所很难得到发展的空间，更不可能有类似郭沫若那样以考古材料进行社会研究的机会。傅斯年一生对史观式运用社会科学概念的做法相当反感，对郭沫若的古代社会研究评价不高。⑤因此，在这种宗旨下，史语所的学术研究，包括考古

① 见《新学术之路》，第 432—433 页。

② 欧阳哲生：《傅斯年学术思想与史语所初期研究工作》，《文史哲》，2005（3），第 123—130 页。

③ 傅斯年：《历史语言研究所工作之旨趣》，载《傅斯年全集》第二卷，第 3—12 页。

④ 罗志田：《走向国学和史学的"赛先生"》，《近代史研究》，2000（3），第 59—94 页。

⑤ 桑兵：《晚清民国的国学研究》，第 80 页。

学在内，很明显地表现出科学性有余而思辨性不足的特点。①

　　史语所在综合性研究等方面的欠缺，给马克思主义史学、传统史学留下了发展空间，以至于在20世纪30年代的民国史学界，由科学史学独大的局面，渐渐形成三足鼎立的状况，即史语所代表的科学史学、郭沫若代表的马克思主义史学、柳诒徵代表的传统史学，其中又以科学史学和马克思主义史学声势最盛②。特别是马克思主义史学，因其社会理论的鲜明完整，十分符合时代发展的需要，与史语所科学史学研究的零碎无系统恰成对比，更能代表新的时代潮流，吸引了大批的追随者。③

---

①　实际上史语所的基本学术方法受西方影响还是相当深的，史语所之所以"谤亦随之"，受到中国传统学者的广泛批评，要因之一是有走偏的倾向。悬问题以觅材料，本来是欧美汉学家易犯的毛病，他们很难看完浩如烟海的典籍以发现问题。欲成一家之言，先是从类书中寻找题目，继而由新材料带动新问题，再借鉴其他学科或者文化的问题意识，套用现成的解释框架，结果难免走上偏锋险道。王国维即主张"宜从细心苦读以发现问题，不宜悬问题以觅材料"。以后知后觉的问题意识和外在的解释框架支配研究，正是近代中国学术流弊滋生的症结所在。见桑兵《晚清民国的国学研究》，第277—279页。

②　顾颉刚在1935年回顾其学术路向的发展时说，1921年他开始辨古史时，中国的考古工作刚刚开始，"社会上还不曾理会到这种事，当然不知道史料可从地底下挖出来的。那时唯物史观也尚未流传到中国来，谁想到研究历史是应当分析社会的！……其后考古学的成绩一日千里，唯物史观又像怒潮一样奔腾而入"。考古学与唯物史观，分别代表了新材料和新方法，于是开始有人追随这两个方面，形成了科学史学与马克思主义史学两个流派。见罗志田《走向国学和史学的"赛先生"》，《近代史研究》，2000（3），第59—94页。

③　尹达曾经谈到郭沫若《中国古代社会研究》（上海联合书店，1930）对自己青年时期的影响：1931年一天，他在开封书摊上买到了郭沫若的书，"1927年大革命失败以后，白色恐怖笼罩着全国，青年知识分子大都彷徨歧途，无所适从，他们对中国革命的信心是减低了，对中国社会发展的规律和动向存在着一些糊涂观念。这时候，正迫切的要求着这一问题的解答。正是这个时候，郭沫若先生就印出那本《中国古代社会研究》。在那里明确指出，中国存在过氏族社会和奴隶社会，证明中国社会的发展，并不曾逃脱一般社会发展的规律，同时指出了未来的动向。且以锋利的文学手法，把枯燥的中国古代社会写得那样生动，那样富有力量，对当时的青年知识分子，正像打了针强心剂"（尹达：《郭沫若与古代社会研究》，载《尹达史学论著选集》，人民出版社，1989，第415页）。这段话虽然对郭沫若颇多溢美之词，但反映了20世纪30年代进步青年的普遍心理是不错的。

　　中国科学考古学的产生，主要是傅斯年史学实践的结果。①这种所谓"纯科学"的态度，表现在考古学上，就是把资料的发掘和整理放在头等的位置，而不重视综合性研究。张光直就曾经对自己的老师李济提出过毫不留情的批判，说他得了第一等材料，却没有系统的理论作为指导去整理，在资料里抓到了许多关键性的问题，但没有很明白地指点出来这许多问题之间的有系统、有机的联系。这种风气恰恰与西方考古学的新潮流形成反背，但却由于中国科学考古学的封闭式发展而作为学科传统一直影响到今天。

　　总之，必须在新史学的框架下加以观察，才能够更深入地理解史语所考古诸特征的来龙去脉和形成原因。总体来说，史语所的考古研究在中国现代学术史上是开天辟地的大事，它作为傅斯年等前辈创立新史学的最有力的工具，为推进中国在那个灾难深重的时代的学术研究，做出了最大的贡献。尽管由于时代的局限，它也存在种种不足，但是其主要内容既吸收了西方考古学的先进成果，又结合了中国的传统学问，从而形成了独具特色的中国科学考古学。在那个时代所形成的该学科的种种特征，由于学术传统的传承，一直到今天还在继续影响着中国考古学的发展。梳理过去，当会使得人们更加清晰地认识今天，看清未来。

---

① 1951年董作宾在总结史语所此前的学术成就时说："现在结算一下史语所二十三年的总成绩，可以说有赢余也有外欠。这笔账看去似乎是许多人的，事实上，是应该全记在孟真先生的名下。"参见董作宾《历史语言研究所在学术上的贡献》，《大陆杂志》，1951，2（1），第1—6页。

# 参考文献

## 中文文献

1. 台湾"中央研究院"历史语言研究所所藏档案

2.（瑞典）安特生著、袁复礼译：《中华远古之文化》，《地质汇报》第五号，1923

3. 李济：《西阴村史前的遗存》，清华学校研究院丛书第三种，1927

4. 李济主编：《安阳发掘报告》第一期，中央研究院历史语言研究所，1929

5. 李济主编：《安阳发掘报告》第二期，中央研究院历史语言研究所，1930

6. 张凤编：《考古学》，国立暨南大学文学院，1930

7. 郭沫若：《中国古代社会研究》，上海联合书店，1930

8.（日）滨田耕作：《考古学通论》，俞剑华译，商务印书馆，1931

9. 李济主编：《安阳发掘报告》第三期，中央研究院历史语言研究所，1931

10.《庆祝蔡元培先生六十五岁论文集》（上册），《历史语言研究所集刊》外编第一种，中央研究院历史语言研究所，1933

11. 李济主编：《安阳发掘报告》第四期，中央研究院历史语言研究所，1933

12. 卫聚贤：《中国考古小史》，商务印书馆，1933

13.《城子崖——山东历城县龙山镇之黑陶文化遗址》，中国考古报告集之一，中央研究院历史语言研究所，1934

14. 裴文中：《周口店洞穴层采掘记》，地质专报乙种第七号，1934

15.《庆祝蔡元培先生六十五岁论文集》（下册），《历史语言研究所集刊》外编第一种，中央研究院历史语言研究所，1935

16. 古物保管委员会：《古物保管委员会工作汇报》，大学出版社，1935

17.（英）吴理：《考古发掘方法论》，胡肇椿译，上海商务书局，1935

18.（瑞典）孟德鲁斯：《考古学研究法》，郑师许、胡肇椿译，上海世界书局，1936

19. 李济主编：《田野考古报告》第一期，中央研究院历史语言研究所，1936

20. 卫聚贤：《中国考古学史》，商务印书馆，1937

21.（瑞典）蒙特留斯：《先史考古学方法论》，滕固译，商务印书馆，1937

22. 施昕更：《良渚——杭县第二区黑陶文化遗址初步报告》，浙江省教育厅，1938

23 吴金鼎、曾昭燏、王介忱：《云南苍洱境考古报告》，中央博物院筹备处，1942

24. 石璋如：《晋绥纪行》，独立出版社，1943

25. 尹达：《中国原始社会》，作者出版社，1943

26. 李济主编：《中国考古学报》第二册，中央研究院历史语言研究所，1947

27. 李济主编：《中国考古学报》第三册，中央研究院历史语言研究所，1948

28. 苏秉琦：《斗鸡台沟东区墓葬》，陕西考古发掘报告第一种第一号，北平研究院史学研究所，1948

29. 裴文中：《中国史前时期之研究》，商务印书馆，1948

30.《中国考古学报》第四册，中国科学院历史语言研究所，1949

31. 石璋如：《考古年表》，"中央研究院"历史语言研究所，1952

32. 胡厚宣：《殷墟发掘》，学习生活出版社，1955

33. 中国科学院考古研究所：《考古学基础》，科学出版社，1958

34. 梁思永：《梁思永考古论文集》，科学出版社，1959

35. 夏鼐：《考古学论文集》，科学出版社，1961

36. 李济：《感旧录》，台湾传记文学出版社，1967

37. 孔昭明：《卜辞通纂附考释》，台湾大通书局，1976

38.《中国考古学文献目录（1949—1966）》，文物出版社，1978

39. 尹达：《新石器时代》，生活·读书·新知三联书店，1979

40. 顾颉刚编：《古史辨》第一册，上海古籍出版社，1982

41. 中国社会科学院考古研究所编：《考古工作手册》，文物出版社，1982

42.《王国维遗书》，上海书店出版社，1983

43. 中国考古学会编：《中国考古学年鉴（1984—2006）》，文物出版社，1984—2007

44. 贾兰坡、黄慰文：《周口店发掘记》，天津科技出版社，1984

45. 中国社会科学院考古研究所：《新中国的考古发现和研究》，文物出版社，1984

46. 苏秉琦：《苏秉琦考古学论述选集》，文物出版社，1984

47. 吴浩坤、潘悠：《中国甲骨学史》，上海人民出版社，1985

48. 张光直：《考古学专题六讲》，文物出版社，1986

49.《中国大百科全书·考古学卷》，中国大百科全书出版社，1986

50.（英）格林·丹尼尔：《考古学一百五十年》，黄其煦译，文物出版社，1987

51. 苏秉琦主编：《考古学文化论集（一）》，文物出版社，1987

52. 苏秉琦主编：《考古学文化论集（二）》，文物出版社，1989

53. 中国社会科学院历史研究所编：《尹达史学论著选集》，人民出版社，1989

54. 张光直、李光谟编：《李济考古学论文选集》，文物出版社，1990

55.（德）C.W. 西拉姆：《神祇·坟墓·学者》，刘迺元译，生活·读书·新知三联书店，1991

56. 北京大学考古系资料室编：《中国考古学文献目录（1900—1949）》，文物出版社，1991

57.（加）布鲁斯·炊格尔：《时间与传统》，生活·读书·新知三联书店，1991

58. 中国历史博物馆考古部编：《当代国外考古学理论与方法》，三秦出版社，1991

59.《中国大百科全书·文物博物馆卷》，中国大百科全书出版社，1993

60. 唐德刚译注：《胡适口述自传》，华东师范大学出版社，1993

61. 苏秉琦主编：《远古时代》（《中国通史》第二卷），上海人民出版社，1994

62. 李光谟编：《李济与清华》，清华大学出版社，1994

63. 傅振伦：《傅振伦文录类选》，学苑出版社，1994

64. 中国社会科学院考古研究所编著：《殷墟的发现与研究》，科学出版社，1994

65. 杨建华：《外国考古学史》，吉林大学出版社，1995

66. 王汎森等编：《傅斯年文物资料选辑》，傅斯年先生百龄纪念筹备会，1995

67. 岳玉玺编：《傅斯年选集》，天津人民出版社，1996

68. 俞伟超：《考古学是什么——俞伟超考古学理论文选》，中国社会科学出版社，1996

69. 中国社会科学院考古研究所编：《考古学的历史·理论·实践》，中州古籍出版社，1996

70.《中国现代学术经典·李济卷》，河北教育出版社，1996

71. 李光谟：《锄头考古学家的足迹——李济治学生涯琐记》，中国人民大学出版社，1996

72.《中国现代学术经典·董作宾卷》，河北教育出版社，1996

73. 王宇信、方光华、李健超：《中国近代史学学术史·考古学》，中国社会科学出版社，1996

74. 严文明：《走向 21 世纪的考古学》，三秦出版社，1997

75. 陈星灿：《中国史前考古学史研究（1895—1949）》，生活·读书·新知三联书店，1997

76. 臧振华编：《中国考古学与历史学之整合研究》，"中央研究院"历史语言研究所，1997

77. 王为松编：《傅斯年印象》，学林出版社，1997

78. 李济：《考古琐谈》，湖北教育出版社，1998

79. 北京大学考古学系编著：《迎接二十世纪的中国考古学国际学术讨论会论文集》，科学出版社，1998

80.《中国考古学文献目录（1971—1982）》，文物出版社，1998

81.（美）费正清编：《剑桥中华民国史（1912—1949年》，中国社会科学出版社，1998

82. 王汎森等主编：《新学术之路——"中央研究院"历史语言研究所七十周年纪念文集》，"中央研究院"历史语言研究所，1998

83.《"中央研究院"历史语言研究所七十年大事记》，"中央研究院"历史语言研究所，1998

84."中央研究院"历史语言研究所：《传承与求新："中央研究院"历史语言研究所简介》，1998

85. 李泽厚：《中国思想史论》，安徽文艺出版社，1999

86. 张忠培：《中国考古学：走近历史真实之道》，科学出版社，1999

87. 罗志田：《权势转移——近代中国的思想、社会与学术》，湖北人民出版社，1999

88. 张光直：《考古人类学随笔》，生活·读书·新知三联书店，1999

89. 张光直：《中国青铜时代》，生活·读书·新知三联书店，1999

90. 张光直：《中国考古学论文集》，生活·读书·新知三联书店，1999

91. 张忠培、俞伟超：《考古、文明与历史》，"中央研究院"历史语言研究所，1999

92.《夏鼐文集》，社会科学文献出版社，2000

93.《学术史与方法学的省思》，"中央研究院"历史语言研究所，2000

94. 罗志田主编：《20世纪的中国：学术与社会·史学卷》，山东人民出版社，2001

95.《中国考古学文献目录（1983—1990）》，文物出版社，2001

96.（美）顾定国：《中国人类学逸史》，社会科学文献出版社，2001

97. 桑兵：《晚清民国的国学研究》，上海古籍出版社，2001

98. 王汎森：《中国近代思想与学术的系谱》，河北教育出版社，2001

99. 李济：《安阳》，河北教育出版社，2002

100. 杨宝成：《殷墟文化研究》，武汉大学出版社，2002

101. 张光直：《古代中国考古学》，印群译，辽宁教育出版社，2002

102. 陈存恭等：《石璋如先生访问记录》，"中央研究院"近代史研究所，2002

103. 李学勤、郭志坤：《中国古史寻证》，上海科技教育出版社，2002

104. 许倬云：《许倬云自选集》，上海教育出版社，2002

105. 中国社会科学院考古研究所编著：《21世纪中国考古学与世界考古学》，中国社会科学出版社，2002

106.《石璋如院士百岁祝寿论文集：考古、历史、文化》，南天书局，2002

107. 冯天瑜等编著：《中国学术流变》，华东师范大学出版社，2003

108. 陈淳：《考古学的理论与研究》，学林出版社，2003

109. 罗志田：《裂变中的传承——20世纪前期的中国文化与学术》，中华书局，2003

110. 查晓英：《从地质学到史学的现代中国考古学》，罗志田指导，四川大学硕士论文，2003

111. 吴少珉、赵金昭主编：《二十世纪疑古思潮》，学苑出版社，2003

112. 田旭东：《二十世纪中国古史研究主要思潮概论》，中华书局，2003

113. 罗志田：《近代中国史学十论》，复旦大学出版社，2003

114. 欧阳哲生主编：《傅斯年全集》，湖南教育出版社，2003

115. 沈颂金：《考古学与二十世纪中国学术》，学苑出版社，2003

116. 中国社会科学院考古研究所编著：《中国考古学·夏商卷》，中国社会科学出版社，2003

117.（美）托马斯·库恩：《科学革命的结构》，金吾伦、胡新译，北京大学出版社，2004

118. 陈淳：《考古学理论》，复旦大学出版社，2004

119. 余英时：《文史传统与文化重建》，生活·读书·新知三联书店，2004

120. 章清：《"胡适派学人群"与现代中国自由主义》，上海古籍出版社，2004

121. 阎文儒：《中国考古学史》，广西师范大学出版社，2004

122.（英）科林·伦福儒、保罗·巴恩：《考古学：理论、方法与实践》，中国社会科学院考古研究所译，文物出版社，2004

123. 张忠培：《中国考古学：走向与推进文明的历程》，紫禁城出版社，2004

124. 余英时：《现代危机与思想人物》，生活·读书·新知三联书店，2005

125.（英）柯林武德：《柯林武德自传》，陈静译，北京大学出版社，2005

126. 汪荣祖：《史家陈寅恪传》，北京大学出版社，2005

127. 张忠培：《中国考古学：九十年代的思考》，文物出版社，2005

128. 葛兆光：《思想史研究课堂讲录：视野、角度与方法》，生活·读书·新知三联书店，2005

129.（英）马修·约翰逊：《考古学理论导论》，魏峻译，岳麓书社，2005

130.（英）肯·达柯：《理论考古学》，刘文锁、卓文静译，岳麓书社，2005

131. 李卉、陈星灿编：《传薪有斯人——李济、凌纯声、高去寻、夏鼐与张光直通信集》，生活·读书·新知三联书店，2005

132. 葛兆光：《中国思想史》，复旦大学出版社，2005

133.《傅斯年与中国文化：傅斯年与中国文化国际学术研讨会论文集》，天津古籍出版社，2006

134. 罗志田：《再造文明的尝试——胡适传（1891—1929）》，中华书局，2006

135.《李济文集》，上海人民出版社，2006

136. 李学勤主编：《20 世纪中国学术大典——考古、博物馆卷》，福建教育出版社，2007

137. 王尔敏：《20 世纪非主流史学与史家》，广西师范大学出版社，2007

## 英文文献

138. Chang, K. C., *The Archaeology of Ancient China*, Yule University Press, 1984

139. Daniel, G., *A Short History of Archaeology*, Thames and Hudson, 1981

140. Li Chi, *Anyang*, Washington University Press, 1977

141. Loeive, M. & Shaughnessy E. L., *The Cambridge History of Ancient China*, Cambridge University Press, 1999

142. Trigger, B. G., *A History of Archaeological Thought*, Cambridge University Press, 1989

143. Wang Fan-shen, *Fu Ssu-Nien : An Intellectual Biography*, A Dissertation of Princeton University, 1993 ; Also Fu Ssu-nien : *A Life in Chinese History and Politics*, Cambridge University Press, 2001

144. Willey, R. G., Sabloff A. J., *A History of American Archaeology*. 3rd ed. London : Thames and Hudson Ltd., 1993

# 后　记

　　《中国科学考古学的兴起——1928—1949 年历史语言研究所考古史》是在我复旦大学博士论文的基础上修订而成的，论文答辩通过是在 2008 年 5 月，2008 年 7 月我到广西师范大学工作，2011 年由广西师范大学出版社出版。出版之时，陈星灿教授不吝作序，给本书增色很多。著作出版后社会反响甚好，很荣幸入选了 2011 年度的"全国文化遗产十佳图书"；2014 年入选国家社科基金中华学术外译项目，由广西师范大学外国语学院的李永男教授翻译为韩文在韩国出版。我个人认为，此书得到一定好评的原因有两点。第一，从学术层面来说，这本书采用了考古和历史相结合的写法，也就是如我在第一版后记中所说的，学习了布鲁斯·特里格的考古学思想史写法，研究上有些新意。第二，从社会层面来说，赶上了世纪交替前后的"民国热"，当时大家对民国故事很有兴趣，对大师们崇敬有加，通俗类甚至学术性的民国题材著作都很畅销。

　　转眼此书已经出版十余年，广西师范大学出版社根据读者评价，计划推出第二版，并建议我进行较大的修改。十余年来，学术界关于民国时期考古学史研究的成果丰硕，新的资料和观点层出不穷，本书确实有修改补充甚至重写之必要。但目前我的研究领域已经主要转向华南、东南亚考古，加之教学科研任务繁重，很难有精力推倒原著重写。虽然如此，我还是抽出时间对第一版进行了精心的修改和增补。第二版的修订主要集中在三个方面。第一，从史语所购买了 58 张原版图片，放在本书相关部分，其中不少图片还是第一次面世，弥足珍贵。第二，增补了一批史语所档案材料，主要出自《史语所旧档文书选辑》和我 2010 年访问台湾史语所期间复印的

一批资料。第三，对原书从头到尾进行了较为彻底的修改，包括观点和文句，并尽量增加了第一版问世之后一些新的文献。

我的研究生殷博闻同学为第二版的修订付出了很多劳动。史语所图片的挑选、购买、整理和编排，主要是他做的工作。殷博闻同学是历史学本科毕业，对于考古学史和考古学理论研究很有兴趣，学习也颇有心得，现已硕士毕业，到中国人民大学随陈胜前教授攻读博士学位，希望他将来在这一领域能有所成就。

感谢广西师范大学出版社编辑廖佳平女士，第二版的出版主要是她推动并具体负责的，她对工作认真负责的态度令人十分敬佩，谨致谢忱。

陈洪波

2024 年 7 月 21 日